沐涛 陈金龙 主编

大夏世界史研究

非洲工作站文集

WORLD
HISTORY and
INTERNATIONAL
RELATIONS STUDIES

东方出版中心

图书在版编目（CIP）数据

大夏世界史研究. 非洲工作站文集 / 沐涛，陈金龙
主编. —上海：东方出版中心，2022.3
ISBN 978-7-5473-1950-5

Ⅰ. ①大… Ⅱ. ①沐… ②陈… Ⅲ. ①非洲－历史－
文集 Ⅳ. ①K107-53

中国版本图书馆CIP数据核字（2022）第015015号

大夏世界史研究：非洲工作站文集

主　　编　沐　涛　陈金龙
策　　划　张爱民
责任编辑　黄　驰
装帧设计　钟　颖

出版发行　东方出版中心
地　　址　上海市仙霞路345号
邮政编码　200336
电　　话　021-62417400
印 刷 者　上海颛辉印刷厂有限公司

开　　本　710mm×1000mm　1/16
印　　张　23
字　　数　336千字
版　　次　2022年4月第1版
印　　次　2022年4月第1次印刷
定　　价　99.00元

前言

在海外设立工作站是华东师范大学世界史学科深化对外合作和交流，提升研究生培养质量的一个重要举措。2011 年 8 月，历史学系冷战国际史和研究中心率先在美国伍德罗·威尔逊国际学者中心创设"华东师大—威尔逊中心冷战研究工作室"。经过七年的运行，该工作室为中国冷战史研究培养了一批具有研究潜力的青年人才。借助这一成功的国际学术交流经验，世界史学科从 2018 年 7 月开始，又陆续在德国奥格斯堡大学、坦桑尼亚达累斯萨拉姆大学、越南河内国家大学和日本早稻田大学相继建立了四个海外工作站。工作站的作用主要是推动相关院系之间的合作，包括联合召开学术研讨会或工作坊、师生的短期互访、联合培养硕士和博士研究生，以及邀请外方学者开展合作研究等。

坦桑尼亚位于印度洋西海岸中部，地理和战略位置十分重要，人口 5 910 多万（2018 年统计）[1]，国土面积约 94.5 万平方公里。在坦桑尼亚最高学府达累斯萨拉姆大学设立非洲研究工作站是两校双方多年合作的深化。非洲问题研究是华东师范大学历史系的特色学科之一，开拓者是艾周昌先生。1953 年艾先生从东北师范大学毕业来到华东师范大学历史系任教后，最初从事亚洲史研究。1955 年万隆会议后，艾先生积极响应国家号召，逐渐将个人研究的重点转到非洲史方向，他从有限的俄文资料中摘译有关非洲历史的记述，并从圣约翰大学留存下来的几本英文非洲史著作中了解和研究非洲历史。1961 年 7 月，丁爵夫先生从复旦大学历史系亚非史专业毕业后分配至华东师范大学历史系工作，不久在历史系成立了亚非史研究室。"文化大革命"期间，非洲史研究几乎处于停滞状态。但在 20 世纪 70 年代初

1　中华人民共和国外交部驻坦桑尼亚大使馆网站"坦桑尼亚国家概况"，https://www.fmprc.gov.cn/web/gjhdq-676201/gj_676203/fz_677316/1206_678574/1206x0_678576/，访问时间：2021-11-07。

历史系组织编写的《世界近代史》教材中，专设两章讲述了近代非洲人民的反殖民斗争。"文革"结束后，亚非史研究室开始招收非洲史方向的硕士研究生，在80年代中期又先后增加了殷一璀和沐涛两位同志。一直到90年代，亚非史研究室对非洲史的研究主要侧重于中非关系史、非洲殖民史和非洲现代化、非洲文明与文化史和非洲大陆通史四个方面，在《历史研究》《社会科学战线》《西亚非洲》和《华东师范大学学报》等期刊上发表了系列相关论文，出版了《早期殖民主义侵略史》、《中非关系史文选（1500—1918）》、《非洲史教程》、《中非关系史》、《南非现代化研究》、《南非对外关系研究》、《非洲黑人文明》（艾周昌主编）等著作。从1985年开始，艾周昌先生和北京大学陆庭恩教授共同负责，主持国家哲学社会科学基金"七五"重点研究项目《非洲通史》，组织全国非洲史研究人员编写了三卷本的《非洲通史》（古、近、现三卷，1995年由华东师范大学出版社出版）。该书先后获得了上海市优秀图书一等奖、上海市社会科学优秀著作二等奖、教育部普通高校人文社会科学研究成果一等奖、国家哲学社会科学研究基金优秀成果三等奖和首届思勉原创图书奖等。

1991年2月，沐涛在国家留学基金委的支持下获得了前往坦桑尼亚达累斯萨拉姆大学进修非洲史的机会，两校之间沟通的桥梁因此而架起。2010年初，根据第四届中非合作论坛达成的《沙姆沙伊赫行动计划（2010至2012年）》中国政府关于教育内容的承诺，中国的20所高校与非洲20所高校展开"一对一"的校际合作新模式，华东师范大学与达累斯萨拉姆大学签署正式合作协议，开展历史、教育和河口海岸等领域的合作研究和学生联合培养。2010年6月，以历史系原有的亚非研究室为主体成立了华东师大非洲研究中心，挂靠历史系。2011年5月，又将研究中心更名为非洲研究所，并在其下成立了华东师大—达累斯萨拉姆大学坦桑尼亚联合研究中心。

2018年12月5日，"达累斯萨拉姆大学—华东师范大学"工作站（UDSM-ECNU Workstation）在达累斯萨拉姆大学举行揭牌仪式。华东师大副校长汪荣明率团参加，华东师大非洲研究所所长、大夏书院院长沐涛教授，历史学系主任孟钟捷教授，教师教育学院李月琴副教授以及在坦留学的博士研究生高天宜等出席该仪式。这是华东师范大学在非洲正式成立的首个海外工作站，设在东非名校达累斯萨拉姆大学社会科学院大楼内，毗邻该校历史系行政办公室，站内办公科研基本设施修葺一新。从硬件设施上来说，配备的三台电脑免除了自带笔记本电脑的不便，可供四人同时办公。另外配有打印机、扫描仪，能够便捷地从达大历史系资料室扫描、复印有价值的资料；安装的空调能消除炎炎夏日的炙热，让人更静得下心来整理和收集资料。此外，该工作站藏有丰富的资料，既有中国学者对尼雷尔总统、坦赞铁路等重要问题的专题研究，又采购了许多非洲本土学者的最新论著，查阅资料十分方便。从人员交流方面看，该工作站为两校学者的学术交流、学生的联合培养提供了一个阵地，既有坦桑本土教授们的专业指导，又能为两校短期互访的学者提供舒适的办公环境，并大大节约了申请研究许可的步骤与时间。2019 年 9 月，上海市人大常委会主任殷一璀率团到访工作站，充分肯定了该工作站对于加深两校合作与了解中发挥的重要作用。

达累斯萨拉姆大学校长 William Anangisye 在工作站揭牌仪式上对两校间的多年合作给予了高度评价，他提到，中国与坦桑尼亚人民的友谊源远流长。他对华东师大与达大的密切合作表示欣喜。他同时表示，将全力支持推进两校进行更多优势学科的全方位合作，在两校已有的非洲史研究、发展中国家教育硕士项目以及河口海岸科学研究领域的深度合作基础上，通过此工作站的建立，进一步加强两校的合作往来。

自 20 世纪 90 年代初开始，沐涛教授赴达累斯萨拉姆大学历史系交流学习，建立起两校之间持久、紧密的联系。两校人员互访频繁，尤其是 2010 年以后，华师大历史系非洲研究所每年均派出一到两人到达累斯萨拉姆大学历史系调研、学习，多为期一年，达大历史系也派出学者赴沪访问、参会，双方形成了常态化的交流机制，奠定了坚实的合作基础。现收录于此的 20 多篇学术论文和调研报告即为近十年来在达累斯萨拉姆大学留学的同学和"坦桑尼亚联合研究中心"成员的部分成果，以飨读者。

沐涛

2020 年 12 月

目 录

下编　调研生活

上编 学术论文

殖民时期坦噶尼喀经济作物发展研究：
以剑麻、棉花和咖啡为例（1893—1961）

陈金龙

本文尝试探寻以下一些基本问题：近百年来，农作物如剑麻、棉花和咖啡作为坦桑尼亚社会经济发展的基础和长期的出口支柱，在独立之前引入和推广种植的进程如何？它们各自又有哪些阶段性特征？以这些经济作物为主体的殖民经济生产活动如何开展？本土人参与经济作物种植的能动性同殖民当局的经济政策之间有怎样的相互关系和影响？这些经济作物的发展对未来社会经济的结构，尤其是现代农业的生产有怎样的影响？

为回答以上问题，本文拟从现代化发展的角度出发，结合环境史、人口史等视角，应用一般的社会经济发展理论，对坦噶尼喀的作物经济进行专题研究。从非洲殖民地开始独立起，学界就有对殖民经济史的大量研究，但整体上多集中于定性研究。然而，要深入地研究和了解殖民经济发展史及其影响，必然要进一步展开定量研究，本文着重利用众多的数据统计和历史分析开展此项研究。应用上述理论与方法，本文尝试以剑麻、棉花、咖啡的生产和发展为中心，考察坦噶尼喀的殖民经济史，借以对上述问题进行初步探索和回应。

一、殖民经济发展的条件和基础

坦噶尼喀（坦桑尼亚大陆）有超过 800 公里的海岸线，海上有桑给巴尔、奔巴、马菲亚等海岛，西北、西部、西南分别有维多利亚湖、坦噶尼喀湖、马拉维湖（坦桑尼亚称尼亚萨湖），这些大湖是东非裂谷带的一部分，同邻国的边境线也穿越其中。坦桑尼亚地势整体上西高东低，除沿海和东南部以外，内陆以高原和高山为主，地势犹如一个倒置的三足鼎（西北部是卢旺达和布隆迪高山地势"一足"的延伸，三个大湖大体分布在三个高山地区的两侧）。坦桑尼亚地形复杂多样，以高原和平原为主，辅以高山和丘陵点缀周边地区，形成了多样化的自然景观及植被带。整体上看，因为位于赤道附近，常年光照充足，通常绝对低温在10°以上，绝对高温在38°以下，年气温变化小于日气温变化。坦桑尼亚大陆气候以热带草原气候为主，只有旱季和雨季之分，这包括大陆沿海低地和丘陵地带，以及内陆的维多利亚湖南岸大片地区。坦桑尼亚全年降水量显著低于同纬度其他地区，全国80%的土地上年降水量少于1 000毫米，55%的地区年降水量少于750毫米（一般被认为是大多数农作物种植需要的最低降雨量），[1]但是因地形影响降水分布很不均衡，且降水量变率较大。维多利亚湖沿岸年降水量在2 000毫米以上，沿海和内陆山地降水在1 000毫米以上，高原地区多在1 000毫米以下，中部广大地区为700毫米以下。旱季和雨季降水分布同样略有区别，在达累斯萨拉姆及其以北地区，每年的3—5月和11—12月两个雨季，其余月份为旱季；其南部仅有11月到次年5月一个雨季，其他为旱季。[2]

地形、气候、土壤等因素共同决定了农作物的生长和分布，因而不同地区会有不同的植被带。本研究重点关注的剑麻、棉花和咖啡，虽然只有剑麻是真正的从美洲引入的作物，但实际上在殖民统治确立之前，甚至到1900年以前，都没有大规模种植。它们各自有不同的生长条件和种植要求，经过多年的试验种植和生产实践后，它们在分布上基本不重叠。

在特有的自然生态条件下，坦噶尼喀在殖民当局统治之前发展出了较为自给自足的自然经济。坦桑尼亚大陆上并没有邻国乌干达那样规模的王国，尽管其地域面

1　Deborah Fahy Bryceson, *Food Insecurity and the Social Division of Labour in Tanzania, 1919 –1985*, Hampshire: McMillan, 1990, p.21.

2　［英］莱恩·贝里主编，南京大学地理系非洲地理组译：《坦桑尼亚图志》，北京：商务印书馆，1975年，第29—59页；裴善勤：《列国志·坦桑尼亚》，北京：社会科学文献出版社，2008年，第6—16页。

积更广大，地理形态的区域性差异以及生产条件的限制造成了社会经济形态的支离破碎。[1]在殖民时期以前，对于坦桑尼亚农耕群体来说，从主食形态上看，其大部分历史是围绕小米与香蕉之间的对比而展开，不过这是一种粗略性的概括，很多家庭这两种主食作物都有种植。[2]坦噶尼喀所有的农耕系统都建立在家庭劳动的基础之上，使用简单的技术，如利用斧头、手锄、挖掘棒等劳动工具。因为疾病和气候等原因，牛既不用来装载也不用于耕作，除了偶尔利用的驴和独木舟，交通和农业完全依赖人力，内陆同沿海发展起来的长途商队贸易同样依赖人力搬运。[3]这就是殖民统治建立之前当地自然经济的状况。

在所有德属殖民地中，坦噶尼喀所在的德属东非面积最大，也最重要。[4]1890年至1914年间，德国同殖民地之间的贸易持续发展。然而，殖民地无论是作为原材料的储藏地，还是作为销售制成品的当地市场，对德国本土的经济影响实际上都非常有限。但是，二十几年的经济剥削对坦噶尼喀本地造成了非常深远的影响，这种不对等的影响很大程度上是殖民经济发展本身造成的。

总体上来看，英国在坦噶尼喀的殖民经济政策分别以20世纪30年代初、30年代末以及40年代末为分期，相应地对应世界经济危机、"二战"、战后生产繁荣以及拯救"美元危机"等核心历史事件。

"二战"爆发使得列强由生产活动转向战备，同样是服务于英国消费需求，此时期剑麻产业取得了极为重要的地位，包括咖啡、棉花在内，都同英国的供应部签

1　坦桑尼亚大陆的传统商路以内陆的塔波拉（旧称乌扬延贝）为中心，沟通主要的人口聚居区。参见［尼日利亚］J. F. A·阿贾伊主编（联合国教科文组织）：《非洲通史：1800—1879年的非洲》（第六卷），北京：中国对外翻译出版有限公司，2013年，第203—205页。

2　这种概括并不能说明游牧民族或半耕半牧民族的情况，不过，本研究以三种主要的经济作物为中心探讨殖民经济发展过程，仅在农业生产受到放牧影响时谈论畜牧业的情况，其他情况下将农业限于农作物经济。这样安排并不是否认畜牧业对坦噶尼喀传统经济的重要性，在坦桑尼亚独立以前，畜牧业在坦噶尼喀占有很重要的地位，但在对外经济中影响有限。即使如此，也应了解在很多经济作物种植地区，如后文要讨论的棉花种植地区苏库马，牛畜放养是其社会生活的重要部分。

3　具体的劳动力和生产状况后文将具体讨论，有关人力运输的状况，参考 Stephen J. Rockel, 'A Nation of Porters': The Nyamwezi and the Labour Market in Nineteenth-Century Tanzania, *The Journal of African History*, Vol. 41, No. 2(2000), pp.173–195.

4　Renaud de Briey, Belgium and Germany in Africa, *The Geographical Journal*, Vol. 51, No. 5(May, 1918), p.294.

订了长期合同，以远远低于国际市场的价格供应英国市场。战后各种作物的生产需求和价格上升，这段时期的剑麻、棉花、咖啡的生产都得到了大幅发展。剑麻仍是坦噶尼喀最为重要的出口产品，甚至在世界市场上都占有非常重要的地位，因而其相对优势突出。咖啡和棉花的绝对产出增幅明显，但在整个英帝国范围内所占份额微乎其微，即使如此，它们同样为英帝国的国际货币收支平衡作出了贡献，正是因为如此，英国殖民当局在20世纪50年代以后加大了投入。综合来看，英国的经济政策，尤其是后半期，以颁布各种限制性条例，发起个别带有强制力因素的发展计划为特征，财政投入少，忽视经济作物的平衡发展。

到20世纪初，现金作为通货在各个省已开始被接受，只是在交通不便的西南部，[1]德国殖民当局选定的收税方式是棚屋税（Hut Tax），根据房屋数量缴纳。当时也讨论了人头税的可能性，因建筑比人更容易计算而作罢。同时，对商业活动开始征收所谓的商业税。[2]总体来看，征税在沿海和内陆军事站点覆盖的地区较为顺利，其他地区有较多任意的因素，总体上征收的数额并不多，也从未达到殖民政府的预期。

德国殖民统治时期，殖民地的财政收入（含直接税、海关收入、杂费、铸币收益、铁路收益）虽然有稳定增加的趋势，尤其是后来增幅显著，但是财政收入总额从未超过德意志帝国的拨款。因而，尽管德国殖民和侵略东非的事实不容否认，但是，具体的殖民活动和影响值得进一步探索。

英国殖民政府在地方上以不同税率征税，棚屋税和人头税（Poll Tax）是向本土人直接征收的，其预计收缴的数额通常远远超过实际能征收的数额，英国殖民当局对地方几乎没有投入。在英国殖民统治期间，虽然没有抗税暴动发生，但这不代表民众没有埋怨和对经济作物种植的抵制。

当然，随着时间的推移和经济作物生产的推广，现金经济会让一部分人受到影响。英国殖民政府对待地方发展和地方财政的态度，基本上都是比较消极的。不过，随着经济作物种植的推广和发展，非洲本土的富农阶层增加，劳动力市场也有

1　John Iliffe, *A Modern History of Tanganyika*, Cambridge: Cambridge University Press, 1979, p.132.

2　Juhani Koponen, *Development For Exploitation: German Colonial Policies in Mainland Tanzania, 1884–1914*, Raamattutalo, 1995, p.216.

更多人参与，人口增长以及城市化都开始起步，合作社化也直接推动了民族主义运动的发展，这些都对间接统治政策和附庸于殖民当局的本土权威带来了挑战。

现代农业的生产规模和流动性决定了其发展离不开交通运输业。殖民时期经济作物生产引入坦噶尼喀，在很大程度上，其种植和推广得益于交通运输业的发展。有的种植地区具有有利的自然交通运输条件，交通运输得到了发展；有的地区因为具有有利的经济作物生长条件，经济作物发展较为迅速。

1891 年，德属东非公司开始从坦噶港修建一条通往乞力马扎罗山下的铁路，甚至计划修到维多利亚湖，当时规划的线路穿过乌桑巴拉山区，那里已开始建立起种植园。德国的铁路建设进一步刺激了英国修建乌干达铁路，其在 1901 年修建到维多利亚湖岸边，迅速转变了腹地的状况，涵盖了维多利亚湖德属东非一侧的港口姆万扎，致使其出口量迅速增长，姆万扎的出口也将中线的长途贸易吸引过去。乌干达铁路也改变了德国的运输政策，阻止了将北线铁路拓展到维多利亚湖，不过，它也证明往内陆修一条铁路的发展潜力。[1] 铁路建设后，对周边地区的贸易影响很快就体现了，主要的站点的贸易量都大幅提升。不过，"一战"的爆发打断了铁路及经济的进一步发展。

英国当局整体上是在德国修建的两条铁路基础上延伸一些支线，对南部铁路的规划最终没有落实。由于铁路运营管理和沿线经济发展水平的局限，铁路系统面临诸多困难，营收问题一直困扰铁路管理部门，但是铁路运输对于殖民经济发展又是不可或缺的。

英国殖民当局在"一战"后经过一段时间的重建，在 20 世纪 30 年代之前完成了好几处铁路支线的建设。殖民当局非常期待铁路能促进农业的发展，但是各条线路运输量的增长无法令人满意。实际上，在英国殖民大部分时期，坦噶尼喀的铁路都是亏本运营。最初运输的收入甚至不足以支付运营开支，折旧和资本利息还不计算在内。因为大部分铁路经过的地区经济发展水平低，所以运输量也很低。"二战"期间以及战后初期，铁路运输量相比于战前有较快增长。整个铁路系统感到了运

---

1 英国殖民当局认为中线铁路修建和设计的标准很高，很多站点建筑同样为英国人继续使用。实际上，这条铁路到目前仍在继续使用。F. D. Hammond, *Report on the Railway Systems of Kenya, Uganda & Tanganyika, 1921, Part II Tanganyika*, London: Crown Agents for the Colonies, 1921, p.2.

输压力，但铁路的运营和维护状况糟糕。1948 年 5 月 1 日，肯尼亚和乌干达、坦噶尼喀的铁路和港口组织，合并成东非铁路与港口管理局（East African Railway & Harbours Administration）由东非高级委员会监管，后者构成了后来东非共同体的基础。

在坦桑尼亚历史上，外来殖民者的规模从来都是十分有限的，因而无论他们想通过何种手段发展殖民经济，都不可避免地需要当地民众的劳动和合作。因而，当地居民的数量成为殖民经济政策需要考量的一个关键因素。

从前殖民时期末期开始，坦桑尼亚就受到战争、瘟疫和饥荒影响。一个显著的因素是奴隶贸易，东非最重要的奴隶贸易路线穿过坦桑尼亚。从人口统计角度看更具有破坏性的是流行病的爆发。19 世纪 90 年代的灾难始于 1890 年牛瘟的大爆发，[1] 饥荒和天花随之而来，人口严重下降，尤其是那些游牧群体。干旱和蝗灾同样在东非地区经常发生，但人口损失的总数无法量化。坦噶尼喀历史上另一个人口灾难是 1905—1907 年间德国殖民当局在南部对马及马及起义的镇压，估计遇难人数为 25 万到 30 万之间。[2] "一战"期间，德英两国殖民者都征召了大量当地的士兵和脚夫，而坦噶尼喀是东非的主战场。据统计，有超过五万名非洲人在东非的战事中因各种原因死亡，军队随行人员死亡率平均为 10%，本土士兵死亡率为 20%。[3] 而且，停战之后携病回乡的士兵和其他服役人员引发了 1918—1919 年间爆发的流感的蔓延，其破坏性相当于另一次外敌入侵。战争期间，很多身体健康的男性都服过役，可能超过 80% 的比例。[4]

在殖民统治之前，坦噶尼喀本地面临严重的天灾人祸，而殖民侵入带来了更多

1　Juhani Koponen, Population: A Dependent Variable, in Gregory Maddox, James L. Giblin, Isaria N. Kimambo(eds.), *Custodians of the Land-Ecology & Culture in the History of Tanzania*, James Currey Ltd, 1996, p.24.

2　Ibid. p.26.

3　G.W.T. Hodges（1978）, African Manpower Statistics for the British Forces in East Africa, 1914-1918, *The Journal of African History*, Vol.19, No.1, 1978, p.115. 当然，当时英军的非洲随从多来自周边英属殖民地，德军在最终投降时的构成为：155 名欧洲人，1 168 名非洲士兵，1 522 名脚夫，726 名其他随行人员，这仅是多年同英军在全国周旋、严重减员后的残部，战争期间对地方劳动力的破坏无法估计。参见 John Iliffe, *A Modern History of Tanganyika*, Cambridge: Cambridge University Press, 1979, p.246。

4　G.W.T. Hodges, African Manpower Statistics for the British Forces in East Africa, 1914-1918, *The Journal of African History*, Vol.19, No.1, 1978, p.115.

的灾难。这些影响不仅体现在对人口总规模的限制上，一系列的人口灾难也破坏了社会经济的稳定发展。

在英国殖民统治时期，虽然对劳动力的需求持续增加，除了在"二战"期间招募一些士兵到海外（主要是中东和东南亚）参战外，其社会发展政策相对松弛，推动了本土人口的稳步增长。随着殖民经济的发展，尤其是从 20 世纪 30 年代后期以降，英国殖民管理者开始认识到，本土非洲人在殖民经济中发挥着越来越重要的作用。在间接统治政策下，强制招募劳动力的情况减少了，除了剑麻生产以外，包括咖啡和棉花在内的重要经济作物都日益转向小农生产，本土人种植咖啡的数量持续增加，棉花生产基本上变成了本土人的事业。坦噶尼喀的人口在两次世界大战期间开始缓慢增长，从 1948 年人口统计后这一增长趋势开始变得明显，之后陡幅上升。

坦噶尼喀地域辽阔，但是人口分布不均衡，在殖民时期，除了南部高地地区因交通不便发展较为缓慢外，其他人口稠密的地区都发展起了经济作物种植。

到 19 世纪中期，亚洲人才开始取代阿拉伯人，逐渐成为桑给巴尔贸易的主要商人。当印度为英国控制后，他们在这一地区的作用越来越从属于英帝国的需要，服务于其殖民霸权，对抗来自法国和德国的竞争。到德国殖民统治末期，亚洲商人和德属东非公司之间发展了良好的关系，但是总体上是德国的垄断决定贸易的价格，亚洲商人在其基础上定价更高。[1]

1907 年，坦噶省的一名县长强制实施了一项措施，向当地人分发卡片，拥有卡片者有义务为一名欧洲人在四个月内工作 30 天，获得由县长裁定的工资。违反者将被征召修建公共工程，直到补完 30 天的工作量。如果当地人能支付 10 卢比就能免除这项义务。[2] 卡片体制很快到处传播，主要是在德国人建立起有效统治的东北部和南部地区，那里种植园集中，卡片体制让雇主和殖民行政官员都感到满意。

1906 年种植园大约雇用了两万名男性劳动力，到 1912 年共九万多名，其中六万多名集中于东北部的五个县；1913 年，所有雇用劳动力的总数约 172 000

1　D. Wadada Nabudere, *Imperialism in East Africa, Vol.I: Imperialism and Exploration*, London: Zed Books, 1981, p.24.

2　John Iliffe, *A Modern History of Tanganyika*, Cambridge: Cambridge University Press, 1979, p.153.

人，[1] 鉴于当时搬夫运输仍会耗费很多时间和精力，对劳动力需求的强度是超常的，这对非洲当地人的生产、生活及社会经济发展产生了重大影响。

"一战"对坦噶尼喀的人口和劳动力供应产生了长期影响，种植园劳工数量在"一战"之后下降了。即使使用了各种强制措施，当地也难以满足劳动力供应需求。种植园更依赖迁移劳动力，他们通常来自不能通过出售作物或牛以满足现金需求的地区，因为早在德国统治时期用现金缴税就已成为对劳动力施压的方式。另外，坦噶尼喀和周边邻国的劳动力流动也很活跃，一般的方向是坦噶尼喀人前往乌干达或肯尼亚，卢旺达或布隆迪人以及南部的莫桑比克人前往坦噶尼喀。[2] 在英国殖民统治早期，坦噶尼喀劳动力的迁移更多还是出于经济或现金的需求。

作为雇主，剑麻种植者在 1930 年成立了坦噶尼喀剑麻种植者联合会（TSGA），掌控种植园工人的工资、生产和生活条件。1944 年坦噶尼喀剑麻种植者劳工管理局成立，它是种植者联合会单独的雇用机构，经过多年的发展之后成为一个有效的招募组织，在大多数重要的招募地区都有营地，它根据种植园需要的劳动者数量和吨位容量分配雇用劳工。[3] 一般而言，迁移劳工是签订合同的，来自周边的劳工（包括女工和童工）每日前往种植园寻找工作机会。

总体来讲，前殖民时期坦桑尼亚的土地占有形式以一个地区每个部落的习惯法和文化为基础。每一个部落都有酋长、长老或头领，他们代表部落管理土地事务，将土地分配给个人。个人作为家庭、氏族或部落的一员获取可耕土地的使用权（放牧者作为部落成员获取放牧权），可以对土地进行清理、耕作或其他管理。通常村庄周边有用于放牧的公共用地和用于获取薪柴的林地。这样每个人的生产和生活都能得到保障，但是，当土地衰竭时，人们就会开展迁移农业生产。显然，这样的粗放农业在人口密度低、土地充足以及农业自给自足的条件下是可行的。但是，殖民统治时期的一些土地制度，对坦桑尼亚土地所有制以及作物生产产生了一些深远影响。

1895 年 11 月 26 日，德国颁布帝国法令，宣布所有的土地，无论是否被占有，

1　John Iliffe, *A Modern History of Tanganyika*, Cambridge: Cambridge University Press, 1979, pp.156-157.

2　Tanganyika Territory Provincial Commissioner's Report, Dar-es-Salaam District, 1922, TNA Library.

3　C.W. Guillebaud, *Economic Survey of the Sisal Industry of Tanganyika*, Arusha: Beauchamp Printing Co. Ltd, 1958, p.85.

都被看作皇室土地，归属于帝国，将所有权和占有权或者主权和财产权融合到一个实体之中。[1] 这种将所有土地实际上收归国有的做法既是典型的殖民主义行为，显示了帝国作为征服者的权力，也是当地首次将土地最高所有权归属国家，这一策略为后来性质截然不同的政府继承下来。

英国殖民时期土地所有制受两个因素的影响：一个是坦噶尼喀在国际法中的地位，即首先是作为委任统治地，然后是作为托管地；另一个因素是殖民政策，该政策意图将该国发展成为提供廉价农业产品的经济单位，将小农生产和种植园生产相结合（与南非或肯尼亚式的定居者殖民地相对）。农民的土地利益同种植园的利益存在冲突，殖民当局的土地政策和行政管理在处理时强化了这种紧张的关系。

英国统治时期，除了本土经济作物种植的推广之外，欧洲殖民者没有给当地带来大的结构性经济变革，欧洲人在非定居点是德国时期的延续和拓展。

英国当局利用传统地权体制不明确的特质，以损害传统地权的方式，贯彻殖民管理和经济政策。[2] 殖民当局可以根据殖民政治经济政策的变动，以行政手段处理土地事务。如果殖民当局需要农民的生产，本土人就能拥有被认可的占有权，但如果有转让土地的必要，总督可以撤销其许可，将其转让给定居者并授予其占有权。

英国殖民当局虽然不断出台条例或以法律的形式规范土地制度，甚至帮助强化了一些部落领袖的权力。但是，很多得到殖民当局支持的本土政府管理者，实际上并没有任意处理土地的权力，比如安排出卖土地，因而殖民政策使得这一部分人牟取私利，威胁了其他本土人的土地权益。[3] 总体上来看，殖民统治时期，相比于坦桑尼亚大陆的广大地域，欧洲人占有的土地总面积不大。但是，欧洲人占有的土地却是最为肥沃的地区，尤其是东北部，造成了土地紧张和欧洲人与本地人的冲突。

1　Report of The Presidential Commission of Inquiry into Land Matters, Volume1, Land Policy and Land Tenure Structure, The Ministry of Lands, Housing and Urban Development, Government of the United Republic of Tanzania, 1994, p.8.

2　Onesmo P. K. Olengurumwa, *1990's Tanzania Land Laws Reforms and Its Impact On The Pastoral Land Tenure*, A Paper to be Presented During Pastoral Week at Arusha, 14th–16th February, 2010, p.3. http://www.tnrf.org/files/E-INFO_LHRC_New_Land_Laws_Paper_Pastoral_Week_2010.pdf（2015-04-10）.

3　H. A. Fosbrooke, Some Sociological Aspects of Land Tenure with Special Reference to Northern Tanganyika, 23rd April, 1953, Native Land Tenure & Native Land Right, Tanzania National Archives, L.13401 Vol.III, p.8.

另外，在殖民政策下，传统的土地使用权保障受到威胁，失地现象和阶级分化出现，这成为后来独立政府矫正殖民遗产的一个重要背景。

二、引入与繁盛：剑麻产业拔地而起

剑麻产业在坦噶尼喀从无到有，一步步走向繁荣。但是，其发展历程也有波动。在 20 世纪坦桑尼亚的经济发展中，剑麻长期居于经济作物出口的前三位，因而，考察剑麻产业在独立以前的发展历程能更好地理解坦桑尼亚近现代社会、经济发展的基础和历史。

德国人在 1893 年将剑麻引入坦噶尼喀，后来英属肯尼亚也于 1903 年从坦噶尼喀引入剑麻。剑麻的种植试验开展顺利，1900 年，第一批剑麻纤维被运往德国的汉堡，共计 7.5 吨，这是坦噶尼喀剑麻出口的开端。剑麻种植园从 1893 年的 1 个增加为 1913 年的 54 个。[1] 由此剑麻产业在坦噶尼喀牢牢建立。

大公司在坦噶和沿海城镇掌握大面积土地，规模小一些的种植者集中于北部、南部和东北高地。剑麻实际上主要在种植园种植，它们归欧洲的公司所有，由其雇用经营者运营，之所以无法像后来的咖啡或棉花那样推广到非洲人中间，是因为剑麻种植需要大量投资，购买剥皮机器，承担大量的运输任务，而且前三年是无法收获的，这种需要资本、劳动力密集型的经济作物显然不适宜小农种植。种植园是小型的殖民社会的缩影；其存在和实践根本上是德国社会、文化、政治影响的扩张以及殖民地服务于宗主国的经济剥削。[2] 尽管殖民政策在不同时期对欧洲定居者和非洲经济作物生产的支持摇摆不定，但种植园获得了宗主国足够的支持，不仅维持了殖民经济的基础，也在德国殖民统治的 20 年中得到了扩张。从 19 世纪 90 年代直

1　G.W. Lock, p.3; Hanan Sabea, Mastering the Landscape? Sisal Plantations, Land, and Labor in Tanga Region, 1893－1980s, *The International Journal of African Historical Studies*, Vol. 41, No. 3, The Political Ecology of Trade, Food Production, and Landscape Transformations in Northeast Tanzania: 1850－2000(2008), p.411.

2　Hanan Sabea, Mastering the Landscape? Sisal Plantations, Land, and Labor in Tanga Region, 1893－1980s, *The International Journal of African Historical Studies*, Vol. 41, No. 3, The Political Ecology of Trade, Food Production, and Landscape Transformations in Northeast Tanzania: 1850－2000(2008), p.415.

到"一战"爆发前夕，种植园经济开始在坦噶尼喀部分地区建立起来，种植园种植的剑麻最终成为主要的出口商品。

但是，"一战"的爆发为东非带来了巨大影响，英国对占领的地区实施管控，在一段时期内封锁了坦噶港以南的港口[1]，使得船运极为短缺，仓库货物积压。它阻碍了坦噶尼喀剑麻产业的发展，一些种植园被迫关闭或遭到军事破坏，很多农场退林还荒，很多剑麻叶子也因缺少运输设备在田间腐烂。到"一战"结束后，英国轻易地获得了德国时期建立起来的基础设施和经济主导权，开始将领地的经济纳入到自己的范围中。到20世纪20年代中期以前剑麻出口仍没有恢复到战前的水平，而且在20年代早期，当地农民的农业生产超过了德国统治时期建立起来的占支配地位的种植园作物和林木产品。后来国际市场价格回升，德国人又被允许返回，连同既有的欧洲人共同参与，剑麻种植开始稳步增长，尤其是南部高原地区的剑麻种植大幅增长。

20世纪20年代末和30年代，种植园产业复兴，大部分投资投入剑麻生产。剑麻的价格随着美国经济的趋势而变动，一方面这突出了当时美国经济在世界经济中日益增长的地位，另一方面也反映了坦噶尼喀经济融入世界市场的程度加深。真正引人注目的是，世界经济大危机期间及之后，剑麻的产量一直在大幅稳步增长，1929年的产量已是20年代初的三倍多，是创纪录的。而1939年又在其基础上增长两倍多，整个30年代几乎全是增产。

不过，作为当地出口的一个支柱，剑麻产业确实经历了一段艰难时期，有大量的种植园主破产，因而危机期间很多种植园易主，其中很多是被迫以低价售出。但总体上，两次世界大战期间坦噶尼喀的剑麻产业稳步增长，而且在世界市场上形势越来越好。剑麻所占硬纤维总量的比例从20年代的16.4%迅速上升到"二战"之前的47.5%，剑麻产量增长了三倍多。坦噶尼喀的剑麻在世界市场上也确立了一席之地。

1939年战争爆发，坦噶尼喀及剑麻产业再次受到冲击。不过同"一战"时不

1　"（英）外交大臣……通过外交部驻外代表于1915年2月23日告知中立政府，德属东非沿海南纬6°40′到南纬10°30′之间将被封锁。"参见交通部通告第十号（1917年6月15日）：《政府公报》，1917年第525期，第16—17页。这一纬度范围在坦噶港以南，包含达累斯萨拉姆港，尽管坦噶港是最重要的剑麻出口港，但船运在此时变得紧缺。

同，此次坦噶尼喀并不是敌对双方的战场，因为"一战"后它一直在英国的委任统治之下。然而，从剑麻产业或者更大范围的种植园经济的角度看，英德"敌对"仍再次上演。战争的爆发凸显了英国殖民政府消极的坦噶尼喀发展政策，除了积极的劳工招募政策外，剑麻产业更多的是依赖世界市场而发展的。

在 20 世纪 40 年代初剑麻生产因战争爆发和限产导致一定的产量逆转，但在之后基本维持了 30 年代末最高的生产水平。[1] 在 20 世纪 40 年代，坦噶尼喀剑麻产量最低的一年为 1941 年，总产出为 81 000 吨，最高为 1949 年的 123 300 吨，其他年份的都稳定在 10 万吨到 11 万吨，这是在坦噶尼喀剑麻发展的最初半个世纪中生产最稳定的 10 年。[2] 而 1945—1949 年间，世界剑麻价格仍持续增长，这归因于和平时期工业国生产和消费的恢复，这一时期的世界硬纤维供应大体上仍是以战时情况为基础的。

1948 年，坦噶尼喀剑麻的出口占当地出口总价值的 55%，占世界剑麻产出的 47%，[3] 而且其产出仍在迅猛增加。1950 年朝鲜战争爆发，剑麻种植园进入了真正享受暴利的时期。1951 年，10 家规模最大的公司的平均利润为 72%，这些公司在之后的 5 年之内支付给股东的平均利润是 37%，同时，27% 的利润进行了再投资，这使得 1957 年后生产得到极大增长。到 1958 年，有 2 000 万英镑资金投入到了剑麻产业。[4] 整个 50 年代剑麻产量整体稳步持续增长，出口量在 50 年代末超过 20 万吨，创造了新的纪录。

在世界硬纤维生产中，剑麻此时也居于主导，1956 年剑麻产量占主要硬纤维产量的 66.1%。而且，到 1958 年，虽然世界上其他剑麻产地复苏，坦噶尼喀剑麻产量仍占世界剑麻产量的 38.2%，占世界硬纤维产量的 26.9%，是世界第一大剑麻生产国。[5] 这一地位大体维持到独立初的几年，事实上坦噶尼喀剑麻的产量在 1963—1964 年达到最高峰，那时产量达到 233 500 吨，占当时坦桑尼亚出口收益

1　C.W. Guillebaud, p.34.

2　C.W. Guillebaud, p.11.

3　John Iliffe, *A Modern History of Tanganyika*, Cambridge: Cambridge University Press, 1979, p.452.

4　John Iliffe, *A Modern History of Tanganyika*, Cambridge: Cambridge University Press, 1979, p.452.

5　G.W. Lock, *Sisal—25 Years' Sisal Research*, Longmans, 1961, p.13.

的 35.6%，雇用了全国 30%—35% 的劳动力，种植面积占全国作物总种植面积的
25.5%。[1] 无论是从国内还是从国际硬纤维市场看，坦噶尼喀剑麻的地位举足轻重，
因而从 20 世纪 50 年代初到 60 年代初可以看作剑麻在坦噶尼喀的"黄金时代"。

　　放眼整个英国殖民统治时期，坦噶尼喀的剑麻产量整体上在不断增长，因而将
整个英国殖民时期称作"黄金时代"也不为过。不过，在 1964 年之后的时期，剑
麻产量快速下降的趋势是惊人的，甚至同上升时期的曲折过程相比，下降过程几乎
没有暂停和反弹，直到 20 世纪 90 年代后才回到了 20 年代中后期的水平并趋于稳
定。此处笔者无意于探究 60 年代后剑麻产量快速下降的原因，将其与之前的年份
一起考察仅是出于对比的目的，但是，为何坦噶尼喀剑麻产业没有维持"黄金时
代"的社会经济基础，即在盛极一时的"黄金时代"为什么潜藏危机？

　　（1）良好机遇的终结与市场竞争力的下降

　　作为一种原材料，从市场角度看，坦噶尼喀剑麻面临的危机来自卖方市场与买
方市场方面的因素。从剑麻开始引入东非，国际硬纤维市场一直需求旺盛，剑麻
本身的市场地位因其他竞争者产能有限或尚未开展生产而日益提高。20 世纪 50 年
代，坦噶尼喀剑麻抓住了历史机遇，将产量逐年提升，增产速度甚至超过了殖民当
局的预期。但是，放眼世界范围，除了印度尼西亚在"二战"后没有恢复到战前水
平，其他国家剑麻的产量都在增加，尤其是巴西。剑麻产业在 50 年代初的繁荣后
面临长期低价局面。美国在 20 世纪 50 年代是世界最大剑麻消费国，美国从英属东
非（坦噶尼喀一直是主要供应者）进口的剑麻逐年大幅减少，而相对的是从巴西进
口的剑麻大幅增加。鉴于后来世界硬纤维的总需求得以维持，坦噶尼喀剑麻产业下
滑的重要原因是市场竞争力不足，而不单是市场需求的问题。

　　（2）投资不足与殖民当局的消极政策

　　殖民当局的消极投资以及应对"美元危机"的政策无助于真正拉动坦噶尼喀
的剑麻生产及出口，殖民政策仅仅是为了支持英国的英镑收支平衡。[2] 英国殖民当
局对农业及相关领域的投入微乎其微，在偌大的领地中常年投入不到一百万英镑，

1　Hanan Sabea, p.411.

2　John Iliffe, *A Modern History of Tanganyika*, Cambridge: Cambridge University Press, 1979, p.261.

而据 1940 年英国当局提交给国联[1] 的报告，1936 年到 1939 年在农业领域的平均支出甚至低至六万英镑。[2] 剑麻种植园是资本、劳动密集型的产业，英国殖民当局只在通过政策提供劳动力方面作出了努力并取得了成效，其他方面的政策支持极为有限。

（3）欧洲人与亚洲人的产业

剑麻本身并不是完全只能在种植园种植，非洲人有种植的篱笆剑麻，只不过这些从价值层面看是微不足道的，实际上，非洲人从事剑麻生产，在资本、土地、交通、政策等领域有很多困难，金融环境和管理经验等也是非洲人发展剑麻产业的重要制约因素。所以，从各方面来看，剑麻种植园在当时的坦噶尼喀是为欧洲人或亚洲人专有的产业。因而，从剑麻种植园的所有权和运营角度看，它们确实是为欧洲人和亚洲人专有的产业，而相应地，产权者提供了基础设施、交通、报酬等。但是，从生产过程和其他劳动层面看，剑麻产业是坦噶尼喀雇用劳动力最多的产业，剑麻的种植和产出流的是非洲人的血汗，从这一点上看，坦噶尼喀的剑麻产业同 17—18 世纪北美殖民地的奴隶制棉花种植园有着类似的结构，尽管在坦噶尼喀剑麻工人的待遇可能比奴隶劳动力的状况要好一些。因此，可以说坦噶尼喀剑麻种植园既是一种完整的产业化经营的企业，也是一个高度剥削和压榨劳动力的殖民经济模式，要进一步了解其在这方面的运营状况，有必要深入探析更多横向的状况。

坦噶尼喀的剑麻种植者能利用合同等机制获得高额收益，因为剑麻管控署由坦噶尼喀剑麻种植者联合会运营，其将价格增长的收益传递给生产者。当坦噶尼喀殖民当局考虑从这些盈余中以进口税的形式赚取油水时，因为联合会强大力量的缘故，最终没有落实。因而，在"二战"爆发后，东非的剑麻种植者能够通过积极参与管控和艰苦的讨价还价，阻止战争期间恶化他们产业获利的状况，该产业发挥的政治和经济影响力在整个坦噶尼喀历史上都是罕见的。因而，坦噶尼喀的剑麻产业一度在同殖民当局的较量中展现出前所未有的经济影响力，尽管剑麻产业几乎全部

1　国际联盟（League of Nations），简称国联，是《凡尔赛条约》签订后组成的国际组织。成立于 1920 年 1 月 10 日，解散于 1964 年 4 月。

2　Report by UK to the Council of the League of Nations on the Administration of the Tanganyika Territoty 1940, TNA Library, Appendix III.

掌握在非本土人（欧洲人和部分亚洲人）手中，从事劳动的本土人实际受益不多。不过，这种产业影响力的意义在于它为本土能动性的发挥提供了可资借鉴的经验，至于独立后接管该产业的本土人如何利用则是另外的问题。

三、发展与转变：棉花经济的生产转型与产地转移

棉花同样不是非洲的本土作物，原产地是美洲和印度，但早在德国殖民者到来之前，坦桑尼亚已经种植棉花了，其品种很可能是由商队贸易参与者引入的，后来传教士也曾引入棉花。不过，当地人种植棉花品种的数量和范围极为有限，现在无法证实本土人何时发展起了棉纺织业，欧洲殖民者到来后，棉花真正成规模地种植起来。棉花经济在坦噶尼喀的发展是殖民经济重要的组成部分，对坦噶尼喀的社会、政治、经济产生了深远的影响。

1. 德国殖民时期的棉花种植

英国在印度和俄国在中亚种植棉花的活动，引起了德国人的兴趣。柏林会议后，德属非洲殖民地的总面积为 250 万平方公里，占非洲总面积的 8.2%，总人口约 800 万。[1] 德国人的需求与非洲的生产条件相结合，使得德国人在非洲殖民地种植棉花成为顺理成章之事。

尽管在 19 世纪 80 年代末，私营企业已经在殖民地种植棉花，但直到世纪之交，德国殖民政府对棉花的推广仍是零散的，不成系统的，主要的推广工作归功于活跃于宗主国和殖民地的殖民团体。在殖民经济委员会帮助下，多哥和德属东非的棉花生产稳步增长，更多的农场建立起来，受到委员会资助的轧棉厂也开始运营，培训本土人棉花种植技术的学校也建立起来。一开始，委员会还为殖民地棉花提供价格补助，劝说德国船运在 1904 年之前免费运输棉花，以此鼓励种植棉花。1905 年，委员会在德属东非的首府达累斯萨拉姆建立起一个常驻办事处，管理棉花事务。

1　法属和英属非洲殖民地分别为 1 090 万、880 万平方公里，分别占非洲总面积的 35.9%、29%，参见郑家馨：《一方水土养育一方文明：非洲文明之路》，北京：人民出版社，2011 年，第 133 页。

　　德国殖民者预想的棉花生产方式，是欧洲人经营种植园，雇用非洲劳工进行劳动，并没有考虑推广棉花的小农生产模式，毕竟在 19 世纪末 20 世纪初，殖民规划者大都假设，大规模的农业生产比小农生产更有效率，剑麻和橡胶等作物的种植模式支撑了这一观念。从数量上看，德属东非大多数种植园，是由自给自足的欧洲定居者依靠自己的资源建立起来的。1911 年，小规模种植园数量介于 300 到 400 家之间，另有 75 家是大型种植园，多是由同德国纺织业有直接联系的联合股份公司资助的。两个最大的种植园，在基罗萨（Kilosa）的奥托（Otto）种植园，和在萨代尼（Sadani）的莱比锡棉纺厂（Leipziger-Baumwollspinnerei/leipzig Cotton Spinners）种植园，是由德国最有影响力的两家棉花纺织企业建立的，这一模式是垄断资本主义生产商同原材料生产建立直接联系的例证。

　　种植园要承担高额的运营成本，包括租借土地、购买工具和种子、雇用劳动力、支付管理和运输费用、缴纳佣金、轧棉和压棉，尽管灌溉和施肥成本较低是一大优势，但是劳动力供应困难是鲁菲济棉花种植园更难以逾越的障碍。

　　棉花种植园本身并没有多少吸引当地劳动力的地方，常常不能按时向劳工发放工资，有欺诈和试图延长合同期等行为，农民对其充满了不信任。马及马及起义后，棉花生产政策向小农种植转变，农民自己种植棉花，对种植园的工作兴趣更少了。

　　欧洲种植者和种植园主最初的乐观很快消失，向殖民当局持续抱怨缺乏劳动力，一些种植者尝试阻止那些日薪工人种植自己的棉田，威胁他们如不照办就会实施惩罚，因为他们害怕农民在农忙时节缺工。殖民当局出于对发生类似起义的担心，以及对种植园生产的不满，越来越转向实施小农棉花种植政策，严厉的劳工体制也更多地转向类似于自由劳动力市场的体制，不再普遍推行强制劳动力征募。缺少了高压和强制力的殖民者失去了蛮力，发展自然受限。棉花种植园的面积在 1910 年后逐渐稳中有降，也进一步凸显了棉花产业种植园经济发展乏力。

　　2. 英国殖民时期的棉花经济的发展

　　"一战"东非战场的军事行动严重破坏了成长中的棉花产业。很多欧洲定居者，尤其是德国人的种植园被抛弃了，艰难维系的棉花种植园更没有生存空间，大量本土壮丁被征召从事军事服务，那些剩下的劳动力不再受到殖民政府及其代理人的敦促，也不再管理棉田，而那些少数继续种植的人发现已经没有可以销售的市场了，而且，后来没有了棉籽，棉花基本上在坦噶尼喀停产了。

英国着力尝试在印度、埃及以及其他非洲殖民地推广棉花种植，改善当地棉花品种，力求摆脱对美国原棉的高度依赖。美国内战造成的"棉花荒"早就迫使世界各大棉纺织生产国寻求棉花的替代来源。欧洲大陆各国在改良机器方面取得一些进展，比英国消费了更多的印度短绒棉。尽管整体上仍无法扭转棉纺大国对美国棉花的依赖，而且美国自身对棉花的消费也增加了。棉花生产成本也增加了，棉花价格相应增加，而棉花供应相对短缺，这些无不迫使英国在内的棉纺大国力避棉花短缺危机，更迫切地寻找棉花替代来源，而且是更廉价的来源。

英帝国棉花种植公司从 20 世纪 20 年代起积极为活跃，对坦噶尼喀的棉花推广发挥了重要影响。1920 年，公司派遣棉花专家前往坦噶尼喀调查棉花种植状况，专家建议在苏库马等棉花种植区提供足够的技术人员，服务和监督棉花种植。[1]

英国棉花种植协会在殖民地采取了一系列措施，推广棉花种植。这些措施包括建设轧棉厂和采购点，实施价格激励措施，给予生产高品质棉花者特殊奖励，提供财政资助、技术建议、免费棉籽等。英国政府也积极参与了棉花研究和试验，向殖民地农业部门派遣工作人员，发展基础设施，包括修建公路、铁路，从事海港建设以及开展灌溉项目等。

经过以上努力，非洲殖民地的棉花产量从 1910 年到"一战"开始前大幅增长，四年间几乎翻番，"一战"后到 20 年代中期整体也处于增长之中。1910 年，协会负责生产的棉花共三万包，价值 45 万英镑，到 1922 年，达到 16.5 万包，价值 400 万英镑。[2] 总体来讲，在实现将非洲作为原棉来源地，以及提高帝国范围内总体棉花产量方面，英国棉花种植协会实现了其目标，坦噶尼喀也增加了棉花产出并发展成为当地最重要的出口作物之一，尽管从绝对量上看，坦噶尼喀对实现英帝国的目标贡献有限。

1　Pius Mbonya, Livestock VS Cotton: A Conflict in the Early British Colonial Economic Policy in Usukuma 1920–1950s—The Case Study of Shinyanga District, Tanzania., Master Thesis, Faculty of Arts and Social Sciences, University of Dar es Salaam, 1987, pp.103–104.

2　British Cotton Growing Association, *Journal of the Textile Institute*, Proceedings and Abstracts, Volume 14, Issue 9, September 1923, p.195.

3. 苏库马地区的棉花种植与棉花带的转移

苏库马地区位于维多利亚湖南部，范围包括今天的姆万扎省和申扬噶（Shinyanga）省，除了位于湖中的大小岛屿外，今天几乎所有的县市都是棉花种植区。该地区的地形、海拔、降水等情况分布均匀，非常适宜棉花种植。

苏库马地区的棉花生产潜力在德国殖民末期已经开始有所体现，棉花产量逐年增长，然而，"一战"后直到 1920 年以前，由于没有殖民力量敦促棉花生产，棉花生产实际上在全国范围内基本停止了。英国殖民当局想要重建殖民经济秩序，经济作物种植又提上日程。英国殖民当局在间接统治体制下，要求酋长带头领导农民种植棉花，农业部门的巡视员负责对种植事宜进行监管，在德国殖民晚期逐渐消减的强制力又部分恢复了，小规模的冲突此起彼伏。

通常情况下，政府法律条例等强制措施的出台也是出于无奈，殖民当局指望非洲人能成为依赖经济作物生产的生产者和劳动力，但本土人的优先选择总是传统经济。苏库马人既不为种植园提供劳动力，也不种植棉花，难免让殖民当局受挫，一般的经济刺激措施难以奏效。坦噶尼喀的殖民当局转向运用政治手段推动棉花种植。1926 年，英国殖民当局颁布《本土政府第 18 号条例》（Native Authority Ordinance No.18），授予酋长收税、开展发展项目、执行法律（习惯法）的权力。[1] 该条例实际上确立了本土行政机构作为殖民代理人的身份，为已长期实行的间接统治政策提供了明确的法律依据。《本土政府条例》以及其他行政强制力成为推动棉花种植的有效手段。除了这些以强制力为基础的措施外，英国殖民当局还提供技术服务，帮助开辟新田地，推广棉花种植。殖民当局仅有极为有限的资金投入农业推广，农业部门的官员同样数量有限，因而很多时候只能依赖行政指令和农业部门详细的指导推广农业种植。

殖民当局在酋长和农业指导员的推动下，通过帮助农民开辟处女地、免费提供犁地服务、免费分配棉籽、就近轧棉、提供交通便利等措施有效地刺激了农民的棉花生产，对种植粮食、棉花以及放牧而展开的竞争有所缓解，产棉区，尤其是苏库马地区棉花的种植面积和产量都增加了。到 20 世纪 30 年代，棉花成为申扬噶县的

1　F.A.Moseley, EsQ., Tanganyika Territory, Review of Legislation, 1926, *Journal of Comparative Legislation and International Law*, Vol. 10, No. 3(1928), p.158.

主要出口作物，苏库马地区其他的县也是如此。

在 20 世纪 20 年代初，申扬噶县所在的苏库马地区，棉花种植几乎从无到有，整体上呈现了逐年增加的趋势，而且，尽管有些数据不完整，20 年代申扬噶县的棉花生产率（棉花产量与棉籽的比率）提高了，这也表明棉花生产技术的进步。从整个坦噶尼喀范围看，整个 20 年代中棉花的出口量也呈现了上升的趋势，只是在 20 年代中期，出口增长出现了停滞。总体而言，殖民当局的棉花推广措施取得了一定成效。在英国殖民初期，东非殖民地棉花的小农生产类型逐渐取得支配地位。[1] 统计数据显示，除了沿海省份种植园集聚的地区外，在后来成为该国最主要棉花产区的西部，绝大部分棉花都是本土人种植的。[2] 20 世纪 20 年代中期到 30 年代，坦噶尼喀的棉花产量稳中有增，湖区（苏库马地区）的棉花产量在 20 年代已经占有全国产量的较大份额，到 30 年代初实现了赶超并确立了在该国主要棉花产区的地位，这一变化影响至今。

湖区的棉花产量在 20 世纪 50 年代初稍微停滞之后，大体从 1952 年开始大幅增加的趋势，每英亩的产量也比原来增加了 1.5 倍左右，并维持下来，这说明生产效率得到了提升。棉花总产量在独立前的最后 10 年间增长了 3 倍，虽然统计数据不算很完整，棉花种植面积和棉农数量显然也大幅增加了。

4. 棉花销售与棉花合作社

德国和英国殖民者建立起棉花产业，尤其是确立小农棉花生产体制后，同样依赖以印度人为主的亚洲中间人收集和运输棉花，这些亚洲商人同样有资本建立轧棉厂，自己处理棉花，或者充当欧洲棉纺产业的代理人。因此，运输价值量低的棉花以及建立需要高资本投入的轧棉厂都是本土人不可企及的事务，在内陆地区，这些基本为亚洲人垄断。

随着时间的推移，对于本土人来讲，棉花销售成为坦噶尼喀棉花产业主要的问题。在殖民经济发展和本土人长期参与后经济意识觉醒的背景下，棉花销售日

1　Cotton-Growing in the British Empire, *Nature*, Vol.116, 24, October, 1925, p.629.

2　到 20 世纪 20 年代后期，产量仅次于姆万扎的莫洛葛洛，本土人种植的棉花产量占当地总产量的一半；在达累斯萨拉姆等地，不及一半；种植园最集中的坦噶省最低，其总产量极为有限，参见 W.C.Aman, *Cotton in South and East Africa*, London:Longmans Green & Co. Ltd., 1927, p.104.

益成为一个政治问题。1937 年，殖民当局出台条例（取代 1920 年棉花条例），限制了向轧棉厂供应棉花的特许商人的数量，确立了区域销售代理政策。[1]但是，在"二战"期间，为保障棉花的常规供应，避免挫伤地方种植者的积极性，英国殖民当局鼓励亚洲中间人建立更多购买点，因而种植者都能处在离最近的销售点周边半径 5 英里（8 千米）范围内。[2]由亚洲商人掌控市场销售和轧棉的体系相对有效，他们投入大量的资金建立轧棉厂，乐于获取尽可能多的棉花供应。1950 年，轧棉能力超过 10 万包棉花的轧棉厂，产量仅 4 万包，可见棉花产业的发展空间仍很大。[3]但是，当地棉农既不信任殖民政府，也不信任亚洲商人，他们感觉自己被商人剥削了，认为他们在称重时作弊，也有一些积攒了一些资本的农民认为，销售和轧棉应掌握在非洲人手中。

　　另外，在棉花销售上，本土人面临长期价格低的局面。在 1943 年到 1952 年间，坦噶尼喀出售棉花的价格一直低于世界价格，这是同伦敦原棉委员会签订长期合同的结果。殖民政府自己决定价格，从中获取低收益，但是种植者获得的收益甚至还要少于其一半。40 年代末，当局的政策是划分预期收入，大体上五分之二给种植者，五分之二给中央和地方政府，五分之一给轧棉工人。当收入高于预期时，种植者获得的收益比例更小，这在 1951 年以前价格增长时是常态。[4]本土种植者的反应最初是消减种植量，增加价格相对提高的作物的种植，或者将棉花走私到邻国乌干达。实际上，本土人种植棉花的价格同样没有非本土人种植的棉花价格高，尽管后者的种植量到后来几乎无足轻重了。这时候本土人的咖啡合作社已经建立并发展起来，本土棉农也要求在棉花产业中得到更大的份额。

　　本土人的棉花合作社呼之欲出，保罗·博玛尼（Paul Bomani）作为一名关键

1　R. S. W. Malcolm, *Report on Co-operative Development for the Year 1953*, Moshi: KNCU Pringting Press, 1954, p.11.

2　Göran Hydén, *Beyond Ujamaa in Tanzania: Underdevelopment and an Uncaptured Peasantry*, University of California Press, 1980, p.59.

3　Hans Ruthenberg, *Agricultural Development in Tanganyika*, Springer-Verlag Berlin Heidelberg, 1964, p.57.

4　B. D. Bowels, The Political Economy of Colonial Tanganyika, 1939 －1961, in M. H. Y. Kaniki(ed.), *Tanzania Under Colonial Rule*, Historical Association of Tanzania, 1979, p.175.

人物推动了这一进程。[1] 到 1953 年，该地区已有 39 个棉花初级营销社成立，整个地区大约两万名社员共收集了 2 691 吨籽棉，大约相当于 861 吨皮棉，约 4 822 包（400 磅），都按照皮棉与籽棉营销管理局确定的价格出售给了轧棉厂。[2] 随后，苏库马地区的合作社运动蓬勃发展。

在殖民统治最后的 10 年中，尽管棉花销售体制慢慢转移到本土非洲人控制下，但是，棉花生产和销售多年以来由非本土人掌控、殖民政府发展政策的失败等因素，都使得该地区成为产生坦噶尼喀民族主义的温床。[3]

四、推广与营销：咖啡经济与本土合作社的发展

同剑麻和棉花不同，咖啡是非洲本土培育并广泛传播的作物。在坦噶尼喀，德国殖民者侵入以前，当地已经种植有罗巴斯塔（Robusta）品种的咖啡，该品种主要种植于该国西北部的布考巴（Bukoba）地区，尽管其用途在当时主要是仪式性的，不是用来饮用，而且咖啡的种植也为以酋长为首的统治阶层垄断。后来在坦桑尼亚广泛种植的另一品种是阿拉比卡（Arabica）咖啡[4]，它是 19 世纪末期由欧洲传教士引入的，集中在乞力马扎罗山周边地区种植。这两个地区是殖民时期坦噶尼喀咖啡主要的生产地。咖啡作为一种价值高的经济作物，是殖民时期主要的出口作物之一，其商业化的生产和营销对坦噶尼喀种植咖啡的地区产生了深远影响。

1　R. S. W. Malcolm, *Report on Co-operative Development for the Year 1953*, Moshi: KNCU Pringting Press, 1954, p.11; Andrew Coulson, *Tanzania: A Political Economy*, Oxford: Clarenson Press, 1982, p.67.

2　R. S. W. Malcolm, *Report on Co-operative Development for the Year 1953*, Moshi: KNCU Pringting Press, 1954, p.12.

3　Göran Hydén, *Beyond Ujamaa in Tanzania: Underdevelopment and an Uncaptured Peasantry*, University of California Press, 1980, p.60.

4　一般来讲，当今世界主要的咖啡品种即为罗巴斯塔和阿拉比卡两种，两者相较，前者抗病害能力强，但口味较差，一般用作速溶咖啡的混合原料，后者品质更佳，价值更高。虽然两种品种种植对海拔有略微不同的要求，但在坦噶尼喀不同地区，两者都有种植，只是比例不同，总体上布考巴地区以罗巴斯塔为主，乞力马扎罗山地区以阿拉比卡为主。

1. 布考巴地区咖啡产业的发展

布考巴县位于维多利亚湖西岸，分别与乌干达南部、卢旺达和布隆迪东部接壤，处于坦桑尼亚的西北角。该地区是坦桑尼亚人口最稠密，农业生产最丰富的地区之一。

布考巴县种植的罗巴斯塔咖啡是几个世纪以前从刚果引入的。传统上，咖啡被用于仪式、药物或者长途商队中用以提振精神的刺激物，种植掌握在酋长阶层手中[1]，直到德国殖民统治后期，它都没有作为商品作物进行大规模种植。到20世纪初，这一地区物产丰足，已处于能成功适应新的商品经济的状态。布考巴地区的咖啡生产在德国统治末期发展迅速。到"一战"前发展为以商业生产为基础的咖啡种植，相对成功地引入了哈亚人的生产体系。

接管了坦噶尼喀之后，英国殖民当局也发现了布考巴县所在地区的发展潜力，很快就着手推广咖啡种植。从1919年到1924年，布考巴地区种植了数以百万计的咖啡树苗，正是这些树苗供应了"二战"前布考巴全部出口的咖啡。[2] 本土统治阶层在同英国殖民当局的合作中受益颇多，随着咖啡种植带来的农业商业化，原先具有再分配色彩的贡赋体系被削弱了，人们献上的贡赋更多的是多样化的财富来源。后来，殖民政府用在公共工程中的义务劳动代替劳役，通过增加现金赋税代替实物贡赋，本土统治阶层仍是受益人。

咖啡产生的财富为当地带来的变革不啻为一场革命，现金经济变得日益重要，深深地影响了当地农村的社会生活，有人认为当地后来的离婚、性传播疾病蔓延等，是布考巴农业商业化最危险的遗留影响之一。[3] 物质的富裕促进了教育和宗教

1　Joseph Kulwa Kahama, *Sir George: A Thematic History of Tanzania Through His Fifty Years of Public Service*, Beijing: Foreign Languages Press, 2010, p.6; T.S.Jevis, A History of the Robusta Coffee in Bukoba, *Tanganyika Notes and Records*, No.8, 1939, pp.47–58.

2　Kenneth R. Curtis, Smaller is better-A Consensus of Peasants and Bureaucrats in Colonial Tanganyika, in William Gervase Clarence-Smith, Steven Topik(eds.), *The Global Coffee Economy in Africa, Asia, and Latin America, 1500–1989*, Cambridge: Cambridge University Press, 2003, p.318.

3　柯提斯还谈到了"在1929—1930年间经济大危机时离婚率增高，那时罗巴斯塔咖啡豆的当地价格一年之内下降了75%，那些刚迎娶了新娘的人，对于用现金归还借贷则感到绝望，将新妻子归还给其岳父，并要求其归还其已支付的聘礼。"参见 Kenneth R. Curtis, Cooperation and Cooptation: The Struggle for Market Control in the Bukoba District of Colonial Tanganyika, *The International Journal of African Historical Studies*, Vol. 25, No. 3(1992), p.508。

在当地的迅速传播，当地对于进口商品的需求也急剧增长。咖啡繁荣对布考巴地区阶级结构也带来直接影响，这表现为新的教育者或传教者、医生助手、本土政府雇用人员群体的迅速成长，他们日益构成新社会的脊梁，另外是富农阶层或者"进步农民"的增长和失地的劳动阶级的出现、非洲小商人的成长与其同亚洲上层商人间的竞争，这些促进了该地政治性组织的萌生与发展。

2. 乞力马扎罗山地区咖啡产业的建立与发展

坦噶尼喀独立以前，除了布考巴地区，另一个最重要的咖啡产区位于乞力马扎罗山周边，这里的气候、降水和土壤非常适合咖啡种植。这里种植的是阿拉比卡品种的咖啡，其品质比罗巴斯塔更好，在国际市场上价值也更高，不过它不是本土培育的品种，而是由欧洲传教士于 19 世纪末引入，由最初缓慢地推广，到日益发展为坦噶尼喀重要的出口作物之一。

德国占领坦噶尼喀后，咖啡同样也是殖民政府试验并推广的经济作物之一。但是，直到殖民统治中期德国才认识到乞力马扎罗地区咖啡生产的潜力，因而在此之前该地区的咖啡业发展进程相对比较缓慢，其他一些因素也使得该地非洲农民种植咖啡的情况复杂。总体上，在德国统治期间，非洲人开始种植阿拉比卡咖啡几乎没有遭到殖民政府干预。

1921 年，查尔斯·邓达斯（Charles Dundas）开始担任乞力马扎罗山地区的殖民长官，他发现了当地具有种植咖啡的潜力和当地人种植咖啡的意愿，鼓励他们重新开始大规模种植。[1]一旦得到了官方的支持，小农咖啡种植就开始加速，毕竟咖啡树同香蕉树相对能便利地间作，不需要过多额外的田地，因而种植咖啡能很容易融入既有的农耕体系。欧洲种植园主和其他非洲酋长或农民的示范作用也是促进种植咖啡的因素。

1926 年 6 月，殖民当局颁布第 2 号规章（Rule No.2），确立了农民在种植咖啡时要严格遵循的主要原则，重点是幼株的护理和种植。乞力马扎罗本土种植者协会虽然是由殖民政府发起的，但本土种植者在其中发挥了积极的推动作

1　Andreas Eckert, Comparing Coffee Production in Cameroon and Tanganyika, c.1900 to 1960s, in William Gervase Clarence-Smith, Steven Topik(eds.), *The Global Coffee Economy in Africa, Asia, and Latin America, 1500–1989*, Cambridge: Cambridge University Press, 2003, p.292.

用。本土种植者后来主导了种植协会，没有让殖民政府推动的酋长委员会接管，酋长委员会实际上是殖民政府实施"间接统治"的工具。因而种植协会也可以被看作一个既非酋长，也不是殖民政府管理的组织，但是，其在咖啡经济发展中发挥的作用得到殖民政府的认可，在整个山区都有拥护者，后来其代表还扩展到附近的梅鲁山区和派厄山区。酋长阶层因其特权以及在殖民政府管理中的地位，受到的欢迎越来越少。[1]因此，协会领导者虽然也是本土人，普通的咖啡农也赚钱了，但前者同普通民众之间还是有显著的阶级分化的，在殖民统治下这种内部矛盾暂时不会激化，但咖啡经济和殖民统治实质上将当地社会分化了。

1932 年，根据《七号合作社条例》（Co-operative Societies Ordinance No. 7），乞力马扎罗本土合作社联盟（Kilimanjaro Native Cooperative Union, KNCU）在本土种植者协会重组的基础上成立。[2]该合作社联盟是坦噶尼喀第一个正式成立的合作社，在整个东非范围也有先锋作用，但它的性质同之前的本土种植者协会截然不同。协会于新的农业商品化社会、政治、经济条件下自发地产生，逐渐发展成为一个独立的非洲人主导的组织，但是最终被殖民政府收编到自己的管理之下。[3]本土合作社联盟已经垄断了咖啡销售，这被称作"查噶规则"，因为其仅适用于乞力马扎罗山地区的本土咖啡种植者。

多种因素的结合，使得咖啡经济稳定下来，合作社联盟也基本上进入了稳定发展状态。而且，联盟取代亚洲人成为当地咖啡种植唯一的法定采购者，这使得该组织也变得更稳定。咖啡合作社联盟为当地引入了农业和商业发展相关的现代技术，其为成员提供的培训涉及合作社实践、法律、商业政策等，这提高了合作社成员的生产能力和素质。最为显著的影响是其吸引了更多农民从事咖啡种植，增加了咖啡种植群体的家庭收入。

1　John Iliffe, *A Modern History of Tanganyika*, Cambridge: Cambridge University Press, 1979, p.277.

2　Arthur Lewey, H.G.Morgan, Geoffrey Jobling, A.N.Doorly, East Africa, *Journal of Comparative Legislation and International Law*, Third Series, Vol. 16, No. 3 (1934), p.166.

3　收编（Cooptation）一词来自柯提斯，形象地反映了本土倡议同殖民当局控制之间的关系。参见 Kenneth R. Curtis, Cooperation and Cooptation: The Struggle for Market Control in the Bukoba District of Colonial Tanganyika, *The International Journal of African Historical Studies*, Vol. 25, No. 3(1992), p.514。

结语

结合前文的论述，殖民经济给非洲带来的变动仍是显著的，客观上有些方面在坦噶尼喀历史发展中起到了一些有益的改变作用，尽管其作用非常有限，但更多的是长期的负面影响。首先，这些有益的改变具体体现在以下几个方面：

第一，新的经济作物的引入，丰富了当地农业经济生产的多样性，初级农产品出口的结构从无到有，到逐渐被建立和巩固起来。随着殖民时期经济作物的推广和发展，坦噶尼喀越来越多的地区被卷入外向型的市场经济中。[1] 独立后直到今天，那些作物种植区仍以殖民时期推广的这些经济作物为生产重心，坦噶省的剑麻、苏库马的棉花、乞力马扎罗山和布考巴的咖啡至今仍是非洲经济作物生产的名片。

第二，在种植园所在地区以及殖民经济开发的地区，一些经济作物被证明在气候、土壤、降水等方面适宜当地生产，在作物试验和管理、种植方法、良种推广等方面是坦噶尼喀现代农业发展的最早尝试。殖民当局在其他国家和地区已经积累了一些经济作物种植经验，包括棉花、咖啡等在内，并在坦噶尼喀继续推广。另外，剑麻、棉花和咖啡种植中心建立起了几所作物研究机构，如棉花学校、剑麻研究所等，为现代科学种植方法的研究和推广奠定了一定程度的基础。

第三，殖民当局的作物经济推广，一定程度上推动了原先相对封闭地区同周边的联系。德国殖民当局建设铁路的最初动机之一，就是便利种植园经济的发展，通过铁路和公路系统将坦噶尼喀各地有机地联系在一起。总体看来，经济作物生产和现代交通的发展相互推动，地区之间的经济互动范围较原来有了大幅拓展，以族群接触和商队贸易形式相联系的各地最终更紧密地联系在一起。

第四，客观来看，尽管殖民作物经济发展的程度有限，但相比于自然经济状态

---

[1] 有关这一时期殖民经济外向型的特征，国内殖民主义史研究者已多有论述，一般称"非洲经济被纳入资本主义世界体系，沦为西方经济的附庸"。本研究无意对此表述提出挑战或者为殖民经济"正名"，此处仅指出要强调"量化"变化的一面，而非因"定性"将其忽视。参见舒运国：《试析非洲经济的殖民地化进程（1890—1930）》，载《世界历史》1994年第1期，第52页。

下的自给自足，新引入和发展的经济作物活跃了本土及地区性的粮食市场（主要是同肯尼亚以及乌干达之间），在相对和平的社会环境中人口得到了大幅增长。

最后，主要经济作物的种植和推广为坦噶尼喀的民族主义运动带来了直接影响。经济作物生产以及其销售组织的发展是民族主义运动在坦噶尼喀产生的基础。非洲人协会是坦噶尼喀最早的本土政治团体之一，后来成为领导坦噶尼喀走向独立的坦噶尼喀非洲民族联盟的组成部分，其成员最初多为服务于殖民政权的本土公务员，其地方支部在 20 世纪 30 年代初直接参与组织和建立了西北部布考巴县的本土咖啡组织，取得了一定的政治影响。1952 年，尼雷尔从英国回国时，国内的合作社运动已经开展起来，殖民当局的经济政策已经趋向稳定，资金投入和对非洲人的支持有稳步增加的趋势，民族主义者从既有的经济作物营销组织中获得了宝贵的组织和政治经验。

殖民统治下经济作物的种植和推广，客观上为坦噶尼喀的经济、社会、政治带来了一些有益变革，但是从长远来看，它们带来了更多的负面影响，这些表现为：

第一，剑麻、棉花、咖啡等经济作物的种植，推动了片面发展少数专供出口的农作物的生产，造成了经济结构的畸形发展和区域发展的不平衡。如前文所述，这种片面性即农业经济作物的种植表现为显著的区域性特点。从全国范围内看，出口经济作物的引入和种植丰富了作物多样性，但是，从地方角度看，它们大多是局部集中种植。殖民当局不鼓励地区作物种植的多样化，尽管这受到自然条件限制的影响，地区专门化生产的政策使得作物生产和出口结构变得单一。这种区域不平衡的发展过程中，获利的本土精英注重私利和狭隘的地方主义，对坦噶尼喀民族认同是一种阻碍因素，后来的民族主义运动和后殖民政治都受到了深刻的负面影响。[1]

第二，经济作物推广同铁路和公路等交通设施的发展相互促进，但是两者因殖民当局财政投入有限又相互制约，这种关系的影响很长远。铁路在剑麻、棉花、咖

---

[1]　以经济作物种植为基础的合作社运动推动了本土精英的出现，一般认为他们推动了民族主义运动的发展。但是，随着非洲国家独立事业的完成，国民经济发展中遇到诸多困难，学者们对继承了殖民体制和殖民意识形态的本土精英们也越来越持批判态度，认为他们要为非洲的长期困境负责。关于这一点，普拉（Prah）有较为全面的论述，参见［加纳］奎西·克瓦·普拉著，姜德顺译：《非洲民族：该民族的国家》，北京：民族出版社，2014 年，第 58—97 页。

啡等经济作物运输过程中的作用是显著的，但是，这些经济作物的生产无法保证铁路部门盈利。坦噶尼喀的交通体系整体上如同向沿海输送农业原材料的主脉络，将农作物源源不断地输往海外。只有到殖民末期，殖民当局才从全国范围内提出公路网规划，这是在经济作物发展推动财政收入增长的基础上展开的，其着眼点仍是便利于殖民经济。因而，总体上以经济作物生产为基础的殖民经济，使得坦噶尼喀的交通网络分布非常不平衡，这些为独立政府所继承。

第三，经济作物的种植和推广，破坏了坦噶尼喀自给自足的自然经济和耕作实践，影响了当地的营养需求和粮食安全。有研究认为，从经济作物引入的19世纪末开始，生产的过程损害了非洲人的营养需求，从而损坏了非洲人的健康状况。[1] 对于坦噶尼喀人来说，粮食自给自足是第一要义，绝大部分本土人种植粮食都是用于自身消费，盈余的用于交换或出售的粮食仅占家庭收获总量的一小部分。如果收成不佳，农民们不会也无力出售粮食。殖民当局仅仅鼓励种植园附近地区的农民，将粮食出售给种植园的劳工。[2] 殖民时期经济作物的推广，并没有为坦噶尼喀社会创造大量积累财富的条件。它既破坏了自给自足的自然经济和传统的耕作环境，使得坦噶尼喀的粮食安全受到威胁，也没有培育起真正的现代农业生产体系，这些长期制约着社会经济的发展。

最后，经济作物的种植和推广，改变了传统土地占有制度和土地利用状况，破坏了传统的生态控制策略。为适应经济作物的推广，殖民当局引入的土地国有和土地可以出售的理念都是影响深远的殖民遗产。本土非洲人开始丧失对自身环境和社会的掌控，饥荒、战争、殖民政策等形成的合力，使得本土人降低或失去了种植作物和生态的决定权和主动性，通常这被认为是后来坦噶尼喀一系列生态问题的

---

[1] 通常这种看法同饥荒的流行联系起来。参见 Gregory H. Maddox, Njaa: Food Shortages and Famines in Tanzania between the Wars, *The International Journal of African Historical Studies*, Vol. 19, No. 1(1986), pp.17-34;［加纳］奎西·克瓦·普拉著，姜德顺译：《非洲民族：该民族的国家》，北京：民族出版社，2014年，第43—44页；Catherine Cymone Fourshey, "The Remedy for Hunger Is Bending the Back": Maize and British Agricultural Policy in Southwestern Tanzania 1920-1960, *The International Journal of African Historical Studies*, Vol. 41, No. 2(2008), pp.226-227。

[2] Deborah Fahy Bryceson, *Food Insecurity and the Social Division of Labour in Tanzania, 1919 -1985*, Hampshire: McMillan, 1990, p.98.

根源。[1]

　　殖民经济带来的客观变动是对坦噶尼喀自然经济的侵入。坦噶尼喀的沿海在殖民占领之前已有长期的贸易史，殖民侵入也是从沿海开始的，后来才通过经济作物推广等将内陆地区卷入殖民经济。然而，经济作物生产和出口并不是正常贸易的一部分，本土非洲人并没有真正掌控作物种植的决定权，仅仅到了殖民统治后期，随着合作社运动的发展，作物生产和销售的自主性才显著提高。所以，不能简单地认为殖民经济的发展不偏不倚地完成了"双重使命"，认为其影响就像是硬币的两面，它并非典型的矛盾对立体，从各种角度看，其"破坏性"更显著，"建设性"又非常不足。[2]

　　总体而言，以经济作物生产为中心的殖民经济，强化了坦噶尼喀的地区差异，制约着社会经济整体的发展，没有为现代化农业生产体系的建立打好基础。这些影响的具体体现包括，经济结构不合理、区域发展不平衡、交通网络分布不均，另外，自然经济遭到破坏，传统耕作实践和传统土地占有制度受到动摇，当地的人的营养需求和粮食安全受到威胁。因而，坦噶尼喀整体的社会经济受到制约，经济、交通、政治等领域在独立后承袭了大量的殖民遗产，一直影响着后来坦桑尼亚社会发展和现代化的进程。尤其是作为社会经济基础的农业领域，现代化发展基础非常薄弱，机械化、农产品机构合理化、拓展服务等都对其是现代农业的基本要素，其发展在殖民时期基本上无从谈起。

　　从20世纪初到取得独立的半个多世纪中，坦噶尼喀的社会经济获得了显著发展，整体上处于自然经济状态的坦噶尼喀社会，更加深入地融入世界经济之中。但是，无论是德国殖民政府，还是英国殖民政府，都无意于真正发展当地经济，他们

1　相关的论述散见于 20 世纪 70 年代一些"依附论"学者的著作以及之后"非洲生态环境史"学者的论述中。后者因该领域研究多集中于"殖民影响"的定性以及微观研究，相对缺少定量分析，本文仅简要提及，并未详细展开。参见 Brian D. Bowels, Export Crops and Underdevelopment in Tanganyika, 1929–1961, *Utafiti: Journal of the Faculty of Arts and Social Science*, University of Dar es Salaam, Vol.1, No.1, 1976, p.74; Gregory Maddox, James L. Giblin, Isaria N. Kimambo(eds.), *Custodians of the Land-Ecology &Culture in the History of Tanzania*, James Currey Ltd, 1996; Helge Kjekshus(1977&1996), *Ecology Control and Economic Development in East African History: The Case of Tanganyika, 1850–1950*, Dar es Salaam: Mkuki na Nyota。

2　郑家馨等人的研究也得出类似的结论。参见郑家馨：《关于殖民主义"双重使命"的研究》，《世界历史》，1997 年第 2 期，第 94—96 页。

对经济作物种植的推广仅限于自身认为重要的初级战略原料。本土人的劳动是经济作物种植推广的基础，而且，很多时候本土人的主动性发挥了重要作用，这在殖民后期的合作社运动中尤为显著。

剑麻、棉花、咖啡成为整个殖民时期最重要的三种经济作物。由于完全是面向世界市场，这些经济作物的生产显然受到世界局势的影响，世界经济危机、世界大战的爆发、战后市场繁荣等都对其有显著的影响，它们都没有推动本土工业的发展。

殖民时期这三种最重要的出口经济作物，都是为了宗主国的市场需要和供应来源的多样性而生产，增加殖民地出口本身并不是殖民当局追求的主要目标，同样也不意味着坦噶尼喀社会经济状况的改善。进出口贸易状况显示，在殖民统治初期，坦噶尼喀以入超为主，殖民当局处于"投入"阶段，从 20 世纪 30 年代开始，坦噶尼喀转入出超时期。处于殖民统治下的进出口贸易性质不同于主权国家统治下的进出口贸易，考虑到坦噶尼喀贫困民众对进口产品消费的低迷状态，长期出超意味着更多的原材料输出，这些是通过经济作物生产的增加实现的。

大部分时期，坦噶尼喀殖民当局仅有有限的财政资源，开支大部分用于行政机构运转，包括维护军队、警察和司法管理，确保殖民统治秩序，整体财政收入不高，开支也很少。所以，尽管随着坦噶尼喀合作社运动的进一步推进，以剑麻、棉花、咖啡为主的出口经济作物生产和出口大幅增加了，真正对本地发展产生的推动极为有限。

对于殖民当局和坦噶尼喀来说，经济作物的种植和推广使其受影响的程度并不相同。殖民当局将其作为原材料供应的多样化来源地之一，坦噶尼喀被迫建立起了符合殖民利益的经济结构，丧失了社会经济发展的主动性，为后殖民时期的发展埋藏了危机。对于德国或英帝国而言，它们仅是农作物原料的多样化来源地之一，在世界市场上所占比例微乎其微，这些经济作物构成的产业从未获得剑麻所带来的权力。尽管如此，各种经济作物的种植与推广对坦噶尼喀社会经济带来了多方面的深远影响，超越了殖民经济和殖民时代的历史范畴。

殖民统治的维护者认为在包括坦噶尼喀在内的撒哈拉以南非洲，自给自足的自然经济是"静止的"，这些认识无视人口再生产、社会传承、生态控制等本身也是发展的一部分这一事实。不过，坦噶尼喀社会经济发展程度低，社会物质财富积累较少同样是历史事实。从这个角度看，对坦噶尼喀而言经济作物是"外源性"的，因而学者奥斯汀提出了"经济作物革命"（cash crop revolution）[1]这一概念，如果将此概念进一步延伸，可以将经济作物种植看作坦噶尼喀走向现代化的基础。但是，这种认识的准确性依赖于对"经济作物革命"概念的理解程度。如果从严格的意义来看，"经济作物革命"意味着彻底的改变，显然这无法解释后来历史发展的事实，即坦噶尼喀长期的欠发达。因而，那种同自给自足的自然经济相区别的经济结构和发展历程，并没有那样彻底的"革命性"。

坦噶尼喀本土小农生产有很强的区域性特征。芒罗（Munro）认为殖民经济产生了基于三个空间层次的不平衡的区域，即专门生产出口产品的地区、其周围供应粮食或其他服务的地区、提供迁移劳动力或隔绝于全国经济的周边地区，区域之间的边界松散，由交通成本决定。[2]这种划分同前文论述的三种经济作物发展进程相呼应。因而，仅仅是那些交通条件更有利的地区，更容易获取铁路或水运服务的地区，才能从国际市场机遇中获得有限的收益。但是，即使这些以经济作物为主的农业发展了，农耕实践中仅有有限的改变，没有普遍的、显著的技术革新，本土人仍持续地依赖粮食作物生产。经济作物种植的决定权很大程度上并不掌握在农民自己手中。这些地区之外，农业耕作者自由的余地甚至更为有限。在那些受到矿山或种植园影响的地区，粮食作物的商业化增强，附近的农业群体更喜欢种植粮食，而不是在剑麻种植园工作。

殖民时期的农业经济作物生产主要面向出口，因而其满足的是外部的需要，增加的生产不是为本地所利用，很难真正推动本地的发展。[3]从非洲种植者的角度看，

---

1 奥斯汀认为"经济作物革命"在非洲经济史中是一个关键事件，它确定了大部分非定居者（本土）经济的结构。参见 Gareth Austin, Explaining and Evaluating the Cash Crop Revolution in the "Peasant" Colonies of Tropical Africa, ca. 1890-ca. 1930: Beyond "Vent FOR Surplus", in Emmanuel Akyeampong, Robert H. Bates etc. (eds.), *Africa's Development in Historical Perspective*, Cambridge: Cambridge University Press, 2014。

2 J. Forbes Munro, *Britain in Tropical Africa, 1880-1960: Economic Relationship and Impact*, London: MacMillan Press, 1984, pp.45-46.

3 考虑到当地在大部分时期粮食的自给自足状态，这里的消费主要指的是进口的工业产品。参见 Walter Rodney, The Political Economy of Colonial Tanganyika 1890-1930, in M.H.Y.Kani（ed.）, *Tanzania Under Colonial Rule*, Historical Association of Tanzania, 1979, p.141。

出口者作物生产就像一种纳贡形式，是一种为征服者服务的不受欢迎的义务。[1] 这一时期的农业经济作物价格同生产并非总是密切相关，殖民当局有时会通过强制措施降低价格，"二战"期间的价格管制措施最为显著，这样本土种植者的收入在支付强征的税款后所剩无几，在那些不是经济作物种植区的地区，人们被迫接受强迫劳动以抵消税款。现金经济确实推广开了，但是它只不过是一种再分配体系，调动人们从事劳动生产，对城镇、交通要道、经济作物繁荣地区的人来说，它成为提供发展基础设施的有效工具，但是对于大部分农民来说没有那样重要。

另一方面，本土人在殖民经济侵入带来的一系列影响前并不是完全被动和消极的，相反，他们有很多能动性的体现。包括欧洲人种植园中的剑麻在内，坦噶尼喀的经济作物基本上都是依靠本土人的劳动生产的，本土非洲种植者既接管了棉花生产，又能在咖啡经济中分得很大份额，他们自身的能动性值得进一步关注。这种能动性既包括在殖民经济下已凸显出来的一面，也包括一些潜在的尚未激发的一面。前者包括棉花、咖啡等主要经济作物的种植以及通过合作社组织等奠定的社会经济发展基础，值得进一步挖掘和弘扬；后者包括未能充分发扬的潜能，例如发展有一定产业优势的剑麻经济在独立前就潜伏了产业危机，到独立后迅速衰落，值得反思和进一步激发。认识坦噶尼喀殖民和后殖民经济发展的局限，以及了解本土能动性发挥的程度，是理解坦噶尼喀现代化进程为何如此艰难的关键因素，尤其是后者，值得对其进行更深入的探索和揭示。

致谢

2013 年 9 月到 2014 年 9 月，笔者获得国家留学基金委资助，赴坦桑尼亚达累斯萨拉姆大学接受联合培养，外方导师约瑟夫·拉威（Joseph Lawi）教授在资料收集、论文写作等方面给予了我细心指导和帮助，在生活中的关怀也帮助我更好地适应当地的氛围。达大历史系的其他教师同样对我助益颇多，包括时任系主任马塞

---

[1] Brian D. Bowels, Export Crops and Underdevelopment in Tanganyika, 1929–1961, *Utafiti: Journal of the Faculty of Arts and Social Science*, University of Dar es Salaam, Vol.1, No.1, 1976, p.72.

博（Dr. Masebo）、青年教师安德里亚（Andrea Kifyasi）以及研究中国援助姆巴拉利农场的乔治等。达大政治系的青年教师上贵（Shanweli Juma Beria）在华师大读博士，无论是在中国还是在坦桑尼亚，其友谊和帮助让我收获良多。上贵的弟弟侯赛因（Hussein J Kabongo）在协助我融入当地生活方面给予了很多帮助，同时我让在其他调研活动中结识的凯尔文（Kelvin Godwin）加入了我们友谊的网络，彼此受益匪浅。通过调研、上课等活动结识的朋友以及加深我对坦桑尼亚认识的朋友实在太多，限于才识和篇幅，无法全面地反映从与他们交往中得到的思想火花，仅能在此对其表示诚挚的感谢。在坦桑尼亚从事调研确实存在不少安全问题，但我所铭记的是在自己一年的学习、生活经历中，大部分人都是真诚的、友好的，甚至迫切想要向我提供帮助，我很庆幸有这样难得的经历和友谊。

坦桑尼亚独立初期与英国关系
研究（1961—1965）

徐 哲

坦噶尼喀（坦桑尼亚）曾经是英国的委任统治地、托管地、自治领，无论是在托管时期还是独立以后的四年中，英国都是坦噶尼喀的最大贸易国[1]、最大援助国[2]，坦噶尼喀独立初期政府中任职的英国官员在政府中具有无可替代的作用。英国在坦噶尼喀对外关系中占有举足轻重的地位，但最终在南罗得西亚事件中，坦桑尼亚对英国的断交立场比其他任何非洲国家都要坚定，坦桑尼亚成为第一个与英国断交的英联邦成员国。[3] 本文希望通过坦桑尼亚国内政治环境的变动以及对外政策本身两条线来探讨坦英关系的历史演变。

本文主要参考材料来源于英联邦研究中心、英国国家档案馆、英国国会数据库、达累斯萨拉姆大学东非研究中心、尼雷尔基金会、坦桑尼亚国会、坦桑尼亚档

1　在1955年至1965年，坦噶尼喀（坦桑尼亚）对外贸易中，英国所占的比重均超过了30%，英镑区所占的比重均超过了50%，数据统计来源于个人归纳，详情参阅 United Nations E.A. Statistical centers, Dar es Salaam，*Statistical Abstract 1963*, Table.4(a)—contd，pp.35–38; Table E.5, p.39; *Statistical Abstract 1964*, Table E.5, p.39; *Statistical Abstract 1965*, Table E.5, p.39. *Statistical Abstract 1966*, Table E.5, p.53。

2　Tanzania, *Budget survey 1965–1966*. Dar es Salaam, Government Printer, 1966; Okwudiba Nnoli, *Self-Reliance and Foreign Policy in Tanzania–The Dynamics of the Diplomacy of a New State, 1961 to 1971.* US: NOK Publisher International Ltd.1978, p.53.; Intelligence Memorandum, "Tanzania: A Comparison of West and Communist Economic Aid Programs." Jan 1968, CIA-RDP85T00875R001500220011–6.

3　在非洲统一组织中，几内亚是第一个因为南罗得西亚单方面独立而与英国断交的国家，但是几内亚不是英联邦成员国。

案馆、桑给巴尔档案馆、中央情报局图书馆、《人民日报》电子数据库、ProQuest
硕博论文数据库等机构。主要使用的材料系：英联邦研究中心出版的《英帝国终
结档案汇编》，涵盖了 1925—1965 年英帝国向英联邦转变过程中的重要的档案文
献；英联邦研究中心出版的《联邦口述史》，涉及坦桑尼亚历史部分；英国国家档
案馆的《内阁文件集》，内含 20 世纪英国内阁备忘录，主要系 CAB128、CAB129;
英国国会数据库 Hansard 1803—2005，主要系英国上院以及下院辩论记录；达累斯
萨拉姆大学东非研究中心留存了大量坦桑尼亚独立以来的原始文献，本文主要使用
1955—1960 年立法议会辩论记录，1960—1965 年国家议会辩论记录，1963—1966
年数据统计汇编等等；桑给巴尔档案馆殖民地报告中有关坦噶尼喀以及桑给巴尔部
分；中央情报局图书馆中有关坦桑尼亚部分，主要系《总统每日简报》以及其他有
关坦桑尼亚的周报、特殊报告、备忘录等等；《人民日报》电子数据库中有关坦噶
尼喀、桑给巴尔、坦桑尼亚、罗得西亚部分；ProQuest 硕博论文数据库中有关文献
等等。

　　坦桑尼亚是 1964 年 4 月 26 日成立的坦噶尼喀共和国与桑给巴尔人民共和国
联盟。坦噶尼喀与桑给巴尔在独立之前分别为英国的托管地与保护国，虽然两国
在地理位置上毗邻，但是两国在历史文化方面却有诸多不同，坦噶尼喀是一个天
主教徒占多数的国家，而桑给巴尔是一个穆斯林占大多数的国家。坦噶尼喀前身
是德属东非，在"一战"后，由英国和比利时瓜分。依据 1920 年《坦噶尼喀枢密
令》，英国正式托管德属东非，改名坦噶尼喀；"二战"以后，由于国联解散，坦
噶尼喀被置于英国与联合国的托管之下。桑给巴尔的历史与坦噶尼喀却有诸多不
同，英国与桑给巴尔之间的关系可以追溯到阿曼苏丹国时期，早期英国与阿曼苏丹
国在东非地区有共同的利益关系，但随着阿曼苏丹国于 1856 年分裂为马斯喀特与
桑给巴尔，这为英国势力的扩张提供了契机。1890 年英国与桑给巴尔苏丹国签订
合约，桑给巴尔沦为英国保护国[1]，桑给巴尔所有事宜归英国外交部管辖。随着英国
在桑给巴尔的统治趋于稳定，1914 年桑给巴尔由殖民部管理。由于坦噶尼喀与桑
给巴尔不同的国情及其在英国海外领地中的不同定位，导致了英国在坦噶尼喀与桑

1　详情参阅 L. W. Hollingsworth, *Zanzibar under the Foreign Office, 1890–1913*, London: Macmillan Co. Ltd,
1953。

给巴尔采取了不同的统治政策，但不管英国如何定位坦噶尼喀与桑给巴尔在其对外关系中的地位，英国在坦噶尼喀与桑给巴尔的殖民政策的目的皆是服务于英国本土。

一、坦噶尼喀独立前英国的殖民统治政策

坦噶尼喀在独立前夕经历了由国联委任统治地到联合国托管地的转变，这一时期英国在坦噶尼喀的殖民政策大致分为两个阶段：分别为"一战"后的委任统治时期，这一时期一直持续到"二战"后国联解散，联合国成立；"二战"后，原属于国联的委任统治地被移交联合国托管委员会，1952年《旧金山和约》生效后，英国与联合国之间达成了托管坦噶尼喀的协议，这一阶段一直持续到坦噶尼喀取得独立。从广义的殖民地定义上来说，委任统治地或者托管地皆属于广义殖民地的范畴，但是严格来说，英国的殖民地与托管地，委任统治地或者托管地及保护国在机构设置及其与英国关系方面上是有明显不同的；殖民地是国王的财产，其居民具有英国国籍。保护国并非国王财产，境内居民也非英国国民，而是英国保护国国民。委任统治地或者托管地与保护国不同，它们是通过订立国际合约的形式成立的，托管方依据国际合约管理托管地，虽然在名义上委任统治地或者托管地与保护国存在诸多不同，但在实际上，英国管理委任统治地或者托管地的方法与保护国没有什么不同。但也恰恰是因为英国对委任统治地或者托管地的管理是建立在国际条约之上的，这也就为以后国际社会在牵涉托管地的独立问题上埋下了伏笔，坦噶尼喀便是此例[1]。也正是因为坦噶尼喀委任统治地或者托管地的身份，导致了其战后民族独立

---

[1] B. T. G. Chidzero, *Tanganyika and International Trusteeship*, London, New York, Toronto, Oxford University Press, 1961. Okwudiba Nnoli, *Self-Reliance and Foreign Policy in Tanzania—The Dynamics of the Diplomacy of a new State, 1961 to 1971*, NOK Publishers, New York·London·Lagos, 1978. p.30. Memo by Mr Creech Jones, commenting on Field-Marshal Montgomery's memorandum, "Development of Africa", Tanganyika, 6 Jan 1948, DO35/2380, no 3. Report of the officials' committee(Chairman, Sir N Brook): "Future constitutional development in the colonies", Part II, East Africa, Tanganyika. May 1957, CAB 134/1551, CPC（57）27. Minutes of Africa（Official）Committee meeting to discuss procure for study: "the next ten years in Africa", 14 Jan 1959, CAB 134/1353, AF1（59）.

进程有别于东非的肯尼亚与乌干达。在这两个阶段，由于不同的时代背景及英国自身在国际上的定位又导致了英国对两者采取了不同的统治政策。

1. 委任统治时期的坦噶尼喀

坦噶尼喀在"一战"后为英国委任统治，虽名为委任统治地，但英国政府对坦噶尼喀的管理与对其他非洲殖民地的管理方式并未有太大不同。这一时期，对于英国而言，坦噶尼喀只不过是英帝国获取原料的产地和商品出口市场，英国政府也不认为当地人具有适应现代世界的能力，这些因素决定了英国在委任统治时期将所有非洲人排除在中央政府的政策之外，从"一战"后殖民当局的中央、地方政策以及经济政策便可反映出英国的态度。

根据《凡尔赛和约》规定，英国于1920年正式取得对坦噶尼喀的委任统治，在坦噶尼喀设置总督。总督具有最高权力，由国王任命，代表国王管理坦噶尼喀事务。

为了加强对殖民地偏远地区的控制，英国殖民统治者采用"间接统治"的方式统治殖民地。1923年殖民当局出台了《土著政权法》，该法案授予地方行政官员、当地酋长以及首领提出议案、制定条例的权力，以便预防犯罪，维持当地秩序。这种统治方式最早在姆万扎和依林加地区实施。1926年，坦噶尼喀总督卡梅伦在1923年《土著政权法》的基础上颁布了1926年《土著政权法》，列举了土著当局作为政府的地方构成部分所履行的责任与义务。为了进一步贯彻上述法令，殖民当局通过立法授权土著当局可依据土著法或土著习惯管理地方事务。土著政权的首要职责便是其行政职能，包括依法维护秩序、征收房屋税与人头税、普查人口与牲畜并修护道路。土著政权也有自己的财政，土著政权在协助殖民当局征收人口税与房屋税以后，其中一部分将会被转移至土著政权中去，后续又增加了土著司法税、地方税。

这一时期，英国在殖民地的主要经济目的在于使用当地廉价的劳动力，给予跨国公司垄断境内的经济作物出口的权力，从而达到殖民经济利益最大化。鉴于这一时期，殖民政府的财政收入仅仅够维持政府的日常运营，所以也就很少有资金用于坦噶尼喀的公共基础设施建设，即便有一些交通设施的建设，但这些交通设施的建设也是为了服务于经济作物出口。以1925年英国对东非地区发展贷款为例，英国同意向东非地区拨付 1 000 万英镑贷款[1]，主要用于东非铁路基础设施的建设，但是这项提案背后的支持者是工业与贸易委员会[2]。

2. 托管时期的坦噶尼喀

（1）英国在坦噶尼喀殖民政策转变的背景

"二战"前英国在坦噶尼喀的殖民统治政策总体上持一种比较保守的态度，从非洲人在立法会议中的人数、间接统治方式及殖民政府的经济政策便可一窥端倪，但是战后英国明显转变了殖民政策，这种转变不仅体现在中央、地方行政机构改革，还体现在战后坦噶尼喀的经济发展政策。这一时期的政策转变一方面来源于时代的转换，另一方面也来源于战后英国殖民政策纲领的调整。

"二战"刚结束后的一段时间，坦噶尼喀依然置于国联委任统治之下，1945 年旧金山会议通过的《联合国宪章》第七章与第八章规定了坦噶尼喀将会置于联合国的托管之下。在 1946 年联合国大会第一次会议中，英国宣布其将会置原委任统治地——喀麦隆、坦噶尼喀于联合国托管之下。随着 1946 年联合国托管协议的生效，英国代表在联合国会议上表达了愿意将原非洲委任统治地置于联合国托管之下，但英国坚持托管地的政治改革应当逐步推行，至于独立的日期应当取决于民族主义领袖是否愿意同殖民当局合作。殖民当局解释其反对托管地迅速独立的原因是，只有经济得到一定程度上的发展，才能为民族自决提供良好的土壤。

联合国的托管制度不同于国联的委任统治制度，《联合国宪章》第 76 条规定了托管地将会朝着"民族自决或者独立"的方向发展，而国联委任统治时期并未明确委任统治地的未来，仅仅以"维护无自立之人的福祉"为目的。根据《托管协议》第 6 条，英国行政当局"应充分调动境内居民广泛参与立法咨询机构的活动"。

战后，英国开始系统地变革殖民政策。1950 年工党殖民大臣詹姆斯·格里菲斯阐述政府的殖民政策"在联邦框架下引导殖民地迈向自治，帮助殖民地最大程度上

---

[1]　Cabinet Memorandum by Mr Amery, "East African development loan". 15 Oct 1925，T161/297/S34608, CP434（25）.

[2]　Memorandum by the Committee on Trade and Industry, "on Transport Development and Cotton Growing in East Africa 1924－1925".

发展经济，为政治上的自治作好准备"。[1] 1951 年保守党殖民大臣奥利弗·利特尔顿
阐述政府殖民政策在于"我们首要目的是在联邦框架内帮助殖民地走向自治，以及
为此建立配套的设施；第二，为了匹配政治发展，殖民地需要大力发展社会经济"。[2]

从殖民大臣的讲话中可以发现，英国政府实际上已经在一定程度上预见了殖民
地最终将会走向自治或者独立，所以希望将殖民地走向自治或者独立的问题纳入到
联邦框架中来，即由英帝国向英联邦转变。[3] 至于其一直强调只有经济发展到一定程
度才能实现自治，一部分是因为英国殖民政府确实是信奉这种信条的[4]，但这同时也
牵涉了诸多现实因素。"二战"中到"二战"后初期的一段时间内，英国本土面临巨
大的经济、财政压力，而殖民地作为日不落帝国的原料产地与商品销售市场，在英
国经济恢复中占有举足轻重的地位。而"只有经济发展才能最终实现自治或者独立"
这种信条，无疑是向殖民地精英表明，殖民地首先要做的是发展境内经济，对于坦
噶尼喀而言，殖民地经济发展很大程度上又是依赖经济作物增产及出口而实现。一
定程度上，这种信条也是英国殖民当局战后从殖民地获取经济利益的一种说辞，毕
竟殖民地经济发展，英国也会从中受益，英国殖民政策的首要目的是英国本土能够
受益，至于殖民地经济发展只不过是实现英国本土受益的一个过程，所谓的"双赢"
是为了更好地让殖民地精英接受，减少殖民政策推行的阻力。另一方面，这种信条
一定程度上反映了殖民当局有意掌控殖民地自治或者独立的步伐，毕竟，经济发展
是一个渐进的过程，经济上的渐进也就为政治发展的渐进提供了合理依据。

（2）中央政府机构改革

战后殖民当局的殖民政策有一个明显改变，即从战前的威权制向现代社会的
代议制转变，鉴于英国在制定殖民政策时更多的是按照英国本土的政治意识形态

1　HC Deb 12 July 1950, Vol 477 cc1368. 格里菲斯关于战后殖民地发展的长远目标是在联邦框架内走向
自治，而此时需要妥善处理境内不同种族之间的关系，这些目标在内阁诸多会议记录中出现。

2　HC Deb 14 November 1951, Vol 493 cc984.

3　英国政府关于英帝国向英联邦平稳过渡，这是英国战后对外政策中很重要的一个环节，殖民部、外
交部、内阁的诸多会议记录、报告中也多次提到这些，所以这一时期考察战后英国政府决定向殖民地
移交权力应充分考虑战后英国的英联邦政策。参阅 Report by official: "The position of the UK in World
affairs." 9 June 1958, CAB 30/153, GEN 624/10。

4　Minutes by C A G Wallis, R S Hudson, E R Hammer and Sir H Poynton(CO): "Parliamentary democracy and
the Westminster model in Africa." 14 Dec 1959–4 Aug 1960，CO1032/241.

开展，以英国本土的政权机构为参照，所以战后殖民地的政治改革也深深地打上了"英式"烙印。在处理坦噶尼喀境内非洲人、欧洲人与印度人种族关系的过程中，英国开始推行一种多种族主义，对于英国政府而言，战后的英联邦将会由不同种族的国家组成，如果殖民地的种族问题发酵，上升到英联邦成员国之间，将会种下撕裂联邦的种子。鉴于英国政府并不认为境内非洲人具有理性参与现代政府治理的能力，故其推行的多种族主义一定程度上是为了预防非洲民族主义过度发展。英国政府认为欧洲人与亚洲人在坦噶尼喀境内政治经济发展中起到了重要作用，所以将多种族主义在政治上付诸实践的过程中，殖民当局对非洲人的政治参与持谨慎态度。[1]

"二战"刚刚结束，殖民当局便开始改组立法议会，立法议会成员中官方成员扩大至 15 人，非官方成员 14 人，官方依然占据多数，总督依然是立法议会的主席。在非官方成员中，七名欧洲人（其中一人代表非洲人利益），四名非洲人，三名亚洲人。首批进入议会的两名非洲人皆是受过良好教育的年轻酋长，1947 年、1948 年分别有两名非洲人被任命为非官方代表，其中一人是酋长，另一人是一名校长。总体而言，四名非洲代表中，三人为部落酋长。

从立法议会非官方代表的构成来看，欧洲代表总数等于非洲代表与亚洲代表人数总和，这也就是上议员海利的"代表平衡制"，即居于统治地位的族群代表人数等于其他族群代表人数总和。但这种所谓的"代表平衡制"，实际上无视了三个种族人口的巨大差异，欧洲人只占坦噶尼喀人口总数的 0.1%。

随着战争时期政府的职能机构愈发庞大，而之前作为整个行政系统枢纽的秘书处不堪重负，于是殖民当局决定改组原有的咨询委员会，分散秘书处权力，以专员制[2]取而代之。在专员制推行以后，咨询委员会中的官方成员系秘书长，法律与秩序专员，财务、贸易与经济专员，农业与自然资源专员，土地与矿物专员，劳工、教育与公共服务专员，非洲事务大臣。1949 年增添发展与工作专员，1950 年增加

1　CO International Relation Dept paper, "The colonial empire today: summary of our main problems and policies." Annex: "Some facts illustrating progress to date." May 1950, CO537/5698, no 69.

2　所谓的成员制，不同政府部门抽调一名代表向咨询委员会汇报工作情况。

地方政府专员。[1]

1952 年 6 月 25 日殖民大臣宣布英国政府接受宪政改革委员会的建议，将会在扩大的立法议会中向三大群体分配等额席位并维持官方多数。殖民部的决定最终在 1955 年 3 月付诸实施，此后立法议会进入了海利上议员所谓的"平等代表"的阶段，即平分三大种族在立法议会中非官方代表席位。[2]

纵观这一阶段殖民当局的改革，虽较委任统治时期有较大进步，开始以英国本土为参照塑造坦噶尼喀的未来格局，但殖民当局对于政治变革还是很谨慎，尤其是非洲人在政治参与方面，总的来说，殖民当局还是希望掌控坦噶尼喀的局势。其所推行的多种族主义政策，从推行的结果来看，明显也是更偏向白人少数族裔，虽然最后殖民当局同意三个种族代表平分立法议会非官方代表的席位，但这无视了境内三个种族之间巨大的人口差异。这一时期殖民当局认为自己在坦噶尼喀政治改革方面所推行的多种族主义并非有意维持白人少数族裔利益，而是基于"欧洲人与亚洲人在坦噶尼喀发展过程中发挥了重要作用"这一信条，才无视人口基数方面的巨大差异，而平分立法议会非官方代表席位。

（3）地方政府机构变革

在委任统治时期，英国在坦噶尼喀地方推行的是一种间接统治方式，即以扶植土著政权为特点的地方统治方式，这种间接统治方式在卡梅伦爵士的提倡下实施。但对这种统治方式在当时英国殖民部内部也有不同的声音，英国殖民部原有的一种统治方式便是在殖民地推行英国的议会制，上议员海利认为如果没有限制，这种间接统治方式将会与英国的议会制渐行渐远，海利的建议是"英国每一个领地的模式应该以议会制为样本"。[3] 随着战后殖民当局对坦噶尼喀政治的重塑逐渐波及地方，对于原有的由土著政权构成的地方政府也开始了变革。

1　Colonial Official Publication: Annual reports: Various colonies (Tanganyika) 1948. pp.11 –12. BJ1. Zanzibar Archives.

2　宪政改革委员会关于三大种族平分立法议会非官方代表的提议，得到了时任殖民大臣格雷菲斯的支持，格雷菲斯同意特文宁总督的观点，即坦噶尼喀未来的进步是基于三大种族的合作。参阅 Despatch from Mr Griffiths to the government of Tanganyika on constitutional development, 25 July 1951, CO537/791, no18.

3　CO record of Hailey's discussion about indirect rule with MacDonald in 1938, 5 Dec 1938, CO847/13/16, no2.

坦噶尼喀地方政府向现代社会的转变始于 1945 年。在这一年，在坦噶与东部省的省议会中，从地方选调了许多顾问，在土著政权中也开始引入了代议制。但直至此刻，并未从根本上对土著政权进行变革。至于如何将土著政权转变为现代代议制政府，殖民当局认为应当稳步推行；一方面对酋长进行现代政治教育，另一方面也表示要确保酋长在土著政权中的权威，避免因为在快速变革土著政权的过程中损害酋长的利益。

1953 年，宪政改革委员关于土著政权的改组提案在立法议会得到通过，于是出台了《土著政权法》并于次年付诸实施，该法案提议在地方建立议会，逐步取代土著政权。新成立的议会由提名成员或者选举成员构成，并不限制成员的出身背景，对境内所有成员开放。但殖民当局在地方建立的多种族议会，遭到了非洲人的强烈反对，并未在境内普及开来，土著政权在地方事务中依然发挥着较强作用。[1]

（4）经济政策调整

"二战"结束以后，英国在资本主义经济体系中的地位发生巨大变化，战后对社会主义势力扩张的担忧，在国际贸易中对美元的依赖，层出不穷的财政危机，迫使英国不得不改变对殖民地的政策，开始运用西方现代科学技术发展殖民地经济，在坦噶尼喀则表现为运用现代农业技术发展坦噶尼喀农业。坦噶尼喀的农产品大部分出口到英国，以满足英国国民的日常消费品需求，其余部分则出口到美国，换取美元外汇。[2]

战后，资本主义世界认为贫穷是滋生社会主义的土壤，而有效避免社会主义革命在非洲出现的一个重要原因就是发展殖民地经济。殖民部专家认为在西方科学引导之下，制定整体规划与社会变革是解决殖民地落后的一个有效方法；殖民地落后的农业技术，以及随着人口增多而产生的种种问题将会颠覆现有的殖民统治。[3] 于

---

1 2016 年，通过实地调查得知，在部分地区，地方基层单位依然由部落构成，坦噶尼喀人对于部落认同与归属感类似于对民族的认同感与归属感。

2 以 1952 年至 1955 年英帝国与美国之间的贸易来看，英国本土对美国方面的贸易赤字为 3.22 亿英镑，而殖民地对美国方面却出现了大量的贸易盈余，数额达到 4.8 亿英镑。数据来自《金融时报》统计，参考科克斯《英国殖民制度的危机》，《人民日报》1956 年 8 月 1 日，第 5 版。

3 Joseph Morgan Hodge, *Triumph of the Expert: Agrarian Doctrine of Development and Legacies of British Colonialism*. Ohio University Press, 2007.

是，在殖民部科学技术专家的联合施压下，殖民当局开始实施对殖民地的改造计划。殖民部在推行战后殖民地改革时也是从经济改革开始时，希望能够用现代西方农业技术来推进殖民地经济发展。

二、桑给巴尔独立前英国对其统治政策

1890 年，桑给巴尔沦为英国的保护国，英国取得了桑给巴尔的外交权力，通过扶植原有阿拉伯政权实现对桑给巴尔的统治，即通过苏丹政府实现对桑给巴尔全境的统治，此后桑给巴尔实际上成为了英国的殖民地。此时阿拉伯苏丹政府在英国的控制之下统治桑给巴尔，非洲人处在社会的最底层。一些立法与行政职位，大多为阿拉伯人所垄断。在殖民统治的影响下，阿拉伯人无论在政治经济还是社会地位上的优势得到了强化，非洲人一直处于这个国家的边缘地位，随着这种种族之间的巨大差异不断固化，于是便出现了种族之间的对立。

到 1914 年，英国对桑给巴尔的控制逐渐强化。在 1890 年双方签订保护协议之后，英国通过外交部在桑给巴尔设立总领事与苏丹一起统治桑给巴尔，桑给巴尔的主权还是有一定程度的保障的。但是 1914 年，英国将统治桑给巴尔问题移交殖民部，由英国人员取代领事。最终，不管是从实际上还是象征意义上来说，英国的政策强化了阿拉伯人在桑给巴尔社会的地位。

英国在桑给巴尔的统治大致经历了界限模糊的三个阶段。第一个阶段，在境内废除奴隶贸易，这一阶段持续了大约 25 年；第二阶段，在境内建立有效的行政机构，始于"一战"之前至 20 世纪 20 年代；第三个阶段即从 20 世纪 20 年代至独立，此时，在境内建立了有效的行政机构，殖民当局开始考虑将英国的议会制引入桑给巴尔。

1926 年，殖民当局建立了咨询委员会与立法议会，咨询委员会由苏丹主持召开，虽说咨询委员会本质上是一个咨询机构，但是相比于保护国议会而言，具有有限的立法权。立法议会并非完全意义上的代表制，因为里面大多数议员都是英国官员，不同族群的代表由英国殖民当局挑选产生。

尽管存在诸多限制，但是立法议会在桑给巴尔后来的政治发展中发挥了重要作用。同其他殖民地一样，立法议会逐渐转变成了一个类似国会的机构。殖民政府逐渐在立法议会中增加代表人数，但另一方面也确保了对桑给巴尔的最终控制[1]，在稍后桑给巴尔的宪政改革中，立法议会成为了所有议题的重心。

此时，最能体现英国将桑给巴尔视为阿拉伯人国家的事例便是立法会中阿拉伯人代表的数量，在 1926 年至 1956 年，阿拉伯人在立法议会中拥有最多的代表名额，其代表名额的数量等于其他族群代表的总和。在这种体制之下，阿拉伯领导人从议案制定到实施的过程中具有重大的影响力，这种影响力一直持续到英国从桑给巴尔撤离。

在这种体制之下，殖民当局剥夺了非阿拉伯桑给巴尔人参与国家政治事务的权力，无论是印度人还是非洲人都被排除在政治体制之外，国内政策制定与他们无关。"二战"之前，非洲人甚至被剥夺了有限参与政治的权力，立法议会中没有非洲代表，因此非洲领导人也就不能在桑给巴尔政治中发挥任何作用。

"二战"之后，随着阿拉伯民族主义的发展，英国开始在立法议会中考虑增加其他种族代表，1956 年立法议会扩大了非官方代表的名额，并决定通过选举的方式任命一些非官方代表。但立法议会始终还是掌控在英国殖民当局手中。部分立法议会成员受邀进入咨询委员会，有制定桑给巴尔政策的权力，桑给巴尔人掌握着农业、教育以及医疗部门的职位，英国人控制着桑给巴尔的财政、国防等重要领域，英国人对一些重要提案依然具有否决权。

随着英国从东非地区撤退，立法议会也改名为国会，立法议会中的官方成员与非官方成员之间的差别也开始模糊，由政府提名的代表也逐渐为选举产生的代表所代替。同时英国殖民当局也开始将桑给巴尔政府的立法行政权交给桑给巴尔自治政府，除了国防、外交以及国内安全，直至独立。

在 1961 年选举中，阿拉伯人在一部分设拉子领导人的支持下赢得了国会多数席位，几乎控制了桑给巴尔政府中所有部门，非洲人开始作为反对派的方式反对阿拉伯人对政治权力的垄断，但阿拉伯人对政治权力的垄断一直持续到

---

1 Martin Wight, *The Development of Legislative Council*. London: Faber & Faber Ltd, 1947.

桑给巴尔革命。这意味着阿拉伯统治政权在现代代议制冲击下存活了下来，而且还以民主的方式实现了统治的合法性。英国将桑给巴尔视为阿拉伯国家的观点，反而强化了阿拉伯人在桑给巴尔的地位，因为殖民统治时期大量的阿拉伯人进入到政府机构中，将本不属于阿拉伯人的桑给巴尔变成了阿拉伯人的桑给巴尔。[1]

三、坦噶尼喀独立运动与英国的反应

坦噶尼喀的民族主义运动是由尼雷尔领导的坦盟，于 1954 年 7 月成立，前身为坦噶尼喀非洲人协会。该盟党由以尼雷尔为首的一批民族主义者建立，以反对殖民主义，争取坦噶尼喀独立为目标。早期坦盟吸引了一大批民族主义者，这些民族主义者有自己的利益诉求，认为如果能够摆脱殖民统治，其自身生存条件无疑将得到进一步的改善，其中相当一部分支持者来自农村地区，是殖民当局在农村进行现代农业发展的受害者。当然，早期的民族主义者的动机是相当复杂的，既有现实主义的一面，也有理想主义的一面。坦盟从成立时，就在坦噶尼喀境内赢得了广泛的支持，尤其在农村地区，战后殖民当局所推行的经济政策在一定程度上动摇了地方以部落为单位的土著政权；另一方面，在殖民政府的经济政策推动之下，大量农民成为现代农业发展的受害者，这些殖民统治之下的受害者成为地方坦盟领导人尽力争取的对象。

此时，英国管理坦噶尼喀的方式虽然较战前有较大改变，但从根本上还是由殖民政府主导，殖民政府认为低教育水平的非洲人缺乏参政的条件，在境内所推行的政策也往往较少考虑本土人的反馈。这在当地引起了强烈的不满，一些民族主义者很难接受这种管理方法，甚至质疑殖民政府的动机，这种质疑反过来又加深了英国官员对民族主义者的疑虑。面对试图挑战殖民当局权威的以坦盟为代表的民族主义，自然会引起当局的不满，随着民族主义者在境内的政治参与意识愈发明显，影

---

1 Michael F. Lofchie, *Zanzibar-Backgroud to Revolution*. Princeton University Press, 1965, p.69.

响愈大，殖民当局对民族主义者的态度逐渐由不满转向敌视。[1]

在坦盟成立以后，随着规模扩大，人数增多，其与殖民政府之间的竞争与对抗不断增多。殖民政府也意识到了坦盟的政治意图，面对坦盟提出的政治质疑，殖民政府不得不在公共场合予以回应，为此，双方展开了争夺支持者的竞争。为了贯彻殖民当局的多种族主义政策，平衡非洲民族主义者的影响，29名立法议会非官方代表推动建立了统一坦噶尼喀党（United Tanganyika Party），该党由艾佛·贝尔顿领导，欧洲与亚洲商人提供财政支持。为了寻求一些有声望非洲人的支持，特文宁更改了之前的法律，国家公职人员不得参与政治活动这项条例不适用于酋长，实际上是变相的鼓励酋长参与到坦噶尼喀的政治活动中来。借此，殖民政府说服许多酋长在统一坦噶尼喀党中署名，殖民当局希望统一坦噶尼喀党可以在欧洲人、亚洲人以及一部分非洲人的支持下，平衡以尼雷尔为领导的黑人民族主义政党。

随着肯尼亚非洲民族主义的发展，要求殖民当局进行宪政改革的压力愈发强大，要求按照人口比例来决定立法议会中各种族的代表席位，因为根据人口比例任命立法议会的方法对占人口的多数的非洲民族主义者有利。但是殖民当局对非洲民族主义者并不信任，按照人口比例任命立法议会代表的做法，对殖民当局在立法议会的"代表平等"原则提出了挑战。为了维持欧洲人在肯尼亚的影响，殖民当局计划通过选举的方式产生立法议会的非官方代表，并提高候选人的选举资格的标准。[2]不久，这种针对肯尼亚情况的选举方式也被用于坦噶尼喀。

1957年5月，经过立法议会辩论，通过了《立法议会选举法》[3]，该法案决定通过选举的方式任命立法议会非官方代表，在整个坦噶尼喀建立四个或者五个选区。

1　G. Andrew. Maguire, *Towards "Uhuru" in Tanzania-the Politics of Participation.* Cambridge: Cambridge University Press, 1970, p.172.

2　Report of the officials' committee(Chairman, Sir N Brook), "Future constitutional development in the colonies." Part II, East Africa, Tanganyika. CAB 134/1551, CPC（57）27，May 1957.

3　Legislative Council of Tanganyika，"Report of the Committee Appointed to Study Government's proposals Regarding the Qualifications of Voters and Candidates for Elections to Legislative Council, Together with the copies of despatches exchanged between His Excellency the Governor and the Secretary of State for the Colonies." Dar es Salaam, Government Printer, 1957.

0

在选举资格方面，鉴于英国在东非和中非都是通过提高选举资格标准的方式来进行立法议会选举，当局认为这种提高选举资格标准的做法将会平衡不同族群之间的代表。但实质上，提高选举资格标准，受益的是欧洲人与亚洲人，因为欧洲人与亚洲人受教育水平普遍较高。殖民当局这种对选举人资格标准的过高要求，引起了立法议会中非洲代表的不满，因为很多非洲代表实际上也不符合殖民当局所规定的选举标准。为了解决这个问题，当局成立了一个立法委员会，最终商讨的结果是，统一坦噶尼喀党非洲代表的意见得到了大多数非官方代表的支持。殖民当局同意了委员会的提案，降低选举标准。

即使殖民当局降低了选举人门槛，但是对于大多数人而言，这依然是一个非常高的门槛，在总人口为878万的坦噶尼喀[1]，只有6万人具有选举资格。随后，殖民当局决定将坦噶尼喀划分为5个选区，分别于1958年、1959年进行选举，每个选区选出3名代表，故1958年、1959年共选出30名代表。

这次选举最初遭到了坦盟大多数成员的反对，因为从选举所制定的标准来看，非洲人明显处于劣势，对于选举的胜算并无把握，而且一旦选举失败，当局所推行的多种族主义将会获得合法化。对于此次立法议会选举，坦盟主要成员在塔波拉年会上进行了激烈讨论，讨论的最初阶段，大多数成员都在商讨是否要抵制此次选举。许多成员提议举行一次罢工，通过罢工对选举进行抵制。但尼雷尔通过将反对选举的激进派领导人姆泰姆留在达累斯萨拉姆，成功地在塔波拉会议上通过决议，决定参加此次选举。因为姆泰姆本人并不支持尼雷尔对英国的态度，且姆泰姆从1954年起已经担任了坦盟的组织部长，在党内具有很大影响力。在姆泰姆本人得知塔波拉会议的决议以后，辞去了坦盟组织部长的职务，另组非洲国民大会（以下简称"非国大"），主张政府及国家公务人员皆由非洲人构成，重分亚洲人与欧洲人压迫非洲人所获得的财富。

然而1958年9月的选举结果出乎所有人的意料，此次立法议会非官方代表选

---

[1] 1957年，坦噶尼喀共有人口878万，其中非洲人866万。参阅 Report by Her Majesty's Government in the United Kingdom of Great Britain and Northern Ireland to the General Assembly of the United Nations on the Administration of Tanganyika for the year 1960, Part II. Statistics, London: Her Majesty's Stationery Office, 1961, Colonial NO.349, p.3。

举成了坦噶尼喀政治发展的一个分水岭。虽然说殖民当局设定的选举标准很高，最终的选举结果却是，在几乎所有选区，选出来的非洲代表人数大大超过了其他族群的人数，非洲代表获得了 30 个席位，而亚洲人和欧洲人才分别获得 10 个席位。事实上，欧洲人、亚洲人与非洲人之间或者内部也并非铁板一块，有相当一部分选举人并不支持统一坦噶尼喀党，而这一部分选举人也是坦盟尽可能争取的对象。最终在 1958 年 9 月的立法议会选举中，坦盟取得了决定性的胜利，坦盟及其支持的候选人取得了所有席位。

1958 年 10 月，坦噶尼喀新任总督特恩布尔第一次主持召开立法议会会议，其对前任总督推行的多种族主义进行了调整。[1] 对于立法议会中的非官方代表选举办法，特恩布尔作了如下声明："坦噶尼喀人口主要由非洲人构成，随着坦噶尼喀地区的政治发展，毫无疑问，政府会增加非洲人在咨询委员会与立法议会中的席位……"[2]

1959 年 12 月，英国已经明确表示其将会尽快向坦噶尼喀移交权力，在立法议会 12 月份常会召开之后，议员们开始在达累斯萨拉姆商讨如何建立责任政府，议员们的讨论相当顺利。1960 年 4 月首席大臣宣布将于 1960 年 8 月份选举之后重组部长议会，重组后的部长议会将会包含九名选举产生的部长，一名首席部长，两名公共服务部长以及一名副总督。坦盟在 1960 年 8 月份的选举中再次取得胜利，赢得了 71 个席位中的 58 个。稍后总督任命尼雷尔为总理并根据尼雷尔的建议任命了其他七名选举部长。此外，在部长议会中有三名英国官员，分别是副总督、司法部长与信息部长。在尼雷尔担任总理并决定组阁之后，坦噶尼喀的独立就被摆上了日程，后续关于独立日期的讨论非常顺利，最终决定坦噶尼喀在 1961 年独立。殖民大臣伊恩·麦克劳德也受邀前往达累斯萨拉姆讨论独立后的政权组织形式，而非之前一直要求在伦敦召开。在 3 月份会谈期间宣布坦噶尼喀将于 1961 年 5 月 15 日取得自治。[3]

---

1 Tanganyika, *Legislative council official report*, 34th Session（1st meeting）Vol.I， col.5, 14 Oct 1958.

2 Ibid., col.3.

3 该日之后，尼雷尔已经取代总督召开部长会议，此时总督只保留军权与外交权，直至 1961 年 12 月坦噶尼喀完全独立。

四、留任外国官员与非洲化之争

坦噶尼喀自治以后，以尼雷尔为代表的领导层依然维持着与英国之间的良好关系。英国是坦噶尼喀的最主要贸易对象国、最主要的援助国，坦噶尼喀的主要社会经济政策都由外国官员[1]协助制定，在坦噶尼喀政府中依然雇用了大量的前殖民政府官员。虽然尼雷尔也意识到政府过于依赖外国官员，但是坦噶尼喀非洲人缺乏必要的行政经验，受教育水平较低，无法取代外国官员在政府中的地位，留任前殖民官员对于政府高效运作、经济稳步发展依然有其必要性。尼雷尔在政府中保留了大量的外国官员，绝大多数都是英国官员，尤其是政府中大量的殖民官员留任，这在国内激起了强烈的排外情绪。非洲人要求公务人员非洲化的呼声，外国官员与非洲官员在政府中的矛盾，坦盟高层与中底层之间关于非洲化的分歧，工会对独立之后经济现状的不满，成为独立初期尼雷尔政府所面临的主要问题。为了让政府中的外国官员专注于政府工作，坦盟同意让外国官员继续拥有掌控行政机构的权力，以便让行政工作免受政治控制。

尼雷尔大量留任外国官员的政策，在国内也面临着诸多挑战。这种政策最初推行的时候，国内就有不同的声音，反对尼雷尔留任外国官员声音来自反对党非国大，以及部分坦盟成员、工会领导人。非国大领导人主张在政府中以非洲官员取代外国官员，在经济领域打击欧洲人以及亚洲人的特权地位，非国大在经济领域的主张，得到了工会领导人的支持，反过来工会领导人也支持在政府中以非洲公务人员取代外国官员。[2]部分坦盟成员也反对尼雷尔任命党外人士，尤其是外国人担任内

1　在坦噶尼喀独立以后，以 1961 年为例，中高层公务员总数为 4 452 人，而亚洲人以及欧洲人为 3 282 人，这其中大多数又是英国人。本文后续通过阐释独立初期坦噶尼喀政府对外国官员的态度，来反映坦噶尼喀与英国之间的关系，因为大多数在坦噶尼喀的外国官员是英国人，因此后续也使用外国官员取代英国官员来探讨坦桑尼亚与英国之间的关系。关于独立后外国官员与非洲官员之间的数量统计，参阅 Tanganyika, *Africanisation of the Civil Service, Annual Report 1963*, Government Printer, 1963, p.2。

2　实际上，坦盟在国会中的反对派与工会领导人有千丝万缕的联系，因为很多工会领导人本身就国会议员。

阁职务，在稍后的立法议会会议中，部分坦盟代表批评政府在公务人员非洲化这一进程中进展缓慢，强调非洲化就是非洲化，而不是地方化。[1]最终在尼雷尔的坚持之下，公民法提案通过，规定只要获得坦噶尼喀公民权，不分种族，任何公民皆有资格担任公职。[2]

非国大领导人支持坦盟反对派代表意见，强调"坦噶尼喀人就是黑人"，并力劝工会领导人反对白人部长布莱森的非洲化解释，鼓动工会领导人撤出工会在坦盟的代表，断绝与坦盟之间的联系。对于非国大而言，快速非洲化对于能否获得独立至关重要。坦盟部分领导人也批评政府的非洲化政策，认为政府不情愿断绝与殖民统治者之间的关系。非国大领导人反复将尼雷尔的非洲化政策与新殖民主义联系起来，指责尼雷尔是帝国主义的头号代理人，新殖民主义的工具，多种族主义政党的领导人，尼雷尔奉行与英国合作的政策，反对快速非洲化，便是例证。[3]同时还表示只有政府中所有公务人员由黑人构成，才能称之为真正的独立政府。[4]

大量留任外国官员在政府以及社会中也出现了诸多问题，除了政府需要支付外国官员高额薪水福利之外，还需要妥善处理政府中非洲官员与外国官员之间的分歧，社会中本土非洲人与外国人之间的矛盾。虽说非洲人成为了坦噶尼喀的主人，但是政府中依然存在大量外国人，外国人依然是这个国家的主导力量，欧洲人的医院与学校并不为非洲人敞开，这让许多人一直在质疑坦噶尼喀是否取得了独立。即使身处高层的政治领导人也感到困惑。1961年，政府各部中的高级官员皆为英国官员，英国官员在制定政策时，也不向非洲部长征求意见，他们认为非洲部长应做的就是让非洲人支持欧洲人所制定的政策，本以为成了国家主人的非洲人，在政府机构中反倒处于一种从属地位，这种处境让不少非洲部长颇为愤懑。[5]

1　坦盟代表的意思是公务人员应当由非洲人构成。参考 Tanganyika Council Debates, speech of Mr. Munaka, Oct, 1960。

2　K.L. Jhaveri, *Marching with Nyerere: Africanisation of Asians*. Delhi: B.R. Publishing Corporation, 1999, pp.143－144.

3　Accession 561, 17, Tanzanian National Archives.

4　Ibid.

5　奥斯卡·坎伯纳本人最初对外国官员并不排斥，只是不同意外国人入党，但是由于坎伯纳本人在很多政治提案中很喜欢发表自身的见解，遭到外国官员的排斥，这反过来又导致坎伯纳在坦噶尼喀境内的民族主义情绪趋于激进。

　　大量留任外国官员也使得坦盟领导层与中下层之间产生了巨大分歧。独立以后，尼雷尔身边的外国高级顾问强烈建议尼雷尔保留农村地区的行政机构，希望省长或者市长依然应由国家公务人员担任，支持保留部落政权作为地方统治机构，通过酋长来管理农村地区的行政事务。于是尼雷尔在 1960 年 11 月宣布，如果一种行政模式运转良好，那就无需改变，仅仅因为在殖民时期酋长与殖民政府有过合作就疏远酋长，这无疑是疯狂的。[1]但坦盟内部的激进分子希望尼雷尔将酋长从地方行政机构中清理出去，因为他们争取独立的原因中很重要的一点就是反对英国在地方统治的代理人——酋长、市长、省长。也正是这些帝国主义代理人在民族主义运动中不断打击坦盟，如果依然维持殖民时期通过酋长来管理地方事务的话，独立就失去了原本的意义。

　　面对着国内不同群体、不同阶层对政府留任外国官员政策的不满，种族歧视问题持续发酵，坦盟内部涣散，加剧离心的局面，1962 年 1 月 22 日，尼雷尔选择了辞职。[2]尼雷尔的亲信，工会出身的副总理卡瓦瓦接任总理之职。

　　相比于尼雷尔，卡瓦瓦更倾向于出于政治目的任命非洲官员，接任总理之后，卡瓦瓦对内阁进行了改组。解雇了英国警察局长，任命党内激进派奥斯卡·坎伯纳出任内政部长，以握有警察力量；[3]原财政部长维西去职，因为维西并未取得坦噶尼喀公民权，博马尼出任财政部长，维西出任顾问；原内阁秘书长白人米克职位由奥马丽接任；亚裔贾马尔以及英裔布莱森保留了在内阁中的席位。

　　为了解决之前政府权力集中于财政部的问题，卡瓦瓦开始与更多的内阁部长讨论经济问题，而不是将参与讨论这些问题的群体局限在财政部。年底，卡瓦瓦再次

1　*Tanganyika Standard*, 21 November 1960. p.1

2　部分学者倾向于认为尼雷尔辞职的原因在于如尼雷尔对外所公布的原因，认为尼雷尔辞职是为了专注于重整坦盟，但也有不少学者认为是党内激进势力的压力，尼雷尔辞职的目的在于让亲信卡瓦瓦对原有政府政策进行调整，以满足政府内部以及党内激进势力的要求。实际上尼雷尔重整坦盟与卡瓦瓦推行快速非洲化是独立初期坦盟掌控政局，塑造政府权威的一体两面。参阅 Randal Saleir, *Tanzanian Journey to Republic*. London · New York: The Radcliffe Press, 1999, p.252; Paul Bjerk, *Building a Peaceful Nation*, p.77; Cranford Pratt, *The Critical Phase in Tanzania 1945-1968*, pp.114-119; Ronald Aminzade, *Race, Nation, and Citizenship in Postcolonial Africa*, p.83; Central Intelligence Bulletin p.3, 23 Jan 1962, CIA-RDP79T0097A006200030001-9.

3　坎伯纳入主内政部不久便将警察部门完全非洲化。

任命了三名国会秘书，这三名秘书有一个共同点，即反对尼雷尔政府时期的政策。

在省级行政单位上，卡瓦瓦设立了区长官（Regional Commissioners）取代由国家公务人员担任的省长，这些省长大多数都是英国人，1962年2月，卡瓦瓦任命了11名区长官取代原有的外国官员；稍后又在市镇行政单位中任命了新官员。在政府的中低层，卡瓦瓦上台之初，免去了260名非黑人公务员的职位，实施一些非洲化项目，主要目的在于培训黑人公务员，最终有将近600名黑人被任命为公务员，这其中大多数都是党内激进分子。卡瓦瓦对尼雷尔时期政策的调整，并不意味着尼雷尔与卡瓦瓦之前存在巨大分歧，而是在面对国内复杂形势时的一种妥协。到1962年6月，外国公务员中有40%已经离开[1]，但是激进派对政府改革的步伐与范围依然不满，因为这样的变革并未将政府变成一个纯粹的黑人政府，军队中依然有大量英国军官，内阁中依然存在英裔以及亚裔部长，如英裔农业部长布莱森、亚裔交通部长贾马尔。

虽然尼雷尔在面对国内要求国家公务人员的非洲化要求，采取了一种暂时妥协，但这种妥协是有底线的。尼雷尔成为坦桑尼亚共和国总统之后，利用1962年宪法所赋予总统的强大权力，依然反对将政府职位的选择范围局限于黑人。1964年1月，尼雷尔将最终决定废除非洲化政策[2]，传达给各部的关于停止非洲化的函件[3]公诸媒体，这引起了国内工会的抗议，地方工会领导人提德瓦（Teedwa Washington）指责尼雷尔将坦噶尼喀"带回到了殖民时代"。[4] 坦噶尼喀工会联盟任命了六人代表团前去同尼雷尔谈判，表示"衡量非洲化的成败应以十年为期，这不仅有必要，而且也是对整个民族负责的体现"。[5] 此时境内不断出现的罢工浪潮及姆泰姆和通博所开展的政治活动也影响到了军队。

1964年1月20日，星期三凌晨1点30分，克莱托军营的不明分子拉响了警

1　Listowel，*The Making of Tanganyika*，p.412.

2　*Tanganyika Standard,* 8 Jan 1964; 另参阅 Listowel，*The Making of Tanganyika*，pp.416-417。

3　CIA 认为兵变发生导火索是尼雷尔1月7日对非洲化的态度，Ronald Aminzade 持同样的观点，详情参阅，Weekly Summary, p.13; CIA-RDP79-00927004300090001-7; Ronald Aminzade, *Race, Nation, and Citizenship in Postcolonial Africa*，p.86。

4　*Tanganyika Standard*，9 Jan 1964.

5　Ibid., 15 Jan 1964.

报，控制了军营，囚禁了部队长官，切断了与外部联系的电话线并派兵把守外部通往军营的要道。收到通知的拉西地·卡瓦瓦让尼雷尔提高警惕。不久，哗变士兵包围了总统府，搜寻尼雷尔总统。由于事先收到通知，尼雷尔启用紧急方案离开达累斯萨拉姆。

早晨 10 点钟左右，坎伯纳通知英国大使他不得不即刻驱除军队中所有英国军官，因为目前的形势需要这样去做，一方面需要恢复国内正常的秩序，士兵们厌恶军队中的英国军官；另一方面也是为了避免外国干预，如果出现英国军官伤亡情况，那么这将为英国干预提供借口。[1] 最终，英国大使同意撤出所有英国军官，英国军官于当日中午前往肯尼亚，其亲属在傍晚抵达。[2]

25 日黎明时分，英国开始进攻克莱托军事基地，随着突击小分队登陆成功，毫无悬念，英国控制了军营。当日下午，200 名英军控制了塔波拉军营并逮捕了 24 名哗变军人。次日上午，在空军掩护下，另一个英军突击小分队解除了纳钦圭阿的哗变军人武装。两周之后，尼雷尔邀请尼日利亚、阿尔及利亚与埃塞俄比亚军队进驻坦桑尼亚，为坦噶尼喀军队进行培训，稍后也向英国发出了类似邀请。

从后续历史发展来看，非洲化是一个缓慢的过程，直至坦桑尼亚与英国断交时，外国官员在国内中高层公务员中的比例依然超过 30%[3]，但是在政府中的一些关键部门，外国官员对尼雷尔政府的影响已经很微弱了，所有驻外使馆的官员也都由非洲人接替。大量外国官员尤其是英国官员的离开[4]，使得英国在坦桑尼亚的影响较独立初期发生了巨大改变。

五、桑给巴尔革命与英国的反应

"二战"后，随着桑给巴尔人的民族主义不断发展，面对民族主义的阿拉伯人

1　*Tanganyika Standard*, 15 Jan 1964.

2　H. S. H. Stanlye to D. N. Ndegwa, Nairobi, 21 Jan, 1964, DO 226/10.

3　Tazania, *Annual Manpower Report to the President 1969*, Government Printer, 1969, p.27, Table5.

4　到坦英断交时，境内依然有 1 200 名英国籍公务人员。

与双重民族主义的非洲人，英国政府不得不考虑让桑给巴尔独立，但是在英国政府移交权力之前，英国试图将本国政治体制移植到桑给巴尔。作为桑给巴尔独立的条件，桑给巴尔需要熟练掌握并操作英国政府所移植的政治模式，所以英国政府在桑给巴尔举行了三次大选。除了1957年第一次选举中非洲-设拉子党（ASP-Afro-Shirazi Party）取得了胜利之外，在1961年与1963年的大选中均败北，尤其是在具有决定性意义的1963年7月选举中，代表阿拉伯人利益的桑给巴尔民族党（ZNP, Zanzibar National Party）与由非洲-设拉子党分离出来的桑给巴尔与奔巴人民党（ZPPP, Zanzibar and Pemba People's Party）结成同盟，并在大选中取得胜利，在国会中取得多数。非洲-设拉子党赢得了超过54%的选票，但是由于选区划分的缘故，非洲-设拉子党仅仅在国会中取得31个席位中的13个，这就出现了非洲-设拉子党所面临的困境，在总投票数上赢得了多数，但是却输掉了选举。因为1963年选举决定以后将由谁组建新的桑给巴尔政府，民族党通过娴熟的政治技巧赢得了大选，这就意味着在现存的选举体制下，占人口多数的非洲人将无法通过殖民政府所设计的选举方式取得国家政权。随着大选胜利，独立日期渐近，民族党在种族政策上趋于保守，试图通过政治途径抑制非洲人的影响，将种族之间的政治经济等诸方面的不平等维持下来，这最终导致桑给巴尔革命的爆发。

革命始于1964年1月12日凌晨，暴动者即将驶抵苏丹王宫时，苏丹与高级官员出逃，在英国的请求之下，尼雷尔庇护了苏丹，并帮助苏丹出逃国外。12日上午，革命议会成立，非洲-设拉子党领导人卡鲁姆任桑给巴尔共和国总统，乌玛党领导人穆罕默德·巴布任外交部长。

岛上爆发革命后，英国首先关注的是岛上本国国民的人身安全问题，在这项问题解决之后，英国政府开始考虑社会主义革命扩散的问题。在此期间，英国制定了一系列军事干预措施，但是最终都未付诸实施，岛上并未出现很严重的混乱，周边大陆国家也不支持英国进行干预。在意识到无法获得非洲领导人支持后，美国放弃了进行干预的打算。最终，随着社会主义影响的扩大，英国在岛上几乎不再具有影响力，社会主义阵营的顾问取代了英国顾问，革命前在岛上任职的130名官员，最后只剩下一名牙医。1964年4月26日，坦噶尼喀共和国与桑给巴尔人民共和国成立联盟，稍后改名坦桑尼亚共和国。

桑给巴尔革命爆发之后，因为其本身革命与地缘属性，吸引了许多社会主义国家，社会主义阵营将其视为扩大其在东非影响的前沿，而东非地区本身仍处于西方资本主义势力范围之内，对不断出现在其势力范围内的社会主义，英美两国非常担忧，并在革命爆发后的几个月里都制定了不同的干预计划。虽说桑给巴尔革命政府陆陆续续获得了冷战两大阵营的承认，但并不代表危险已经过去。有刚果的前车之鉴，尼雷尔与卡鲁姆都意识到外部所面临的危险，所以都避免让两个国家成为冷战的战场，最终在东非国家的支持下，在不招致英美两国反对的情况下，走向了联合。

为了让卡鲁姆同意联盟计划，尼雷尔威胁撤回驻桑给巴尔 200 名警察，最终尼雷尔与卡鲁姆达成了成立联邦的协议。作为承诺，卡鲁姆同意联盟的条件，桑给巴尔中亲社会主义的实力派领导人巴布则被尼雷尔调入坦噶尼喀内阁中任职。尼雷尔访华起到了关键性作用。[1] 1964 年 10 月坦桑尼亚在北京设立了大使馆，次年 2 月尼雷尔访问中国，6 月中国总理周恩来访坦，开启了中坦关系的快速发展时期。

六、南罗得西亚危机与坦英断交

20 世纪六七十年代，南罗得西亚问题一直是英国、非洲国家关注的重点。南罗得西亚在单方面宣布独立之前，名义上是英国殖民地，但是享有高度自治，实际上与自治领无异。随着战后英国在原英属非洲的撤离，诸多非洲国家根据"多数人统治"准则获得独立，南罗得西亚政府也希望独立。南罗得西亚政府不同于其他非洲国家政府，而与南非政府类似，主要由少数白人统治多数黑人。对于非洲国家而言，南罗得西亚政府是一个少数白人统治大多数黑人的政权，无论从情感还是现实上来说都是无法接受、不能容忍的。在南罗得西亚独立问题上，英国与罗得西亚政府一直无法达成一致，最终南罗得西亚政府决定走向单方面独立。

1　Special Report, "Tanzanian taking the left turn", 21 May 1965, p.5. CIA-RDP79-00927A004900030002-6.

1965 年 11 月 11 日，南罗得西亚宣布独立，脱离英国统治。这是英国始料未及的，尤其是宣布独立的日期是休战纪念日，这对英国而言是一种羞辱。南罗得西亚独立当日，英国工党首相威尔逊在下院中宣布这种行为是叛乱，表示英国政府的责任在于掌控罗得西亚的局势，并号召南罗得西亚武装力量尽量克制。[1] 英国开始考虑对罗得西亚实行经济禁运，并要求联合国安理会召开会议。[2] 12 月 1 日，征得内阁同意，威尔逊首相宣布了对罗得西亚的新一轮制裁措施，对从罗得西亚进口的 99% 货物实施查禁，认为"快速扼杀"很有必要。[3]

10 月份，在威尔逊访问罗得西亚同期，非洲统一组织在阿克拉召开会议，商讨可能面临的问题，非洲国家反对英属殖民地罗得西亚的白人统治政策。对于同期的英国政策，尼雷尔认为"虽然战后英国在非洲推行的政策是通过民主的方式让殖民地取得独立，但是从英国的政策来看，罗得西亚似乎将要成为一个例外"。[4] 阿克拉会议末尾，与会国同意，如果罗得西亚宣布独立并且英国并未有积极回应的话，其中一个措施便是重新考虑与英国之间的外交关系。

12 月 3 日，在亚的斯亚贝巴非洲统一组织外交部长会议上通过了两项决议：一是完全抵制南罗得西亚商品并终止与其所有联系。二是截至 12 月 15 日，如果英国不能粉碎罗得西亚非法政府并恢复法律秩序的话，非洲国家将会与英国断交。12 月 15 日，依据亚的斯亚贝巴外交部长会议决定，坦桑尼亚认为英国在罗得西亚问题上并未达到取缔非法政府的结果，于是宣布同英国断交，成为第一个与英国断交的英联邦成员国。

双方断交的直接原因是英国未能在罗得西亚问题上采取快速有效的措施，而所谓快速而有效的措施便是采取军事干预，即双方断交的原因在于是否要进行军事干预。对于英国而言，英国是反对军事干预的，在罗得西亚独立之前，英国已经多次

1　HC Deb 11 November 1965 vol 720 cc349-64. United Nations Department of Political Publication, *Decolonization,* Vol. II No.5, July 1975. pp.8-24. The President's Daily Brief, p2, 11 Nov 1965, CIA-RDP79T00936A004100120001-8.

2　The President's Daily Briefly, 22 Nov 1965, CIA-RDP79TOO936A004100240001-5.

3　The President's Daily Briefly, 1 Dec 1965, CIA-RDP79T00936A004100290001-0.

4　Julius K. Nyerere, *Rhodesia-the Case for Action*, Governments Printer, 1966, p.2.

声明不会使用武力。[1] 在罗得西亚独立以后，坎伯雷特主教在教会会议中，曾提议进行军事干预，这在英国国内引起轩然大波，引起国内媒体、政府人员的批评，以至于稍后主教不得不在电视采访中改口。

英国不愿意进行军事干预出于两个方面的考虑，一个是现实因素，在工党政府赢得大选后不久，国防规划署在评估关于在罗得西亚进行军事干预可行性的报告时认为"将会严重考验英国军人的道德与情感，也有可能加剧当地黑人与白人之间的冲突"。[2] 而此时英国在马来亚已经部署了超过五万名军人以及超过 1/3 的皇家海军，已经无法再承受另外一场不确定的战争，罗得西亚军队武器装备良好，经过良好的训练，一旦开战，代价会比想象中的高。另一个是公众与党派因素，前文已经提到，"二战"以后，南罗得西亚的移民大多数来自英国，许多罗得西亚人本身就是英国人，军事干预势必引起伤亡，这将在国内引起巨大争议；针对 12 月 7 日威尔逊政府采取的强硬措施，英国国内产生了强烈抗议。[3] 这也是为什么非洲学者认为英国不愿意进行军事干预的原因在于种族，在于维护白人殖民者的利益。[4] 在 1965 年 11 月 15 日议会关于罗得西亚问题辩论环节上，议会呈现巨大分裂，议会中有不少议员的辩论都对罗得西亚方面持同情态度，大法官加德纳公开支持史密斯，认为史密斯只不过在内阁的压力之下，才在独立问题上趋于激进；[5] 许多英国国内保守党人士很反感工党的罗得西亚政策，不断地批评工党政府在罗得西亚问题过于激进，并派保守党代表前往罗得西亚寻求和谈。[6]

所以，在罗得西亚独立以后，英国政府倾向于通过断绝财政援助与经济禁运的方式来迫使罗得西亚白人统治者屈服，但是英国实施经济禁运方面的措施缓慢，而且这种经济措施是否能够有效，引起了尼雷尔的怀疑，因为这种英国最初采取的禁

1　Elaine Windrich, *Britain and politics of Rhodesian Independence*，p.49.;Carl Watts, *The Rhodesian Crisis in British and International Politics, 1964–1965*. PHD thesis of the University of Birmingham, 2006, p.99.

2　Ibid., p.110

3　The President's Daily Brief, 7 Dec 1965. CIA-RDP79T00936A004100340001–4.

4　Godfrey and Africa, *Nyerere and Africa: End of an Era*, Pretoia: New Africa Press, 2010, p.235.

5　HL Deb 15 November 1965 vol 270 cc228–413.

6　Julius K. Nyerere, *Rhodesia-the Case for Action*, Governments Printer, 1966, p.5.

运并非一个全面的禁运，这就给罗得西亚白人政府一定的喘息之机。[1] 英国政府将罗得西亚的问题抛到了联合国，但是反对联合国的干预，更担心联合国可能会因为罗得西亚问题专门制定规章条例，而这些规章条例一旦写入《联合国宪章》，以后可能会被用在南非身上[2]，因为英国在南非有巨大商业利益。

罗得西亚独立以后，无论是从地缘上还是意识形态上都对非洲国家产生了巨大的威胁。非洲统一组织成立之初的一个重要目的便是反殖民主义与种族主义；罗得西亚白人的政治体制与殖民统治无异，对于尼雷尔而言，只有实现非洲乃至世界范围内的非殖民化，才能确保殖民主义不再死灰复燃，任何地区的殖民主义存在本身就从意识形态上对原殖民地国家构成威胁；另一方面，独立之后的罗得西亚政权将会是少数白人统治大多数黑人，也将会是一个类似南非一样的种族主义国家。[3] 这对致力于种族平等的尼雷尔来说，不啻为一个晴天霹雳。而南罗得西亚一旦独立，将会与南非、葡属莫桑比克连成一片，联合国对南非实行的经济禁运将会名存实亡，整个南部非洲将会成为滋生殖民主义与种族主义的沃土。鉴于当时非洲国家在国际社会中的边缘地位，只能通过联合起来扩大自身的世界影响力，所以才会在亚的斯亚贝巴外交部长会议上决定，如果英国未能采取有效措施恢复罗得西亚秩序，将会与英国断交。断交在非洲统一组织成员国的理解中，更大的程度上是一种群体施加压力的方式，正如非洲统一组织成员国用断交的方式向英国施压。

鉴于之前尼雷尔在独立之前就南非加入英联邦一事，反复强调如果南非加入联邦，那么坦噶尼喀将不会加入联邦，最终的结果是英国妥协。关于南罗得西亚独立的问题，尼雷尔同样希望通过以断交的方式向英国施加压力。因此，断交更多的是一种策略，但是尼雷尔在断交的立场中比其他非洲国家要坚定得多。在非洲统一组织外交部长会议中所通过以断交向英国施压的决定也是在坦桑尼亚与加纳的提倡下达成的。[4] 这种以群体断交施压的方式在非洲统一组织内部也有分歧，部分非洲国

1　Julius K. Nyerere, *Rhodesia-the Case for Action*, Governments Printer, 1966, p.2.

2　Godfrey and Africa, *Nyerere and Africa: End of an Era*, Pretoia: New Africa Press, 2010, p.232.

3　《非洲人民不允许英国再造一个南非》，《人民日报》1965 年 12 月 9 日，第 4 版。

4　Intelligence Memorandum, "African Response to the Rhodesian Rebellion", 3 Jan 1966. CAI-RDP79T00826A000100010005-9.

家在亚的斯亚贝巴会议上认为，英国的经济禁运是一个逐步收缩的过程，再通过逐步的施压，让南罗得西亚内部崩溃，让反对派取代史密斯，因此建议多给英国政府一些时间。在 12 月 8 日中央情报局的评估中，显示很多非洲国家将会重新审视是否与英国断交，而 10 日则显示越来越多的非洲国家不会断交，尼雷尔在 13 日从赞比亚回国之后的态度却是更坚定，如果英国没有在 15 日截止日期之前平定罗得西亚叛乱的话，就与英国断交。[1]

但是在国内，尼雷尔在达累斯萨拉姆演讲中呼吁和平，希望国内不要出现针对英国人的暴力行为，同时诘问英国为何不使用武力干涉[2]，从潜意识上，尼雷尔并不相信英国采取断绝财政援助、经济制裁的方式可以起到扼杀白人政权的目的[3]，毕竟国际社会曾经对南非同样采取过经济制裁，但并未从根本上让南非白人政权崩溃。

14 日夜，坦桑尼亚国家议会全体成员通过了一项决议，支持尼雷尔执行非洲统一组织在 12 月 15 日同英国断交的立场。15 日上午，尼雷尔宣布了同英国断交并于当晚生效。次日加纳也同英国断交，但该周之内只有坦桑尼亚、加纳与英国断交，后断交国陆陆续续增加至九个，显然非洲统一组织联合向英国施压的策略并未收到预期的结果。[4]

尼雷尔与英国的断交，成为与西方国家关系的一个转折点，因为 1964 至 1965

1　The President's Daily Brief, 8 Dec 1965, CIA-RDP79T00936A004100350001-3; 10 Dec 1965, CIA-RDP79T0093A004200010001-9; 13 Dec 1965, CIA-RDP79T00936A004200030001-7. 关于 13 日尼雷尔强硬的断交立场，请参阅《坦桑尼亚、苏丹等非洲国家领导人重申坚决执行非洲统一组织决定》，《人民日报》1965 年 12 月 14 日，第 4 版。

2　"Tanzania Leads African Breakaway from Britain-First Commonwealth State to Sever Relations." *East African and Rhodesia*, 23 Dec, 1965. vol 42, no. 2150.

3　实际上在南罗得西亚独立前后，CIA 对局势的评估中也多次提到，英国所采取的经济制裁措施只能起到很微弱的作用。参考 Special Report, "Southern Rhodesia and Independence", 19 June 1964, CIA-RDP79A004500040002-9. The President's Daily Brief, 11 Nov, 1965, CIA-RDP79T00936A004100120001-8. The President's Daily Brief, 1 Dec 1965, CIA-RDP79T00936A004100290001-0. The President's Daily Brief, 12 Dec 1965, CIA-RD79T00936A004200040001-6。

4　尼雷尔本人认为，非洲国家只有团结起来才能对英国产生实质性的影响，用同一种声音才能增强非洲人在世界上的话语权。参阅 Julius K. Nyerere, *Rhodesia-the Case for Action*, Governments Printer, 1966, p.9。

年，坦桑尼亚因桑给巴尔问题，先后与联邦德国、美国交恶[1]，坦桑尼亚"左转"[2]，最后与对外关系中最重要的国家——英国断交，开启了坦桑尼亚彻底"向东"的局面。而罗得西亚问题也成为早期分裂英联邦的一个楔子，从一年后的局势来看，英国的经济禁运政策并未对罗得西亚产生足够的影响，英联邦的非洲国家也不再对英国解决罗得西亚问题抱有希望[3]，开始支持罗得西亚境内的黑人民族主义者采用军事方式反对白人统治者。

结论

坦桑尼亚独立初期与英国之间的关系不同于传统意义上的政治外交史。在坦噶尼喀独立之前，虽然境内的政治发展受到了国联与联合国的影响，但整体上坦桑尼亚与英国之间的关系仍然可以被视为英帝国的内部关系。坦噶尼喀独立以后，其与英国之间的关系逐渐由帝国内部关系转变为英联邦主权国家之间的关系，外交对于新独立的坦噶尼喀来说是一个从无到有的过程。所以本文所理解的双边关系史不是一个传统意义上的政治外交史的集合，更多的是两个政治实体之间的互动，如果仅仅通过兰克式的外交叙事来阐释这一阶段双边关系的历史演变，恐怕无法准确揭示这一时期的双边关系演变的背后脉络，许多曾经被视为帝国内部问题的事件，在坦噶尼喀政治地位改变的背景下开始成为主权国家之间的问题。因此，在考察坦桑尼亚独立初期与英国关系史演变的过程中，不能忽视坦桑尼亚国内的"殖民遗产"。

从"均势外交"到"三环外交"，中国学者普遍视英国外交为现实主义外交的典范。但从"二战"后英国外交政策的演变来看，这种认识似乎忽略了英国外交中

---

1 在整个 60 年代，坦桑尼亚大多数援助来自西方世界中的英国、美国与联邦德国，分别系 1.66 亿美元、0.77 亿美元、0.32 亿美元，其中大多数援助来自 1966 年坦桑尼亚与西方世界交恶之前，数据中并未统计中国方面的援助总额，详情参考 Elena Rotarou & Kazuhiro Ueta "Foreign Aid and Economic Development: Tanzanian's Experience with ODA", *The Kyoto Economic review*, 2009, pp.157–189。

2 Special Report, "Tanzanian taking the left turn", 21 May 1965. CIA-RDP79–00927A004900030002–6.

3 Special Report, "Rebel Rhodesia A Year After 'Independence'", 10 Nov 1966, CIA-RDP79–00927A005500050002–7.

的意识形态因素。作为现代西方民主制度发源地的大英帝国，以及从《权力法案》颁布以来所实行的议会制民主国家遍布世界各地，在面对苏联社会主义制度挑战的时候，英国没有理由不比美国敏感。诚然，"二战"以后，英国传统的"硬实力"衰落，为了维持英国在世界上的大国地位，为了帝国的荣耀、英镑的坚挺，英国更强调殖民地在维持英国世界大国地位中的现实因素，但这并不意味着"自由、民主的西方世界"这一理念无足轻重。在战后英国的外交中，英联邦不单单是英国维持世界大国地位的基石，也是大英帝国荣耀所在，更是抵御社会主义影响的屏障。尤其在英联邦中的非洲国家，鉴于较为落后的经济发展水平，被英国政府视为较容易受到苏联社会主义影响的国家。因此，在英国撤离之前，原英属非洲已经开始在英国的政治经济理念指引之下塑造殖民地的未来。

面对日益高涨的非洲民族主义运动，英国索性决定快速移交权力，化"被动"为"主动"，以期获得殖民地民族主义者对英国的好感。在殖民地独立之前，非洲民族主义者需通过英国殖民当局设计的政治模式实现自治，民族主义者亦需遵守英国政府所制定的法律条文。作为英属东非、中非地区第一个独立的国家——坦噶尼喀，英国之所以决定快速移交权力，很重要的一个方面便是通过快速移交权力获得坦噶尼喀民族主义者的好感。在移交权力的过程中，鉴于尼雷尔的种族宽容政策与殖民当局所贯彻的多种族主义有一定程度上的契合，殖民当局也希望将权力移交给他们视为温和派的尼雷尔政府，将独立后的坦噶尼喀纳入到西方世界中来。

但事与愿违，独立以后的坦噶尼喀政治运行显然没有进入英国殖民当局的预设轨道。尽管坦噶尼喀在独立之始，英国将权力移交给了其视为温和派的尼雷尔政府，并向坦噶尼喀提供了大量经济、技术、教育援助，冀图维持英国在坦噶尼喀的影响力，通过将坦噶尼喀纳入英联邦的方式抵消坦噶尼喀受到社会主义国家的影响。但是坦噶尼喀（坦桑尼亚）独立短短四年以后，也就是1965年12月15日，却成为英联邦内第一个与英国断交的国家，并于1967年2月17日，在坦盟领导人尼雷尔的主持下，通过了《阿鲁沙宣言》，决定走社会主义道路。独立之前被殖民大臣麦克劳德视为尼赫鲁式的温和派民族主义领导人尼雷尔，在南罗得西亚问题上比大多数非洲国家都要"激进"。英国通过快速向民族主义者移交权力来赢得非洲人的好感，希望将独立以后的坦噶尼喀纳入到西方资本主义世界中来的计划，也未能阻止坦桑尼亚走社会主义道路。所以，考察这一时期双方关系的演变脉络，仅仅考察双方对外政策的演变，并不全面，我们亦需充分考察这一时期坦桑尼亚国内政治环境对双边关系的影响。

所以本文试图以坦桑尼亚独立初期与英国之间关系演变为个案，试图从坦桑尼亚国内政治环境以及外交政策两个方面来探讨双边关系的演变脉络。英国在快速移交权力以后，留下了大量的"殖民遗产"，对坦噶尼喀人来说具有殖民主义特点的自治领身份，象征奴役非洲人的殖民官员成了坦噶尼喀非洲人实现自身权益的障碍。新独立的坦噶尼喀政府为了塑造自身政府的权威性，遂开始实行非洲化运动，力主划清与殖民者主义之间的瓜葛，在"效率"与"公平"之间，最终选择"公平"。在非洲化运动开展以后，大量的英国官员离开，许多具有强烈民族主义倾向的非洲人进入政府中来，外国高级官员失去了对尼雷尔政府的影响，尼雷尔政府成了一个弥漫着反殖民主义的民族主义政府。在坦噶尼喀兵变以后，尼雷尔政府不得不改组军队，并向其他国家寻求军事援助。桑给巴尔革命以后，社会主义国家在岛上的影响急剧扩大，英国几乎失去了在岛上的所有影响力。稍后在尼雷尔的提倡之下，坦噶尼喀与桑给巴尔走向了联盟。作为允诺桑给巴尔总统卡鲁姆同意联盟的条件，尼雷尔将桑给巴尔具有社会主义倾向的实力派巴布、汉加布等人调入坦噶尼喀内阁中来，而巴布在稍后中坦关系快速发展方面发挥了重要作用。中国在坦桑尼亚影响力的扩大，很大程度上平衡了英国在境内的影响，同时因为桑给巴尔问题，坦桑尼亚与对外关系中另外两个比较重要的西方援助国——联邦德国、美国交恶。至此，坦桑尼亚内阁人员主要由黑人民族主义部长以及社会主义倾向部长构成，而无论是具有民族主义倾向的部长还是具有社会主义倾向的部长，都对英国没有好感；对于民族主义者来说，英国是殖民主义国家，对于思想具有社会主义倾向的部长来说，英国是资本主义阵营的国家，坦桑尼亚向左转。在南罗得西亚单方面独立问题上，英国国内普遍反对进行军事干预，但是为了维持英联邦的团结，抚平英联邦非洲国家的愤怒，工党威尔逊政府倾向于采用经济禁运的方式扑灭南罗得西亚"叛乱"。而尼雷尔从根本上并不相信英国政府的经济禁运能够扼杀罗得西亚白人政权，认为英国正在创造另一个南非，遂同恩克鲁玛在非洲统一组织中提出以断交的方式向英国施压，要求英国快速平定罗得西亚"叛乱"。虽然在亚的斯亚贝巴非洲统一组织外交部长会议上通过了决议，截至 12 月 15 日，如果英国未能平定罗得西亚"叛乱"，非洲统一组织成员国将同英国断交，但是后来由于非洲国家在联合向英国施压方面出现分裂，英国依然坚持通过经济禁运的方式镇压罗得西亚"叛乱"。坦桑尼亚作为亚的斯亚贝巴外交部长会议上提出以断交向英国施压的国家之一，于 1965 年 12 月 15 日宣布同英国断交，因为截至 15 日英国未能平定罗得西亚"叛乱"。

坦桑尼亚与英国的断交，连同之前与联邦德国、美国交恶，标志着与西方世界的决裂，这也开启了坦桑尼亚彻底"向东"看的局面。而罗得西亚问题也成为早期英联邦分裂的楔子。

致谢

本文写作于 2015 年 11 月—2016 年 11 月留学坦桑尼亚时期，得到了国家留学基金委的赞助和支持。在坦期间，笔者为了加深对坦桑尼亚风土人情的了解，先后走访了半数坦桑尼亚省份的农村地区。为了搜集档案文献，笔者拜访了大量坦桑尼亚政府机构、科研单位以及知名学者。现在此特意致谢。

感谢国家留学基金委提供赴坦桑尼亚留学项目，让我有接触坦桑尼亚社会的机会。感谢我的外方导师 Lawi 教授，在坦桑尼亚学习期间给予的帮助以及在材料搜集过程中所提供的建议；感谢身在坦桑尼亚的美国学者 Helen Lauer，给我的一些观念上的启发，以及将一些国外的同行介绍给我；感谢赫尔辛基大学历史系教授 Koponen Juhani，得克萨斯理工大学的 Paul Bjerk，伊利诺伊香槟分校的 James Brennan，哈佛大学的 Jeremy S. Friedman，清华大学好友高良敏博士，哥伦比亚大学的林爽女士在论文构思以及材料搜集方面的建议。感谢中国驻坦桑尼亚大使馆文化处高炜参赞和叶天发先生，达累斯萨拉姆大学 Research Flats 所有工作人员，好友夏一舟先生在生活以及行政方面的帮助。感谢《人民日报》海外版副总编王咏赋先生，海外网总编姚小敏先生在信息传播方面的知识启发。

在达累斯萨拉姆、多多马以及桑给巴尔期间，由于笔者并不了解当地政府学术机构的具体位置，但是在当地很多热心人的帮助下，最终找到了我要去的地方。说来惭愧，笔者未能全部记住他们的名字，但依然给予由衷的感谢。感谢达累斯萨拉姆大学东非研究中心、达累斯萨拉姆大学历史系、坦桑尼亚国家档案馆、尼雷尔基金会、坦桑尼亚外交部、坦桑尼亚外交学院、坦桑尼亚国会、坦桑尼亚国家记录中心、CCM 总部图书馆、桑给巴尔国家档案馆和坦噶省图书馆那些为我寻找史料文献的工作人员。

坦桑尼亚报纸上的中国形象
论析（1961—1969）

曹道涵

国家形象指一个国家在国际舞台上的形象，即别国对该国的总体印象和看法，主要包括三个层面：政府观点、学者评论和民间（包括非政府组织）印象。[1] 良好的国家形象不仅能够促进两国政府层面的政治合作和经贸合作，也能够促进两国人民之间的交流和合作。随着"一带一路"倡议的实施，中非之间的合作和交流更加频繁，对于中国在非洲的国家形象的研究也在不断增加。但是，当前的研究多数是基于当代中国在非形象进行研究，对于历史时期的中国形象考察不足；笔者认为这种不足会影响到对中国在非形象的考察。首先，中非传统友谊持续影响着中国在非形象。2013 年习近平主席访问坦桑尼亚时，他在同坦桑尼亚总统基奎特会谈时都提到了两国之间的"传统友谊"[2]；2018 年 12 月 21 日和 22 日，坦桑尼亚的《每日新闻》和《卫报》针对美国总统国家安全顾问博尔顿关于美国对非新战略的言论纷纷发表评论文章驳斥美国对中坦、中非关系的污蔑的同时，也都提到了"传统友谊"。[3] 这些事例表明了中非传统友谊受到中非领导人和媒体的重视，同时，"传统友谊"对今天中国在非形象仍然有影响。其次，中国在非形象应该被看作一个整体来进行看待和研究。当前对 21 世

1　李安山：《为中国正名：中国的非洲战略与国家形象》，《世界经济与政治》2008 年第 4 期第 6 页。

2　详见人民网 http://cpc.people.com.cn/n/2013/0325/c64094-20897940.html，2019 年 6 月 6 日查。

3　详见中国驻坦桑尼亚大使馆微信公众号 2018 年 12 月 24 日文章《坦主流媒体称赞中坦中非合作批评美国抹黑中非关系》，2019 年 6 月 6 日查。

纪头 20 年中国在非形象已经有了不少成果，但对于过去四五十年中国在非形象却少有人问津。这种缺乏对过去中国形象的关注难免会影响总体上对中国在非形象的判断和认知，人为地忽视了中国形象在非的发展和变化，很难看到中国形象在非洲的发展特点和变化原因。最后，中非"传统友谊"是我国外交上的一笔"财富"，为了解和使用好这笔"财富"造福当代，我们有必要了解"传统友谊时期"中国在非形象的形成与传播，来为今天中国在非形象的发展和完善提供一些宝贵的经验。

一、《坦桑尼亚旗帜报》与《民族主义者》的发展概况

本文所选取的《坦桑尼亚旗帜报》(*The Standard of Tanzania*) 和《民族主义者》(*The Nationalist*) 两份报纸是坦桑尼亚在 20 世纪 60 年代发行量最大、最有影响力的两份英文报纸。《坦桑尼亚旗帜报》是隶属于坦噶尼喀旗帜报业公司的报纸，1969 年被坦政府"国有化"收购，变为国有报纸。而《民族主义者》是坦噶尼喀非洲民族联盟（以下简称坦盟）于 1964 年 4 月 17 日开始发行的英文党报。选取这两份报纸能够很好地考察中国形象是如何在坦桑尼亚形成和传播的。

（一）《坦桑尼亚旗帜报》的发展概况

坦桑尼亚报纸出版的历史较为悠久。早在 1888 年，前往中非地区进行传教的英国国教大学传教团（UMCA）就在桑给巴尔发行了一份名叫《故事讲述者》(Msimulizi) 的报纸宣传《圣经》内容，来帮助当地居民了解基督教，招揽信徒。在此之后，坦噶尼喀又出现了报道时事新闻和一些本土资讯的报纸如《德属东非报》《乌桑巴拉邮报》等报纸。但由于这一时期印刷技术较为落后、内容多为摘抄殖民宗主国的消息、资金较为短缺、市场狭小等因素导致这些报纸的发行时间较短，影响有限。

1930 年 1 月 1 日，《坦噶尼喀旗帜报》[1] 的发行标志着坦桑尼亚报纸出版进入新

1　1964 年 11 月 25 日《坦噶尼喀旗帜报》更名为《坦桑尼亚旗帜报》，笔者在讲述 1964 年 11 月 25 日之前的时候，一贯采用《坦噶尼喀旗帜报》，在 1964 年 11 月 25 日之后或是在需要统称的时候，采用《坦桑尼亚旗帜报》这一名称。在 1964 年 11 月 25 日之前，《坦桑尼亚旗帜报》名为《坦噶尼喀旗帜报》。

的时代：这份报纸出版之后取得巨大的成功，报纸发行量从 1933 年的 720 份迅速
上升到 1944 年的 8 000 份。报纸整体上采用英式风格，对后续出版的报纸影响深
远。但是，它也没有改变摘抄殖民宗主国新闻的做法，而且本土黑人并不喜欢这份
报纸：

> 报纸有英国殖民行政机构的典型特征：对本土非洲人持高人一等的傲慢态
> 度，总是拒绝在专栏中报道土著。虽然它宣称客观，但它是为殖民者服务的。
> 大多数新的消息都是英国政治、英国板球、足球、赛马以及一些来自印度和巴
> 基斯坦的故事。很明显报纸致力于服务欧洲人和一部分有教养的亚洲人。[1]

不过，本土黑人的意见在这时候是无足轻重的，对于《坦噶尼喀旗帜报》的发
行量和市场并没有什么影响。"二战"以后，英国元气大伤，为了改变本土食品和
原料短缺、债台高筑的状况，开始开发非洲殖民地的资源；而为了提高开发效率
还改革了地方政府制度和取消间接统治，并进行宪法改革和"非殖民化"[2]，非洲黑
人逐渐开始觉醒。1955 年尼雷尔组建了"坦盟"开始为坦噶尼喀赢得独立而斗争，
在这一时期《坦噶尼喀旗帜报》开始越来越多地为英国的殖民统治摇旗呐喊：

> 非洲人在能够拥有收集健全意见的坚实基础之前，还有很长的路要走；显
> 然，坦盟只能代表一部分极端主义者的观点，这不会对非洲人有益或者说在这
> 个托管地政治发展的早期阶段没有好处……[3]

这些材料为延长英国殖民统治而进行辩护的材料最后成为《坦桑尼亚旗帜报》
被视为代表英国殖民当局的利益的证明，是殖民者的喉舌的有力证据；也是坦桑尼
亚民众呼吁并支持政府"收购"这份报纸的重要原因。1963 年英国伦罗财团收购
了这份报纸，它的编辑和记者多数都是英国人和印度裔，对坦桑尼亚的舆论保持着

1　转引自 Martin Sturmer, *The Media History of Tanzania*, Nanda: Nanda Press, 1998, p.54。

2　高晋元：《英国—非洲关系史略》，北京：中国社会科学出版社，2008 年，第 224—243 页。

3　*The Nationalist*, 24th May 1968, p.4.

巨大的影响力。1967 年 2 月 5 日，尼雷尔发布了《阿鲁沙宣言》，明确了坦桑尼亚将走社会主义道路，并且将按照计划逐步接管、收购一些外资企业以及银行。在群众集会上，群众开始呼喊："旗帜报，旗帜报！"[1] 这个时候尼雷尔并未表明态度。1968 年，坦桑尼亚议会通过法案授予总统拥有关停报纸的权力。1969 年，为了建设社会主义的需要，坦桑尼亚政府开始同伦罗财团进行谈判，准备买下《坦桑尼亚旗帜报》。随后来自南非的印度裔黑人弗雷娜·金拉女士接任报社主编一职。尼雷尔曾表示不希望报纸完全成为政府的喉舌，但是希望它能够对政府的政策给予普遍支持。[2] 但是她并没有如尼雷尔所期望的那样，反倒是对政府的政策横加指责。后因为在未经允许的情况下报道乌干达的阿明"执政"的新闻，遭到指责，被要求辞职。1972 年，《坦桑尼亚旗帜报》和《民族主义者》合并，发行一份名为《每日新闻》的新报纸。

（二）《民族主义者》的发展概况

在《民族主义者》发行之前，坦盟已经有了一份斯瓦希里语的党报《自由报》（Uhuru）。早在 1962 年的时候，尼雷尔就设想过把斯语版的党报《自由报》翻译成一份英文版的日报发行。尼雷尔希望通过这份英文报纸，国际上的政治家和经济学家能够明白这个国家的问题，并同意国家采取的新政策。[3] 在"自治政府"期间，政府虽然把殖民当局的公共关系部改为新闻局，但出版一份英文党报也能够起到舆论导引、分流的作用，改变《坦噶尼喀旗帜报》在英文报纸市场一家独大的局面。《民族主义者》终于在 1964 年 4 月 17 日开始出版发行。整个报纸的政治性强，持有强烈的反西方色彩。比较新颖的是这份报纸的专刊有时候会专门面向女性读者介绍一些烹饪、时尚造型、养育孩子等方面的知识。这种利用专刊普及知识的做法被之后的《每日新闻》沿袭。但是这份报纸的发行量还是远远落后于《坦噶尼喀旗帜报》。以下是对坦桑尼亚 1967 年部分报纸发行量的统计[4]：

1　Hadji S. Konde, *Press Freedom in Tanzania*, Arusha: Eastern Africa Publication, 1984, p.52.

2　详见 https://www.tzaffairs.org/1990/09/newsp.ap.ers-and-censorship./，2019 年 6 月 9 日查。

3　Martin Sturmer, *The Media History of Tanzania*, Nanda：Nanda Press, 1998, p.107.

4　根据 Allison Butler Herrick, Sidney A. Harrison, Howard J. John 等编的《坦桑尼亚地区手册》（*Area Handbook for Tanzania*）一书第 252 页提供的部分数据编辑而成。

表 1 1967 年坦桑尼亚部分报纸发行表

报 纸 名 称	语 言	地 区	发行量（份）
《坦桑尼亚旗帜报》	英语		15 000
《自由报》	斯瓦希里语	达累斯萨拉姆	16 000
《雷声报》	斯瓦希里语		14 000
《民族主义者》	英语		7 000

从上表我们可以看出这个表格主要反映的是在达累斯萨拉姆市内的报纸销售情况：从销量来看，总体上斯瓦希里语的报纸销量多于英语报纸；《自由报》的销量最多，其次是《坦桑尼亚旗帜报》；《民族主义者》在创办三年之后销量只有 7 000 份，因此，它也被人称为"一份从未成功的报纸"[1]，因为它主要是依靠《自由报》所赚取的资金来维持运营。但是，从政治的角度来看，这份报纸的存在是有必要的：正如前文所述它可以起到舆论导引、分流的作用；其次，它的出现也打破了英文报纸市场为英国人所控制的局面；尤其是在 1965 年罗得西亚危机和 1967 年坦桑尼亚实行社会主义等一系列重大问题上，《坦桑尼亚旗帜报》报道的倾向性和态度明显地受到了编辑和记者的身份认同和个人政治倾向等因素的影响，在宣传上同坦桑尼亚政府所希望的相差甚远，而这对坦桑尼亚国内的社会主义建设是不利的。1968 年 6 月 24 日，《民族主义者》专门刊登了一篇文章介绍《坦桑尼亚旗帜报》曾经是如何攻击和丑化坦盟的，为收购该报提供了正当的理由。所以，对于《民族主义者》存在的意义更应该从政治角度来进行思考。1972 年，在经过坦盟全国执行委员会的商讨之后，坦政府决定将《民族主义者》和《坦桑尼亚旗帜报》合并，发行一份名为《每日新闻》的英文报纸。这份报纸至今仍是坦桑尼亚国内发行量最大的英文报纸，且为政府所有。《每日新闻》承袭了两份报纸的优点，深受广大读者的欢迎。

结合两份报纸的发展过程来看，《坦桑尼亚旗帜报》受印度人和英国人的影响非常深，而且对英国有着强烈的认同感和维护感，对于反殖民主义运动并不热衷，可以说是一份"右倾"的报纸，直到被坦政府收购之后才有所好转。而《民

---

1 Martin Sturmer, *The Media History of Tanzania*, Nanda: Nanda Press, 1998, p.108.

族主义者》作为一份积极支持非洲民族解放运动，支持反帝、反殖运动的报纸，喜欢刊登有关第三世界国家的友好往来以及联合反帝、反殖的文章，显然是一份"左"的报纸。因此，两份报纸的对比有助于我们对中国在坦桑尼亚的形象有所了解。

二、中国形象的形成与塑造

诚然，中国在坦噶尼喀独立之后的第一时间同其建立了外交关系，但是，坦噶尼喀在建国之初的对外重点是发展同英国、西德等国家的关系，对于中国的关注度并不高，直到非洲民族解放运动如火如荼地发展。

（一）中坦关系概况

坦噶尼喀在 1961 年 12 月 9 日举办独立庆典时，就主动邀请了中国代表参加，表示对中国的友好。中国政府派遣驻加纳大使黄华出席，他向尼雷尔总理转达了中国政府和人民对坦噶尼喀政府和人民的衷心祝贺和深厚友谊。[1]第二天双方发表了建交公报，并讨论了互设大使馆等政治问题，尼雷尔当时表示因为坦噶尼喀经费紧张目前无法在中国修建大使馆并派遣大使，不过他欢迎中国前来设立使馆，派遣大使。1962 年我国派出何英担任第一任驻坦噶尼喀大使，而坦桑尼亚驻中国大使直到 1964 年 11 月中旬方才到任。[2]两国关系因为缺少大使级别官员的活动，发展速度较慢。

1964 年 1 月，周恩来有意对坦噶尼喀进行国事访问，但是因为坦噶尼喀刚经历军队叛乱加上桑给巴尔发生革命，坦噶尼喀政府以地区局势不稳定为由，委婉谢绝周恩来的访问。同年 4 月 8 日，中国同桑给巴尔建立了外交关系。[3]

1964 年 4 月 26 日，坦噶尼喀和桑给巴尔组成坦桑尼亚联合共和国。中国积极支持尼雷尔政府的联合举措，而莫斯科则在中国支持的时候表示反对。联合的结果

1　《人民日报》1961 年 12 月 8 日第 3 版。

2　中国外交部档案 117-01205-01。

3　*The standard of Tanzania*, 8th April 1964, p.1.

使得中国同尼雷尔政府的关系处于一个更好的位置。[1]

1964 年 6 月 16 日，中国批准给予桑给巴尔的 500 万英镑的长期贷款，将分 10 年进行支付，包括向桑给巴尔提供装备和技术援助。[2] 几天之后，卡瓦瓦返回坦噶尼喀，说明从中国获得 1 600 万英镑的长期贷款，1 000 万英镑的长期贷款给坦噶尼喀，500 万英镑的贷款给桑给巴尔，100 万英镑的一半作为外汇，一半以货物的形式计算。[3] 由此中国开始了对于坦桑尼亚的经济援助。中国给予的巨额援助有效地减少了坦噶尼喀对于英国援助的依赖，从而在内政外交上拥有一定的灵活性。再加上尼雷尔支持南部非洲的民族解放运动，因为他相信"非洲是一个整体"。[4] 这就导致坦桑尼亚对于英国在南部非洲白人种族政权的纵容愈加不满，同中国、东德等社会主义国家走得更近一些。

1965 年 2 月 15 日，尼雷尔对中国开始进行首次访问，访问期间他前往了上海、北京、南京等地，同毛泽东、刘少奇、周恩来等国家领导人先后进行会谈。2 月 20 日，双方签署了《中坦友好协定》，确定双方"愿意巩固和进一步发展中华人民共和国和坦桑尼亚联合共和国之间的深厚友谊"。[5] 另外，中国还口头上承诺帮助坦桑尼亚和赞比亚修建坦赞铁路，积极支持南部非洲黑人的解放斗争运动，中国种种举措推动中坦两国的友好关系谱写了新的篇章。同年 6 月，周恩来访问坦桑尼亚，促进两国关系的发展迈上了更高的台阶，双方互相理解支持，经济文化代表团之间交流频繁，并从中收获甚多。

1967 年《阿鲁沙宣言》出台，坦桑尼亚宣布实行社会主义制度，尼雷尔结合中国的经验[6]以及自身的探索提出了富有特色的"乌贾马社会主义"，由此开始了社会主义建设时期。双方在意识形态上更加接近，也让中坦两国更加亲密。1967 年 9 月 5 日，中坦赞三国在北京签订了坦赞铁路协定。而这一条铁路最终成为三国

1　David H. Shinn, Joshua Eisenman, *China and Africa: A Century of Engagement*, University of Pennsylvania Press, 2012, p.260.

2　*The standard of Tanzania*, 17th, June 1964, p.1.

3　*The standard of Tanzania*, 22nd, June 1964, p.1.

4　张忠祥：《尼雷尔的非洲统一观析论》，《历史教学问题》2017 年第 4 期，第 105 页。

5　http://www.npc.gov.cn/wxzl/gongbao/2000－12/25/content_5000989.htm，2018 年 8 月 28 日查。

6　*The standard of Tanzania*, 16th February 1967, p.1.

友好关系的象征符号，影响着中国在坦桑尼亚的形象。1968 年，应坦桑尼亚政府的请求，中国向坦桑尼亚（大陆地区）派遣医疗队，不仅无偿治病，还帮助坦桑尼亚培训医疗人员。中国一系列真心实意帮助坦桑尼亚的举措，赢得了广大坦桑尼亚人民的喜爱和称赞，作为 rafiki（斯瓦希里语，朋友的意思）的中国人称谓证实在这一阶段超出了领导人的讲话范围，在两国人民长期交往中被广泛使用。[1]

（二）从"负面"到积极的中国政治形象

政治新闻是报纸的重要组成部分。自新中国成立后，中国的一举一动都受到国际社会的广泛关注，并成为新闻报道的焦点甚至是重点。对《坦桑尼亚旗帜报》以及《民族主义者》有关中国政治的新闻报道进行整理分析，能够得出两份报纸新闻报道的特点及其展现出的中国政治形象。

1. 政治新闻报道的内容

从报道量上看，1961 年至 1969 年间，《坦桑尼亚旗帜报》对于中国政治新闻的报道达到 279 篇，《民族主义者》为 213 篇。[2] 如下图所示：

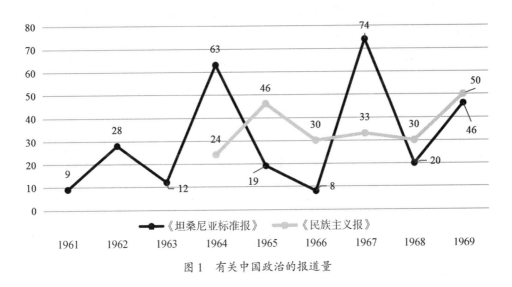

图 1　有关中国政治的报道量

1　刘东旭：《命名与关系：坦桑尼亚人对"中国人"的认知流变及意涵》，《青海民族研究》2017 年第 2 期，第 8 页。
2　此处对政治新闻的定义包含了有关中国政府的对外声明、外交活动、国家领导人出访、出席或会见活动，以及部分对国际政治格局和走向着有重大影响的军事活动或军事科技发展类的新闻，如原子弹、氢弹等武器。

从图 1 可以看出两份报纸对于中国政治的报道的情况。由于《民族主义者》创刊于 1964 年 4 月 17 日，所以没有 1964 年之前的数据。总的来说，《坦桑尼亚旗帜报》的报道量波动较大，《民族主义者》报道量较为稳定。从图 1 中我们可以看出，《坦桑尼亚旗帜报》在 1967 年对中国政治报道最多，达到 74 篇；其次是在 1964 年，达到 63 篇。而《民族主义者》在 1969 年对中国政治新闻报道最多，达到 50 篇，这同中国国内形势发生变化有着紧密关系。其次则是在 1965 年最多，达到 46 篇，这与这一年两国领导人实现了互访有着紧密联系。总量上，《坦桑尼亚旗帜报》和《民族主义者》同一年的报道量最大的差距多于两倍；最小的差距是在 1969 年，只差四篇。结合两份报纸的性质来看，《民族主义者》属于党报，在报纸编辑中属于"偏左"的态度，再加上中国是一个社会主义大国，因此，对于中国有关的报道自然不会少。而《坦桑尼亚旗帜报》则是波动频率大，这同中国内外活动有关。总的来说，两份报纸对中国发生的事情非常关注。

在对有关中国的新闻报道进行梳理之后，可以发现以下几点：

首先，两份报纸一直都关注中国国家领导人的活动，尤其是毛泽东、刘少奇、周恩来等人。以周恩来总理为例，在周恩来访问亚非欧十四国期间，《坦桑尼亚旗帜报》就对周恩来访问的国家进行跟踪报道，他参加的活动、讲话以及闭门会谈等都以或长或短的篇幅刊登在报纸上。在这期间，《坦桑尼亚旗帜报》还专门介绍了周恩来的个人经历。[1] 另外，就周恩来作为首位访问非洲的中国领导人，发表了一篇评论文章，认为中国外交进入了一个新的时期，正在全力出击，寻找朋友、威望和影响力，[2] 并认为中国想要赢得非洲国家的忠诚，从其宣布的中立政策转向对共产主义的赞赏。这种说法明显是把周恩来的友好访问视为中国在进行地缘政治的部署，并意图推动非洲国家放弃中立，转向社会主义。这显然是用一种"冷战"的思维来看待周恩来的行动。虽然这篇文章更多的是对于周恩来访问亚非欧十四国的外交活动进行别有用心的解读，但是它也证实了《坦桑尼亚旗帜报》对中国领导人活动的关注，诚然这种关注有些居心叵测。

1　*Tanganyika Standard*, 24th December 1963, p.4.

2　*Tanganyika Standard*, 19th December 1963, p.4.

由于《民族主义者》成立时间稍晚，并没有同期报道周恩来访问亚非欧十四国的新闻。但是这份报纸同样报道了不少有关中国国家领导人的活动。9 月 23 日，《坦桑尼亚旗帜报》和《民族主义者》都转引莫斯科方面的消息，报道了中国发言人对美国杂志上对中国领导人的不实报道进行否认，并抨击这是典型的谣言。10 月 2 日，两家报纸都报道了毛泽东在天安门出席了新中国成立 20 周年庆典活动，并附上了照片。显然，这是对谣言最有力的反击。

其次两份报纸还集中关注中国与周边国家的关系。两份报纸都报道了 1967 年中印关系。但是，在报道中《坦桑尼亚旗帜报》则是引用的印度方面的消息。《民族主义者》对于中印关系也进行了报道，但是它引用的是北京方面的消息。这不仅显示了两份报纸都对中国与周边国家的关系非常关心，还充分表明了信息源的选择不同会导致最终报道出来的导向存在很大的差异，也反映出《坦桑尼亚旗帜报》更热衷于报道有关中国的"负面"新闻。

除了以上两点之外，两份报纸都集中关注了中国军事科技的发展，尤其是原子弹和氢弹的试验成功。但不同的是，《民族主义者》认为这是有利于增强第三世界的力量，而《坦桑尼亚旗帜报》更多的是结合美国以及台湾地区的反应。所以，对于中国国内以及国际有着重大影响的事件，两份报纸都会报道。

而两份报纸对中国的报道也存在不同点。首先是在信息源的选择上，两份报纸各自的偏好有所不同。在报道中印之间的关系时，《坦桑尼亚旗帜报》大多数情况下会采用新德里方面发回的消息，对于北京方面提供的消息则是充耳不闻，这种做法显然是存在一定的倾向。在报道中国内政的时候，它所采用的信息源则比较复杂，有来自中国香港的消息、东京的消息、北京的消息、莫斯科的消息等等，在报道时对于这些消息来源并没有加以审查核实。有些新闻是否是事实、数据是否准确，该报都没有进行核实，直接就刊登在报纸上进行传播。显然，《坦桑尼亚旗帜报》在报道中国的时候，并没有遵循新闻报道中应有的客观、真实的原则，甚至是在有意塑造中国的"负面"形象。而《民族主义者》则不同，这份报纸在报道中国新闻的时候，信息源除了采用北京的消息，也会采用香港、莫斯科等地发来的报道。另外对于中国的报道，它更多的是积极的、正面的。中国在坦桑尼亚的正面形象塑造同这份报纸有着密切的关系。自 1965 年起，它集中报道了中国国内的发展经验如自力更生政策、城市如何减少水资源浪费等，并时不时还会刊登一些中国人撰写的介绍中国国内的情况的文章。这些准确、正面的消息和《坦桑尼亚旗帜报》上的报道形成了巨大的反差。

其次是在报道内容的选择上，两份报纸存在差异。纵观 1961—1969 年这段时间里的《坦桑尼亚旗帜报》，它非常喜欢报道中国在内政与外交上遇到的一些问题。综合来看，《坦桑尼亚旗帜报》所报道的内容由于信息源复杂，加上它蓄意丑化中国，因此，它所呈现出的中国在外交上接连遭受失败，内部又动乱连连，政府无法控制大局，给人一种即将崩溃的感觉。在它的报道中中国就是一个"负面"的形象。而《民族主义者》显然不同，1964 年报道有关中国的内容时，更多的是报道时事。而1965 年这一年则集中刊登了中国的自力更生政策、中国的城市如何减少水资源浪费等文章，这些文章显然是根据时事来进行报道的，而且中国的这些做法实际上是值得坦桑尼亚去学习的，最典型的就是自力更生政策，这一政策在 1967 年坦桑尼亚宣布建设社会主义之后，频频被坦桑尼亚领导人提及。1966 年尼雷尔建议恢复新中国在联合国的合法席位之后，报纸对这种呼吁一直持续报道，并且进行了补充。虽然《坦桑尼亚旗帜报》对此也有所报道，但是它只报道中国在投票中的失败。所以可以从中看出《民族主义者》所报道的内容是受到政府领导人影响的，而政府领导人在中国形象的塑造方面起着重要作用，有助于坦桑尼亚人民了解到中国真实的一面。

结合两份报纸内容来看，它们之间存在明显的区别。正是这种区别塑造了中国形象的形成。1961 年至 1964 年 4 月 16 日之前这段时间因为《民族主义者》尚未发行，所以这段时间中国形象的塑造和传播都是依靠《坦桑尼亚旗帜报》的。而在这之后，《民族主义者》的发行则对它在塑造中国形象方面有所限制，因为《民族主义者》的背后是受坦桑尼亚人民欢迎的坦盟。因此，有了这一层关系，加上中坦两国关系朝向好的方向发展，从而帮助中国树立了正面的形象。

2. 政治新闻报道的倾向性

媒体新闻报道要求客观性即客观地叙述新闻事实，在手法、语言、体裁等方面，不带主观人为的色彩，而是让事实说话，通过事实本身的逻辑表达观点。但是新闻报道也不可避免地受到主观因素的影响，一方面编辑、记者个人的性格、习惯、喜好以及个人意识形态等因素的影响，另一方面新闻报道也会受到资本、权力等因素的影响。因此，报道出来的新闻或多或少都会有些倾向性。

在 1969 年坦桑尼亚政府同伦罗财团进行谈判，打算收购隶属于肯尼亚东非标准公司的《坦桑尼亚旗帜报》之前，这份报纸的记者和编辑多数是印度人和英国人。[1] 而《民族主义者》则属于坦盟的党报，它所刊发的文章在一定程度上代表着坦盟的观点或看法，因此在新闻报道上面更加谨慎。

为了更直接了解两份报纸的倾向性，我们选取直接蕴含报纸态度的新闻评论进行统计分析。我们统计两份报纸上的评论文章，最后得出图 2：

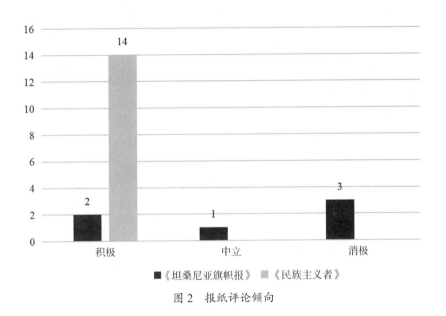

图 2　报纸评论倾向

从上图可以看出《民族主义者》相较于《坦桑尼亚旗帜报》而言，对有关中国的政治新闻的评论态度更加积极。而《坦桑尼亚旗帜报》对于中国的认识则比较复杂，持消极态度的有三篇，占到有关评论的一半，积极态度占总评论数的 30%，中立态度占 20%。

3. 中国政治形象的特点及其影响因素

综合两份报纸报道的内容以及倾向性来看，两份报纸所呈现的中国的政治形象

1　2018 年 4 月 27 日，笔者于《每日新闻》报社的 Urio 先生处得知。

有以下特点：

（1）中国政治形象有一个从"不太好"向"好"的发展过程。从现有的资料来看，一方面是因为早期坦噶尼喀更依赖西方国家提供的援助，对中国缺乏兴趣，导致中坦关系发展缓慢，双方了解不够多。另一方面是坦桑尼亚英文报纸市场在早期是《坦桑尼亚旗帜报》一家独大，在政府没有参与和干涉的情况下，中国形象如何被塑造，全靠报纸如何选择新闻去进行报道，而这个发展过程则在 1964 年 4 月27 日与坦桑联合之后中国积极给予支持有关。尼雷尔拥护"不结盟"的政策，在这时候也开始试图减少来自英国方面的影响，这意味着采取一些疏远西方、接近东方的步骤，以便更靠近中间。[1] 再加上南部非洲地区白人叫嚣成立种族政权的声音甚嚣尘上，尼雷尔认为坦桑尼亚需要支持南部非洲的黑人解放运动，而当时中国也是支持南部非洲的解放运动的，因为在 1957 年 11 月 5 日，南非的非洲人国民大会希望毛泽东致电声援南非黑人的解放运动时，毛泽东于当年的 12 月 12 日就致电非洲人国民大会，代表中国人民对南非人民争取基本人权和反对种族歧视的斗争表示同情和支持。[2] 在会见一些非洲领导人的时候，毛泽东也总是声明中国将会支持非洲人民的反帝斗争。因此，两国元首有着共同的目标，加上中国帮助坦桑尼亚减少对西方国家援助的依赖等措施，自然促进了中坦关系的迅速发展，坦桑尼亚领导人和人民在感觉到了中国的真诚、无私之后，自然形成了中国"好"的政治形象，借助《民族主义者》的广泛传播，中国积极、正面的政治形象更加广为人知，深入人心。

（2）中国"好"和"不太好"的政治形象在一定时期里共存。这种共存现象是由于坦桑尼亚政府在 1968 年之前没有干涉报纸市场的发展，允许多元化，从而导致《坦桑尼亚旗帜报》这类亲西方意识形态的报纸能够继续发行，直到 1969 年政府收买，方才有所改变。实际上，在 1965 年尼雷尔总统和周恩来总理互访之后，坦桑尼亚国内的舆论普遍是对中国友好的，中国被坦桑尼亚视为值得信赖的朋友、

1　［坦桑尼亚］伊·基曼博、阿·特穆主编，钟丘译：《坦桑尼亚史·下册》，北京：商务印书馆，1973 年，第 474 页。

2　世界知识出版社：《中华人民共和国对外关系文件集·第四集》，北京：世界知识出版社，1958 年，第 435—436 页。

兄弟。《坦桑尼亚旗帜报》诚然对中国存在偏见，但是在这一时期对周恩来的访问也是持赞赏态度的。但是，《坦桑尼亚旗帜报》并没有完全改变攻击中国的习惯，这种习惯一直延续到坦桑尼亚政府同英国伦罗财团谈判、收购它之后，中国政治形象在坦桑尼亚报纸上呈现出来更为正面、积极和与坦桑尼亚友好。

（3）"正面"的中国政治形象一直持续同两国政府有关。积极、正面的中国政治形象不仅和坦桑尼亚政府的内外政策相关，还和中国真正帮助坦桑尼亚有关。坦桑尼亚政府结合实际状况，调整了外交和报纸管控政策，从而改变了坦桑尼亚国内对于中国的了解和认识，进而改变了基于偏见和别有用心构建起来的负面形象，让广大人民了解了真实的中国，客观、准确的中国形象。而中国在同坦桑尼亚交往中，提供了大量坦桑尼亚急需的援助，援建了中坦友谊纺织厂、鲁伏河农场、坦赞铁路等一批具有重大影响的项目，派遣中国医疗队，帮助培训医生等等做法实实在在地解决了坦桑尼亚在发展中所面临的问题。这也是中国形象一直很好的原因。

中国政治形象的发展和变化受到了以下几个因素的影响：

（1）受到报纸背景以及报社记者和编辑等因素的影响。《坦桑尼亚旗帜报》之所以在 1962 年对于中国的报道总体上表现为消极态度，这和该报隶属于英国人、报社里面很多人都是印度裔有着密切的关系。在报道中印边界冲突时，该报大都选择来自新德里的消息。《民族主义者》则不存在这种问题。《民族主义者》不仅对有关中国政治的新闻非常重视，[1] 还对中国如何进行自力更生建设，如何稳定货币、城市节水等发展方面进行详细报道，也反映出该报的编辑和记者对于中国的发展经验非常看重，还有向中国学习的意思。

（2）受到中坦关系发展的影响，同领导人对于中国的认识有着密切的关系。1964 年、1965 年中坦两国关系发展相较之前更加迅速，在政治、经济、文化方面的合作与交流更加频繁，尤其是 1965 年尼雷尔和周恩来成功实现互访对于报纸的影响非常大。

（3）受到中国自身发展所取得的成就的影响。两份报纸都对中国发展取得的成

1　2018 年 7 月 27 日，笔者在姆卡帕家中采访坦桑尼亚前总统本杰明·威廉·姆卡帕得知。

果积极报道，如《坦桑尼亚旗帜报》积极报道了新中国成立 15 周年所取得的成果，《民族主义者》积极报道了新中国成立 20 周年取得的成果、中国自力更生所取得的成果等等，这些无不反映了中国的发展促进自身实力的同时，也在逐渐改变坦桑尼亚报纸对中国的政治形象的认知，并促进坦桑尼亚报纸对于中国的内政外交甚至是中国的历史进行深入了解，从而更好地向坦桑尼亚人民介绍中国。

综合来看，报道的中国的政治形象是在不断变好的，报社对中国的认识在不断深入，最终在非洲人民脑海中形成了中国是非洲民族解放运动的坚定支持者，是世界和平的维护者，是非洲人民的好朋友、好兄弟的观念。这一观念持续至今。

（三）客观、真实的中国经济形象

相较于政治新闻而言，有关中国经济的新闻相对较少；国内学术界也是对当前中非贸易关注较多，对于 20 世纪六七十年代的中非贸易关注较少。在之前的叙事结构中，坦桑尼亚媒体更多突出强调的是中非的革命友谊和中国对非洲国家的经济援助，从而导致这段时间的中非贸易鲜为人们所知。但是，中坦两国在经济领域的合作实际上是两国关系中不可或缺的一部分。坦桑尼亚的报纸常常报道中国对其经济援助以及双方达成的经贸合作。

1. 经济新闻报道的内容

结合报纸上的新闻来看，中坦两国在建交之后的经济交流最早应该定在 1964 年。[1] 1964 年 5 月 18 日，中国的"和平"号轮船载着食物、拖拉机、衣物、自行车以及电子设备等商品抵达桑给巴尔，并意图购买 200 吨丁香运回中国。之后，"和平"号在 5 月 19 日抵达达累斯萨拉姆，带有 274 吨商品进行展览，并在坦桑大陆地区采购了 120 吨的棉花运回中国。[2] 这是笔者已知最早有关双方在建交之后进行贸易的报道。当年 6 月，坦桑尼亚第二副总统卡瓦瓦成功对中国进行访问，并从中国获得 1 600 万英镑的长期贷款。按照马丁·贝里（Martin Bailey）的说法这些钱被用来修建中坦友谊纺织厂、中坦友谊轮船公司、香烟厂、广播电台等设

1　从坦桑尼亚海关部门编撰的 Annual Trade Report of Kenya Uganda and Tanganyika 1960–1963 来看，中国同坦噶尼喀之间之前就存在贸易往来行为。

2　*The standard of Tanzania*, 18th May 1964, p.1; *The standard of Tanzania*, 19th May 1964, p.1.

施。[1] 中国举办商品展览会之后，吸引了大量达累斯萨拉姆市民前往参观并抢购商品。商品展览会结束的第二天就有一个中国商贸代表团抵达达累斯萨拉姆，对坦桑尼亚展开为期 10 天的友好访问。[2] 自 1964 年之后，中坦之间的贸易往来更加频繁、更加紧密。

从报道量上来看，《坦桑尼亚旗帜报》在 1961 年至 1969 年间对中国经济新闻的报道量为 89 篇，《民族主义者》为 96 篇。[3] 笔者依照上述脚注的说明绘制下图：

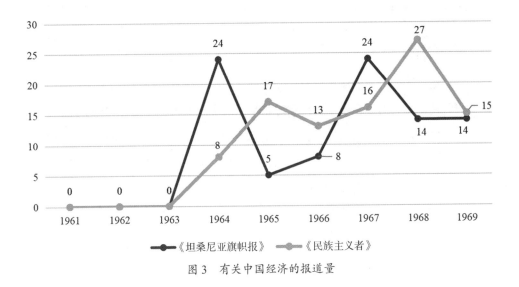

图 3　有关中国经济的报道量

从图 3 我们可以看出两份报纸的报道量波动较大，《坦桑尼亚旗帜报》的报道量最多有 24 篇，最少有 5 篇，将近 5 倍的差距；《民族主义者》的报道量最多有 27 篇，最少有 8 篇，有大于 3 倍的差距。这表明两份报纸对经济方面的新闻关注度几乎一样，在报道量上大致相近。总的来看《坦桑尼亚旗帜报》波动较大，《民族主义者》波动较小。两份报纸的报道量最大差距是在 1964 年，达到了 18 篇，由于《民族主义者》在 1964 年刚刚开始发行，更强调刊发政治新闻，所以早期可能

1　Martin Bailey, *China and Tanzania: A friendship between most unequal equals*, Millennium: Journal of International Studies, Volume 2, Issue1, June 1973.

2　The Nationalist, 4th August 1964, p.1.

3　此处统计的经济新闻包括有关中国国内外的经济活动以及对外技术援助、经济援助等内容。

因为这个原因，对经贸方面的新闻关注较少，这也是1964年两份报纸的报道量相差甚大的原因。最小的差距是在1969年，两份报纸的报道量差距为一篇。这段时间有关中坦贸易的新闻变少，从而导致两份报纸的报道大致相同。

从报道内容来看，和政治新闻不同的是两份报纸都积极报道中国和非洲国家之间的经济交流和联系，如中国给予坦桑尼亚以及其他非洲国家的经济援助和技术援助，尤其是坦赞铁路的谈判、修建历程以及中坦之间的贸易。对于中国给予周边国家如越南的援助虽有所提及，但没有中国援助非洲国家的报道量多。一方面可能是中国大量援助用在这段时间支持非洲国家，另一方面则是非洲国家更关心本国和本地区的相关利益。

不同点在于《坦桑尼亚旗帜报》除了报道中国对坦桑尼亚提供的援助之外，对于中国同其他国家的贸易和中国广东每年举办两次的出口商品展会有所关注，并且派出记者去广州了解中国出口商品展会举办期间的情形，借此也了解一些中国社会的实际状况。除此以外还关注到了中国香港，专门报道了香港对于中国具有重要的经济价值。在这个方面《民族主义者》更加注重报道中国向广大非洲国家提供的援助以及中国驻坦桑尼亚大使和一些前来访问的代表团向坦桑尼亚的一些机构捐赠物品或资金，另一方面尽力向民众解释中国对外援助的原则，帮助民众了解接受中国援助对于促进坦桑尼亚经济发展的意义。从两份报纸报道内容的比较可以看出它们对于中国向坦桑尼亚乃至整个非洲提供的援助并不排斥，对于中国提供的帮助都不否认，从而保证了内容上中国经济形象是客观的、真实的。

2. 经济新闻报道的倾向性

和报道有关中国的政治新闻不同的是，两份报纸对经济新闻的报道并没有很大的差距，报道的态度也是依据事实进行报道的，并没有带上多少个人的主观色彩。两份报纸很少去分析中国提供的援助对于坦桑尼亚的发展会带来多大的变化，也没有去分析中国能够从中获益多少。倒是在议会中有议员认为接受中国的大量援助是一件耻辱的事情，而卡瓦瓦则解释获得中国援助的必要性。[1]《民族主义者》作为党报曾积极解释中国对外援助的原则，得出相比较其他国家而言中国提供的援助对

1　*The standard of Tanzania*, 27th June 1968, p.4.

于促进坦桑尼亚的发展更有帮助的结论。《坦桑尼亚旗帜报》虽没有解释中国对外援助的原则，但也没有怀疑和反对来自中国的援助。总体来看，两份报纸认为同中国的经济关系是让人满意的。两份报纸对于有关中国经济方面的报道是积极的、客观的，并没有受到个人或群体的影响有意曲解中国对坦桑尼亚的援助和中坦之间的贸易。

从综合报道的内容和倾向性以及中国商品广告的变化来看，报道里的中国经济形象具有客观、真实的特点。这些特点明显受到以下几个因素的影响：

（1）受到坦桑尼亚政府或尼雷尔个人的政治影响力的影响。坦桑尼亚政府或尼雷尔个人的政治影响力明显也影响到了中国经济形象的构建。在尼雷尔完成第一次访华之后，他就兴奋地介绍了在访问中取得的成就，描述在中国的所见所闻以及从中国学到的勤俭节约的精神利于坦桑尼亚发展建设。同时，在新闻发布会上尼雷尔也积极介绍了同中国达成购买棉花的商贸协议。[1]借助报纸和广播，中坦商贸合作的获益以及尼雷尔对中国的称赞都得到迅速传播，在帮助坦桑尼亚人建构中国经济形象方面起到了很大的作用。

（2）受到中国自身的发展、对外援助、贸易等政策的影响。在中国共产党的带领下，新中国经济迅速恢复，并取得了新的突破，国际地位也在不断上升，引起世人瞩目。而周恩来总理在访问非洲期间提出的中国援非八原则也旨在实实在在地帮助非洲兄弟国家发展经济，摘掉贫穷、落后的帽子。中国在援助之外，也积极利用贸易的方式帮助非洲兄弟国家进行发展。因此，报纸在报道中坦贸易时也是客观、真实地转述消息。

（3）受到中国积极援助坦桑尼亚、主动同坦桑尼亚开展贸易、刊登商品广告等行为的影响。自 1964 年起，中国积极向坦桑尼亚提供长期低息甚至是无息贷款，派出专家技术团队帮助坦桑尼亚援建了中坦友谊纺织厂、鲁伏河农场、坦赞铁路等重大项目。同时，也在积极开展同坦桑尼亚的贸易，购买坦桑尼亚的经济作物，帮助坦桑尼亚赚取外汇。中国也利用商品广告宣传中国的商品，让坦桑尼亚人民能够购买物美价廉的产品等做法不仅帮助了坦桑尼亚国家经济的发展，也便捷了坦桑尼

1　Information Services Division, *Press Release* IT/1.301 C/456/65, February 25 1965, p.4.

亚人民的生活。两国人民在经济交往中都有所获益从而保证了中国经济形象更趋于正面。

总的来看，两份报纸对中国经济方面的报道多是积极的、正面的。两份报纸都乐于看到中国积极援助坦桑尼亚，并同坦桑尼亚积极开展贸易。和报道里的政治形象相比，中国积极同坦桑尼亚开展贸易，主动刊登广告宣传产品的做法能够让一些普通人从中获益，并且这些也较为容易被普通人所接受并产生更广泛的影响。

（四）中国的文化形象

中坦两国在文化交流方面的报道量同政治和经济相比要少得多，但是，中坦两国的关系发展却是先从文化方面推进的。早在 1962 年，中坦两国就签订了一份《中坦文化合作协定》。这份协定不仅照顾到了政府层面的互访，还扩展到了体育交流、艺术交流、教育交流等层面，[1] 为双方的文化交流奠定了基础。1965 年尼雷尔总统和周恩来总理的互访进一步推进了两国的文化交流。

1. 文化新闻报道的内容

和政治、经济新闻不同的是有关中国文化方面的新闻较为零散，很难梳理出中坦两国文化交流的脉络。但是我们能够从中看出坦桑尼亚对于中国文化的了解、关注程度以及对中国文化的认知。

最早关于中坦文化交流的报道是 1964 年 5 月 7 日《民族主义者》报道了中国将在 7 月份在达累斯萨拉姆举行商品展览会，以及有 40 名成员组成的马戏团将会在 6 月底参加坦桑尼亚国庆节周，并在坦桑尼亚待上三周，在达累斯萨拉姆进行公开演出，还会在一些城市进行巡回演出。在接下来的几天里，它又报道了中国科学家团队对阿尔及利亚开展为期 10 天的访问、北京举办非洲文化周等新闻。[2] 1964年之后的报道更多的是关注中坦两国之间的文化交流。

从报道数量上看，《坦桑尼亚旗帜报》在 1961—1969 年间有关中国文化方面的新闻报道量为 13 条，《民族主义者》则是 37 条。[3] 如下图所示：

1　*Agreement on Cultural Co-operation between The Government of The People's Republic of China and The Government of The Republic of Tanganyika*, Tanzania Treaty Series Vo.1, 1965 Vol.1/Cult.Aff.16, p.1.

2　*The Nationalist*, 21st May 1964, p.3，*The Nationalist*, 26th May 1964, p.6.

3　此处统计的文化新闻包括文化代表团的互访、举办的文化活动、出版物互赠等内容。

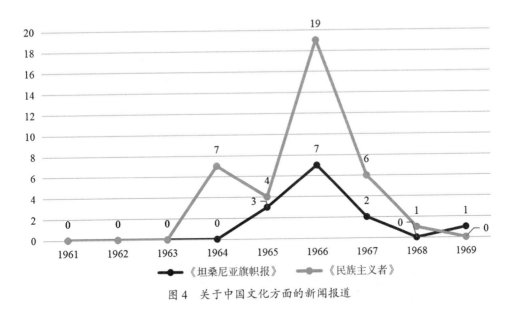

图 4 关于中国文化方面的新闻报道

总体上看，《民族主义者》的报道量是比《坦桑尼亚旗帜报》的多，两份报纸之间最大的差距是在 1966 年，相差 12 条，而最小的差距则是出现在 1965 年、1968 年、1969 年。《民族主义者》的报道量波动很大，而《坦桑尼亚旗帜报》则比较平稳。作为坦盟的党报，《民族主义者》更重视对中国文化方面的报道。

2. 文化新闻报道的倾向性

两份报纸对中国文化方面的报道同样没有受到个人或群体因素的影响。虽然在报道量和报道内容上都有不同。但是，从两份报纸已经报道的内容来看，它们在有意识地筛选一些文章，选择性地进行报道，这就难免会造成认知片面。除了报道双方代表团的友好互访之外，《民族主义者》对中国的报道显然更倾向于向读者介绍中国当前的发展或是中国的革命文化，如中国的革命博物馆和 1969 年一篇专门介绍在毛泽东领导下的中国共产党反对帝国主义、殖民主义、封建主义的革命历程和制胜法宝。这种倾向性也帮助读者了解到中国具有革命性、具有优秀的革命传统和深厚的革命文化。而这同当时尼雷尔所提倡的反对帝国主义、反对殖民主义的理念相符，因此更容易理解坦桑尼亚和中国在政治和经济领域的合作，也能够意识到这种合作能够壮大反对帝国主义和殖民主义的力量。而《坦桑尼亚旗帜报》报道较少，加上报纸的归属方和编辑等因素的影响很难看出是否具有这种倾向性。

3. 文化新闻报道里的中国文化形象及其特点

综合报纸报道的内容和倾向性来看，报道里的中国文化形象有以下特点：

（1）受到政治因素的影响大。两国关系在 1964 年的快速发展促进了两国的文化交流，这点从报纸对两国文化交流的报道情况能够看出。1968—1969 年报道量的减少不仅同文化交流减少、中国国内开展"文革"、外交路线开始发生变化有关，还和坦桑尼亚有意减少相关报道、削弱中国方面带来的影响力有关，最明显的是 1967 年《民族主义者》。

（2）受到两国文化交流的层次和深度的影响。1962 年的《中坦文化协定》虽然明确表示了支持中坦两国在文化、艺术方面的交流，但是两国的交流并不多，一方面受两国的经济发展水平所限，另一方面双方并没有深入去了解和研究两国的历史、艺术等；文化交流更多的是中国方面派出一些艺术团体在坦桑尼亚进行演出或举行一些展览，缺乏一个长时期有效的文化交流机制。

（3）受到坦桑尼亚国内需求的影响。坦桑尼亚自 1967 年 2 月 5 日颁布《阿鲁沙宣言》之后，明确了走社会主义道路的发展路线。受到当时的思维影响，坦桑尼亚经济发展的重心是发展重工业，尼雷尔推崇的"乌贾马"社会主义也是对中国的发展经验有所学习和借鉴。报纸也受到影响更热衷报道一些中国在政治、经济方面的发展政策和状况，对于文化的关注相对较少。

比较而言，《坦桑尼亚旗帜报》和《民族主义者》对于有关中国的报道总的来说还是政治新闻居多，经济和文化方面的相对较少。对于政治方面的新闻是只要有中国发布的外交声明，同他国领导人之间的外交访问，或是中苏关系等具有新闻价值的，《坦桑尼亚旗帜报》都一一报道。《民族主义者》因为创立的时间稍晚，但是它对中国也是非常关注，不仅像《坦桑尼亚旗帜报》一样报道和中国相关的新闻，还时不时报道一些中国的发展建设经验，甚至还刊登一些中国方面的来稿。而经济方面的更多是报道中国和坦桑尼亚之间的贸易，或是中国的援助，尤其是《民族主义者》积极刊登中国商品的广告，有效地帮助普通民众对于中国商品的了解，促进了中坦之间的贸易。文化方面的报道显少，既是同冷战时期政治主导一切有关，也和两国之间的交流较少、对各自的文化知之甚少有关。

总的来说，中国形象是经历了从不太了解到成为坦桑尼亚的朋友的转变。这个转变和中坦关系在 1964—1965 年之后的迅速发展有着直接的联系。这种转变不仅同国际局势的变化相关，也同中坦两国的外交政策相关；最重要的是两国在当时有着相似的历史遭遇，共同的奋斗目标：反对帝国主义，支持南部非洲的民族解放。所以，在认识到这一点之后，中国得到了坦桑尼亚的认可，中国形象也因为坦桑尼亚领导人参与塑造从而比之前更快地在坦桑尼亚进行传播，中国的友好形象更加深入坦桑尼亚人民的心中。除此之外，还是离不开中国当时自身实力的发展以及中国对外的政策，真心实意地帮助坦桑尼亚发展。中国当时取得了一定的建设成就，在国际舞台上也发挥着越来越大的影响力；对非洲国家本着和平共处五项基本原则和对外援助八项原则真诚相待、无私帮助，是尼雷尔、卡鲁姆、卡瓦瓦等领导人愿意同中国交往互相帮助的重要原因。

结论

综合前文所述，坦桑尼亚报纸上的中国形象特点是：中国的政治形象有一个从"负面"到"正负共存"再到积极的过程。中国的政治形象是从零零散散的报道中的批判苏联、美国，到热情帮助坦桑尼亚的工农业发展，到积极支持南部非洲的民族解放运动，是坦桑尼亚人民的好朋友、好兄弟，是共同与帝国主义、殖民主义进行斗争的战友和同志。中国经济形象则和政治形象不同，一直是客观的、真实的。这个同中坦之间的贸易确实实现了互利互惠有关，另一方面贸易也促进了坦桑尼亚对中国的经济实力、工业实力的认识，同时也促进了坦桑尼亚对于中国经济发展经验的重视。中国的文化形象是片面的、真实的。这种片面是因为坦桑尼亚为了强调坦中之间的共同性：都曾深受帝国主义和殖民主义之苦，都提倡反帝反殖。这种需要也就导致坦桑尼亚的报纸对于中国的文化形象塑造更侧重于去把中国塑造成一个抗争者、一个具有革命性的战士，而对于中国古代的历史略微提及。这种需要虽然造成中国形象的片面，但是内容却是真实的，它让更多的坦桑尼亚人民认可中国，这种影响甚至持续到今天。

中国在坦桑尼亚的形象受到以下几个因素的影响：

（1）中国形象在坦桑尼亚报纸上的变化同尼雷尔、卡鲁姆等高层领导人对中国的认可和称赞有着紧密的关系。尼雷尔在坦桑尼亚独立之后，在国内推行非洲化政策，并想要改变过去的殖民经济结构，在国际上还积极支持南部非洲国家进行民族解放斗争。中国将坦桑尼亚的这些经历、其他历史观点与中国自身的历史联系在一起。这些联系无形中赋予了中国领导人对坦桑尼亚的政策以意义，也影响了坦桑尼亚眼中的中国形象。[1]尤其是尼雷尔第一次访华之后，在新闻发布会上对中国赞不绝口，并且认为中国人民勤俭节约的精神是坦桑尼亚政府和人民都应该学习的榜样。周恩来对坦桑尼亚的访问也积极地向坦桑尼亚人民展现了中国人民的友好，共同反对殖民剥削和压迫。同时，周恩来还积极欢迎坦桑尼亚民众访问中国，加深对中国的了解。这种政府高层之间的交流访问也促进了双方人民的了解，而坦桑尼亚领导人在回国之后也向媒体传播了在中国的所见所闻，自觉或不自觉地参与了对坦桑尼亚报纸上的中国形象的构建。

（2）中国形象在坦桑尼亚报纸上的变化同报社的编辑和记者的身份认同、个人认知以及个人政治倾向有着紧密的关系。《坦桑尼亚旗帜报》的编辑和记者多数是英国人和印度人，这就直接导致了在中印关系的报道上一味采用印度所发布的消息，对中国发布的消息则闭口不提。在这之后，对于中国的有关报道也多是些不大好的新闻甚至是假新闻。而《民族主义者》则是坦盟的喉舌，在对中国的报道上面同党保持一致，并且积极报道中国的建设成果和经验，尤其是在周恩来访问坦桑尼亚之后更是积极报道中国帮助坦桑尼亚的新闻，并刊登中国的商品广告，促进中坦贸易。这两份报纸对中国不同的认知、对中国形象的塑造都充分体现了新闻的采编者个人因素对于新闻的报道和采编以及对外传播具有重大影响。

（3）中国形象在坦桑尼亚报纸上的变化同中国真心实意帮助坦桑尼亚摆脱旧的殖民经济结构、促进坦桑尼亚的工农业发展、团结一切可以团结的力量、坚决反对帝国主义和殖民主义的政策相关。中国帮助坦桑尼亚建设友谊纺织厂、中坦联合航运公司、坦赞铁路、姆巴拉利农场等项目是为了促进坦桑尼亚的发展，在援建过程中专家团队也自觉帮助坦桑尼亚政府减轻薪资负担，同时热心传授所学的知识技能

1　George T. Yu, *China's African Policy A Study of Tanzania*, USA, Praeger Publisher, 1975, p.15.

培训坦桑尼亚员工等等，这些实际行动让坦桑尼亚人民对中国充满感激，也影响了中国在坦桑尼亚的形象。

但是，坦桑尼亚报纸上的中国形象也并不全面，坦桑尼亚报纸在这段时期里更注重中国政治以及中国对坦桑尼亚的援助和中坦合作状况，对于中国的经济和文化缺乏深入的了解。中国形象的塑造更多是靠着两国领导人对中坦关系的定义和认识从而形成的友好形象。实际上，两国人民之间的交流不是很多，中国对于坦桑尼亚的文化和经济状况也了解得很少，更多是出于政治决策而去了解一些情况。

致谢

本文得以完成，离不开一些坦桑尼亚朋友和机构的帮助。在此我要向坦桑尼亚姆卡帕基金会秘书 Vernoika 女士、国家图书馆馆员 Mgona 先生、《每日新闻》报社的编辑 Urio 先生、《每日新闻》报社图书馆的 Zaituni 女士以及达累斯萨拉姆大学新闻系的学生 Rodney 等人表示感谢，正是在他们的热心帮助下，我才能够顺利地完成资料收集和论文写作。文中的不当之处，皆为本人责任。

乌坦战争中坦桑尼亚的媒体舆论
——基于对《每日新闻》的研究

冯理达 *

    乌干达－坦桑尼亚战争爆发于 1978 年 10 月，战争以坦桑尼亚的大获全胜而告终，并直接导致了乌干达伊迪·阿明（Idi Amin）政权的垮台。学术界对于战争的研究集中在战事本身、双方的外交活动和战前两国的矛盾，而对于战争期间的媒体舆论鲜有涉及。媒体作为政府进行动员与宣传的重要工具，记录了官方口径下的战争史，反映了政府对于战争的态度，从媒体的宣传话语中，也能够解读该时期国家所奉行的意识形态和价值取向。《每日新闻》（*Daily News*）创刊于 1972 年 4 月 26 日，是坦桑尼亚最大的国有英文报纸之一，[1] 也是研究乌坦战争期间媒体舆论的重要一手材料。笔者搜集了 1978 年 10 月至 1979 年 7 月期间 300 余张《每日新闻》，挑选出涉及乌坦战争的报道，试图通过分析该时期《每日新闻》在战争中的宣传话语，了解在官方意识形态的语境下，作为非洲信奉社会主义和泛非主义国家代表的坦桑尼亚对战争的解释和宣传策略。

---

*   笔者于 2016 年 10 月到 2017 年 8 月在达累斯萨拉姆大学留学。

1   《每日新闻》最早可以追溯到 1930 年《坦噶尼喀标准报》（*Tanganyika Standard*），坦桑尼亚独立后，更名为《标准报》（*Standard*），并于 1970 年收归国有，1972 年同《国民报》（*Nationalist*）合并，更名为《每日新闻》。参考 Sturmer, M. *The Media History of Tanzania*. Ndanda. Chicago, Mission Press, 1998。

一、战争主要阶段的舆论动员

从 1978 年 10 月 30 日战争爆发，到 1979 年 4 月 11 日坎帕拉被攻陷，是战争的主要阶段，在这一时期，坦桑尼亚从最初的开局不利，到后来的摧枯拉朽，《每日新闻》的宣传都紧密配合了战争的形势和政治需要。

（一）争取战争解释权

在乌坦战争全面爆发之前，由于坦桑尼亚方面对战争产生了误判，因此，无论战争准备还是舆论宣传都是不足的。而乌干达时任总统阿明则蓄谋已久，他先是于 1978 年 6 月通过广播讲话，抨击奥博特[1]及其雇佣军将在坦桑尼亚的支持下发动对乌干达的入侵，然后暗中向乌坦边界地带调遣兵力，并于 10 月 9 日越过边境线，洗劫了卡库纽（Kakunyu）村，还宣称"坦桑尼亚入侵乌干达"。但坦桑尼亚由于不愿意破坏 1972 年达成的和平协议，所以一再忍让。[2] 从 1979 年 5 月阿明开始挑衅到战争爆发，坦桑尼亚的舆论宣传表现出了令人惊愕的沉默。临战前一个月，《每日新闻》对乌干达的报道只有一条关于阿明在袭击中幸存的消息[3]。战争正式爆发之前，坦桑尼亚的舆论宣传是失败的，尼雷尔也承认"战争的宣传工作做得确实不好……至少在这一点上，我们的敌人比我们做得要好"。[4]

"我们的敌人比我们做得要好"的结果便是坦桑尼亚失去了舆论先机，因此需要加紧动员宣传力量洗清阿明对于坦桑尼亚的指责。11 月 1 日《每日新闻》发布

1　米尔顿·奥博特（Milton Obote）在 1966 年至 1971 年间担任乌干达总统，1971 年，乌干达国内发生政变，正在新加坡出访的奥博特被乌干达武装部队指挥官伊迪·阿明发起的政变所推翻，奥博特被迫流亡坦桑尼亚。坦桑尼亚总统朱利叶斯·尼雷尔支持奥博特在坦桑尼亚境内从事反阿明的活动。参考 Martin, D. *General Amin.* London, Faber and Faber Press, 1974。

2　阿明为了报复坦桑尼亚对奥博特的支持，于 1972 年 9 月对坦桑尼亚西部边境地区进行了多轮轰炸，造成了大量人员伤亡和重大财产损失。在非统组织（OAU）及其他成员国的调解下，最终达成了一份停火协定，双方才没有演变成大规模武装冲突。参考：Tony Avirgan and Mariba Honey. *War in Uganda. The Legacy of Idi Amin.* Dar es Salaam, Tanzania Publishing House Ltd. 1982. pp.51-52。

3　"Amin survives eleventh plot". *Daily News.* 16 October. Tanzania. p.2.

4　Tony Avirgan and Mariba Honey. *War in Uganda. The Legacy of Idi Amin.* Dar es Salaam, Tanzania Publishing House Ltd. 1982. p.71.

了第一篇报道《阿明的军队入侵坦桑尼亚：三架敌机在维多利亚湖上空被击落，战斗仍在继续》，文章称"人民国防军在距离坦乌边境 30 公里的基雅卡（Kyaka）遭遇了来自乌干达阿明势力的侵略"，[1] 旗帜鲜明地将战斗定义为侵略和反侵略的性质。阿明为了塑造自己"受害者"的形象，开战前宣称卡盖拉地区是乌干达领土，表示由英国和德国殖民者划定的传统的乌坦边境是不合理的，认为以卡盖拉河作为坦桑尼亚和乌干达的分界线，要更为妥当。并且，阿明在开战后随即表示乌干达军队已经从卡盖拉地区撤离，以混淆视听。对此，《每日新闻》称"这些声明旨在掩盖阿明对坦桑尼亚的赤裸裸的、公然的入侵"，"事实是，乌干达军队从未撤离这一地区"。[2] 之后，《每日新闻》还指出，阿明的"谎言应该被阻止，并且贴上'来自阿明的谎言'的标签"，而阿明的支持者们则是"愚蠢地闭上了观察这个真实世界的双眼"，[3]《每日新闻》还说阿明的宣传是"骗人的把戏"，"我们明确地表示要捍卫我们的主权和领土完整"。[4] 对于阿明所说的坦桑尼亚"入侵"乌干达的言论，《每日新闻》则称，阿明之所以在国际社会面前谴责坦桑尼亚入侵乌干达并占领乌干达的领土，是因为当前乌干达国内反对阿明的势力风起云涌，阿明将坦桑尼亚当作了他陷入内外交困的替罪羊，[5] 从而摆脱了自身对坦桑尼亚"侵略"的指责。

（二）引导民众情绪

战争爆发之初，《每日新闻》一方面对战争的情况进行报道，另一方面利用所开设的"人民论坛（People's Forum）"版块，发表普通市民对于战争的看法和态度，以集中更多的舆论资源。在普通市民的投稿中，他们痛斥阿明的侵略行径，抨击国内消极言论，鼓励坚信胜利，号召全体坦桑尼亚人民投入战斗，提出现阶段坦桑尼亚人的任务是"将阿明赶出坦桑尼亚"，同时要相信坦桑尼亚"有能力、有理由、有决心""给予阿明以痛击"。[6] 有的来稿通过重提七年前阿明给博科

1　"Amin's troop invade Tanzania. Three enemy planes shot down in W. Lake, Fighting is counting，" *Daily News,* November 1, 1978.

2　"Amin's lies to pull out exposed，" *Daily News*, November 15, 1978.

3　"Endless lies from Kampala，" *Daily News,* December 9, 1978.

4　"Tanzania denounces Amin's lies，" *Daily News.* February 1, 1979.

5　"Comment，" *Daily News,* February 26, 1979.

6　"We are war with Amin，" *Daily News,* November 3, 1978.

巴（Bokoba）地区带来的灾难，唤起人们的热情，"向阿明，向阿明的支持者，向全世界发出我们一定要战胜阿明的声音"。还有文章号召坦桑尼亚人民为前线奉献出自己的一份力量，提出"将自己闲暇时看足球比赛、跳舞和其他娱乐活动的费用捐给前线；农民将平时出售的粮食扣出百分之二十贡献给前线；商人按照自己的收入贡献给前线；工人将自己每天工资的百分之二捐给前线"。[1]媒体还宣传了民众对前线战斗的支持，如报道了塔博拉地区（Tabora Region）的人民"在战争中捐赠了 12 501 头牛、3 370 只山羊、2 761 只绵羊、1 130 只家禽，还有衣物、厨具、餐具"。[2]

《每日新闻》还塑造了阿明残暴、狡猾和虚伪的形象以作为民众抨击的标靶。《每日新闻》多利用普通民众的投稿对阿明个人进行抨击。民众在来稿中将阿明比作"大蛇"、"屠夫"、"禽兽"、"恶魔"、"独裁者"、"盗取自由的小偷"、"杀人犯"、"帝国主义的仆从"、"法西斯"、"希特勒"等，抨击他是"非洲人民和全人类的耻辱"[3]，而媒体记者则为塑造阿明的形象提供素材。例如，11 月 4 日《每日新闻》以《阿明处决了 120 名乌干达士兵，并抛尸坦桑尼亚》为题报道了在卡钦都山丘（Kakindu Hill）上发现的 120 名身穿乌干达军服尸体的事件，报道中除提及这些尸体的身份之外，还指出"之所以抛尸坦桑尼亚是因为阿明要嫁祸坦桑尼亚"，表明阿明"想要掩盖自己凭自身喜好杀害乌干达士兵"的罪恶事实。[4]《每日新闻》还会利用一些关于阿明的轶闻，如曾报道，"有时，阿明会将他曾经杀死的人装进碗里，并将死人的肝脏当作早餐来吃，以此'预防死者的灵魂进行报复'"，而且强调阿明直接或间接杀死的人高达 50 万。[5]

《每日新闻》还多次通过宣传坦桑尼亚领导人关于战争的谈话，传递官方的态度。如战争刚开始的 11 月 3 日，报道了总统尼雷尔发表的广播谈话。尼雷尔表示，坦桑尼亚正在遭受阿明的入侵，全体坦桑尼亚人民及友好，应团结起来共同应对，

---

1 "Let's all contribute," *Daily News*, November 23, 1978.

2 "Tabora salutes Nyerere," *Daily News*, June 13, 1979.

3 "A shame to African and all mankind," *Daily News*, November 20, 1978.

4 "Amin executes over 120 Uganda soldiers," *Daily News*. November 24, 1978.

5 "Amin killed 500,000 people," *Daily News*. July 20, 1979.

同时还应该保持冷静，像往常一样履行自己应尽的义务和责任。[1]11 月 18 日，以头版头条的形式报道尼雷尔对战争形势的论断，尼雷尔认为，战争的胜利"将不再成问题"。[2]《每日新闻》及时将领导人的声音传达给民众，以稳定国内民众情绪。

（三）争取外交支持

随着战争的推进，坦桑尼亚迫切需要外交支持来消除外部的隐患。

《每日新闻》批评了国际社会中的中立态度。战争开始后，一些非洲国家由于同乌干达方面千丝万缕的利益往来，因此并不希望事态扩大，如肯尼亚便长期受惠于廉价的乌干达走私咖啡，同时乌干达的欧文（Owen）水电站也控制了肯尼亚约 30% 的电力供应，[3]所以乌干达局势的动荡会牵连到肯尼亚经济的发展。因此肯尼亚便同苏丹、尼日利亚等国一道呼吁两国和平谈判，非统组织也要求乌坦两国通过协商解决争端。[4]对此，11 月 8 日坦桑尼亚政府发言人回应称，侵略者和受害者之间没有什么好谈判的，[5]《每日新闻》也及时抨击这些持中立态度的国家或国际组织，宣传反对和谈的主张，称阿明对坦桑尼亚无辜民众的屠杀早已违背了《日内瓦公约》，[6]其行径"同希特勒无异，坦桑尼亚绝不会坐下来同一个杀手谈判"。[7]又称，阿明的侵略行径已经昭然于天下，非统组织不应该保持沉默，而应该对同为非统组织成员国的乌干达进行惩罚。[8]《每日新闻》还质问联合国在这一问题上的模糊立场，表示"无论对坦桑尼亚支持还是继续沉默下去，坦桑尼亚都将会击退入侵者"。[9]

《每日新闻》还宣扬国际社会对坦桑尼亚的支持。《每日新闻》第一个报道的是莫桑比克媒体《边界新闻》（Noticias Da Beira）对坦桑尼亚的支持，称《边界新

1　"Mwalimu's broadcast to the nation," *Daily News*, November 2, 1978.

2　"Pushing out Amin troops no longer the problem, declares Mwalimu," *Daily News*, November 18, 1978.

3　Tony Avirgan and Mariba Honey. *War in Uganda. The Legacy of Idi Amin.* Dar es Salaam, Tanzania Publishing House Ltd. 1982. P14.

4　George Roberts, "The Uganda-Tanzania War, the fall of Idi Amin, and the failure of African diplomacy, 1978-1979". *Journal of Eastern African Studies.* 11 Aug 2014.

5　"More countries support Tanzania, KK blasts mediation call," *Daily News*, November 8, 1978.

6　"Amin violates Geneva Convention," *Daily News*, November 23, 1978.

7　"Sitting round with a killer? No thank you," *Daily News,* December 11, 1978.

8　"OAU must penalize Amin," *Daily News*, November 28, 1978.

9　"Why are UN, OAU quiet?" *Daily News*, December 2, 1978.

闻》将乌干达对坦桑尼亚的侵略视作对南非解放斗争的阻碍。[1] 而随着在战争形势的扭转和媒体的宣传，一些采取模糊态度的国家也开始公开谴责阿明。如英国作为乌干达的前宗主国，在阿明执政初期与其保持了良好的关系，但随着阿明采取的一些经济政策损害了英国的利益，同时在外交上倒向了苏联、利比亚等英国敌对阵营，因此英方越发对阿明政权不满，而由于尼雷尔对内采取社会主义政策，对外反对同英国相交笃厚的南非和罗得西亚种族主义政权，所以英国起初并未公开支持坦桑尼亚。但随着战争的进行，英国方面希望能通过加强同尼雷尔的关系，以便在罗得西亚危机中获得坦桑尼亚的让步和妥协。[2] 因此 11 月 6 日英国也选择公开谴责乌干达对坦桑尼亚的入侵。[3] 之后，《每日新闻》又陆续将肯尼亚、美国、丹麦、芬兰、爱尔兰、挪威等国谴责阿明入侵行为的声明作了及时报道。

（四）正面宣传战果

《每日新闻》对坦桑尼亚军队的反击和攻占地方重要据点的报道十分详细，对军队所处的逆境鲜有提及。战争初期坦桑尼亚军队一度面临被动局面，所以从 11 月初到 11 月下旬，《每日新闻》对战争进程的报道较少，仅强调战果，如 11 月 1 日《每日新闻》在第一篇对战争的报道中说："坦桑尼亚已于 10 月 28 日击落了一架轰炸机，上周六在基雅卡击落了一架轰炸机"，[4] 却闭口不谈坦军在整体战局上的失利。而随着战事的扭转和推进，《每日新闻》对前线的战果进行了更为密集且积极的报道。11 月 23 日，《每日新闻》宣称坦桑尼亚军队已经解放了卡盖拉地区的大部分敌占区，并肃清敌军之师，向前推进，已经搭建浮桥渡过了卡盖拉河。[5] 11 月 27 日报道称"我们将继续战斗下去，直到将侵略者彻底逐出祖国的领土"，[6] 同时嘲讽阿明的窘境，称"在坎帕拉和其他城市，燃油已经出现了严重的短缺"，而

---

1 "Mozambique blasts Amin," *Daily News*, November 3, 1978.

2 Skaar, E, S. *Great Britain's Policy on the Uganda-Tanzania War(1978−9). A profound lack of confidence as major power?* Norweigian Univeristy, 2015, pp.25−30.

3 "Seven countries denounce Amin". *Daily News*, November 7, 1978.

4 "Amin's troop invade Tanzania. Three enemy planes shot down in W. Lake, Fighting is counting," *Daily News*, November 1, 1978.

5 "Our forces push ahead," *Daily News*, November 23, 1978.

6 "Our forces deal heavy blows on Amin's troop," *Daily News*, November 27, 1978.

乌干达原油供应商肯尼亚石油公司则"由于乌干达不能够如期结清石油账单，威胁要切断对乌干达的石油供应"，乌干达因缺少汽油"陷入了混乱之中，仅有政府用车和公共交通能够使用汽油"。还称由于粮食价格下跌，乌干达农民开始拒绝出售粮食，这又使阿明雪上加霜。[1]

战争到了 1979 年 1 月，战场开始从坦桑尼亚向乌干达边境地带转移，坦军缴获了包括装甲车、军用吉普、机关枪、各式迫击炮和弹药等在内的大批军火，而阿明的军队由于缺衣少粮，逃兵现象也大量出现。[2] 2 月时，《每日新闻》报道了坦桑尼亚及其支持下的乌干达反政府军接连攻克了乌干达南部卡库托（Kakuto）、吉奥泰拉（Kyotera）以及卡利兹索（Kalisizo），直逼南部重镇马萨卡（Masaka），同时提到坦桑尼亚驻非统组织代表、外交部长姆卡帕（Mkapa）"绝不和谈"的立场，[3] 2 月 23 日，坦桑尼亚军队及其反阿明盟友攻陷马萨卡，并向乌干达首都坎帕拉挺进，《每日新闻》详细报道了坦桑尼亚及其同盟军对坎帕拉外围的肃清，包括坦桑尼亚军队和反政府军围绕恩德培国际机场同乌干达政府军之间的争夺，[4] 以及对阿明的支持者、利比亚最高领导人卡扎菲派遣的援军的覆灭性打击。[5] 4 月 11 日，《每日新闻》用整个头版报道了坎帕拉被攻克的消息，并用大标题"阿明的终结"来宣告战争的胜利。[6] 接着又跟踪报道其他城市——包括欧文、达姆（Dam）、阿鲁阿（Arua）、莫约（Moyo）、奥拉巴（Oraba），以及阿明的家乡科博科（Koboko）——的解放。[7] 6 月 7 日，《每日新闻》正式宣称"反抗亡命者阿明侵略的战争结束"。[8]

在对战争进程正面报道中，图片同样是一种重要的宣传形式，每当战争取得重大进展，《每日新闻》都会有专门的版面展示战场的情况，以及所缴获的战利品。

1　"Amin fails to pay for fuel, crop, " *Daily News*, November 27, 1978.

2　"Amin's troop live off groundnuts, gongo, " *Daily News*, January 26, 1979.

3　"Anti-Amin forces capture 3 towns, threaten Masaka, " *Daily News*, February 22, 1979.

4　"UNLF forces now closing in on Kampala, Entebbe captured, " *Daily News*, April 3, 1979.

5　"400 libyan troops, 13 planes wiped out, " *Daily News*, April 11, 1979.

6　"Amin is finished, Kampala falls, " *Daily News*, April 12, 1979.

7　"Owen falls, Dam falls, " *Daily News*, 18 April, 1979, p.1. "Arua liberated, " *Daily News*, May 31, 1979. "UNLF forces liberate three border towns UNLF, " *Daily News*, June 4, 1979.

8　"Hero's welcome Awaits Tanzania Forces. The War's Over, " *Daily News*, June 7, 1979.

例如 12 月 25 日，《每日新闻》刊登了一组总统尼雷尔视察战争前线的照片。[1] 图片中的士兵军容整洁，尼雷尔笃定地同官兵们交流，这样的宣传也体现出对战争充满自信的信号。

二、战争收尾阶段的舆论及其转向

坎帕拉被攻克后，随之成立了以同坦桑尼亚军并肩作战的乌干达民族自由阵线（Uganda National Liberation Front）为核心的乌干达新政府，坦桑尼亚的任务由军事进攻开始向善后工作转移，但大批坦桑尼亚军队仍然驻守乌干达。为了消除国际上对坦桑尼亚侵犯别国主权、干涉别国内政的疑虑，坦桑尼亚政府在宣传上积极报道乌干达的重建进程，以及乌坦两国的友谊，并呼吁国际社会对乌干达进行帮助，又通过多种形式宣扬坦桑尼亚军队的战绩，以树立坦桑尼亚积极正面的形象。同时，由于国内经济受累于战争，人民生活水平下降，《每日新闻》也开始将舆论从战争向经济建设引导。

（一）关注乌干达的重建进程

出于对阿明政权的忌惮，尼雷尔在决定进入乌干达境内作战时对这场战争作出了两点指示：一是保卫坦桑尼亚的国家安全，这一点通过军事上的胜利已经基本实现；二是让乌干达的"持不同政见者"解放乌干达，在国际上也可以避免"侵略"的指责，这一点就需要通过支持乌干达新政府来实现。[2] 因此在宣传方面，政治上，坦桑尼亚塑造乌干达新政府能够为乌干达负责的形象，赢得国际社会的认可；在军事和外交上，坦桑尼亚也希望通过宣传同乌干达新政府的合作关系，来表明对阿明采取军事行动的合理性。

《每日新闻》首先报道了乌干达新政府成立的消息，并用尼雷尔和新政府总统

1　"At the war front," *Daily News*, December 25, 1978.

2　George Roberts, "The Uganda-Tanzania War, the fall of Idi Amin, and the failure of African diplomacy, 1978–1979". *Journal of Eastern African Studies*. 11 Aug 2014.

优素福·卢莱（Yusuf Lule）的大幅合照来表示两位元首之间的友谊。[1]《每日新闻》强调乌干达需要稳定的政治秩序，并借此为坦桑尼亚支持的新政府背书，认为结束"阿明的法西斯统治"后，"法律和制度将在这个国家重现"，总统优素福·卢莱所做的一切也将"预示着乌干达美好的未来"将是"无论种族、宗教、利益如何，人们都能够团结起来的国家"。[2] 在此基础上，《每日新闻》把报道重点放在了乌干达民主制度重建上。例如5月10日，报道乌干达废除阿明时代严刑峻法的新闻，宣告新政府在法律上同阿明时代的决裂；6月8日报道了总统卢莱重组内阁的新闻，并引用新内阁成员阿里马蒂（Allimadi）所言，"坦桑尼亚和乌干达是盟友，阿明占领了坦桑尼亚的领土，所以坦桑尼亚进入乌干达（推翻阿明政权）是合法的"，向世人说明坦桑尼亚参与战争的正当性；8日9日，《每日新闻》连续两天报道了尼雷尔同时任总统卢莱的会面，强调两国是"姐妹国家"。虽然结束后两国并没有发表官方宣言，《每日新闻》还是将其解释为两国领导人对双边关系的"心照不宣"。[3] 卢莱下台后，《每日新闻》及时报道了新任总统比奈萨（Binaisa）对恢复民主制度的承诺。[4] 称乌坦两国是"军事上的同志关系"，"乌干达人民希望能够明确地向坦桑尼亚人民表达谢意"。[5] 通过详细报道两国领导人的友好言论来强化乌坦两国合作共赢的形象。

《每日新闻》还十分注重对乌干达经济状况的报道。例如1979年4月13日报道称"在阿明发动政变上台之前，乌干达是全球最大的咖啡生产国，最大的棉花、茶叶和铜出口国"，而现在"乌干达的外汇被消耗殆尽，无力进口商品，外国投资者也不再向乌干达提供贷款"，咖啡、棉花等出口都出现显著下降。[6] 战后的乌干达应该将关注点放在重建上，"我们应该有信心，因为痛惜阿明残暴的军事统治被推翻的人毕竟只是极少数，对于我们大多数人而言，阿明的逃亡是一种解脱"，"将

1　"New Uganda Government, " *Daily News*, April 12, 1979.

2　"Comment, " *Daily News*, May 29, 1979.

3　"Mwalimu holds talks with Lule, " *Daily News*, June 8, 1979. "Mwalimu, Lule meeting ends, " *Daily News*, June 9, 1979.

4　"Binaisa pledges early return to democracy, " *Daily News,* July 3, 1979.

5　"Binaisa calls for close ties, " *Daily News*, July 26, 1979.

6　"What Amin left, " *Daily News*, April 13, 1979.

注意力放在修复这个被阿明糟蹋得支离破碎的国家上面，让我们祈祷，这个国家永远不会再一次被杀人犯统治"[1]，还呼吁乌干达人民"勒紧裤腰带，重建家园"。[2] 同时，《每日新闻》及时报道乌干达战后需求状况以及国际社会的援助情况，称"乌干达将需要超过两百万美元来对公、私部门经济进行重建"，[3] 并得到了挪威、阿尔及利亚、英国等国的大力援助。

（二）对领袖和军队的宣传

战争结束后，《每日新闻》对领袖和军队进行宣传报道，重点放在尼雷尔的胜利巡游，坦桑尼亚从乌干达撤军以及战争中牺牲的烈士抚恤上面。

1979 年 6 月 11 日，尼雷尔在坦桑尼亚中部历史名城塔博拉举行了首场胜利巡游，旨在表彰坦桑尼亚军队的功勋和荣誉，感谢坦桑尼亚人民为战争胜利所作的贡献，《每日新闻》进行全程报道。[4] 巡游当天，"数千名塔博拉居民冒着炎炎烈日"，"目睹了总统尼雷尔被授予'最高恩雅姆维兹传统军人'（Nyamwezi Traditional Military）荣誉称号，以表彰他在抗击阿明的侵略中所起到的领导作用"。之后，尼雷尔又到坦噶举行了类似的活动，并发表讲话。[5] 从 1979 年 7 月 7 日发布军队撤离的时间安排开始，到 7 月 25 日完成撤退并在卡盖拉召开庆祝大会为止，《每日新闻》发表了五篇报道。报道中穿插坦桑尼亚领导人对军队的感谢以及乌干达人民对坦军的送别和情谊。7 月 12 日报道了坦桑尼亚时任国防部长卡瓦瓦在撤军大会上的讲话，对军队所作的贡献表示感谢；[6] 13 日，发表了《数千人民送别坦桑尼亚战士》的长文，称军队撤离之时"数千名当地居民向军队挥手致意，并吟唱着胜利的口号"。[7] 对两国军民友谊进行渲染。"军队撤离"事件成为坦桑尼亚媒体赞扬军队的英勇无畏、宣传坦乌两国军民关系的和谐乃至国家间的友谊的重要载体。

1　"Exit Amin," *Daily News*, April 13, 1979.

2　"After Amin," *Daily News*, April 13, 1979.

3　"Uganda needs over Shs. 16, 000 m in aid," *Daily News*, May 1, 1979.

4　"Mwalimu starts victory tour of Tabora Region," *Daily News*, June 11, 1979.

5　"Mwalimu arrives in Tanga," *Daily News*, June 18, 1979.

6　"Tanzania forces start pulling out of Uganda," *Daily News*, July 12, 1979.

7　"Thousands see off Tanzanian solider," *Daily News*, July 13, 1979.

对战争烈士的宣传是战后媒体宣传的重点，也是塑造坦桑尼亚人民战争记忆的必要环节。7月27日，坦桑尼亚在穆勒巴地区（Muleba District）召开纪念大会，《每日新闻》报道了这次大会，"坦桑尼亚武装部队总司令，导师尼雷尔将矛和盾（非洲传统武器，出现在坦桑尼亚国徽中）安放在位于卡伯亚军人墓园（Kaboya Military Cemetery）中，随从的数千人向在反抗法西斯阿明的战斗中牺牲的英雄们致以敬意"。[1]7月30日，《每日新闻》介绍了坦桑尼亚在反抗法西斯战争的伤亡情况，在补偿问题上，称政府将会"给予牺牲士兵家属以及伤残的战斗英雄以抚恤"，并对那些"伤残士兵进行职业培训"，以方便他们日后的工作和生活。[2]而对于经历了这场战争的战士，《每日新闻》从8月28日起，连续三天设立了题为《让我们铭记他们的英勇》的专题报道，以此纪念反阿明战争以及之前历次战争中的坦桑尼亚士兵。[3]

《每日新闻》对士兵的褒奖上升到了坦桑尼亚社会制度和政党领导的高度，认为"我们每一位健全的坦桑尼亚人的责任是，铭记那些战斗中的英雄、工作中的先锋和农民，以此来巩固人民同敌人作斗争的胜利成果，来捍卫我们的乌贾马（Ujamaa）原则"。[4]"在这场坦桑尼亚人民被迫拿起武器反抗阿明的独裁政权的战争中，不仅涌现出来了英雄，也证明了我们社会主义制度的正确"，"乌贾马社会主义"作为坦桑尼亚尼雷尔时代的意识形态，对她的捍卫，也是媒体宣传的重要落脚点之一。

（三）从战争到经济重点转变

坦桑尼亚虽然取得了战斗的胜利，但后方的经济却不容乐观，作为一个经济不发达国家，在对乌干达的战争中饱受拖累，到了战争末期，坦桑尼亚国家财政已经出现了巨额赤字，[5]这一情况给工农业生产和人民生活带了沉重的打击。对此，坦桑尼亚政府高层虽然察觉，但囿于战争的需求，一直无暇应对。战争结束后，坦

1　"Thousands honour fallen war heroes，" *Daily News*, July 27, 1979.

2　"435 died in anti-Amin war，" *Daily News*, July 30, 1979.

3　"Remembering for their bravery，" *Daily News*, August 28/29/30, 1979.

4　"Comment，" *Daily News*, June 29, 1979.

5　"*Bank of Tanzania, Economic and Operations Report*"，June 1981. Dar es Salaam. p.7.

桑尼亚政府迫切希望国家工作中心转向经济建设以纾困。1979 年 6 月 12 日,《每日新闻》报道了坦桑尼亚财政与计划部长穆特（Mtei）对政府开支的报告,穆特称"1979 至 1980 财年政府开支比实际预算增加了 17%","由于同阿明的战争以及一系列自然灾害,新财年将会是对我们经济进行调整和恢复的一年"。[1] 6 月 19 日,《每日新闻》报道了尼雷尔对经济形势的担忧,"在国家大规模重建和恢复这段时间,坦桑尼亚必须勒紧裤腰带,并且节俭行事",[2] 之后,又多次报道尼雷尔对全体国民的号召,如 6 月 28 日,尼雷尔希望全体坦桑尼亚人民将战争期间的纪律性带到国家建设中去,他说,只有保持纪律性,"才能够使我们有能力克服困难,进行重建和恢复"。[3] 一个月后,尼雷尔再次号召人们勤俭节约、努力工作,他要求人们"认识到坦桑尼亚仍是一个十分贫穷的国家,如果我们因战后重建的失败而导致经济崩溃,那么全世界都会嘲讽我们"。[4]

面对困难的经济形势,《每日新闻》贯彻尼雷尔重建工作的论断,称要把"在战争期间所表现出的纪律性和才能"运用到"对被战争撕裂的国民经济的重建上来",要"将自己的注意力集中在未来的一年,评估战争带来的影响,吸取历史教训,这对我们而言是一场新的战争,我们要以战争时的从容与冷静面对困难,这意味着我们要勒紧裤腰带,避免浪费,因为我们要把纪律性和能力体现在国家的重建上。"[5]《每日新闻》认识到了未来经济存在的风险和变数,提醒人们以正确的心态和行动支持国家建设,渡过难关。

三、《每日新闻》宣传话语的特点

从《每日新闻》的报道中,我们能够看到宣传背后一以贯之的特点或话语逻

---

1 "Mtei outlines new budget proposals," *Daily News*, June 12, 1979.

2 "Mwalimu warns of hard times ahead," *Daily News*, June 19, 1979.

3 "Mwalimu tells Tanzanians, use war-time discipline in national reconstruction," *Daily News*, June 28, 1979.

4 "Nyerere appeals for frugality hard work," *Daily News*, July 27, 1979.

5 "Comment," *Daily News*, June 29, 1979.

辑，归结起来有以下几点：

第一，贯穿始终的反帝国主义、反种族主义、反殖民主义的宣传话语。《每日新闻》通过将阿明对坦桑尼亚的入侵定义为"帝国主义的阴谋"，将乌坦战争放在了 20 世纪 70 年代南部非洲人民反殖民主义、反种族主义的解放斗争的话语下。《每日新闻》在战争开始之初便指出，"法西斯主义的阿明，这个世界上最凶恶的杀人犯被种族主义利用，来侵略其他非洲国家"，他的行为"代表了身后帝国主义主子的利益，他们借用阿明来削弱对自由运动的支持"，[1]《每日新闻》还认为乌干达正处在帝国主义和种族主义的统治之下，所以"坦桑尼亚明白乌干达的独立只有在自由运动和对敌人的打击之下才能够实现，""而阿明则是帝国主义和种族主义的傀儡"。[2] 11 月 13 日，《每日新闻》刊出一篇题为《为什么坦桑尼亚被攻击》的社论是这一话语的典型案例，文章指出，"乌干达政权的侵略是帝国主义反对非洲解放的策略。它直接针对坦桑尼亚这一在独立后处在非洲解放运动中心的国家"，因为对于南部非洲殖民地国家的独立运动，"坦桑尼亚政府给了他们道德上的、外交上的、政治上的、物质上的和资金上的支持"，"坦桑尼亚遭受攻击，是因为她对解放斗争的承诺，是因为她对正确定义敌人的贡献，是因为她所持有的反对帝国主义斗争的立场，是因为她采取了受人民欢迎的经济政策，以及真正意义上的民族独立，因为她是一个拓宽自由疆界的国家，是南部非洲实现根本性变革的基础，因为她不像那些将自身的独立抵押在同敌人的联盟中的国家，她明白，她的独立只能通过支持解放运动和打击敌人来巩固"。文章进一步指出，"当前乌干达对坦桑尼亚采取的侵略活动，是对帝国主义在南部非洲，尤其是津巴布韦行径的赞扬，这些行动本质上是为了消灭津巴布韦人民争取民族独立的武装斗争，是为了保卫帝国主义在非洲大陆的利益"。[3]

文章直接把阿明政权的入侵同坦桑尼亚对南部非洲国家解放运动的支持联系在一起，表达了坦桑尼亚反对殖民主义和帝国主义的一贯立场，扩大了阿明的对立面，推动所有反殖民主义和帝国主义的国家、群体共同对抗阿明。

---

1 Aslf Abdulkader, "Invasion part of imperialist plot, " *Daily News*, December 4, 1978.

2 "Uganda as an instrument of imperialism, " *Daily News*, December 6, 1978.

3 "Why Tanzania was attacked", *Daily News*, Nov 13, 1978.

第二，淡化坦桑尼亚军队在推翻阿明政权中的角色。1979 年 1 月 21 日，坦桑尼亚军队越过乌坦两国边界线开始向乌干达边境重镇姆图库拉（Mutukula）进攻，同时，坦桑尼亚政府还动员流亡海外的反阿明力量回国参与到战争中，之后坦桑尼亚军队势如破竹，接连攻克了乌干达南部多座城市，并于 4 月 10 日最终攻陷了首都坎帕拉，战争至此也基本结束。[1]

战争从坦桑尼亚境内进入乌干达境内后，为了应对国际社会对坦桑尼亚入侵主权国家的质疑，媒体的舆论必须为坦桑尼亚军队在乌干达境内的战斗提供一个合理的解释。因此在第二阶段，《每日新闻》重点突出乌干达人民对阿明政权的反对，其目的在于将坦桑尼亚军队塑造成帮助乌干达人民获得解放的形象。例如，1979 年 2 月 15 日，《每日新闻》头版刊发了《反抗阿明的起义正在蔓延》，报道称："如今，乌干达淹没在全国范围内的反对阿明法西斯政权的起义之中……无数乌干达人拿起武器……试图去推翻阿明政权。"[2] 2 月 20 日，《每日新闻》刊发社论《人民渴望自由》指出，坦桑尼亚人民"向乌干达人民对阿明军事独裁政权的反抗表示慰问和团结"，"坦桑尼亚人民和他们的乌干达兄弟紧紧地团结在一起，孤立内外敌人，推翻阿明政权，建立起独立和民主的乌干达"。文章还强调，"但是如何达成这一目标，如何组织起来实现这一目标，则完完全全是乌干达人民的内部事务"。[3] 在这些报道中，《每日新闻》刻意淡化了坦桑尼亚军队在其中的作用。

而与此相对应的是，突出反对阿明政权的乌干达人武装在战争中以及战后重建中的角色。4 月 12 日，作为当日头版头条，《每日新闻》对军队攻陷坎帕拉的报道全文未曾提及坦桑尼亚军队，而是用"解放武装"（liberation forces）这个比较模糊的词汇。[4] 在战争结束后的重建工作中，《每日新闻》也强调乌干达所起到的主导作用，以及坦桑尼亚的"不干涉"政策。例如《每日新闻》在 1979 年 7 月 26 日的一篇报道中说：坦桑尼亚政府"没有能力也不想去干涉乌干达的内政"。[5]

1　Daniel G. Acheson-Brwon. "The Tanzania Invasion of Uganda: A Just War?" *International Third World Studies Journal and Review*, Volume XII, 2001.

2　"Anti-Amin revolt spreads", *Daily News*, Feb 15, 1979.

3　"People want freedom", *Daily News*, Feb 20, 1979.

4　"Amin is finished, Kampala falls", *Daily News*, April 12, 1979.

5　"Nyerere blast Lule lies, " *Daily News*, July 26, 1979.

通过强调乌干达人民的反抗在阿明政权的垮台中的角色，淡化了坦桑尼亚对战争的参与，从而将坦桑尼亚塑造成为反抗阿明政权的一分子，而非主导者的形象。这样的宣传策略强调了坦桑尼亚的国际义务以及乌干达的独立自主，表明了坦桑尼亚在乌干达的军事活动是同对南部非洲解放运动的直接支持一脉相承的。

第三，区分阿明政权与乌干达人民。在《每日新闻》的报道中，对阿明和乌干达人民建立起了两套话语。对阿明本人，《每日新闻》持鲜明的批判立场，在遣词造句上，往往使用"阿明"、"阿明政权"或"阿明的武装"，来代替"乌干达"或"乌干达人民"。如 1978 年 11 月 1 日的报道，《我们正在同阿明开战》，[1] 直接将斗争的矛头指向阿明本人，暗示了侵略者是阿明而非乌干达或乌干达人民。而对乌干达和乌干达人民进行报道时，则同他们建立起了统一战线，号召乌干达人民同坦桑尼亚一道反抗阿明政权。如 1978 年 11 月 18 日，《每日新闻》刊登了一幅名为《怪物蛇》的漫画，漫画中的阿明是人头蛇身形象，吐着长长信子，身体下方是一堆白骨，昭示阿明双手沾满鲜血，他的四周则围满了手持武器进攻的反抗者形象，表明人民对阿明暴政的反抗。[2]《每日新闻》还宣传道，"为了尽快推翻阿明的法西斯政权，建立人民民主的政体，全体乌干达人民必须建立起一个坚强的反阿明的组织，使这个杀人犯的政权无处遁形"，"当前，殖民主义在乌干达以部落主义、宗派主义、地区分化以及其他割裂人民的形式显现出来，不驱逐阿明，就无法取信于人民"。[3] 此外，在阿明政权垮台后，对新政府治下的乌干达，则以正式的新闻报道口吻来介绍乌干达的战后重建，或外交活动。例如 4 月 13 日，攻陷坎帕拉后《每日新闻》刊发的"坦桑尼亚承认乌干达新政府"，[4] 4 月 17 日的"开始努力重建乌干达"，[5] 5 月 2 日的"乌干达建立新的军队"[6] 等。

《每日新闻》的一策略明确了坦桑尼亚反对、斗争的目标，同时将阿明和乌干

1　"We are war with Amin", *Daily News*, Dec 6, 1978.

2　"THE monster snake, " *Daily News*, November 18, 1978.

3　"Ugandans Unite, " *Daily News*, January 27, 1979.

4　"Tanzania recognize new Uganda", *Daily News*, April 13, 1979.

5　"Work to rebuild Uganda begins", *Daily News*, April 18, 1979.

6　"Uganda to establish new army", *Daily News*, May 2, 1979.

达人对立起来，使坦桑尼亚同乌干达的战争成为了坦桑尼亚和乌干达人民一道推翻反动的阿明政权的斗争。总的来说，指导这种宣传话语的，恰恰是尼雷尔及坦桑尼亚政府所奉行的"泛非主义"以及"社会主义"的意识形态。

四、泛非主义与社会主义：统领舆论的意识形态

泛非主义最早起源于美国的黑人，其核心是寻求全体非洲人的解放。泛非主义将所有非洲大陆的非洲人以及在海外的非洲裔视为一个整体，寻求非洲的统一，促进全世界非洲人对非洲人身份的认同，还代表了对压迫黑人的反抗行为。[1] 作为泛非主义者，在尼雷尔看来，泛非主义构建了非洲统一的框架，是非洲统一的思想基础，也为非洲人民对压迫的反抗提供了理论指导。因此尼雷尔积极地参与到了非洲的解放斗争之中，尤其是对南部非洲解放运动给予了坚定的支持。20 世纪 60 至 70 年代，包括罗得西亚（津巴布韦）、南非、安哥拉、莫桑比克、纳米比亚等南部非洲国家普遍处于种族隔离制度以及殖民主义统治下，尼雷尔政府通过收留、培训、支援流亡者及政治组织，使坦桑尼亚成为了非洲解放运动的中心。[2] 正如尼雷尔所强调的，为了非洲人民实现独立和解放，将不惜寻求持续的、坚决的武装斗争。[3]

而阿明的背景则带有明显的殖民主义色彩：他崛起于英属殖民地的"皇家步枪队"之中；曾在以色列和英国进行培训；他要求自己的士兵穿着苏格兰短裙；其最为亲密的朋友、顾问鲍勃·阿斯特（Bob Astles）则是一名亲以色列的欧洲人。同时，阿明驱逐了所有的在乌干达的亚洲人，并剥夺了他们的财产。阿明在执政期间

1　HG. Campbell, The Pan-African Experience: From the Organization of Africa Unity to The African Union, *The Palgrave Handbook of African Colonial and Postcolonial History*, Palgrave Macmillan, New York, 2018, pp.1031–1088.

2　*uMkhonto weSizwe(MK) in exile*. South African History Online, Archives. http://www.sahistory.org.za/topic/umkhonto-wesizwe-mk-exile(2020–04–28).

3　［坦桑尼亚］朱利叶斯·尼雷尔：《尼雷尔文选·第四卷：自由与解放（1974—1999）》，谷吉梅、廖雷朝、徐红新、苏章海译，沐涛译校，上海：华东师范大学出版社，2015 年，第 39—44 页。

依靠军队控制国家，使乌干达充满了恐怖的氛围，经济下滑，民不聊生。[1] 同时还有许多证据显示，阿明同南部非洲的种族主义政权之间的种种联系。比如阿明曾帮助罗得西亚的史密斯政权培训军队，以对抗国内出现的武装组织。[2] 所有的这些，使尼雷尔对阿明政权极为厌恶。尼雷尔也曾公开批评阿明驱逐亚洲人的政策，并暗示这一政策充斥着种族主义的邪恶，并将阿明同希特勒进行比较。[3]

因此在战争爆发后，坦桑尼亚采用反帝国主义、反种族主义与反殖民主义的话语进行战争宣传，本质上是用泛非主义的思想，将阿明政权同南部非洲的种族主义政权联系起来，使坦桑尼亚同阿明的战争外化为坦桑尼亚对非洲解放运动的支持。

社会主义的意识形态也深刻影响了战争宣传。尼雷尔认为，社会主义思想起源于非洲的历史和传统，可以通过古老的非洲传统的"乌贾马"表现出来。[4] 尼雷尔对"乌贾马"的内涵扩展到了家庭范围之外的全体非洲人民。他说："人和人彼此都是兄弟，全体非洲人民是一家。"[5] 为此尼雷尔主张通过设立"乌贾马村"来实现社会主义。尼雷尔将"乌贾马村"定义为"为了物资的丰富，让人们一起工作，一起生活，具有合作性质的社区"。政府将人民迁入新设立的村中共同居住，由政府统一在村中提供社会服务，让村民从事农业生产。[6] 在进行"乌贾马"社会主义的建设中，尼雷尔则强调"自力更生"，反对依赖外国援助。1967 年坦噶尼喀非洲民族联盟在阿鲁沙召开全国执行委员会会议，颁布了《阿鲁沙宣言》，其中便强调了"国家的独立意味着自力更生，不能够依赖外国的惠赠以及贷款来发展

1　Horace Campbell, *Four Essays on Neo-Colonialism in Uganda: The Barbarity of Idi Amin.* Afro-Carib Publications, 1975.

2　"Amin steps up links with Smith, " *Daily News*, Nov 13, 1979.

3　［坦桑尼亚］朱利叶斯·尼雷尔：《尼雷尔文选·第三卷：自由与发展（1968—1973）》，上海：华东师范大学出版社，2015 年，第 256 页。

4　Goran Hyden, Ujamaa, Villagization and Rural Development in Tanzania, *Development Policy Review*, Volume A8, Issue 1, Version Record online: 28 Jun 2008.

5　Nyerere, J.K., *Freedom and Unity, A selection from Writings and Speeches 1952–1965.* Oxford University Press, p.170.

6　Goran Hyden, Ujamaa, Villagization and Rural Development in Tanzania, *Development Policy Review*, Volume A8, Issue 1, Version Record online: 28 Jun 2008.

国家"。[1]

社会主义思想影响体现在：第一，战时宣传强调坦桑尼亚和乌干达人民的"兄弟姐妹"关系，因此推翻阿明政权，帮助乌干达人民获得自由，便超出了西方传统话语中的"民族国家"与"主权国家"的限制。在这方面"社会主义"和"泛非主义"都根植于非洲传统，其世界观是相融相通的；第二，战时宣传强调乌干达人民在推翻阿明道路上的独立自主，以及进行战后重建的自力更生。也正因为如此，在宣传中，《每日新闻》才避免过分突出坦桑尼亚的作用，而将重点转移到了乌干达人的能动性上面。

泛非主义和社会主义统领了《每日新闻》的报道，使得在宣传中，无论是文字的表述，还是策略的选择，都时刻强调反帝国主义、反殖民主义与反种族主义的斗争，不断强化作为整体的非洲人民的主体性和能动性，并将阿明政权排除在非洲人民之外，通过意识形态化的表述把乌坦战争嵌套在了更宏大的非洲解放运动的语境之中。

结语

在 1978 年爆发的乌坦战争中，报纸的舆论宣传成为了军事斗争之外的另一条战线。战争宣传所要达成的目的有三：第一，由于战争初期的军事失利以及战争的爆发，打破了国内正在推进的乌贾马社会主义建设的进程，因此需要动员国内民众积极支援战争，鼓舞人心，稳定国内局势；第二，由于战前舆论准备工作的仓促，因此需要对国际社会解释坦桑尼亚参与此次战争的目的以及阿明发动侵略战争的实质，以赢得良好的国际环境，减少外部压力；第三，由于战争从自卫战到反击战的转变，因此需要赢得乌干达民众支持，并同坦桑尼亚军队以及乌干达反政府武装一道推翻阿明政权。因此，我们可以看出，媒体宣传同时面向"内"和"外"两个群体——"内"包括了坦桑尼亚国民，"外"包括了国际社会以及乌干达民众。因此，

1　*The Arusha Declaration and TANU's Policy on Socialism and Self-reliance.* Published by the Publicity Section, TANU, Dar es Salaam, 1967, p.9.

整体而言，《每日新闻》的宣传语言是爱国主义但非民族主义的。从最终的结果来看，媒体的战争宣传无疑是行之有效的。

媒体是官方宣传的重要工具，在战争期间，媒体的话语集中反映了官方对于战争的解释，因此报纸具有强烈的价值导向，无法客观地反映事件的全貌。但若我们分析报刊语言所隐含的话语逻辑，则能清晰地看出话语背后的意识形态。需要强调的是，本文所指意识形态，是泛指关于民族独立、自由以及国家建设的思想体系，它独立于冷战时期"共产主义"同"自由主义"的二元对立之外，是"二战"以来广大第三世界国家后殖民主义时代话语的重要延展。在非洲，泛非主义和社会主义作为非洲后殖民地国家的主流话语，在内政外交中占据了重要位置。乌坦战争中的舆论宣传便体现了这一思想体系的重要性。因此在对后殖民时代非洲国家外交活动的研究中，应该充分重视蕴含在舆论话语中的意识形态表达，这有助于我们理解这些国家的行为逻辑。受语言所限，笔者未能考察、比较斯语媒体的表述，其间表达的异同和内在逻辑，有待于进一步的发掘。

坦桑尼亚独立以来中等教育的
发展及其问题（1961—2010）

李　肖

　　20 世纪 60 年代，非洲国家纷纷独立。独立后，它们都面临着求生存、促发展的难题。教育，作为一个国家发展之本，在许多非洲国家受到重视。坦桑尼亚是非洲的一个重要国家，先后遭受德国和英国的殖民入侵和统治。通过坦桑尼亚人民的不懈反抗和斗争，坦噶尼喀大陆和桑给巴尔岛分别在 1961 年和 1963 年实现独立，之后于 1964 年 4 月 26 日成立了坦桑尼亚联合共和国。

　　独立后，首任国家元首尼雷尔非常重视中等教育的发展。在 1961—1963 年的三年发展计划中明确了中等教育发展的各个方面，但是由于建国初资金不足、人才急需，为了多快好省地培养人才，政府决定大力推动成人教育的发展。在整个乌贾马社会主义时期，中等教育的发展都缺乏重视。尽管如此，在尼雷尔教育思想的指导下，中等教育也取得了一些成就，基本是以生产社区的形式实行自力更生的教育，把教育与农业紧密联系起来，培养学生义务劳动、民主发展、为社会服务等社会理念。另外，培养了大批教师，教育内容更加坦桑尼亚化。

　　随着乌贾马社会主义运动的受挫以及姆维尼的执政，20 世纪 80 年代以来，坦桑尼亚开始向市场经济转变，教育发展也更加自由化和多样化。近年来，中等教育的发展有了新的尝试，如以市场为导向的中等教育多样化和职业化的发展，中学录取限额制的实行，中学学费费用分担政策的实施，以及为了普及中等教育而建立的越来越多的社区学校等。另外，2004 年中等教育发展计划（SEDP）政策的颁布，从各个方面考察中等教育发展的不足，从而制定相关的政策指导新世纪坦桑尼亚的中等教育发展。但是2004—2009年第一阶段的发展计划，并没有完成预期目标，且发展迟缓。2010年以来，第二阶段的中等教育发展计划仍在实施中，具体效果有待历史检验。

经过半个世纪的发展，坦桑尼亚中等教育在学生入学率、教育质量、硬件设施改善和师资力量等方面，都有了较大的进步，但与世界发达国家相比，与国家现代化建设所提要求相比，坦桑尼亚的中等教育仍有许多不足。中学教育是整个教育系统承上启下、承前启后的重要环节，是步入高等教育接受更高教育水平的必经阶段，是提高整体教育质量不可回避的过程，也是实现坦桑尼亚现代化的必经之路。

一、坦桑尼亚中等教育发展的源起

独立前坦桑尼亚的教育发展大致分为以下三种形式:本土教育[1]、伊斯兰教和基督教主导下的宗教使团教育以及殖民时期的德、英殖民教育。

1. 坦桑尼亚的本土教育

在殖民者到来之前，坦桑尼亚已经存在自己的教育模式，即本土教育。本土教育在于传承知识、技术和良好的习惯，以维持和保存部落文化遗产、世代相传的部落价值观，加强社会的团结。

当时的本土教育分为通俗教育、同年教育和专业技能教育。通俗教育包括健康护理、历史、道德教育和食物生产这些每人都要学习的知识，性教育、行为规范、社会责任、战争和求爱是到了某个年龄阶段可以学习的知识。同年教育指将同一个年龄阶段的人召集到一起，共同工作，共同参与活动并分担和行使该年龄段应有的责任、义务和权利。专业技能教育则由部落内挑选的专业人才来分别教授领导能力、某些特别的手艺、医药知识、渔业、建筑、巫术、舞蹈、降雨等专

1　非洲本土教育包括知识、技术、传统文化、社会规范和价值观，主要通过一代代的口耳相传。这种教育方式在非洲的某些地区依然存在。

业技术，每一个部落根据自己的生产倾向性和客观情况对这些专业知识的要求不同。

本土教育的目的在于维护部落得以生存下去的价值观和态度，不仅关注社会生活方面，也重视生产技艺，教育体系高度个性化，它的目的在于在部落成员之间传播技术和价值观，使每个成员都能够在社会中找到适合自己的位置。

2. 教会控制下的宗教使团教育及现代教育的萌芽

19世纪中期，伊斯兰教和基督教在坦噶尼喀内陆地区的广泛传播，两种宗教教育制度迅速扩展，本土非洲教育成为两种宗教教育制度之外的一种补充。19世纪70年代，在教会组织到来之前，伊斯兰学校在坦噶尼喀的东海岸已经建立，其中的一些地区向穆斯林儿童提供宗教指导，促进伊斯兰教文化的传播。欧洲教会组织除了教读写能力和价值观，也向人们传播基督教，教会组织的教育是一种西方文化和经济在非洲再生的方式和手段。穆斯林和基督教的教育体系不但对东非地区的教育问题没有根本性的帮助，而且使非洲教育有了明显的性别、宗教、民族的分别。教育的不平等在殖民时期教会组织控制下的教育领域内愈演愈烈。

伊斯兰教和基督教使团教育在坦桑尼亚的施教内容都具有以下特点：都是以宣扬其宗教教义为本，在此基础上教授各自语言的文法、基本的读写能力和一点数学知识；两者都是以宗教教化为手段，来宣传各自价值观，从而渗透本土文化，进一步控制本土人的思想。

虽然宗教使团提供的教育是带有一定的目的，但是客观上促进了当时坦桑尼亚的基础教育，"教会开设成人教育，除了文化课程，还开设教师、护工、店员、农业生产工作者和手工业工作者等相关的培训课程"，[1]为部落的本土教育带来了现代正规教育的曙光。同时，宗教使团还在坦桑尼亚建立了多所教会学校。[2]

3. 殖民时期的教育和早期坦桑尼亚中等教育的开端

1890—1961年间，坦噶尼喀先后沦为德国和英国的殖民地，教育被作为实现殖民者利益和需要的工具，但同时在某种程度上实现了自身的发展。德国和英国殖

1　Philemon A. K. Mushi. *History and Development of Education in Tanzania*. Dar es Salaam University Press, 2009, p.59.

2　Cameron, J. And Dodd, W. A. *Society, Schools and Progress in Tanzania*.Oxford: Pergamon Press, 1970, p.102.

民者需要原材料、市场、廉价劳动力和投资渠道，这就需要确保他们的殖民政策能够被当地人接受和实行，因此教育被作为管理殖民领地的先导工具。

相较于宗教使团教育重在宗教教化，殖民教育重在实现殖民利益，表现在教育内容方面，主要有以下两点：

（1）教会学校之外，建立政府学校，教育目的除了思想控制，还重视专业人才的培养。教会学校，是宗教使团教育的载体；政府学校，基本服务于政府。两类学校都教授基础知识，但是政府学校更加倾向培养效忠殖民政府的行政官员、办事人员和一些必需的技术人员。后来，在殖民政府的扶植下，教会学校的功能逐渐与政府学校一致。德国殖民统治时期，"因为很多穆斯林都是有一定文化知识的人，他们被招募到殖民系统的行政机关工作。之后，政府学校担负起为非洲政府机关提供行政工作人员的责任"[1]。另外，专业技术人才的培养，也需要政府学校的专门教育，"一些政府学校建立的主要目的是解决某些具体方面的人才需要，比如说，技术人员、老师、职员等，还有一些课程是为了某些具体的职业需要"[2]。

（2）为了使当地人更加顺从，"白人优越论"大行其道。教育在塑造这种意识形态的过程中具有重要作用。除此之外，暴力也被用来控制非洲人民的身体和思想。殖民主义就是通过暴力和思想控制而逐步建立的。

4. 英国殖民期间中等教育的具体发展

英国殖民政府在坦桑尼亚实行的间接统治政策，需要在当地培植一批有知识、会办事的亲英势力，因此，发展坦桑尼亚中等教育的重要性日益凸显。

（1）中等教育的建立

20世纪30年代的坦桑尼亚，中等教育尚处在起步阶段，1933年有了最早的三个坦加初中。然而，20世纪二三十年代的全球经济大萧条，使得教育发展的资金受限和人员被辞退。直到1938年，坦桑尼亚的中等教育才又有起色，"三个政府学校和两个教会学校把他们的课程安排拓展到九、十年级。当时，非洲人对于女性的

1　Philemon A. K. Mushi.*History and Development of Education in Tanzania*, Dar es Salaam University Press, 2009, p.67.

2　Ibid.p.68.

教育还没有开始"。[1]

"二战"的爆发是坦桑尼亚中等教育发展的一个契机。当时，对更高教育水平人才的需求日益迫切。复杂的国际环境，使坦桑尼亚当地人认识到学习英文的重要性，"非洲年长者呼吁发展更高水平的教育，尤其是英文教育"[2]。这一呼吁立刻得到回复，当时在塔博拉的政府学校完善了全部的中等教育结构。但是，这一时期的中等教育发展依然缓慢，"二战"末，有八个政府中学和十个援非中学，其中的三个政府中学和三个援非中学提供中等教育七年级和八年级的课程，部分学校正在建设完整的初中教育结构（七至十年级），这被看作是进入培训机构和政府部门的最低要求。

（2）1945 年后英殖民当局实施的扩张计划

"二战"后，英国在战后各种因素的驱动下实行非殖民化政策。基于英国工党政府已经意识到，在民族主义运动和国际反帝势力的压力下，英帝国的非殖民化是不可避免的，此时最明智的做法是必要时让主要殖民地实现自治，同时努力将英帝国向联邦发展方向引导，实行用联系密切的英联邦代替帝国的政策，以此维护战后英国的大国地位和在原殖民地的经济利益。在政治方面，英国实行殖民地地方政府的改革；在经济和社会发展方面，工党政府在 1945 年开始推行殖民地社会发展和福利法。在坦噶尼喀制定了战后教育在各个层次及水平上的扩张计划，该计划的实施得到了人力、资金和物质方面的支持，实施得比想象中要快。

1945 年的扩张计划实施并取得一定成效后，英殖民当局又相继制定了 1947—1956 年的十年发展计划和 1956—1961 年的五年发展计划。1947 年，英国教育顾问团对坦噶尼喀殖民国家秘书部进行访问，并制定了非洲教育发展的十年计划。该计划在 1947 年 4 月得到了坦噶尼喀顾问委员会、立法机构和英国国家秘书部的支持。实施的基本目标是促进非洲学校的发展，重点是中等教育高中部分的发展。1956—1961 年的五年发展计划，使小学教育更加成熟，也拓展了中等教育的发展。

通过两个连续性发展计划的实施，这一时期坦噶尼喀的教育发展取得了丰硕成果，学校基础设施日益完善；中学课程的设置日益完整和合理化；入学率和入学人

1　A. G. M. Ishumi & G. R. V. Mmari.*The Educational Process-Theory and practice, with a focus on Tanzania and other countries.* Department of education university of Dar es Salaam press, 1978, p.86.

2　Muze, M.S., Development of Secondary Education in Tanzania. Unpublished M. A. Thesis. 1965, p.12.

数显著增加，尽管师生比例仍不合理；丰富了学生课外活动；对女性教育的关注加强[1]；中等教育质量有了提高。[2]

由上可见，英国殖民当局虽然意在通过教育来进一步管理坦噶尼喀，培植亲英势力为殖民当局服务，但在客观上，当时的坦噶尼喀教育在英国政策的实施下取得了全面的发展，为独立后坦桑尼亚的中等教育发展奠定了坚实的基础。中学的建设以及中学教学设施的逐步完善，学生数量的增加，女性教育的发展及父母态度的转变，学校课程设置的进一步成熟，教育质量的提高等方面所取得的喜人的成果，为独立后坦桑尼亚教育的发展，不仅提供了发展基础，也带来了发展经验的借鉴。尽管如此，我们依然不能忽视，英国殖民当局的所有政策是为自己的利益服务的，也给当地带来了不好的影响。受种族政策实施的影响，英国殖民当局在教育方面建立了四个不同的教育体系，加剧了各个种族之间的隔离，也造成教育方面的严重不平等；此外，英国殖民政府的教育重在培养职业人才，通识教育仍然有待加强，使坦噶尼喀教育的发展远远落后于政治和技术的发展；英国统治者只为少数最好的学生提供中高等教育，这种精英教育模式，也加剧了社会结构的不合理。

二、尼雷尔时期坦桑尼亚的中等教育（1961—1985）

"二战"后，非洲民族主义运动高涨，加强了坦噶尼喀大陆追求独立自主发展的愿望。在以尼雷尔为首的坦噶尼喀非洲民族联盟简称"坦盟"（Tanganyika African National Union）[3] 的领导下，经过多次与英国当局的谈判，最终确定了由"责任政府"到"内部自治"、从"内部自治"到完全独立的进程，并最终在1961年12月9日获得完全独立，成立坦噶尼喀共和国。1964年，坦噶尼喀与桑给巴尔联合，成为坦桑尼亚联合共和国。

1　Muze, M. S. Development of Secondary Education in Tanzania. Unpublished M. A. Thesis. 1965, p.27.

2　Ibid. p.37.

3　坦盟，1954年尼雷尔将坦噶尼喀非洲人协会改组为坦噶尼喀非洲民族联盟，在其领导下坦噶尼喀实现了独立。

新当选的执政党坦盟党倡导人人平等，建国初的主要任务是为人民争取平等和尊严。新政府在教育领域的首要任务就是消除教育体制中所有的不平等因素，这一任务在 1961 年《教育条例》（*Education Ordinance*）的通过以及 1962 年 1 月 1 日的实施中完成。该条例实施单一的国家学校体系，意味着国家所有的公立学校开始使用一套课程设置。从此，政府开始完全有效地掌控全国学校。

在论述独立初期坦桑尼亚中等教育发展的具体情况之前，有必要了解"国父"尼雷尔的教育发展哲学。毕竟，当时的发展主要是在该哲学思想的指导下进行的。

（一）尼雷尔的教育思想

坦桑尼亚独立前后，尼雷尔对新国家的建设和发展进行了思考，并在自己的多篇文章中，表达了发展国家的基本原则：自由、民主、平等、团结、社会伦理、变革、发展等。[1] 在这些社会思想的基础上并结合国内的教育情况逐渐形成了自己的教育思想。

1. 尼雷尔教育思想的内涵

如尼雷尔在文选《自由和统一》（*Freedom and Unity*）前言部分所讲"新的现代教育系统应该有针对性地对这些原则进行反复灌输，使这些原则成为学校教学内容、无线广播内容和媒体宣传内容的基础"。[2] 其中的《教育和法律》、《大学校园的开放》等文章中均有提及未来坦桑尼亚教育的发展方向，如文章《教育和法律》中说："我们正在建设一个坦噶尼喀自己的国家。尽管外国的教育为我们的发展作出了一定的贡献，但长远来看，如果我们想要建立强烈的国家意识，就必须通过教育培养自己的公民，使非洲教育的内容满足当前非洲的需求。"[3] 明确了坦桑尼亚要建立自己的教育，培养适用于本国发展的人才。

文章《大学校园的开放》论述了当下教育的发展窘况，以及优先发展的对策，

---

1 Reference Nyerere, *Freedom and Unity. A selection from writings and speeches 1952－1965*. Dar es Salaam: Oxford University Press, 1966.

2 Nyerere, *Freedom and Unity. A selection from writings and speeches 1952－1965*. Dar es Salaam: Oxford University Press, 1966, p.14.

3 Nyerere, *Freedom and Unity. A selection from writings and speeches 1952－1965*. Dar es Salaam: Oxford University Press, pp.130－131.

并强调了成人教育的重要性。"人人都有上学的权利去最大限度地发展自己的智力。但是，我们现在棘手的问题是资源的匮乏，没有能力支持小学教育、中等教育及大学教育。只有依据实际情况，考虑关于教育的优先发展给予一部分人高等教育维护国家和经济发展的需求，我们至少应该先培养一批人，让他们为我们的社会提供高级服务……事实上，教育贯穿生命的始终：成人教育主要涉及成年后的那部分教育。"[1]该文章首先陈述了当前教育资源的有限性，并提出教育优先发展的对策，但是要保证基础教育的普及；优先培养一批高素质人才服务国家；学校教育既要尊重个人自由也要培养社会责任意识；教育的实践运用；成人教育的重要性和必要性，以及家庭教育的可行性等。

尼雷尔文选《自由和社会主义，1965—1967》(*Freedom and Socialism 1965-1967*)和《自由和发展，1968—1973》(*Freedom and Development 1968-1973*)中的某些文章也阐释了当下社会对教育的需求以及教育的发展方向和基本原则，确保坦桑尼亚的教育能够直接服务于社会，把坦桑人民培育成具有社会主义价值观、自豪、独立和自由的市民。他们既有自信又满怀工作的热情，与其他人共同生活、共同劳动。对社会的义务是尼雷尔思想的中心，他强调："我们的教育培养人民对整个社会的义务和责任，帮助学生接受我们未来的价值观，而不是过去殖民时代的价值观。"[2]尼雷尔指出，受教育者不能把自己看成是脱离社会大众的阶级。

有人质疑尼雷尔的教育思想，认为他在文章中倡导的"为了自力更生的教育"仅仅是退回或者复兴了殖民者所谓的"实践教育"，这种教育的显著特点是种族歧视、去非洲文化主义、个人主义和劳工方面的加尔文主义。但是，尼雷尔的自力更生教育是在寻求人类的自由平等、人性的尊严、责任以及职业化教育。一个英国的教育学者对于这种疑问，给了一个简短但合理的回应："一些评论者可能会说，尼雷尔的思想中没有什么新东西。农场学校之前就已经存在了，把学校作为一个社会这种说法在现代教育中是普遍存在的，只是不为非洲人所知。但是尼雷尔的原创性

1　Nyerere, *Freedom and Unity. A selection from writings and speeches 1952-1965*. Dar es Salaam: Oxford University Press, pp.305-315.

2　Philemon A. K. Mushi. *History and Development of Education in Tanzania*, Dar es Salaam University Press, 2009, p94.

在于，将其大胆的甚至是冷酷的想法，付诸在他深陷窘况的国家中。"[1]

总结尼雷尔教育思想的含义主要有以下四点：

首先，尼雷尔关注基本的课程设置和受教育者。对于尼雷尔来说，继承自殖民时期教育制度的内容与形式与独立后坦桑尼亚的教育是不相符合的；它不考虑个人的实际需求，而是把殖民国家的利益放在首位。因此，他强调教育要更坦桑尼亚化，更加关注本地的实际情况。

第二，尼雷尔关注获取教育和资源的方法，强调认识论和学科方法论。他批评殖民教育太教条和理论化。对于他来说，知识的获得不仅可以通过书本，也可以从实践中得到，或者通过其他途径而不仅仅是来自于阅读材料。

第三，尼雷尔重视自力更生的态度和价值观。尼雷尔认为，独立后继承自英国的教育系统，媚外态度浓重，鼓励实现人的个人价值而忽略集体利益，而且殖民教育系统并不传播坦桑尼亚社会的价值观。因此，应该教育鼓励自力更生和灌输人们的集体意识和合作态度。

最后，尼雷尔也注重教育在培养学生们批判精神方面的作用。殖民教育并没有激发个人的创造性和批判精神，而是使他们更适应家庭生活和殖民结构。尼雷尔认为，教育不只是知识的传递，更应该发展人们的怀疑精神和分析问题的能力，以及怎样用学过的知识解决自身和社会的问题。

（二）尼雷尔思想指导下的中等教育发展

1960 年，国民议会宣布了关于三年发展计划的政策，即 1961—1964 三年发展计划，教育是其中的一部分。但是，由于独立初期国家贫弱，财政无法支持教育事业的发展，尼雷尔在《为了自力更生的教育》中指出"我们每年花费政府财政的 20% 为国家的儿童和青年提供教育……因为像我们这样的国家，是不可能每年把 1.473 3 亿先令投入在孩子的教育上的，除非这个投资能为我们创造相应的价值……"[2] 尼雷尔认为正式教育培养人才的周期过长，接受初等教育、中等教育的时间共十余年，而新政府急于用人。他更强调发展成人教育快速培养人才，因此国

1　Nyerere. J. K..*Education for Self-Reliance*. Dar es Salaam: Ministry of Information and Tourism, 1967. p.93.

2　Nyerere. J. K.. *Education for Self-Reliance*. op.cit. p.1.

家把教育的重点放在成人教育方面并取得了很大成果。

1. 三年发展计划中的中等教育

三年发展计划在教育方面的内容主要是基于 1959 年经济调查使团对坦噶尼喀的调查结果为参考的，并制定了基本的发展大纲[1]，同时发展计划中明确规定了中等教育的发展规划。

总体看来，三年发展计划期间中等教育发展较快。中学数量由 1961 年的 62 个发展到 1964 年的 68 个，班级由 1961 年的 114 个发展为 1964 年的 172 个。入学人数由 1961 年的 11 819 人增加到 1964 年的 19 897 人，增长了 69%。学校毕业申请人数数量从 1961 年的 1 803 人增长到 1964 年的 3 630 人，增长了 132%；高校毕业申请人数从 1961 年的 157 人增加到 1964 年的 463 人。这些进步表现了政府为推进中等教育各方面的发展所做努力的成果。但政府面临一个严峻的问题是中学教师的短缺。1963 年，大约缺少 80 位中学教师。尽管如此，中等教育的发展已基本上按计划完成。

三年发展计划的完成进一步扩大了中等教育的发展，越来越多的中学生使发展大学教育成为可能。1961 年坦噶尼喀大学学院创立，并开设了教师教育的课程，这个学院被寄予厚望为坦桑尼亚培养充足可用的中学教师。显著增长的入学人数反映了三年发展计划和之后的五年计划在教育发展方面取得了巨大进展。

2. 社会主义道路上的中等教育

1967 年，阿鲁沙宣言定义了乌贾马和独立自主的发展方针，这是坦桑尼亚从殖民教育到国民教育发展过程中的里程碑。之后颁布的《为了自力更生的教育》成为教育革新实践的指导政策。该政策指出了继承来的教育体系的缺陷，并提出该如何发展坦桑尼亚自己的教育。

（1）中学的扩张计划和本地化的行政部门

1966 年，接受高等教育学生的状况有了极大的提高，学生数量呈两倍增长。此外，政府部门中高级服务人员的坦桑尼亚化或者本地化发展较有成效，每年中高等干部队伍都有所增长。1961 年到 1962 年间的增长比例为 14.4%，1962 年到

1　A. G. M. Ishumi and G. R. V. Mmari.*The Educational Process—Theory and practice, with a focus on Tanzania and other countries.* University of Dar ES Salaam, 1976, p.104.

1963 年为 10.5%，而 1966 年到 1967 年则降低至 1.3%，因为此时的本地化需求已经基本实现。这也在中学入学率的发展过程中有所体现，1962 年到 1963 年间的增长率为 21%。

1966 年和 1967 年的本地化的逐渐增长和中学入学率的持续增长，并不意味着坦桑尼亚在高水平人力资源方面已经达到了自给的程度。仅仅说明了在最关键的年份（1962—1964），在国家现有资源的情况下，中学扩张得以实现。但是相关科学、数学培训以及需要长期经验的岗位仍没有实现本地化。

（2）国家服务计划：国家建设、国家纪律和自我牺牲相关的培训

1966 年，坦桑尼亚政府制定了一个义务国家服务计划，该计划是专门针对初、高中学生及毕业生，通过这个计划使那些年轻的大学毕业生和中学毕业生服务国家，不是为了支付他们的教育花费，而是服务社区、学会自我节制、自律以及对国家忠诚。国家服务计划以自愿为基础，参加该计划的一般是在其他地方没有找到带薪工作的小学毕业生。

1966 年 10 月，许多大学生和来自达累斯萨拉姆其他教育机构的学生对政府的某些国家服务法案条款举行大规模的示威游行活动。这些学生要求政府改变某些国家服务法案的条款。反对者声称在为国家服务的两年中，服务者的薪水被削减了六成，这是不公平的。学生的言语震惊了政府："AFADHALI WAKATI WA UKOLONI"，这句话的意思是，"殖民时期的条件更好一些"。将近 400 名学生，包括达累斯萨拉姆大学学院的 310 名学生被尼雷尔总统驱逐出境长达两年，这些学生为自己的激烈言和游行示威付出了惨痛代价。一年后，几乎所有被驱逐的学生都得到了政府的宽恕，并重新承认他们的学习经历。这一事件在国家人力资源计划中引起了混乱，[1] 老师方面也会不情愿地去课堂上课，在上课期间做任何他们想做的事情，但是不关心学生在课堂上有没有学到知识。医生方面，消极怠工，即使是急救病例，也要慢条斯理按程序，没有任何效率。尼雷尔总统反复呼吁，希望那些受过教育的少数人能够牺牲个人利益，认真地为大多数贫穷的人们考虑。之后一些学生和其他坦桑尼亚人转变了他们的态度，这在坦桑尼亚教育系统的历史上迈出了

1　Nyerere, J. K.. *Tanzania will be Built by Dedicated People.* Ministry of Information and Tourism, Dar es Salaam, pp.16-17.

一大步，因为没有奉献精神，就不会真正实现社会主义的发展。[1]但是，义务服务计划是失败的，几乎没有中学毕业生和大学毕业生参与这个计划。结果，国家服务营地开始成为那些没有资格进入中学的人的聚集地。

（3）课程调整

坦桑尼亚大陆当时估计有1 500万非洲人，分别隶属于120个不同的部落。"像所有的非洲国家一样，坦桑尼亚也有语言问题需要解决，它宣称英语和斯瓦希里语同为官方语言和教学语言。1967年，关于语言的争论结束了，当时斯瓦希里语代替英语成为国内的官方语言，并用于所有的小学教学语言。英语成为一门课程在所有小学授课，同时也是中学的教学语言。"[2]1970年，开始有中学提供高水平的斯瓦希里语课程，该课程1971年11月第一次被当成基础课程考试。

也许，1961—1967年中学教育发展最保守的方面是课程方面，殖民时期的课程类型的继续，以及来自剑桥的外部考试制度，这种考试制度由外国设置，以课程为基础评判学生的成功与否。这种课程安排和考试制度是值得商榷的，当时的课程改革引起了广泛的讨论。例如，历史课方面，独立之后，越来越多的非洲历史在学校被教授，公民课和地理学习也是有指向性的，学生们开始学习他们周边的环境，从自己的村落逐渐延伸至地区、省、国家、东非地区、整个非洲以及全世界。但是这种改革下的课程本质上依然是英国式的课程，他们用的教科书大部分都是英国人为英国学生写的。化学和科学课的器材被指定专门从英国进口。更糟糕的是，截至1967年底，80%的中学教师都是英国人。

（4）管理委员会

管理委员会的建立是为了基层以上的政府学校和志愿学校，给公众一个参与学校建设的机会，以及使学校活动更好地被公众了解。因此，委员会在学校和社会，包括政治当局、父母和地方当局之间发挥了重要作用。教育部通过这种方式，让社会从各个方面了解和帮助年轻人更好地发展，尤其是自律方面。除了志愿中学的管理委员会，其他的管理委员会没有权力筹集资金，这项工作仍然由教育部主管。然

1　J. K. Nyerere's Speech to the Parliament of Tanzania, Dar es Salaam: Government Printe, 1964.

2　Castle, E. B..*Education for Self Help.* Oxford University Press, London, 1972, p.86.

而，必须指出的是政府中学不足半数的管理委员会一年之内仅召开不多于一次的会议，而且委员会在中学的执行也并不顺利。

（5）学费的废除

1961—1967 年中学教育的发展值得一提的是，政府决定 1963 年免除所有学生的中学学费，"照顾好人民，预算会自己照顾自己"[1]。在此之前，规定每一个学生每年的学费是 300 先令，这是对于寄宿学生而言的，实际上 1963 年几乎每一个中学生都住在学校。经济因素一直以来都是入学率提高的阻力，大多数农民家庭负担不起 300 先令的学费。在 1961 年独立的时候，坦噶尼喀的人均年收入大概是 250 先令。可见，当时的家庭送子女上学是多么的艰难。通过中学学费的免除，经济条件不再是阻碍教育发展的主要因素。

（6）中学领导的坦桑尼亚化

《阿鲁沙宣言》和《为了自力更生的教育》发布之后，所有的政府部门和政府机构都在讨论如何实施这一新的社会主义和教育自力更生政策。教育部做的一个重要的决定是在 1967 年复活节前（1967 年 4 月）完成公立中学和教师培训学院的领导坦桑尼亚化。在 1967 年 3 月这个决定通过时，大约 60% 的中学领导是外国人，其中多为英国人。这个决定使中学的管理权回到坦桑尼亚人民手中，被认为是阿鲁沙宣言和教育自力更生政策实施的先决条件。到 1964 年 4 月，男子中学的领导完成了坦桑尼亚化，但是女子中学的坦桑尼亚化进程比较缓慢，因为没有足够的够资格和经验丰富的坦桑尼亚女士担任这些领导工作。女子中学领导坦桑尼亚化大概在1970 年完成。

3. 尼雷尔教育思想在中学实施的总结及教育现代化的起步

回顾尼雷尔的教育哲学，他的主张既没有返回到传统的古老非洲，也没有不加思考地照抄西方的教育。尼雷尔的教育哲学是自成体系的，因为它的思想来源于坦桑尼亚的文化、历史、社会以及经济、政治的发展状况。尼雷尔有关教育的内容是使受教育的人社会化，鼓励他们为大众服务，以把非洲人民从痛苦、疾病、无知和贫穷中解放出来，通过把少数受教育者与大众结合起来去实践阿鲁沙宣言和坦盟党

1　Curle, A.. *Educational Problems of Developing Societies.* Praeger Publishers, New York, 1969, p.82.

的社会主义和自力更生政策。

尼雷尔时期的教育发展为坦桑尼亚教育现代化的发展奠定了坚实的基础。关于教育现代化的内涵，国内外学者已做了大量的研究，但至今没有一致的看法，更无公认的定义。教育现代化的内容很广泛，包括教育思想的现代化、教育制度的现代化、教育内容的现代化、教育设备和手段的现代化、教育方法的现代化、教育管理的现代化等。

教育为立人之本，人的现代化、现代人的培养离不开现代化的教育。教育是决定一个人现代性的重要因素，受教育的程度直接决定了个人现代化的水平和现代性品质的转变。因此，教育现代化是实现人的现代化的必由之路，教育现代化的核心是实现人的现代化。

因此，坦桑尼亚中等教育的现代化在尼雷尔时期已经进入探索阶段，当时教育的发展在探索全民教育、终身教育、教育结构多样化、世俗化、国家化、社会化以及如何实现人民发展的自由之路等方面，都有了初步发展。但由于经济以及制度的无力，20世纪80年代以前的教育制度、教育方法、办学条件、师资队伍、教育管理等方面的水平还处在较低水平。姆维尼接任以后，在尼雷尔时期教育发展的基础上使坦桑尼亚的教育稳步走向现代化。

三、后尼雷尔时期坦桑尼亚中等教育的变革（1985—2010）

1967年《阿鲁沙宣言》的发表正式宣布"坦桑尼亚走社会主义发展道路"，并明确提出"坦桑尼亚要自力更生地建设社会主义"。同年，政府根据《阿鲁沙宣言》精神实行国有化政策，在农村开始建立"乌贾马村"，即把原来零散居住的小村落合并为较大的村庄，在乌贾马村中建设饮用水源、小学校、医疗站等，向村民提供社会服务。

国有化在教育事业上的表现，是1969年《教育法案》的通过。法案中规定所有政府援助的学校和教育机构国有化。该法案的颁布标志着公共教育范围内教会参与的教育事业走向终结，教育成为国家的责任。但是，教育发展并不成功，出现了很多不尽如人意的问题。此外，国有化和村庄化运动都严重脱离国情，经济建设不仅没有取得成功，反而导致经济困难，甚至出现负增长的局面。姆维尼就任总统后经过对国家发展战略的认真研究，决定进行经济和政治改革。

20 世纪 80 年代以来，坦桑尼亚通过实施的几个经济恢复计划（Economic Recovery Programme, ERP），加快了经济改革的步伐，有意识地改变社会主义经济结构，逐步实现坦桑尼亚宏观经济结构的市场化和自由化的改革。90 年代，坦桑尼亚通过金融行业允许私有化，政府部门、国有企业大规模裁员，以及放弃对出口部门的宏观控制等措施，完成了独立以来的艰难转变，正式走上市场经济的道路，也标志着尼雷尔乌贾马社会主义思想从此淡出坦桑尼亚历史舞台。

自此之后，坦桑尼亚不再盲目模仿他国发展经验，确定了自身的发展方向。制度、相关政策和发展方向的确立为坦桑尼亚国家稳步发展，提供了稳定的环境和政策支持，为其走向现代化的发展奠定了基础。

（一）走向现代化的教育制度：由国有化走向自由化的教育体系

《阿鲁沙宣言》颁布之后，为了加快社会主义发展步伐，教育发展方面的重点放在基础教育和成人教育方面，由于财力有限及政府关注不够，中等教育发展相对缓慢，虽然政府采取鼓励各社区自力更生创办学校，置办学校设备，政府负责教师指派和提供课本及其他教材的做法，但中学教育的发展仍然受到影响。从 20 世纪70 年代末开始，坦桑尼亚经济出现困难，且每况愈下，国家财政拮据，教育经费越来越少。由于经费不足，政府发不出教师的工资，学校缺乏教科书和其他教学材料，甚至学校建筑都无钱维修，教育发展受到严重影响。

面对困难的发展形势，1982 年政府提出进行教育改革。1984 年 11 月，坦桑尼亚全国教育工作大会讨论通过了《通向 2000 年的坦桑尼亚教育制度》的决议，作出两条重要决定：取消对集体和私人办校的限制；逐步改变免费教育的做法，决定从 1985 年起中学即恢复缴纳学费的做法。从此，坦桑尼亚迈开教育改革的步伐，探索符合本国国情的教育发展道路。

1985 年 10 月，姆维尼当选为坦桑尼亚第二位总统，任职期间进行了经济政治改革，对《阿鲁沙宣言》规定的建国方针进行了根本性调整，改变了 20 世纪 60 年代以来推行的国有化政策和建立乌贾马村的做法，开始建立以市场经济为基础和以推动私营部门发展为动力的自由化经济。这些政策的调整使教育发展更加灵活多样，为教育走向现代化的发展提供了制度和物质的保障，铺平了道路。

1. 走向教育现代化过程中的教育政策调整

自力更生政策实施 20 年之后，坦桑尼亚发展过程中出现很多问题，国有化和村庄化运动都严重脱离国情，经济建设不仅没有取得成功，反而导致经济困难，甚至出现负增长的局面。世界经济低迷影响了所有的非洲国家，坦桑尼亚的经济发展方向从国家控制向市场经济转变，国家教育也需要考虑调整新的发展方向。[1]

强调教育各方面平等发展的思想在 20 世纪 80 年代已经不被民众普遍接受。当时不管是执政党内部还是人民大众都希望有不一样的教育。比如，有些家长希望自己的孩子在小学时接受英文教育。政府允许两个学校用英文作为教学语言，分别是阿鲁沙和奥林匹奥（Olympio）学校。这两个学校主要针对那些在国外学习后回国的坦桑尼亚学生，他们的家长凭借自身的影响、职位和关系确保自己的孩子能被英语学校接收。阿鲁沙是个寄宿学校，奥林匹奥是个走读学校。两个学校都依照国家的课程设置安排课程，但是用英语授课和考试。有些家长也送他们的孩子去乌干达和肯尼亚学习，认为那里的私立学校能够提供比坦桑尼亚学校更好的教育。

因为公立学校落后的教学水平进一步推动了用英语授课这一趋势的发展。20世纪 80 年代中期，公立小学处于崩溃状态。学校建筑破损，教学与学习材料不足，教师动力不足、素质低下，小学的教育质量成为整个国家和家长主要关心的问题。精英家长对政府施加的压力越来越大，迫使政府允许集体与私人在国内建私立小学。

1992 年政府废除了 1978 年法案（*1978 Act*）第 30 章，建立私立学校成为合法行为，因此国内富人建立学校的动力被激发了。在该法案被废除之前，私立学校的拥有者一直害怕他们的学校会被国有化，使很多个体失去建私立学校的积极性。法案第 30 章的废除和 1995 年的进一步修正鼓励了很多个人开办私立学校。很明显，坦桑尼亚过去把教育仅仅看成是公共服务事业而不是商业活动或者营利事业。1992年之前所有允许开办私立中学的都是宗教机构或者其他组织，比如地区信托基金尤

1　United Republic of Tanzania(URT). *Education and Training Policy.* Dar es Salaam: Ministry of Education and Culture, 1995, p.4.

其倾向于建私立学校。1978 年法案的第 30 章被废除后，教育行业像企业一样被经营，投资学校就像投资其他的商业活动一样。教育行业被市场经济推向前进。

此外，2005 年，政府将高等教育活动从当时的教育部下属的科学部设立的四个并列的体育和文化部、科技和高等教育部门中分离出去，成立独立的高等教育科技部。直到 2008 年，当时教育部和职业培训部门相结合。同年，国家教育特别工作小组成立，以迎接面向 21 世纪的教育改革。特别工作小组的建议是在 20 世纪 90 年代中期发展新的教育和培训政策[1]。过去的教育和培训方案的制定都是基于或者依照国家制定的短期或长期的发展目标，强调正式教育、职业教育和培训教育的需求，而没有与国家人力资源需求相结合。因此，1995 年的 ETP 综合了整个教育和培训部门的共同发展。

以上这些教育政策的调整使教育发展不再受这样、那样的限制，更加灵活多样，适应了现代社会对多样化教育的需求。开放的教育政策更能发动社会各方力量，全方位地实现不同群体对教育的不同需求，促进教育现代化的发展。

2. 教育现代化政策指导下的教育改革

20 世纪八九十年代以来，国内环境有所变化，教育制度的调整使教育政策也随之调整，为了更有效率地发展教育事业，促进教育现代化的发展，坦桑尼亚在该期间对以下方面进行了些许改革。

（1）小学教育实现义务制的艰辛之路

1991 年 6 月，为落实 1990 年世界教育大会提出的到 2000 年全球各国都要对基础教育实行义务教育，做到"人人有学上"，坦桑尼亚全国教育工作会议确定了两项任务：到 2000 年对基础教育实行义务制；到 2000 年把成人文盲率至少减少到 1990 年的一半。1992 年 11 月，政府教育工作特别小组提出关于 21 世纪坦桑尼亚教育体制改革的建议，包括增加教育的财政预算，并实行教育经费"分摊"政策，决定从 1992 年起小学生开始缴纳学费。国家独立初，小学教育是义务教育，直到 1992 年开始收费，并实行"费用分摊"政策，鼓励家长和社会支持小学教育，而且与自力更生精神相符。但是事实证明该政策是失败的，适龄儿童入学率急剧下

---

[1] 对 ETP 和高等教育发展政策（Higher Education Policy）的回顾在 2008 年中期进行。这么做的目的主要是合并这两个部门，响应国家为发展教育把两个部门合并的决定。

降，教育状况越来越差。

1996 年的基础教育总体计划（BEMP），更加明确了 2000 年的基础教育，除了提高小学教育质量外，还争取从 2000 年起向所有适龄儿童免费提供小学教育。2000 年，坦桑尼亚政府根据《2025 年发展远景规划》的要求制定了《减贫战略计划》，该计划得到世界银行和国际货币基金组织的支持和赞赏，并对之后坦桑尼亚政府制定的《减贫和发展计划》提供支持。该计划在教育方面明确提出，2001 年 7 月起免除小学教育学费；提倡和鼓励私人和社区办学；到 2005 年实现小学和中学男女学生比例的大致平衡等。[1] 坦桑尼亚小学教育实现了义务制，不仅促进了小学教育的发展，也推动了整体教育事业的发展。

（2）开放的教育政策促进私有教育的发展

1995 年 2 月，政府推出《教育和培训政策》（ETP），进一步明确进行教育改革，理清教育事业发展的思路。更宽泛的政策包括教育事业与培训机构合作的加强。这一目标会通过鼓励私人对教育事业的广泛参与而实现，鼓励他们去建立和管理各个层次学校或教育机构，尽量为私人机构参与教育事业创造良好的环境和优先发展的条件。国家政策通过有效利用政府资金，鼓励个人、家长和社会分摊教育事业的成本，以扩大教育和培训事业的资金基础。

（3）教育体系内的调整

新政策强调促进 0—6 岁的学前教育和 5—6 岁小学教育的义务。这些政策需要被正规化，并与正规学校系统相结合。然而，以现阶段的条件使整个教育领域正规化、体系化是达不到的，因此，0—4 岁的托儿所、看护中心和幼儿园等仍然在正规教育和培训体系之外。

中等教育包括普通中学教育、职业教育、培训教育和师范教育等。政府为了创造职业教育和培训教育的发展环境，鼓励其自由发展。普通中学教育，包括初中（Ordinary Level）的 1—4 年级和高中（Advanced Level）的 5—6 年级。在"乌贾马社会主义"时期，普通中学的教育不受重视，小学升中学的升学率由国家独立初的 30% 下降到 20 世纪 80 年代的大概 4%。20 世纪 80 年代中期，中等教育得到重

1　裴善勤：《列国志·坦桑尼亚》，北京：社会科学文献出版社，2008 年，第 444 页。

视，一方面增加经费，建设学校，另一方面，鼓励私人、社会团体兴办中学。1998年，政府制定了《改善中学教育的总体计划》，重要目标是提高中学入学率，并改善学校中女生比例偏低的问题。2002年，《中学教育发展计划》颁布，该计划希望到2009年中学入学率达到50%，初中毕业考试比例达到70%，并实现男女比例大体平衡。

1999年颁布的国家高等教育政策进一步强调了鼓励民间团体投身教育事业，支持教育事业的发展。根据这个政策，私人团体、个人和非政府组织等被鼓励在建立和管理教育机构，尤其在高等教育发展方面发挥积极的作用。私人部门、非政府组织等也被鼓励给学生提供资金，或者通过奖学金和助学金的方式帮助学生完成高等教育[1]。到2008年，坦桑尼亚有19所大学（8所公立，11所私立）和13所学院（3所公立和10所私立），共有75 000名学生。

（4）教育平等性的重新审视

一个分析1961年至今政府为促进教育发展所做努力的数据显示，政府政策集中在教育机构的分布和教育机会的平等，为此，教育体系的各个层次都有所扩张。在20世纪90年代以后，变化了的社会经济以及政治状况使教育的平等性被重新审视。

20世纪90年代以来，中央政府计划指导社会公共领域的规范，包括教育。教育领域内，政策确保教育分配不受性别、肤色、民族、宗教或者经济社会地位的约束，确保小学教育和面向全民的成人教育是公民的基本权利，同时也确保教育机构的分配公平。

尽管坦桑尼亚政府积极进行教育普及，依然有某些群体无法上学，有的是因为他们的生活方式，比如，猎人、采集者、渔民和游牧者；还有一些边缘化的人，比如孤儿和街边儿童，也包括那些身体或精神不健康的人，比如盲人、听力障碍者、跛子等。政府强调要改善这些弱势群体接受教育的状况。

女性被认为也是弱势群体，她们的入学率增长非常缓慢。女生入学率增长缓慢的原因被认为女生没有像男生一样的受教育优势，高辍学率被归咎于早婚、早孕和

1　United Republic of Tanzania(URT). *Education and Training Policy*. Dar es Salaam: Ministry of Education and Culture, 1999, p.76.

较差的学习成绩。2001 年小学实现义务制，有效改善了这一情况。

义务教育促进了男女混合中学和女子中学的建立。同时，义务教育也促进了为女生提供特殊教育资金支持方案的实施和妇女教育培训机构的建立。另外，成人教育也扩大了妇女受教育机会。政府也鼓励女生在数学和科学方面的学习，争取在学校课程、教科书的使用等方面消除性别差异。

（5）政府进一步强调了选拔系统（用来选拔学生进入中学，确保教育分配的平衡），因为该系统可以调节学生的流向，把接受更高水平教育的机会留给那些更值得的学生。坦桑尼亚学校和世界上的大部分学校一样，都为那些有天赋、有能力的学生创造条件，合理的选拔制度能更有效地培养有益于社会的学生。

（二）中等教育现代化发展过程中的成就和问题

教育现代化的发展虽然不能以数量来衡量，但是数量方面的增长是教育现代化最直接的表现。姆维尼就任以来，国内社会经济发展势头良好，前文中教育政策的制定和教育改革，使得中等教育在这一时期发展快速。

1. 中学和中学入学学生数量的变化分析

1969/1970 年—1974/1975 年是坦桑尼亚第二个五年计划发展阶段，在这一发展时期的精神指导下，中等教育的发展目标是培养更多优秀的人才。教育的重点在科学和数学两个科目，主要为了应对学校、工业和科技机构对专门人才的强烈需求。

在法令方面，1972 年通过的国家化法案，规定所有学校，尤其是志愿机构和各个教会组织的学校以及那些没有归属的学校，都要实现国家化；公立学校仍然由政府所属和管理。这样就把全国范围内的所有学校调动起来，掌握在国家的手中，进一步实现招生不论宗教、地理和民族的差别。[1] 这一时期中学数量在持续扩大，设施不断更新，还有新增的教室和班级。1980 年，坦桑尼亚共有 154 所中学，83 所公立和 71 所私立。政府鼓励私立学校的建设来扩大中等教育的发展规模，为学生提供更多的受教育机会，以及减少政府自身的财政压力。当然，政府方面也建立了新的中学，大多数是寄宿制的学校，确保教育设施的地区分配的公平性。很明显，私立学校（政府对其控制较少）的地位反映了国家对教育多样化的需求。

1　志愿机构学校的交接，是一个长期缓慢的过程，包含了各种基础设施花费的妥协。

　　除了入学人数的持续增长，这一时期中学的理科教育得到政府的强调。因为，政府意识到了科学技术对国家发展的重要性，尽管坦桑尼亚还处于经济不发达的发展阶段，但是已经在中学强调了科学教育的优势。实际上，在 20 世纪 80 年代，一些高校的课程设置已经表现了理科重于人文学科的优势，也就意味着从那时起就开始尝试使学生在科学技术领域能够取得长足进步。的确，1988 年，3 751 名学生中有 1 810（48.3%）名学生选择理科综合的学习；1 486（39.6%）名选择文科综合的学习，还有 455（12.1%）名学生进入技术学校学习。[1] 从而，更多的学生进入高校学习理科综合的科目或者进入科技学院，理科综合的科目有：物理、化学和生物；物理、化学和数学；化学、生物和地理；物理、地理和数学以及化学、生物和农业。这些综合科目的设计是为了帮助国家改善科学技术领域的落后状况。

　　由于初等教育的普及发展，20 世纪 80 年代，坦桑尼亚对中等教育发展的要求也越来越迫切。随着初等教育毕业生人数的普遍增长，他们由于大部分的小学毕业后不会从事与土地相关的工作，意味着他们不再把初等教育作为教育的终点。到 90 年代，小学毕业生的大量涌现，迫使教育部门不得不考虑扩大中学学校的利用率。1993 年，特别工作小组报告强烈建议推动中等教育的快速发展。同时，由于政策的鼓励，更多的投资者参与到学校建设中来并有所成就。这些参与者对中等教育的贡献意义重大，政府在制定新政策时已经将投资者的角色考虑其中（见表中私立学校的爆发式增长）。中学数量的快速增长意味着入校学生数量的重大提升。

　　学校和入学人数的持续增长，使教育质量的保证受到挑战。尽管中等教育的扩张有其积极发展的一面，但是教育质量与 90 年代所期望的目标相距甚远。投资者也很关心中等教育，通常教育质量由一些因素如产出和学生在国家考试中的表现来作为衡量标准。学生的考试结果更加证实了他们并没有达到标准。还有，学生们的英语专业度和语言运用能力都没有达到标准要求。其实，很多学生在完成中等教育之后，在语言说写方面依然存在很大问题，不禁让人怀疑他们是怎么在中学时期处理自己的学业的，因为中学要求教学语言完全为英语（除了斯瓦希里语课程）。教育质量问题的改善，是教育发展过程中一直存在的问题，需要长时期的磨合处理、

1　Uhuru. Kilimo kufundishwa shule za msingi(Agriculture to be taught in primary schools). *UHURU*(Tanzania) No.6850. 1988. p.3.

对症下药。

2. 中等教育发展中的问题

中等教育的发展，仅仅看到数量上增长和方法上的革新是不全面的，还应该看到发展过程中出现的问题。20 世纪 80 年代以来，中等教育的发展过程中出现了一些问题，有的甚至引起很大的争议，这些问题也阻碍了实现教育现代化的进一步发展。

（1）学校授课语言的问题——英语和斯瓦希里语的竞争，是教育系统 20 世纪七八十年代最具争议性的问题。

提倡用国家本地语言作为授课语言的主要动机是政治文化原因。坦桑尼亚的尴尬和愤怒感来自于国家独立后在逐步形成和发展自身文化的过程中依然用外语作为授课语言。而且，本国语言是本地区大部分人用的语言、最熟悉的语言。当地语言的运用可以平息国内主要的习惯或者民族冲突。

反对者则不同意变换授课语言。他们认为如果只是政治原因而没有科学依据是不会成功的，没有做预前准备或者在还没有获得合适的资源和工具的时候，就变换授课语言是不现实的。从坦桑尼亚已有的研究发现，斯瓦希里语在 20 世纪 70 年代中期，还没有足够的专有名词去翻译解释别的国家的文字。同时，现在的教师也不具备把授课语言从英文转换成斯瓦希里语的能力，这反而会限制他们的教课能力和学生的学习能力。

他们进一步指出，1980 年，"学年注册"在斯语中找不到对应的词，斯语中缺乏"描述社会和物体现象的高度严谨的、分析化的、分类的和抽象的等类型的表达"[1]。这些问题，就像当时研究者指出的一样，的确会影响学习效率。他们认为，决定之前需要认真思考，这样就可以有充足的时间去了解和解决所有有关语言的问题，从而避免作出错误的决定影响长远的未来发展。

（2）中学教育中科学技术教育的有限性。尽管政府非常强调科学技术教育，但是中学对此仍然不够重视。其实，增加了更多人文社会教育类的中学，科学技术类中学发展停滞，或者，某种程度上来说是发展缓慢。大部分新建立的中学，尤其是

1　Mkude. D. J. & P. M. Rea. Training in Communication Skills: New Prospects. Paper Presented at a Seminar on the Impact on the University of the expected change in the medium of instruction in the secondary schools. Dar es Salaam.1980, February, 14－15.

那些涵盖高中课程的中学，也都把重点放在人文社会科目上。政府没有相关政策去要求那些投资教育的投资者专门投资科学技术科目的发展，或者给他们一些强制性的要求。

结果，大部分90年代建的中学在促进人文社会科学方面作了重大贡献，科学技术领域仍有欠发展。这种情况可以理解，因为科学技术方面的教师比较缺乏，再加上科学技术相关科目需要的器材和实验室都需要相当大的花费。由于科学技术科目教学资源的限制，学习该科目的学生数量也受到了限制。归根到底，科学技术教育在国内发展不起来的原因是缺乏相关人力资源和基础设施资源的支持。

（3）劣势群体接受中等教育的限制性。尽管，90年代中等教育的发展取得了某些进步，但是小学毕业生进入中学学习的数量仍然没有实质性的发展，尤其是在劣势群体方面。尽管先前的教育发展取得了一些成果，但是90年代全国范围内仍然只有少于20%的参加小学毕业考试的学生才有机会获得中等教育的机会。假设，中等教育的发展是要社会全员都受益，那么现实不是这样的。中学数量的快速增长对于想要进入中学的贫困家庭的孩子来说意义不大。当社会经济条件较差的家庭的孩子没有获得进入公立学校的机会时，他们也很难进入日益增多的私立学校。对于女生和残疾人以及其他具有特别需求的学生来说，情况更加糟糕，因为大部分的父母错误地认为给这些弱势群体的投资占据了他们大部分的宝贵资金。

（4）教学资源和学习资源的缺乏：就像初等教育普及运动一样，中等教育的发展也产生了一系列的问题，包括人力、基础资源、财政等因素的制约，这些问题是新老中学普遍面对的问题。在某些中学，基础设施的缺乏已经使学校不能按照原来的计划招收学生，因为没有办法提供给他们想要的基本需求。书和化学用品对于很多学校仍然很难得到。下面是政府在这方面的陈述："尽管政府部门和某些私立部门致力于扩大中等教育的发展，教育部门仍然缺少足够的科学技术方面的老师，尤其是农村地区，仍然缺少实验室、实验仪器和其他基本的教育材料和设施。"[1]

在实施过程中，前面提到过的双重轮班制成了双重麻烦。确实，该制度使学校管理陷入麻烦，那些被选去实行双重轮班制的学校还没有为这种教育革新作好准

---

[1] Ministry of Education and Culture. *Education and Training Policy*. Dar es Salaam: Ministry of Education and Culture, 2000, p.15.

备。他们要为继续扩招争取更多的必要的基本资源。如果得到这些资源，正常的第一个轮班是一个问题，那第二个轮班就更加困难。结果，由于资源的缺乏，许多学校甚至挣扎在中等教育的基础需求的边缘。不好的教育和学习环境妨碍了教育和学习的成果。

（5）考试成就中的困境。考试形式在整个教育发展过程中被很多教育学家讨论和批评。在教学过程中，以及从教育方法来看，正式教育的作用（教学与考试直接相关）被夸大了，读书学习是为了"把人教育成有知识的人"。但是，现在学习好像并不是为了获取知识，而是为了提高理解力和提高办事能力。2000 年以来，坦桑尼亚的教育，使学生学习的动力好像只是为了通过国家考试、获得证书。为了获取这个目标，学生不再想更广泛地阅读书籍，不再单纯地为了学术讨论问题。私下的学习成了死记硬背的、填鸭式的学习，甚至为了通过考试背诵解题思路。很多教育学家认为，坦桑尼亚独立后的第五个十年的教育发展，人的价值和生产力的培养在很大程度上是错误地以"考试为目的"的。

（6）教育系统中贪污腐败的惩罚。在公共部门的管理领域，20 世纪 90 年代以来，贪污腐败现象日益增多。"在教育部门，有时候他们以购买学校教育物品为伪装从中渔利，有时候当地政府财政部与部长串通，从订书的费用、学校建设费用、考试费用以及其他的形式抽取一些报酬占为己有。"[1] 这种贪污腐败的现象不只发生在教育部门，这已经是全国范围内一个普遍的问题。

（7）其他。令人不安的中学现状；学生在科学、数学等理科科目考试的不良表现；理科教师和理科学习器材的缺乏；面向 21 世纪发展的实验室和实验仪器的不足；教师教学动力不足以及潜在的危险。有关教师动力方面，以下这些情况需要注意：

那些在知名学校或者国际学校任课的教师，有较高的薪水和福利，公众认可，免费住宿，水电全免。这样许多公立学校失去了优秀的教师，因为私立学校的教师可以得到 1.5 千万先令更好的薪水，而公立学校教师的薪水只有 63.45 万先令，

1　Ishumi, G. M. & A. L. Anangisye. *Fifty of Education in Tanzania 1961－2011, A Historical Account and Review.* Dar es Salaam: Dar es Salaam University Press, 2014, p.237.

这个价钱还是公立学校相对比较高的薪资水平[1]。就像苏姆拉和拉加尼所说的那样："如果没有有能力的教师把注意力集中在学生教学上，所有的改革都是没有价值的。如果教师是教育的中心，那么他们也是政策和实践的中心。"[2]

相比于之前的任何十年，2001 年以来，遵循第一个十年和第二个十年的发展思想，是中等教育学生入学人数增长最快的一段时间。期间的学校建设也许是增长最快的一段时间，尤其是第三类也是最后一类中学的增加，社区中学成为中等教育的一个分支。

由此看来，事情的进展好像是顺利进行的，我们应该对此抱有积极乐观的心态。但是，这并不意味着未来就没有挑战。相反，中等教育部门的情况比较复杂，初等教育的发展加剧了这一情况，这就要求坦桑尼亚政府需要制定更加完整、明确的教育政策，并整合各种资源，紧密实施制定的政策。

为了未来发展的顺利，政府应该认真思考未来会遇到的挑战，包括中等教育的状态、质量和智力因素等，这些目的都没有达到目前中等教育要求的水平。政府必须思考考试的问题，以及应对措施；教育系统的贪污腐败问题；理科教育的悲哀现状，不管是学生表现还是教师教学方面都存在严重的问题；以及教师教学能力的提高和对教学服务专业水平的积极追求。可见，坦桑尼亚实现教育现代化还面临着重重阻碍，走向现代化的过程可谓任重道远。

结语：坦桑尼亚中等教育发展面临的挑战和问题

坦桑尼亚自 1961 年独立以来，尼雷尔就非常重视中等教育的发展。在 1961—1963 年的三年发展计划中明确了中等教育发展的各个方面，但是由于坦桑尼亚成立初期资金不足，人才急需，为了多快好省地培养人才，政府决定大力实行成人教

1　Mosha, H. The state and quality of education in Tanzania: A reflection. *Education and Development*, No.31.2012, p.79.

2　Sumra, S & R. Rajani. Secondary education in Tanzania: Key Policy challenges. *Working Paper* No.4, 2006. Dar es Salaam: HakiElimu, p.5.

育的发展。在整个乌贾马社会主义时期，中等教育的发展都缺乏重视。尽管如此，在尼雷尔教育思想的指导下，尤其是"为了自力更生的教育"，中等教育也取得了某些发展。但基本是以生产社区的形式实行自力更生的教育，把农业与教育紧密地联系起来，培养学生义务劳动、民主发展、为社会服务等的社会主义态度。另外，培养了大批教师，教育内容更加坦桑尼亚化，为坦桑尼亚教育发展的现代化奠定了基础。

随着乌贾马运动的失败以及姆维尼的执政，20 世纪 80 年代以来，坦桑尼亚社会实行了市场经济的转变，教育发展也更加自由化和多样化。近年来，中等教育的发展有了些许新的尝试，比如说以市场为导向的中等教育多样化和职业化的发展，为了实现最大化教育平等的中学录取限额制的实行，80 年代中学学费费用分担政策的实施，以及小学教育义务制的实现和为了普及中等教育而建立的越来越多的社区学校等。这些尝试在当时都起了一定的作用，但是随着时间的推移，多数政策已经不再发挥作用。坦桑尼亚中等教育的发展陷入了瓶颈，阻碍了教育现代化的进展。鉴于此，2004 年中等教育发展计划（SEDP）政策的颁布，从各个方面考察中等教育发展的不足，从而制定相关的政策指导 21 世纪以来的中等教育发展。但是 2004—2009 年第一阶段的发展计划，并没有完成预期目标，且进展迟缓。

近些年来，坦桑尼亚在教育方面已经取得了巨大成就。政府的政治义务已经在实施——从姆卡帕总统的第二个任期到现任总统基奎特，这一时期的基础教育投资急剧增长，资源支持日益增多。随着小学和中学学生数量的增长，更重要、明确的政策需要被制定去引导未来教育的发展。

设置清晰的发展目标：中等教育的发展目标和时间框架是很难确定的。中等教育发展计划（SEDP）设置的目标是，政府支持的中等教育净入学率在 2009 年应达到 50%[1]；世界银行支持的目标是适当增长。尽管已经进行了几次尝试，但是在目标的确定方面依然不能达成一致。从主要的政治文件中可以看到坦桑尼亚中学主要要实现的目标是：2005 年招收所有通过初等教育的学生；确保每个社区有自己的中

---

[1] *Secondary Education Development Plan(SEDP) 2004－2009*, Ministry of Education and Culture, 2004, p.6.

学。开始的重点主要在学校和教室的建设，以及培养足够的教师。目标描述的不清楚导致行动和政策的制定比较困难。因此建议制定一个统一的、一致的中等教育发展目标，这一目标要在 SEDP 文件中有具体的描述。

不仅关注投入，更要重视教育成果：坦桑尼亚教育目标的设定，主要在质量和投入。希望能够培养发展型的毕业生，鼓励他们去迎接挑战、解决问题，创造更多的工作岗位，成为具有创造性、批判性、有活力的坦桑尼亚人民。然而，如今的教育目标并没有关注这样的教育成果，采用的教育措施和方法也并没有充分考虑这方面的特性。

最近初等教育和中等教育的快速发展已经不可逆转地影响到了质量。质量和数量之间的关系是很微妙的。但是大部分人秉持着这种态度"让我们先关心数量和招生，然后再担心教育的质量问题"。最近世界银行对初等教育发展的评估报告，指出大部分的世界银行的教育项目都主要集中在扩大招生人数，比较少关注改善教学质量。因此，建议坦桑尼亚教育政策应该有所修正，把重点放在学生能力的培养上，培养学生的技能、能力和态度，因为这些才是将来他们用来繁盛国家、更有效率地创造财富、促进国家的发展所需要的。这一要求应该反映在教育发展计划中，并进一步更新将来的 SEDP 和 PEDP 发展计划。

教育中最重要的事情就是师生之间积极的相互影响。因此，教育政策和计划应该重视教师的培养。教师培养方面有三个关键领域需要关注：改善教师培训，更好地理解和加强教学水平和职业标准，保证教师的基本薪水和福利。

第一，坦桑尼亚需要更多有能力的教师——更好地监督和管理学生。目前，对教师的选拔主要是看是否持有教师资格证，并不能真正地有效衡量教师的专业知识和教学水平。

第二，教师培训，包括职前培训和在职培训。教师的教学方法和内容需要加强和改善。

第三，教师的待遇问题需要重视。教师的生活和工作条件需要给予特别的关注。2006 年，政府在改善按时支付教师薪水方面有了很大进步，偿清欠款，并关注教师住房问题，尤其是针对农村、偏远地区的教师住房问题。

衡量成功标准：在坦桑尼亚，教育成功与否的标准主要是以考试结果为准。

坦桑尼亚中学考试是多项选择，大多是事实的解释。即使是英语和斯瓦希里语的考试，甚至都不用写一个句子。他们几乎不测试分析问题和解决问题的能力。不同科目的考分比例也不同，斯瓦希里语这门课程是坦桑尼亚学生最擅长的，在总分中的比例最高。坦桑尼亚达累斯萨拉姆市的一位中学教师说，只要小学毕业生通过了斯瓦希里语的考试，其他科目就算全都没及格，依然可以通过毕业考试。

这种考试扭曲了学习目标，学生学习不到他们需要掌握的技巧和能力。难怪大学教师经常抱怨学生缺乏基本的能力。社会上对坦桑尼亚工作人员的繁文缛节和贪污腐化怨声载道，也抱怨很难找到合适的员工——尽管考试的通过率在提高。

因此，建议考试政策和结构应该调整：第一，是否继续用原来的评估制度应该进一步考虑，有人认为，期末考试只能算是最终考试结果的一部分，而不是全部；第二，评估也需要测试社会需要的技巧和能力，这个包括的内容比较复杂，包含分析能力、解决问题的能力、创造力和书写能力；第三，最后成绩的构成应该尽可能地反映学生多方面的水平和能力。

教学语言：坦桑尼亚有比较独特的教学语言安排，小学时期的教学语言是斯瓦希里语，中学时期则变为英语。这个想法是基于学生们在小学时掌握了基本的英语，他们在中学时可以运用这一更具国际化的语言。但事实是，一位公立学校的研究者说，大部分的小学毕业生对自己的英语没有信心，有的学生甚至不能说一句完整的英语。结果，他们跟不上中学的课程，不能顺利地学习。一些精英阶层的人士把他们的子女送到英语教学的私立学校，私立学校的花费是大多数人负担不起的，这又会加剧社会的不平等。

教育学者认为学生最好用本国的语言，至少是用自己能够掌握的语言去学习，这么做并不影响把英语当作第二语言来学习。在挪威，所有等级的教学语言都是挪威语，他们把英语作为第二语言来学习。还有同样这种做法的国家，教育和经济发展都很出色，如瑞典、荷兰、印度尼西亚和韩国。在坦桑尼亚有一个长期的研究计划（LOITASA），某评论员已经作了令人信服的论述，建议把斯瓦希里语作为小学和中学的教学语言。尽管这样，坦桑尼亚教育部好像对此并不感兴趣，而且 SEDP

计划根本就没有强调教学语言这个问题。

如果中学教育想要培养有能力的学生，教学语言这个问题就不容忽视。该问题主要考虑运用什么样的教学语言可以使大多数学生更有效率地上课，又能够学好英语，至今还没有得到适当的答案。但是，以下两个方法笔者认为是可行的：第一，以几个私立和公立的中学为试点，使用斯瓦希里语作为教学语言，并认真监督表现结果；第二，邀请辩论双方进行一场公开的、深刻的辩论——以坚实的研究和证据为基础——以此作为政策改革的参考。

最后，坦桑尼亚教育政策的主要挑战是把基本的教育目标集中在学生的能力培养方面，然后整合所有的教学资源，如教师教育、课程、教科书、图书馆、考试、网络或其他科技资源等去实现这一目标。教师是这一目标实现的关键角色，因此教师应该自始至终参与其中。为了实现坦桑尼亚教育的实质性发展是时候行动了，政府、社会和学校应该为此作好准备，同心协力地去实现坦桑尼亚的教育现代化。尽管坦桑尼亚近些年来发展速度较快，但是整体上还属于第三世界贫穷落后的国家，在追赶先进国家的发展过程中要注意吸收先进的发展成果，为我所用。在教育方面，坦桑尼亚也在尝试实施远程教育，但还处在初级阶段，而且使用范围很小，对普通民众教育的发展基本没有起到作用，还有待加强。其次，通过国际合作培养一批具有先进教学理念的教师也很有必要，国际间的学生交流合作对教育的发展具有实际作用，我国的孔子学院在这方面有所作为，但是影响力和影响范围有限，它主要针对达累斯萨拉姆大学的学生进行，没有覆盖到中等教育广泛的群众基础。

总之，坦桑尼亚的发展离不开教育为其输入充足的、有价值的人力资源，尤其是中等教育和大学教育培养的较高素质的人才，更加急切地被坦桑尼亚现代化的发展所需要。初等教育已经实现了基本的普及，中等教育的发展在坦桑尼亚的教育结构中是最为薄弱也最为关键的一环，应该得到政府的重视，给予政策支持和重点发展。教育是国之根本，是社会发展和文明进步的一个重要衡量标准，也是实现现代化的必由之路。它是提高国家创新能力的基础，决定着人才培养的数量和质量，也决定着一个国家科技发展的水平和创新能力，并最终决定着一个国家和民族的兴衰成败。只有把教育搞上去，才能从根本上提高国家的整体素质，增强国家的综合国力，才能在激烈的国际竞争中取得主动地位。

致谢

笔者于 2013 年 11 月至 2014 年 6 月在坦桑尼亚达累斯萨拉姆大学进行学习与交流，本文的完成离不开国家留学基金委提供的机会和坦桑尼亚的朋友与机构的帮助。在此感谢国家留学基金委，还有给予我们帮助的坦桑尼亚当地学生、住宿院区 Research Flat 的全体工作人员，耐心帮助我们找材料的达累斯萨拉姆大学图书馆、国家档案馆的工作人员，一直辅导我们的拉威教授和师兄陈金龙，以及悉心指导我们的沐涛老师。

坦桑尼亚高等教育发展研究（1961—2005）
—— 以达累斯萨拉姆大学为例

王 华

一、独立前坦桑尼亚的高等教育

独立前，坦噶尼喀有一所中专水平的技术学校。该校建于 1957 年，开设技术商业类课程。1949 年，在英国殖民政策指导下，乌干达原麦克雷雷技术学校升级为东非大学学院[1]，成为一所跨区域性质的高等教育机构。伦敦大学主导该学院的招生工作、课程设置和学位授予。当时全校只有 32 名教学人员，分文理、医学、农学和兽医学四个学院。乌干达、肯尼亚和坦噶尼喀三个殖民地负责该学院的经营与管理，并共同承担其日常开支。

在 1949 年麦克雷雷学院法案的第二次讨论会上，乌干达地方政府表示："最终，麦克雷雷将成为一所东非大学。"[2] 英国殖民当局认为乌此举意在"颠覆殖民秩序"。[3] 为了平衡和稳固东非地区的统治，殖民政府首先默许了肯尼亚建立大学。

1　麦克雷雷学院成立于 1922 年，时为一个贸易与技术学校。1949 年升级为东非大学学院，与伦敦大学保持特殊关系。1963 年东非大学建立，麦克雷雷学院便成为东非大学的组成学院。1970 年东非大学解体，该学院成为一所独立大学。它是乌干达第一所高等教育机构。

2　See debate in the EACLA, 19 January, 1949. the interterritorial aspect is further illustrated by the endowment by Kenyan interests of a Kenyan Readership of Veterinary Science at Makerere.

3　Roger Southall, *Federalism and Higher Education in East Africa*, Dar es Salaam: East Africa Publishing House, p.30, 1974.

1952 年 4 月 25 日，肯尼亚皇家技术学院在内罗毕建立（后改称为内罗毕皇家学院）。1953 年，殖民地调查小组进一步提出，"在坦噶尼喀建立一所大学学院的计划，应该在未来十年内付诸实施"。[1]

与此同时，1954 年，尼雷尔担任坦噶尼喀非洲民族联盟（以下称"坦盟"）主席，领导该地区的民族独立运动。这场运动得到了当地人的积极参与与支持。在坦盟的推动下，坦噶尼喀不仅一跃成为东非地区争取独立运动的先锋，更一度成为非洲民族解放运动的政治中心之一。

政治羽翼日益丰满的坦噶尼喀认为，东非两所学院难以满足坦噶尼喀对于人才的需求。1956 年，尼雷尔在联合国第四委员会[2]上说道："1949 年和 1950 年，包括我在内共有五名非洲学生得到政府奖学金到英国的大学学习。我们是第一批，也是最后一批。此后，坦噶尼喀的非洲学生除了能去麦克雷雷大学学习外，没有其他接受大学教育的机会。在麦克雷雷大学，坦噶尼喀的学生数量远不及肯尼亚和乌干达的学生数量，甚至桑给巴尔岛在英国大学的学生数也比坦噶尼喀的学生多。"[3]

1960 年 12 月，美国教育理事会在卡耐基基金会的资金支持下，在新泽西普林斯顿召开会议，商讨东非地区的教育。坦桑尼亚教育部部长奥斯卡·卡博纳参加了会议。会议认为："应该建立一所东非大学，麦克雷雷学院、内罗毕皇家学院和坦噶尼喀大学学院都将成为其组成部分……我们强烈地认为该大学应该尽早建立。"[4]这次会议成为坦噶尼喀建立第一所高等教育机构的重要外部推动力。同年，坦盟在殖民地议会选举席位中占绝对多数，成为最大党。主席尼雷尔出任殖民地政治首席部长。新成立的政府决定建立坦噶尼喀自己的大学。这样，在内外因素的综合作用下，1961 年 10 月 25 日，达累斯萨拉姆大学学院（以下称"达大学院"）建立。新学院同样也是伦敦大学的一个子学院（一直持续到 1963 年东非大学建立

---

1   Sanyal. B. C, Kinunda M. J., *Higher Education for Self-Reliance: The Tanzania Experience*, Paris: International Institute for Educational Planning, 1977, p.100.

2   又称"特别政治和非殖民化委员会"，处理其他委员会或全体会议不处理的各种政治问题，包括非殖民化问题。

3   Nyerere, J. K., *Freedom and Unity*, London: Oxford University Press, 1966, p.42.

4   Report of Princeton Conference. File EDG.4/13, National Archives.

后）。坦桑尼亚（时坦噶尼喀）高等教育真正扬帆启航，走上了相对独立的发展道路。

二、独立后坦桑尼亚高等教育的发展与调整

（一）尼雷尔时期——初创与发展

独立初期，国家面临的困境是人民普遍没有受过学校教育。1961 年，坦噶尼喀只有 11 832 名儿童接受初等教育，其中只有 176 名儿童在读六年级。[1] 坦噶尼喀 15 岁以上的人口，只有 23% 的男性和 7.5% 的女性接受过部分正式教育。文盲率达到 85%。[2] 极低的识字率导致了新政权在展开国家管理和经济发展工作时，感到力不从心。尼雷尔 1961 年成为坦噶尼喀总理后，通过广播发表讲话。他强调"我们的教育水平远远低于加纳和尼日利亚，甚至还低于肯尼亚和乌干达。因此，我们没有受过教育的人力资源来满足国家迅速发展的需要"。[3]

为尽快地解决这些问题，建立一个"统一的、民主的、自由的国家"[4]，尼雷尔总统将国家发展重点放在了教育上。他认为，教育是实现国家发展的基础，而初等教育和成人教育是基础的基础。他希望通过普及小学教育来提高全民族的教育水平，并让部分公民具备有效处理日常工作的能力。因此，普及教育成为国家发展的总体目标之一。至 20 世纪 70 年代初期，坦桑尼亚陆续出现了一批大专水平的职业培训学校，如 1971 年成立的达累斯萨拉姆工程学院，1972 年成立的金融管理学院、发展管理学院，1974 年成立的坦桑尼亚会计学院、国立运输学院、社会福利学院等。[5] 这些院校主要招收初中或高中毕业生，他们通过培训获得资格证书。这

1　Nyerere, J.K., *Freedom and Development*, London: Oxford University Press, 1973, p.296.

2　Ombeni Sefue, *The Mkapa Years: Collected Speeches Volume 2 The External Environment*, Dar es Salaam: Mkuki na Nyota, 2013, p.348.

3　Nyerere, J. K., *Freedom and Unity*, London: Oxford University Press, 1966, p.114.

4　Ibid. pp.130–131.

5　The Higher Education Accreditation Council(HEAC), *Tanzania, Guide to Higher Education in Tanzania 2005*, Third Edition, 2005, pp.18–21.

些中等职业教育与高等教育相互结合，完善了整个教育体系，更与国家经济的联系日益紧密。在此基础上，国家再进一步发展高等教育。[1]

在高等教育方面，尼雷尔承认：作为高等学府，大学是人的思想得到锤炼的地方，能够在更高的层次上培养学生清晰的思维、独立的思考能力、分析判断能力以及问题解决能力。但国家百废待兴，急需人才，大学的重要任务在于服务现实社会，促进社会经济发展以及新生独立国家的壮大。尼雷尔将大学的这一特点归纳为"关联性"，[2]他进一步说，大学要教给学生思考解决国家面临困难的能力——无论是当下的困难，还是将来很有可能会出现的问题。[3]在这一原则的指导下，尼雷尔政府进行了以下改革。

第一，1967 年 3 月，尼雷尔提出自力更生的教育政策。根据这项政策，中小学生参与校园农场的劳作与管理；大学生在放假期间参与社会服务或兼职政府部门工作。1970 年 8 月，尼雷尔在达大开幕式上明确阐述道，这个国家的农民和工人辛劳奋斗着，为学生和教师提供食物、衣料和房子；他们也提供包括书本、实验试管、机器等教学材料和设备。国家为他们提供这些教学资源的原因是期待效益回收，这是对于人的投资。我们始终坚信，在接受教育后，学生能够对社会和国家作更大的贡献，他们将能够促进计划政策的实施。因此，在这种教学以及探求知识的过程中，坦桑高等教育的目标必须是为满足一个发展中的社会主义的坦桑尼亚的需求而服务。

第二，1967 年以后，实行定质定量的人才培养计划。高等教育人才培养由政府通过奖学金制度进行计划配置。1964 年以前，除了少部分贫困生能够获得政府奖学金之外，其余大部分学生都得自己缴付学费。获得奖学金的学生，在毕业后被安排到政府行政部门工作，每个月扣除工资的一部分用以还款。1964 年，国家推行为期 6 个月的国民服役政策，学生在政府部门实习，所得工资可作为生活费。1967 年《阿鲁沙宣言》后，政府废除了各级公立学校的学费收取制度。学校根据

1　这一时期，坦桑建立了多所职业技术培训学校，包含教师、会计、政府文员、图书管理员等，如1966 年成立的达累斯萨拉姆教师培训学院（DSTC）。

2　Omari, I.M., *Nyerere on Education in One Volume: A Collection of Mwalimu Nyerere Speeches on Education, 1960－1980,*University of Dar es Salaam, 1980, p.140.

3　Nyerere, J. K., *Freedom and Development*, London: Oxford University Press, 1973, p.200.

国家每年作出的人力资源调查报告，对各个学院的招收人数进行严格规定，[1] 并完全负担学生培养费用，包括学费、书本费、住宿费、伙食费，并发送文具用品以及少量的补助。每一位大学生在完成学业后都会到指定岗位从事工作。在当时，这项政策的实施为本地经济产业及政府部门输送了所需人才，相对保证了教育资源的有效利用和人才的有效培养。

第三，1974 年，政府出台"穆索马决议"。决议规定所有中学毕业生在申请大学之前必须先在基层工作至少两年，将大学的入学条件、教育内容、行政管理等正式纳入乌贾马[2] 社会主义运动中。政府一方面鼓励中学毕业生为正在建设的社会主义国家贡献力量，另一方面也寄希望于他们对自己今后的学习方向和内容更加清晰明确。在此后的近十年间，高等教育充分服务于改革中的社会主义坦桑尼亚。

至 20 世纪 70 年代中期，坦桑尼亚的国民经济已发展至较高水平。但随着乌贾马运动的难产，政府和人民面临着内外交困的局面（包括频繁发生大面积自然灾害；"东共体"的解散以及与乌坦战争）。

1977 年，尼雷尔在《〈阿鲁沙宣言〉十年后》的报告中就已预计未来 3—4 年，国家经济环境将会非常糟糕。事实也是如此。1982 年，在革命党全国代表大会上，尼雷尔承认：过去五年，坦桑尼亚国家经济要比人口增长速度缓慢，人民生活水平降低了；国家支出大于收入，两者严重不平衡。[3]

外援上，英、美、德本来就对坦桑进行乌贾马运动不满，此时更大幅度地削减甚至停止了对该国的各项援助。[4] 这些问题错综交杂，坦桑尼亚经济急剧下滑，甚

1　1967 年 3 月 11 日，坦桑尼亚教育部部长、国会议员艾留福（Hon.S.N.Eliufoo）作了一次以"达大学院在社会主义坦桑尼亚中的作用"为标题的演讲。他指出，为配合自力更生和社会主义政策，1967 年后的达大学院要做到五点：为足够多的坦桑本地人提供高等教育，以满足国家对高水平人才的需求；应该培养有着特定职业生涯的毕业生；应该想方设法保持宝贵的高水平人才并防止退化；应该继续坚持教育内容和培养方案，以培养出对国家发展最重要的人才；应该展开与高水平人力资源相关的研究活动。

2　斯瓦希里语，意为"扩大了的家族"，强调集体生产、集体生活、集体分配劳动果实的一种社会组织模式。

3　*Five-Years of CCM Government*, The Address given to the National Conference of Chama cha Mapinduzi by the Chairman, Ndugu Julius K. Nyerere, on 20th October, 1982 at Diamond Jubilee Hall, Dar es Salaam, Library of UDSM.

4　朱峰：《发展与改革——20 世纪 60—80 年代坦桑尼亚农业发展研究》，华东师范大学 2013 届研究生硕士学位论文。

至在较长一段时间内一蹶不振，高等教育也相继进入停滞甚至倒退时期。

总体来说，尼雷尔当政时期，政府并没有在取得独立政权后，直接继承殖民时期的教育思想和模式。相反，他在充分结合现实国情、解析殖民教育体系，取其精华、剔除糟粕的基础上，进行联系现实国情的创造性改革。同时，政府在维护国家主权独立的基础上，积极吸收各种渠道的外部援助。20 世纪 80 年代初以前，在外援的积极配合下，坦桑尼亚高等教育大踏步前进，取得了跨越式发展，并最终形成了独具特色的国家教育体系。尼雷尔不仅使独立初期满目疮痍的坦桑走出了窘境，取得经济上的大突破，成为非洲国家纷纷效仿与学习的榜样；同时为坦桑尼亚的教育事业做出了巨大努力，其紧密联系社会实际的教育思想仍然深深影响着今天的坦桑尼亚。[1]

（二）姆维尼时期——困境与调整

20 世纪 70 年代末的内外交困一直蔓延到了 80 年代初，1985 年阿里·哈桑·姆维尼继任坦桑尼亚总统前后，国内境况仍未得到根本改善。

第一，国内经济困难。至 80 年代初，社会物资匮乏、物价飞涨，几乎所有的生活必需品都严重缺乏。第二，外部援助中止。迫于严峻的形势压力，政府于 1984 年开始全面接受西方提出的援助条件。1985 年 10 月，姆维尼接任总统职位，正式加快了自由市场改革的步伐，制定了 1986 年至 1989 年经济恢复三年计划。为摆脱经济困境，政府采取了优先发展农业、提高农产品收购价格、整顿国营企业、放宽贸易限制、压缩进口、紧缩财政等措施。1986 年，在世界银行、国际货币基金组织和各援助国的支持下，坦桑尼亚继续推行经济改革方案。在新的结构调整改革下，国内宏观经济得以稳定发展。1986—1992 年期间，国内生产总值平均每年增长 5%[2]，国内经济缓慢复苏。1983—1991 年期间，国内的贫困率下降了约 22%。[3]

高等教育改革的核心目的是在降低政府财政支持的基础上，进一步扩大招生、

1　联合国教科文组织将尼雷尔列为有史以来世界上最伟大的千名教育思想家之一，以表彰他对教育事业的卓越贡献。

2　Anna Muganda, *Tanzania's Economic Reforms and Lessons Learned*, The International Bank for Reconstruction and Development/The World Bank, 2004.

3　Ibid.

提高教育质量，以满足日益全球化的国内市场。1984 年政府通过《迈向 2000 年的坦桑尼亚教育》的决议，提出发展教育的远景规划，其中包括改善教育质量和实行教育成本分担政策。[1] 这项政策带来了两个重要改变。第一，学生家长开始承担学生的部分培养费用，如学费、住宿费、生活费及往来家庭与学校间的车旅费。1992 年 1 月，这项政策正式施行，包括达大在内的许多高校开始招收自费生。第二，1995 年，国家通过教育法案，允许私人与政府合作办学，建立起公立、私立两种办学机制，进一步将高等教育非国有化。广义上来说，教育成本分担还意味着政府越来越频繁地与私营部门、宗教机构、非政府组织之间进行合作。在政府和教育部门的批准下，私立院校开始陆续创办起来。坦桑尼亚最大的私立大学——图迈尼大学也是在这一时期筹建的。也就是在这一时期，政府开始将大学地理分布均衡化纳入考量范围，着手在内陆地区建立高校，这包括伊林加、阿鲁沙等地。除此之外，随着国家自由化政策的实施，外部援助活动也重新开展起来。1986 年，政府接收的发展援助资金为 6.66 亿美元，1991 年上涨到 10.8 亿美元。[2] 这为教育的改革与发展缓解了经济压力。但总体来说，这一时期的高等教育处于缓慢发展中。

姆维尼执政时期（1985—1995 年）是坦桑尼亚国家转型阶段。他开始引入政治多元化和贸易自由化政策。无论是主动还是被动，姆维尼的高等教育改革无疑是适应时代的。这不仅大大缓解了政府的财政压力，也拉开了下一时期国家的高等教育改革的序幕。

1　虽然 20 世纪 90 年代初，国家才正式施行教育成本分担政策，但这并不代表在此之前大学生的教育培养费用完全由国家和政府承担。早在 1961—1964 年，除了少部分贫困生能够获得政府奖学金之外，其余大部分都得自己缴付学费。获得奖学金的学生，在毕业后被保证聘用至行政部门，每个月扣除工资的一部分用以还款。1964 年，国家推行为期 6 个月的国民服役政策，学生可通过在政府部门实习，所得工资可作为生活费。1967 年《阿鲁沙宣言》后，政府废除了各级公立学校的学费收取。1974 年穆索马决议废除了奖学金制度，代之以承担学生往返学校和家的车旅费以及小部分津贴，之前 6 个月的国民服役时间延长至 12 个月。自此，学生的培养费用逐渐转移到了政府身上。而自 70 年代末逐渐下滑的经济导致了 80 年代初政府出现了严重的财政困难，学生培养费用又不得不再次逐渐转移到了学生和家长身上。具体见 *Financial Sustainability of Higher Education in Tanzania: A Report of the Task Force on Financial Sustainability of Higher Education in Tanzania*, Dar es Salaam: Ministry of Science, Technology, and Higher Education, October, 1998, pp.75-76。

2　Anna Muganda, T*anzania's Economic Reforms and Lessons Learned, The International Bank for Reconstruction and Development*, The World Bank, 2004.

（三）姆卡帕时期——改革与再发展

1995 年 10 月，坦桑尼亚举行实行多党制[1]后的第一届大选，革命党候选人本杰明·威廉·姆卡帕成为新的国家总统。高等教育经历了约十年的缓慢发展后，到了这一时期依然面临着诸多考验。如教育质量不高、就业压力大、科研被外国垄断、人才无法满足市场化需求等。

面临这样的形势，姆卡帕政府吸取经验，作出了多项改革。

第一，将大学教育向市场化方向改革，开始建立大学与社会产业的合作与联系。

第二，发展薄弱的科学技术专业。姆卡帕时期，政府着手建立了多所科学与技术大学。1991 年原达大医学院升级为附属学院——姆希比利健康科学大学学院。大学开设了新的学位课程，如信息学（1991）、体育教育学（1990）、运动与文化学（1993）、电子与通讯学（1993）。[2]

第三，充分利用计算机科学技术，开展远程教育，实现教育形式多样化。坦桑尼亚开放大学成立后，在肯尼亚内罗毕大学、尼日利亚阿布贾大学、南非大学等的帮助下，专门开启了远程教学，就学生入学条件、教师学术能力、课程与教科书、平时作业、终极考核、学历学位授予等做出严格细致的规定。

第四，提高女性在高校的学生比例。姆卡帕时期，政府继续大力发展女性教育，扩大女性在大学的入学比例。

第五，继续推动实施教育成本分担政策。1998 年，姆卡帕政府先后颁布了高等教育政策、科学与技术方针、坦桑尼亚 2025 年发展愿景。在这一系列的政策方针基础上，1999 年又推出了教育部门改革与发展规划，规定政府主导教育发展方向的基础上，吸收更多的个体或团体参与进来。该原则为高等教育的发展注入了新鲜血液，私立院校纷纷创建；一些中级技术学院也升级为大学；多所公立大学成立。

第六，政府将高等教育主导权下放。2005 年 4 月，国会颁布 7 号大学法案，

1　1992 年，坦桑尼亚开始实行多党制。

2　*Financial Sustainability of Higher Education in Tanzania: A Report of the Task Force on Financial Sustainability of Higher Education in Tanzania*, Dar es Salaam: Ministry of Science, Technology, and Higher Education, October, 1998.

6 月由总统签署同意书。该法案规定包括公私立大学在内的所有坦桑高校必须在 2006 年 12 月以前提交各自的大学章程。这样做的目的是在尊重办学差别的基础上，鼓励高校发挥自身创造力，提高办学自主性。例如，对于公立大学来说，当他们需要做出某些具体改变时，可不再由国会来修订他们的大学法案。

第七，鼓励并进一步扩大区域性或次区域性的高等教育机构和项目合作，[1] 并广泛开展与世界各国大学的合作与交流。政府希望通过这样的方式更快地掌握最新科学技术，缩小本国与发达国家的技术和知识差距。

三、坦桑尼亚高等教育发展的缩影——达累斯萨拉姆大学

达累斯萨拉姆大学是坦桑尼亚成立最早、规模最大的综合性大学。将它作为该国高等教育发展的案例研究，是基于历史和现实因素的考量。第一，在坦桑尼亚独立后的 20 多年里，达大一枝独秀，是国家唯一一所高等教育机构（桑给巴尔至 20 世纪 90 年代后期才建立起第一所大学）。今天，位于达累斯萨拉姆市的姆希比利健康科学大学、土地大学以及莫罗戈罗区的索科伊内农业大学等主要公立大学，最初都是以达大附属学院的身份建立起来的。在很长一段时间内，达大是坦桑尼亚高等教育发展的风向标。该校为国家培养了大量本土人才，他们分布于各行各业，共同推动着国家政治经济的向前发展。第二，1992 年以前，坦桑尼亚实行一党制，革命党长期执政。党主席尼雷尔自独立初组建内阁、担任国家总统，前后共 24 年。不仅如此，出身教师的尼雷尔总统也是一位极具开拓性和创造性的教育家。达大学院建立以后，他长期担任校长职位，不遗余力地发展高等教育。达大因此在 20 世纪 70 年代初成为东非地区一流的高等学府。所以，无论是研究尼雷尔的教育思想，还是坦桑尼亚高等教育发展，达大都是重要载体。

今天的达累斯萨拉姆大学除了位于达市乌邦戈地区的校本部——山城校区（又称乌邦戈校区）之外，还有两所附属学院，分别是教育学院和姆克瓦瓦教育学院。

1　Ombeni Sefue, *The Mkapa Years: Collected Speeches Volume 1—Changes and Policy Responses*, Dar es Salaam: Mkuki na Nyota, 2013, pp.297-298.

而土地大学、姆希比利健康科学大学等，虽然形式上独立，却依然与达大保持着密切联系。主校区主要由学院（Colleges，包括人文、社会科学、自然与应用科学、工程与技术、信息与通信技术等）、系（Schools，包括法学系、教育学系、新闻与大众传播系以及商学系）、研究院（Institutes，包括发展研究、斯瓦希里语研究、资源评估）组成。[1]

（一）大学学院的初步建立

1. 建立达大学院的迫切要求

1961 年 5 月 1 日，坦噶尼喀取得内部自治，同年 12 月 9 日宣告独立，尼雷尔出任第一任总理。1964 年 4 月 26 日，坦噶尼喀和桑给巴尔合并，成立坦桑尼亚联合共和国。国家的独立为国内政治、经济、文化的发展提供了稳定保障。20 世纪 60 年代，政府将教育发展重点放在初等教育、中等教育、技术教育和成人教育等领域。高等教育虽然未获得政府的足够重视，但也取得了突破性进展。1961 年，新建立的达大学院只有法学系，共 14 人。1970 年，在校人数达到 1 866 人。[2]

达大学院之所以建立，究其原因，除了满足政治、经济和社会发展需求之外，还有一点值得注意，达大学院建立时间比坦噶尼喀取得正式独立的时间要早几个月。1961 年 10 月 25 日，在达大学院正式开幕典礼上，政府首席部长[3]尼雷尔承认"达大学院的建立很仓促……但是本政府认为其高居教育发展重点……有人说，该学院建立是政治性决定，的确是的。一个独立国家，如果依靠慈善和施舍来发展高等教育，是存在很大的精神危害的"[4]。因此，达大学院之所以在坦噶尼喀宣布独立之前就建立起来，最迫切的原因是为树立独立的国家精神。新政府认为大学是证明国家独立的重要象征。

因此，坦盟和尼雷尔政府在推动达大学院的建立过程中表现出极高的热忱。在最初达大学院的选址问题上，坦盟扮演着主导地位。1960 年，伦敦大学的一个政

1　具体见达累斯萨拉姆大学官方网站：https://udsm.ac.tz/。

2　*Kijitabu cha Takwimu za Ulinganisho 1961–1975, (Jedwali: EJ.1)*, Divisheni Ya Mipango Yote(Takwinmu), Wizara ya Elimu ya Taifa, Arpili, 1976.

3　坦噶尼喀 1961 年 5 月取得自治，同年 12 月才宣布独立。达大学院建立的时候，坦噶尼喀仍然处于英国殖民统治下。

4　Nyerere J. K., *Freedom and Unity*, London: Oxford University Press, 1966, p.130.

府委员会来到坦噶尼喀，就校址问题进行实地考察，最终将国家最高学府设立在首都达累斯萨拉姆市[1]（以下称"达市"）。[2]坦盟将其在卢蒙巴街新建的总部提供给达大学院作临时校址（直到其1964年迁址于达市西北部的观测山）。在坦盟党员内部，还发起了"为大学贡献50先令"捐款活动，为学校募集建设资金。

2. 第一所高等教育机构的初步建成

1961年10月25日，达累斯萨拉姆大学学院建立。1962年，东非共同事务组织通过了东非大学法。1963年，东非大学正式建立。达累斯萨拉姆大学学院成为东非大学的组成学院。

在坦盟和尼雷尔政府的推动下，达大学院初步建立了一套行政管理体系，并在基础设施、课程内容、学院系所等领域加以完善。

第一，行政管理方面。1963年以前，达大学院附属于英国伦敦大学，财政支出由东非三个地区共同承担。达大学院临时理事会（1961年5月—1963年6月）行使最高权力。理事会有权任命副校长和注册主任。副校长领导学校的学术与行政。注册主任辅助行政，管理大小事务。两者构成大学最高领导层。该行政管理模式一直持续到1970年学院成为独立的国立大学。1963年，达大学院成立正式的大学学院理事会。1964年，迁至乌邦戈校区。随着大学的扩建，理事会的管理事务也在与日俱增，先后建立了一系列旨在完善学校管理与分工的委员会。随着新院系的落成，行政人员数量也得到了很大的增加。1966年，达大学院共有五个注册主任助理，分管学术、行政、人事、录取及注册工作。

第二，课程内容和院系设置等方面。为建立独立、自由、公平、民主的国家教育政策，尼雷尔将重点放在了非洲教育本土化和去种族歧视化这两个方面，并着手进行多项调整与改革，在全国范围内废除欧洲人学校、印巴人学校；出台1964年教育法案，废除种族主义教育体系，统一了自小学至大学的课程内容。大学法律系增开研究东非各国宪法和伊斯兰法等相关课程；人文社会科学学院开设除英语和法

1　1973年，坦桑尼亚政府计划把首都迁至中部地区的多多马（Dodoma）。1996年，国家议会迁至多多马，但至今包括总统府在内的政府机关仍然留在达市。

2　Isaria N. Kimambo, Bertram B. B. Mapunda, Yusufu Q. Lawi, *In search of Relevance: A History of the University of Dar es Salaam*, University of Dar es Salaam, 2008, p.28.

语之外的斯瓦希里语专业；将东部非洲和非洲大陆纳入地理学和历史学研究的范围内；文学专业则重点加强口述文学研究，以弥补坦桑尼亚文献纸质材料匮乏的缺陷。除此之外，在最初的法律系的基础上，大学新建了多所院系：1963 年建立人文社会科学学院、教育研究院及斯瓦希里研究院，1964 年建立自然科学学院和成人教育研究院。学生人数从 1964 年的 1 350 人增加到 1967 年的 2 371 人，将近翻了一番。

第三，基础设施方面。1961 年，达大学院借用坦盟总部大楼来办学。当时全校只有一个法律系，共 14 名学生。[1] 1962 年招收 34 名学生。1963 年又招收了 39 名学生。1964 年 7 月，学校从坦盟总部搬出来，迁至新校址。同年招收了人文社会科学学院的第一批学生。1961 年至 1967 年，在外部援助和本国政府的支持下，达大逐步完善了教学楼、学生公寓、员工宿舍、食堂、校园道路等基础设施建设。

（二）大学学院[2] 的改革与发展

1.“为了自力更生的教育”政策的出台

1967 年 1 月 26 日至 29 日，坦盟下属的国家执行委员会在阿鲁沙召开会议。2 月 5 日，会议内容公开发表，即《阿鲁沙宣言》。宣言定义了坦桑尼亚特色社会主义的含义，强调自力更生、消灭剥削、民主与平等、公有制、建立乌贾马村社以及坦盟的绝对领导地位。之后，政府在全国范围内开展国有化运动，重要经济部门收归国有。

同年 3 月，尼雷尔总统撰写了一份名为“为了自力更生的教育”的小册子，发行全国。在小册子中，尼雷尔针对下一步教育改革作出指导：中小学生应该通过校内务农、养畜、制作销售工艺品等方式尽量实现自给自足，同时也能够将课堂理论学习与实际相结合。[3] 该政策主要是让所有的学校“在社会层面、教育层面和经济层面都要是一个村社”。具体说来，在学校附属的工厂或农场劳动，应当成为学生日常学习和生活中的一部分。学习、生活和劳动是同一过程的组成部分，密不可分。而不是将“劳动”嫁接到“学习”上去，两者并没有有机地融合为一体。虽然

1　Nyerere, J.K., *Freedom and Development*, London: Oxford University Press, 1973, p.297.

2　1970 年后为大学。

3　Nyerere, J. K., *Ujamaa: Essays on Socialism*, London: Oxford University Press, 1968, p.44.

《阿鲁沙宣言》没有明确提出大学改革措施，但总体来看，其与中小学教育自力更生的核心发展观念相似。另外，为了配合社会主义发展政策，政府确定了计划教育的人才培养方针。1967 年以后，高等教育人才培养由政府通过奖学金制度进行定性定量和有计划的配置。目的在于充分利用有限的资源，为本地经济产业及政府部门输送所需要的人力资源，保证人才的有效培养。

2. 达大学院的适应性改革

1967 年 3 月 11 日，学校召开一场名为"达大学院在社会主义坦桑尼亚中的角色"的讨论会。由坦桑尼亚副总统拉希德·卡瓦瓦致开幕词，坦桑尼亚国家教育部部长、东非大学中央办公室、麦克雷雷学院、赞比亚大学等单位的代表出席会议。会议分析了 1966 年学生示威游行的原因，认为学生形成错误价值观的主要原因是独立后依然受到殖民思想的影响。另外，该会议还对大学的角色定位进行了重新审视，并就政治教育、课程改革、教职工、学生自助活动、大学与社会结合、大学行政管理、师生关系等问题进行了深入讨论。此次会议内容成为达大学院进行教育改革的指导性方针。

会后，达大在校园内外迅速展开了以自力更生为宗旨的各项活动。第一，学生宿舍改变了以前由专门清洁人员进行打扫的工作方式，采取"各扫门前雪"的原则，由学生自己负责寝室卫生。第二，建立山城消费者合作社、加油站及养猪场等。为了不影响学生学业，大学采取了较为省时省力的雇用劳动模式，为在校学生提供社会实践的机会。第三，实行第四学期制度。医学院和农林学院展开了以实习为主题的实践活动。教育系也开展了相似的实习活动。学生不仅能够对所学知识进行理解、消化与运用，而且也能够得到一部分工资，缓解经济压力。第四，规定学生参加一年一次的常规军事训练。[1]

除此之外，课程内容更加本土化。例如，在各系开设了发展研究必修课程，为期两个学年，讨论东非地区尤其是坦桑尼亚的社会经济发展问题。

到了 1970 年，东非大学解体，7 月 1 日，达累斯萨拉姆大学成立。尼雷尔总统在 8 月 29 日的大学开幕式上再次就大学的功能作用进行阐述。他认为，大学

1　该项政策在 2000 年前后因资金困难等问题被撤销。

的教学科研活动必须要满足坦桑尼亚这个发展中的社会主义国家的需求，在院系设置、教学内容、教学方法和组织管理形式上都要与社会大背景建立紧密的"关联性"。

原学院理事会改为大学理事会。新的理事会制定了 1970 年大学法案。该法案就大学的发展目标和角色定位作出详细规划：第一，保护、传播并深化知识，目的是为了坦桑尼亚人民的利益以及人民所达成的社会主义的共识。第二，在受教育群体中创造一种公共（社会）责任感，并提倡尊重知识和追求真理。第三，培养人才。第四，承担起国家大学教育的责任，并为成为学习、教育、培训和研究中心作好准备。第五，与联合共和国政府发展、规划坦桑尼亚教育。第六，刺激并推动国家智慧和文化发展，从而保护坦桑尼亚人民的利益。第七，建立考试系统，授予学位、文凭证书以及其他各种奖励。[1]

这是大学独立以来第一次以文件的形式正式将办学目标与社会发展、国家进步紧密联系起来。该法案成为今后大学发展的纲领性文件。另外，大学取消了之前的副校长-注册主任管理模式，代之以副校长-学术首席官/行政首席官模式，将学术与行政截然分开，各部门明确分工，提高了行政管理的效率，同时也加强了国家和政府对高等教育的有力控制。

3. 改革的成就与不足

1961 年至 1970 年，国家出口大大增加，从 1961 年的 9.73 亿先令到 1970 年的 16.89 亿先令，增幅达 73%。[2] 经济的发展推动了高等教育的进步。到 20 世纪 70 年代，在自力更生的教育政策的指导下，大学在师生人数、行政管理、院系设置、课程内容等方面取得了一些成绩，建立了相对完备的基础设施、管理系统以及院系专业。这奠定了整个高等教育发展的基础。

第一，院系设置得到进一步完善。1967 年，"东共体"决定负责东非大学 42% 的支出，并承诺到 12 月增长到 50%。[3] 在政府财政支持和外部援助下，达大又新

1　*The University of Dar es Salaam Act, 1970*, unpublished pamphlet, UDSM Library, Part II, Section 4.

2　Nyerere, J. K., *Freedom and Development*, London: Oxford University Press, 1973, p.316.

3　Isaria N. Kimambo, Bertram B. B. Mapunda, Yusufu Q.Lawi, *In Search of Relevance: A History of the University of Dar es Salaam*, University of Dar es Salaam, 2008, p.77.

建了一些院系和研究院，包括姆希比利医学院、莫罗戈罗农学院以及日后成为重点学院的工程学院等。一系列新院系的建立，一方面是为了配合自力更生的国家发展战略，尽量降低对外部援助的依赖；另一方面，政府也希望达大能早日具备一所独立大学的办学条件和资格。[1] 这些新院系及基础设施建立的最重要原因之一是这一时期达大学院获得了庞大的资金投入。

第二，课程内容更加完善。到了 20 世纪 70 年代初期，大学改革趋于细节化。例如 1973 年 2 月自然科学学院的课程改革，将原有的科目拆分成具体的小科目，从而完善课程内容、提高课堂教学质量，同时也符合分工日益明确的现实社会的需求。[2] 达大的课程也从最初的人文类向理工科逐渐拓展。1975 年，达大的理工科学生占全校总人数的 60%。[3]

第三，招生人数有了更大的提高。1961 年至 1970 年联邦大学时期，在西方资金与项目援助以及邻国的资源共享下，坦桑尼亚的高等教育从一开始的绝对薄弱，逐渐发展到相当水平，招生人数增加、基础设施扩建。1970 年以后，招生人数保持在 9.1% 的年均增长率，这一直持续至 1975 年。[4]

东非大学时期，达大学院学生人数的增长幅度是最大的。有学者认为，在 1967 年至 1975 年之间，达大发展成为非洲大陆上的一流大学。[5] 从学校规模和招生人数发展方面来看，这样的判断无疑是恰当的。而在前面的论述中，我们也看到了在 1967 年至 1970 年初这一段时期内，达大在课程改革、院系设立、基础设施等各方面获得了快速发展。1970 年 6 月东非大学解体时，达大学院已有四个院系，分别是人文社会科学学院（1963）、自然科学学院（1964）、医学院（1968）和农学院（1969）。[6]

虽然坦桑尼亚高等教育在这一时期发展到一定高度，但是从实际情况来看，自

1　Isaria N. Kimambo, Bertram B. B. Mapunda, Yusufu Q.Lawi, *In Search of Relevance: A History of the University of Dar es Salaam*, University of Dar es Salaam, 2008, p.139.

2　Ibid. p.127.

3　Sanyal. B. C, Kinunda M. J., *Higher Education for Self-Reliance: The Tanzania Experience*, Paris: International Institute for Educational Planning, 1977, p.103.

4　Ibid.

5　Shivji, I. G., *Intellectuals at the Hill: Essays and Talks 1960－1993*, Dar es Salaam University Press, 1993.

6　MSTHE, *Higher and Technical Education Sub-Master Plan(2003－2018)*, Vol.II, 2004, p.6.

力更生的教育政策在大学范围内的具体实施效果并不乐观。大学各种旨在加强自力更生的措施和活动都相继以失败告终。1973 年，加油站倒闭；养猪场的经营不到一年也宣告失败。1971 年大学再一次爆发学生运动，反对新任校长实行的非民主政策。坦桑尼亚的高等教育改革依然任重道远。

（三）1974 年后大学的深化改革

1."穆索马决议"发表的背景

1966 年学运后，大学长期弥漫着一股对政治冷漠的氛围，"学生普遍缺乏政治斗争性"[1]。尽管如此，激进主义思想依然在校园蔓延。1967 年 7 月，乌干达现总统约韦里·穆塞维尼[2]进入达大修读经济学和政治学，同年 11 月，建立大学生非洲革命阵线。该组织印发宣传单、创办报纸[3]，并在校园内广泛开展社会主义的相关讨论，反对资本主义。另一方面，20 世纪 70 年代初期，坦桑尼亚中学生群体中出现激进主义思想和言行，鼓动罢工及破坏性骚乱活动。1967 年，全国范围内开始实行政治教育，学生接受了新的民主与平等思想，可是学校管理依然专断不民主。学生的某些合理要求得不到满足，双方矛盾日益激化，这导致了 1973 年至 1974 年全国中学发生动荡不安的局面。坦盟和中央政府试图抑制这种较为激进的言行，并防止其蔓延到高等教育领域内。[4]因此，政府出台"穆索马决议"，不仅是为了继续推进自力更生的教育政策，更要尽全力"消除学生激进主义言行"[5]。

2. 决议的发表与执行

如果说 1967 年的《阿鲁沙宣言》是针对中小学进行的改革措施，那么 1974 年的"穆索马决议"则将重点转移到了大学范围内。1974 年 11 月，坦盟国家执行委员会在穆索马召开会议，就自力更生的教育政策实施以来的成效进行回顾与总结。会议承认："许多曾经打算做的事情，（我们）都没有完成……我们并没有从沿袭的

1　Y.Museveni, "My Three Years in Tanzania", *Cheche*, Issue No.1, July, 1970, p.13.

2　1967 年，他进入坦桑尼亚的达累斯萨拉姆大学修读经济学和政治科学，开始进行泛非政治运动。大学时期，他创立了大学生非洲革命阵线（University Students' African Revolutionary Front）。

3　名称为 *Cheche*，斯瓦希里语"火花"的意思。

4　C.Peter, S. Mvungi, *The State and the Student Struggles*, Dakar: CODESRIA, 1986, pp.183－185.

5　T. S. A Mbwette and A. G. M. Ishumi, *Managing University Crises*, DUP LTD, 1996, p.170.

不合适的教育体系中彻底解放出来。"[1] 为了弥补欠缺、纠正错误，会议就此后的教育方针作出四个重要指示：第一，至 1977 年，坦桑尼亚必须实现普遍义务教育。这比既定目标时间提前了 12 年。第二，在完成总共六年的中等教育申请大学之前，学生必须进入社会工作，获得实际的工作经验。第三，在所有的中小学和高校中必须强调高效率的工作。第四，必须弱化对纸质考试的过度强调，要结合学生的课堂表现和平时作业的完成度进行综合评价。针对以上四项重要指示，会议通过一项决议，即"穆索马决议"。

决议规定所有中学毕业生都必须参加两年以上的社会工作，然后根据其表现和工农业生产的实际需要，由坦噶尼喀非洲联盟支部推荐他们上大学。这一政策淡化了纸质考核的重要性，打破了正式教育的传统等级框架，将大学的入学标准放在申请者的工作经验、性格品质、态度价值观以及个人潜力等方面。政府希望通过鼓励甚至强迫高中毕业生提前参与社会实践，将其每一个阶段所掌握的知识及时地应用到实际工作中去，来真正落实促进经济发展、社会进步和巩固国家主权的战略目标。

决议在发布一段时期内，大学人数增加。1977 年，尼雷尔在评价这项政策时指出，"与那些由中学直升到大学的年轻人相比，成熟的学生所取得的平均成绩要好一些，甚至是在技术科学专业上。这一点不足为奇，一个成熟的学生更知道自己想在大学里干些什么"。[2] 再加上，很多大学院系和市场、政府保持着一定的合作关系；而且，自 60 年代末开始实行的计划就业安置，不仅能够保证人才的有效培养，也将部门行业的发展落到实处——因此穆索马决议的发布对坦桑尼亚的大学教育发展发挥了重要作用。

3. 面临经济困难的达大

到了 20 世纪 70 年代末，随着乌贾马运动的失败，再加上乌坦战争、自然灾害、国际经济危机，国家遇到了独立后最严重的形势，陷入一种难以自拔

1　TANU, *Agizo la Utekelezaji wa Elimu ya Kujitegemea au Agizo la Musoma(The Musoma Resolution)*, Dar es Salaam: Government Printer, 1974. CCM Archives, Dodoma, pp.14－15.

2　Paul. M. Biswalo, *The Impact of the Musoma Resolution on Student Personnel Services at the University of Dar es Salaam*, August, 1980, University of Dar es Salaam, p.34.

的经济危机中，政府财政困难，包括高等教育在内的整个公共服务体系陷于崩溃。

第一，教育财政支出直线下降。1970 年达大招收了 2 063 名学生，1979 年招收了 3 403 名学生，十年间增长了近 65%。[1] 但是，在面临财政危机时，学生人数的增加便成为一个棘手的问题，它直接导致教育资源的供不应求。第二，校园秩序与管理危机。自 70 年代中期以来，达大主校区就一直备受偷窃活动困扰。这一问题难以根治。[2] 校园内骚乱不断。1977 年，五名高校教师被迫辞职，这引发教职工对校方的严重不满。他们要求参与学校管理的决心进一步加强。1978 年再次爆发了激烈的学生骚乱活动，震惊全国。

1978 年，国会通过一项政策，决定增加国会议员、内阁部长以及政府和党内高级干部的工资和补贴。与此同时，国家财政困难，大学发展基本处于停滞状态，普遍出现缺少教材、书籍、实验器材等教育资源以及进行学术研究的发展资金等问题。[3] 国会的这项政策引起了包括达大在内的大部分高校的反感。他们于 5 月进行示威游行，抗议国会和政府的决定。[4] 1980 年 8 月，大学教工大会正式成立，该组织围绕大学行政管理民主化问题展开，广泛地参与大学内部各组织的活动，包括选举院系领导、学生代表等，同时也为教职工的社会福利和学术自由争取权利。[5]

"穆索马决议"的实施也带来了一些隐患。申请入学的主要条件是至少有两年工作经验，这些年龄较大的学生相对来说更关心家庭、职业发展或晋职提干等个人问题，对学校事务较为冷淡。这加剧了他们与应届学生之间的矛盾。而且这些学生大多在校外居住，一定程度上影响了课程的学习。普遍来说，他们的不及格率远

---

1 Isaria N. Kimambo, Bertram B. B. Mapunda, Yusufu Q. Lawi, *In Search of Relevance: A History of the University of Dar es Salaam*, University of Dar es Salaam, 2008, p.200.

2 *A Report of the Activities of the UDSM*, for the year 1976/77, p.172. & 1977/78, p.73.

3 *Our economy: 1965–1967*, Speech by the President Mwalimu Julius K.Nyerere to the National Assembly, unpublished pamphlet, UDSM Library, June 13, 1966, p.251.

4 *A Report of the Activities of the UDSM(1977/78)*, University of Dar es Salaam, p.73.

5 Isaria N. Kimambo, Bertram B. B. Mapunda, Yusufu Q. Lawi, *In Search of Relevance: A History of the University of Dar es Salaam*, University of Dar es Salaam, 2008, p.222.

远高于应届生，尤其在"穆索马决议"出台后期。例如，1980 年医学系应届生第一学期期末考的及格率为 85%，经补考后，仅有 3.6% 的人不及格，而成年学生第一学期考试仅有 62.6%，且每年大约有 20% 的人辍学。[1] 除此之外，在大多数情况下，这些学生申请的专业与之前从事的职业没有太大关系。1984 年 5 月 27 日，革命党召开国家执行委员会议，决定废除两年以上的工作经验这一入学条件，改为原先的教育体系。

（四）大学发展危机与再改革

1. 大学危机

20 世纪 80 年代中期，日益扩大的国内市场对高等教育人才的需求与日俱增，但财政困难又桎梏着大学的扩招和教育设备的维修与更新。对政府来说，发展教育已经成为一个经济负担。

自 80 年代中期以来，对于达累斯萨拉姆大学委员会提交的拨款申请，政府予以批准的数额呈递减趋势（除了 1991、1992 年，政府批准数额占学校申请数额的 76%，主要原因是前一年学生罢课，并得到了包括教学人员在内的员工的支持。这一次罢课罢工事件的主要原因就是住宿、图书馆、食堂以及校园内其他基础设施的极度糟糕，使得学生的生活水平大大降低。[2]）。极低的财政支出比率造成了 80 年代教育资源的减少。第一，因缺少管理经营的基础资源，很多部门形同虚设。大学理事会在 1993、1994、1995 年曾三度关闭大学。第二，学术追求严重被破坏。财政危机引起了书本供应短缺、扩招难以进行等问题。1994 年达大战略规划书承认将所有的学术活动，包括教学、科研等放到次要位置。大学办学的根本目的遭到严重破坏。第三，财政匮乏还导致了校园基础设施难以扩建。计算机中心、商业与管理学院主建筑楼、图书馆东侧阅览室等都是在 90 年代国家经济有所好转时才建立起来的。第四，大学内部出现严重的管理危机，主要表现为校方与师生之间关系紧张。1990 年，达大学生举行活动，反对成本分担政策，并提出提高生活费和书本补贴的要求。大学因此再次关闭一个学年。不仅如此，自由化和货币贬值政策部

1　李建忠：《战后非洲教育研究》，南昌：江西教育出版社，1996 年，第 297—298 页。

2　*Our economy: 1965−1967*, Speech by the President Mwalimu Julius K. Nyerere to the National Assembly, unpublished pamphlet, UDSM Library, June 13, 1966, p.236.

分程度上导致了人民生活成本的急速增加，教师的实际工资相应减少了。1995 年，达大教师罢课，希望提高工资和补贴。

高等教育建立 30 年来，内部已积累了相当多问题。国家和大学普遍意识到，一场彻底的检修式改革已刻不容缓。

2. 面向新时期的改革

1993 年，为了适应新时期的国家发展战略，对 1970 年大学法案作进一步补充，校方重新讨论了 1982 年马苏哈报告。该报告提出，随着全球化的日益加深，坦桑尼亚国内出现了经济自由化和政治民主化的新局面，达大应该重新规划大学功能以及办学目标。该报告还建议达大与外国高校建立合作关系。

这次讨论促进了大学体制改革方案（ITP）的出台，该方案旨在提高大学的行政效率与办学质量。在此推动下，1995 年，政府成立高等教育认证委员会，主要推进知识的发展、推动高等教育领域内的合作，同时兼具监管与评价、提供咨询等功能。与此同时，政府废除了自 60 年代末开始实行的国家计划就业安置政策，将市场需求纳入大学办学宗旨与管理机制中。90 年代，大学课改与招生不再将国家发展规划作为唯一标准，不再保证每个大学毕业生有一份工作。这部分程度上提高了人才市场的竞争压力，提高了学生的学习动力。

与此同时，大学内部改革稳步进行，可主要概括为：第一，教学改革。大学开始采用学期制。以前，大学规定学生每年的必修学分。新的学期制度则是将全年划分为两个为期 15 周的学期，然后将剩下的时间用于社会实践与应用。除此之外，该方案也提到了教育性别均衡化等问题。第二，院系改革。最突出的是达大工程管理学院的改革。在经济困难时期，该学院饱受资源匮乏、教师离职等问题的困扰。为解决这些问题，学院于 90 年代初开始实行自负盈亏制度，积极拓展与社会企业的合作，并跳过校方直接与外援对接。这对于鼓励科学研究、挽留优秀师资发挥了重要作用。第三，行政改革。主要表现在缩减人员上。达大自 20 世纪 90 年代中期开始，减少了非教学工作人员数量。除此之外，大学行政领导体系也作了相应的调整，形成代理校长—副校长—学术副校长 / 行政副校长的领导模式。达大校长不再由国家总统兼任。第四，制度调整。政府和大学吸取经验教训，将高校教师福利待遇和管理制度化。1997 年第 2 号国库登记通知明确规定了达大非教学人员的工资结构。1998 年，政府针对提高大学教师工资作出新的通知。1999 年 2 月初，国会出台公务员退休福利法案。该法案就大学教师的退休年龄作出以下规定：55 岁为自愿退休年龄，60 岁为法定退休年龄。

在成本分担政策的指导下，达大于 1992 年招收自费生，并开始院系的重组、升级与设立。如 1984 年，农学院独立成为索科伊内农业大学，新的农业大学设立了农学院、林学院和兽医学院。

在内部改革的同时，坦桑尼亚高等教育也积极与国际接轨。自 20 世纪 90 年代初，达大就与非洲大学协会建立密切的合作关系。一方面试图借该协会的影响力，取得包括联合国教科文组织在内的国际组织的援助资金，另一方面积极与非洲其他国家在高等教育领域开展交流与合作。时任总统姆卡帕在 1999 年的发展报告中指出：21 世纪，全球化将进一步加深。我们必须找出更为有力的战略，来实现自身教育的改变，并迎面挑战。如此，非洲的大学务必提高大学毕业生的质量，才可能保持非洲在世界市场以及内部市场的竞争力。[1]

（五）新时期大学的发展方向

进入 21 世纪，达大适应变化、迎接挑战，作出新的发展规划，进行新的角色定位。达大 2003/2004—2007/2008 年战略规划提出大学要分担国家与政府的责任。[2] 2005 年 4 月国会颁布 7 号大学法案。该法案要求所有高校建立大学宪章。该法案鼓励各大学发挥自身的创造力，提高办学自主性。

这一时期的大学主要有三个特点：第一，大学与政府关系日渐松弛。新时期的大学是一个相对自治机构。面对激烈的竞争，达大首先要确保通过知识的绝对优势让自己立足。第二，大学的全球化视野加强。政府将大学置于全球化背景下来定义其角色和职能，以更加开放的姿态，将国内市场、国际水平充分结合，不再将服务政府作为办学的唯一目标。第三，大学的自我意识增强。新时期，大学有意识地提高自身学术科研能力，试图培养出更有竞争力的毕业生。[3]

1　UDSM, *Facts and Figures*, 2000, University of Dar es Salaam, p.27.

2　The University of Dar es Salaam, *Synopsis of the UDSM Five-Year Rolling Strategic Plan*,2003/04-2007/08, p.10.

3　Isaria N. Kimambo, Bertram B. B. Mapunda, Yusufu Q. Lawi, *In search of Relevance: A History of the University of Dar es Salaam*, University of Dar es Salaam, 2008.

2014 年 11 月 9 日，达大代理校长姆坎达拉在接待华东师范大学访问团时也作出如下展望。第一，扩大与增强。加强研究生的培养以及某些领域的研究，如气候变化、海洋科学、民主化进程、能源与材料科学等。培养公共服务事业人才，解决社会实际问题。第二，提高毕业生质量、科研水平以及公共服务事业。第三，开设生物科学、医学、建筑学等专业，恢复学科综合性，完善大学的专业设置。

综合看来，新时期，以达大为代表的坦桑尼亚高等教育，调整并适应全球化的发展潮流，充分结合办学目标与国家发展战略，大学在教学、科研、管理上积极与国际接轨。

四、坦桑尼亚高等教育发展的成就与问题

（一）高等教育建设的成就

经过半个多世纪的发展，坦桑尼亚已建立了一套较为完备的高等教育体系。高等教育机构涵盖了大学、大学学院和某些职业技术学院。国内已建立近 20 所公立大学和 50 所以上的私立院校。所授文凭从高到低依次为学位、高级文凭、普通文凭以及资格证书。对于普通人来说，受教育机会大大提高，念大学已不再是不可触及的梦。年轻人只要不懈努力，就极有可能用知识改变命运。

1. 高等教育机会的性别差距不断缩小

性别失衡一直是坦桑尼亚教育面临的一个突出问题。在技术教育和高等教育领域内，女性受教育机会普遍要比男性低得多。某些技术学校和技术培训课程只对男性申请人开放，大学里的人文社会科学相关专业的女性比也要比科学技术专业的女性比要高。

造成这种现象的原因有很多，主要为四点。第一，殖民因素。殖民时期，统治当局实施不平等的教育政策，培养少数本地人才来填补政府部门较低职位。遴选学生时，总是优先考虑男性。这在技术或行政等专业上的人员选拔上表现得尤为明显。第二，经济因素。1971 年联合国大会将 24 个成员国列为最不发达国

家，即所谓"最穷国"。坦桑尼亚名列其中，50%以上的人口生活在贫困线以下，日均生活费低于一美元，基本的生存条件得不到满足。[1] 2012年，坦桑尼亚贫困人口达1 260万人，[2] 约占总人口的30%。在这种情况下，一个普通家庭根本无法承担一个孩子的教育费用。[3] 第三，传统思想因素。一般父母更愿意把教育机会留给儿子，女儿则在家里从事家务劳动和农活等。甚至在一些落后地区，家长拒绝把女儿送进学校。[4] 一般小学毕业的女孩很难有机会继续学业。这直接导致进入大学学习的女性数量的减少。第四，早孕因素。2013年，坦桑尼亚性别、儿童与社区发展部副部长在参加位于坦桑尼亚西北部卡哈马区的反虐童活动中表示，早孕成为学校拒绝接收女学生的原因之一。[5] 这极大地降低了女性考大学的比例。

在几十年的努力推动下，高等教育明显的性别失衡问题得到很大改善。下面就两个方面进行阐释。

第一，女性受教育人数的增加。1976年，达大女性学生入学人数为68人，在林迪决议实施后，也就是1977/1978学年，女性入学人数为188人。[6] 1976/1977—1981/1982年，坦桑尼亚女大学生比例从8.6%上升到了23.8%。[7] 到了20世纪80年代末90年代初，性别问题改革和消除措施取得了很大的成果。1993/1994年，女性占在校学生总人数的16%，之后呈稳定增长趋势，2003/2004年增加到了

1　*Financial Sustainability of Higher Education in Tanzania: A Report of the Task Force on Financial Sustainability of Higher Education in Tanzania*, Dar es Salaam: Ministry of Science, Technology, and Higher Education, October, 1998, p.76.

2　《坦桑尼亚贫困线降低，贫困人口却增加》，《非洲华侨周报》，2014年12月29日。

3　坦桑家庭一般育有三个以上的小孩，多者更是达到七八个以上。

4　Majorie Mbilinyi, Patricia Mbughni, Ruth Meena, Priscilla Olekambaine, *Education in Tanzania with a Gender Perspective*, Swedish International Development Authortiy(SIDA), 1991.

5　*The Citizen,* Tuesday, 3 December 2013, p.7.

6　将女性排除在穆索马决议之外的主要原因是女性在工作几年再进大学念书会面临结婚怀孕等问题。1976年，非盟国家执行委员会接受了女性组织（Umoja wa wanawke wa Tanzania, UWT）的提议，将女性排除在该决议的实施范围之外，称为"林迪决议"（*Lindi Resolution*）。

7　*Five-Years of CCM Government*, The Address given to the National Conference of Chama cha Mapinduzi by the Chairman, Ndugu Julius K. Nyerere, on 20th October, 1982 at Diamond Jubilee Hall, Dar es Salaam, Library of UDSM, p.34.

30.1%。[1] 到了 2006 年，达大三个校区[2] 的毕业生中，女性占 35.7%，达到历史新高。[3] 除此之外，女性也积极参与学生组织。1975/1976 年，学生会（DUSO）举行了新一轮主席选举，第一位女性领导人希娜雷当选为主校区副主席。[4]

第二，女性教职工比例的提高。坦桑尼亚女性团体组织（UWT）达大支部建立于 1964 年，其成员包括女性教职工、教职工家属及校园周边女性及小部分非坦桑籍人士。该组织在 20 世纪 70 年代处于活跃期，提高了包括大学女性教职工在内的所有坦桑尼亚女性的话语权。90 年代中期，达大历史上第一位女性首席学术官选举产生。1992 年，大学最高决策机构——大学理事会 41 名成员中只有 5 名女性成员，2002 年，63 名成员中有 13 名，增加了 8%。[5] 女性在大学领导核心的比重有所加强。1995/1996 年，女性占全校总教学人员的比例为 9% 左右（539∶64），到了 2009/2010 年，上升到了 24.3%。[6] 2002 年，一名女性教师当选为研究生院主任。

2. 大学管理的成果

学生运动在坦桑尼亚高等教育发展史上扮演着重要的角色。在一定程度上，它推动了大学民主化进程，也部分地影响了国家的大政方针。

大学学生组织性质各异、特色鲜明，有全国性的，有特定学校范围内的（以达大为主），有政治性较强的，也有聚焦学生福利和学生组织等问题上的。建立的学生组织主要有达累斯萨拉姆大学生联盟、坦噶尼喀大学生协会、坦桑尼亚学生国家联合会、坦盟青年团、达累斯萨拉姆大学学生组织、坦桑尼亚学生联合会。除了大学范围内的学生组织之外，还有很多以学生为主体的宗教组织、民族部落组织、地区组织等。

根据学运爆发的直接原因，我们将坦桑尼亚高等教育民主化进程分为两个阶

---

1 UDSM, *Basic Facts and Figures*, UDSM Transformation Programme, Programme Management Unite, University of Dar es Salaam, 2004, Table 1.1.1, p.5.

2 包括主校区（Main Campus）、达市教育学院校区（DUCE）、伊林加姆克瓦教育学院校区（MUCE）。

3 UDSM, *Basic Facts and Figures(2006/07)*, University of Dar es Salaam, 2007.

4 *A Report of the Activities of the UDSM(1975/76)*, University of Dar es Salaam, p.197.

5 Rose Shayo, Towards Promoting Gender Equality and Equity in Higher Institutions of Learning in Africa: The Case of the University of Dar es Salaam, Tanzania, *Tanzania Journal of Development Studies*, Vol. 5, December, 2004, p.66.

6 UDSM, *Facts and Figures*, University of Dar es Salaam, 2009.

段：第一阶段，乌贾马社会主义时期；第二阶段，市场经济时期。

第一个阶段，学生运动主要表现为对国家政策的不满和反抗。独立初政府迫切希望调动国内一切可能的力量，但这样的现实需求与殖民流毒发生了激烈的碰撞，主要表现是 1966 年学生反对国民服役政策。受殖民时期的精英主义教育的影响，大学生长期与社会脱离，想当然地认为自己处于社会金字塔结构的顶端，不屑与占人口一半以上的农民为伍。当国家和政府提出需要他们参与乡村劳动中去的时候，他们不假思索地起而反抗。1966 年学运后，坦盟在达大成立了政治色彩浓厚的青年团，目的是稳定学生情绪，保证政府政策在大学的有效实施。这还是引起了部分学生的不满，以穆塞维尼为代表的达大学生成立了大学生非洲革命阵线，多次挑战政府和大学领导阶层的权威。1971 年阿基瓦加学生运动主要反对政府取缔独立的学生组织，认为这剥夺了他们的言论自由权利，同时，反对大学官僚主义和贪污腐败也成为此次运动的主题之一。[1] 危机后，学生普遍要求参与学校的管理，增加自身的话语权。

第二阶段则是由于经济危机引发的。1978 年的通货膨胀给各行业带来了极其严重的负面影响，一时间出口下降、粮食作物减产、国家收入逐渐下滑。与乌干达的战争更是给坦桑尼亚的国民经济带来了沉重灾难。学生普遍缺少书本和生活补助，学习生活环境日益恶化。与此同时，国会通过了一项关于提高国会议员和政府高层工资和福利待遇的政策。这引起了学生的普遍反感，他们举行游行示威。到了 80 年代末，为配合国际货币基金组织所提出的援助条件，政府削减高等教育的财政支出，提出教育成本分担原则，这再次引起了学生的普遍反抗。他们于 1990 年 5 月发起反抗运动，要求政府提高书本和伙食津贴。在学生运动的冲击下，大学教职工也逐渐产生并强化了维护自身权益的意识。1980 年 8 月，以教职工为主要成员的教工大会正式成立。该组织围绕大学行政管理民主化问题，广泛地参与大学内部各组织的活动，包括选举院系领导、学生代表等，同时也为教职工的社会福利和学术自由争取权利。师生两者普遍要求保护自我权益，相互影响，共同促进了大学管理的民主化进程。除此之外，80 年代，由于校方普遍忽视学生与员工的福利、

1　具体内容可见 Open Letter to the Vice-Chancellor During the 1971 Crisis，转引自 Issa M. Omari, Paschal B. Mihyo, *The Roots of Student Unrest in African Universities*, Man Graphics Limited, 1991, pp.115−117。

双方缺少咨询与协商、领导层专断、充满官僚习气等原因，部分程度上造成了学生不满情绪逐渐爆发、斗志低迷、精神状态不佳。[1]

经过几十年的发展与改革，大学民主化进程获得巨大进步。进入 90 年代，在体制改革方案（ITP）的运作下，学生参与大学管理更加规范化与制度化。第一，大学出台一套完整的学生事务政策并建立了一个学生事务委员会来监管政策的有效实施。第二，在主校区建立了专门为学生提供咨询的机构。第三，在大学理事会和参议院中设有席位，加强学生决策的参与度。第四，将学生津贴和贷款的主要力量外移，增加包括政府在内的代理机构的比重，同时还增加私人赞助的比例。一系列措施不仅迅速缓解了大学与学生之间紧张的关系，也提高了学生对大学管理的参与度。

可以说，大学管理的民主，既加快了大学的治理、促进了学术的发展，也是大学内部权力配置的必然选择。它是现代大学不可或缺的管理方式，也是现代大学制度建设的重要组成部分。通过将学生与教职工纳入学校管理范围内，各利益群体的合法权益得到有效保障，师生与学校关系更加和谐，大学内部权力结构得到平衡，成为高等教育获得良性发展的必要条件。

3. 中坦高等教育合作成果丰硕

中坦两国不仅在政府和经贸上往来密切，在高等教育领域的合作与交流也很早就开始了。在历史和现实因素的影响下，中坦高等教育合作的最显著特征是不平衡性，多以中国援坦为主。主要可分为两个时期。

第一，20 世纪 90 年代以前，以派遣教师、援助教学器材为主。规模小、人员少。第二，90 年代以后，为了适应国际形势的发展、变革和政治经济与发展环境的需要，中国调整了合作政策，形式和内容上都有了很大的变化。1990 年以后，除了增加留学生人数之外，两国政府更注重开展教育合作项目，旨在帮助坦桑尼亚发展高等教育，在当地培养本国所需人才，并帮助其发展薄弱学科和专业。1992年 4 月 30 日，中坦双方在坦桑尼亚政治首都多多马签订了《中华人民共和国政府和坦桑尼亚联合共和国政府文化合作协定》。双方同意在教育方面按下列方式进行

1　I. G. Shivji, *Intellectuals at the Hill: Essays and Talks 1960–1993,*Dar es Salaam University Press, 1993, p.83.

交流和合作：一，互派教师、学者和专家进行访问、考察、教学；二，根据需要和可能，相互提供奖学金名额；三，促进并支持两国高等院校之间建立直接的校际联系和合作；四，鼓励两国教育机构交换教科书及其他教育方面的图书、资料；五，鼓励对方国家的学者或专家参加在本国召开的国际学术会议，并尽可能为此提供便利；六，鼓励培训技术人员。根据这项协定，中坦双方分阶段签署执行计划。2000 年 6 月，中国教育部和坦桑尼亚科技高等教育部签署了《中华人民共和国教育部和坦桑尼亚联合共和国科技高教部关于高教发展合作项目的协议》，中方派遣两名计算机教师在达累斯萨拉姆技术学院承担正常的教学工作，帮助该学院开展计算机的课程和研究，培养该专业的教师和学生，以发展坦桑尼亚计算机技术。

20 世纪 60 年代起，中国开始招收坦桑尼亚留学生，截至 2005 年年底共招收坦桑尼亚留学生 696 名。[1] 2005 年至 2007 年期间，中国每年向坦桑提供 100 人的政府互换奖学金名额。坦桑尼亚于 2006 年向中方提供五个政府奖学金名额，2007 年提供四个政府奖学金名额。2012 年 7 月，坦桑尼亚政府首次决定增加对华奖学金名额，规定自 2012/2013 年起，将中坦两国文化协定下坦方安排的奖学金名额由五名增加到十名。自 21 世纪以来，在国家留学基金委、中国驻坦桑尼亚大使馆、坦桑尼亚教育培训部、达累斯萨拉姆大学和坦中促进中心的合作下，中国多次在坦举办大规模的高等教育展，旨在为当地人了解中国高等教育提供窗口，为坦桑尼亚青年学生赴华深造提供桥梁，为双边教育交流搭建平台，促进中坦友好合作关系的发展。2014 年 10 月，坦桑尼亚总统访问中国，中坦达成协议，中方承诺将在五年内再增加 100 个坦桑尼亚赴华留学奖学金名额，并同意帮助建设卡盖拉职业技术培训学院。[2]

（二）高等教育尚存的问题

1. 严重依赖外部援助

虽然取得了不俗的成绩，但经济水平极端低下严重束缚着坦桑尼亚高等教育的继续向前发展。严重依赖外部援助、政府主导性较强，但教育资源又严重缺乏等问

1　见中国外交部网站"坦桑尼亚国家概况"。

2　中华人民共和国驻坦桑尼亚联合共和国大使馆网站 http://tz.china-embassy.org。

题一直得不到根本解决。

20 世纪 50 年代泛非运动达到高潮，各国纷纷取得政治独立。然而，这并不意味着他们获得了相应的经济自主权，有学者认为，这一时期，坦桑尼亚经济上的"独立"地位意味着一种新的殖民主义。[1] 坦桑尼亚自独立开始，国家发展就严重依赖外部援助。1967 年，《阿鲁沙宣言》的出台标志着国家开始走自力更生的社会主义发展道路。但尼雷尔在宣言中直言不讳，"这项政策并不代表坦桑尼亚拒绝外部的援助支持，或者接受援助有什么不正确之处"[2]。达大代理校长姆坎达拉认为政府在反对援助的立场上，从来都是非常含糊不明确的。他说道，1967 年坦桑尼亚曾公开谴责国家发展的动力不应该依赖外援，然而到了 90 年代，坦桑尼亚对外部援助的依赖可称得上是上瘾。[3] 他认为，尽管政治言论时常犀利果断，但坦桑尼亚从来没有真正的拒绝外部援助。[4] 外援成为本国财政支出的主要来源。技术援助、软贷款、粮食援助和拨款逐渐构成了四种主要的外援形式。[5]

从整体来说，政府和高等教育依赖外部援助的情况可分为四个主要时期。

第一，1965 年以前，这一时期的援助深受殖民历史影响。高等教育对外部援助的依赖性，最典型例子就是达大的初设与扩建，英国、美国、德国等传统殖民国家对其基础设施的援建起着重要作用，包括学生公寓、食堂、教学楼、行政楼、会议厅等基础设施以及学生奖学金、教师研究基金等教育资源。第二，1965 年至 20 世纪 70 年代中期，援助渠道进一步拓展。"(《阿鲁沙宣言》) 的意义并不能等同于自给自足。日益精细分工使得国际范围内的合作日益紧密。因此，任何试图实现充分自给自足的想法都是不切实际的。坦桑尼亚发展所需要的某些资源并不能在国内找到。事实上，与世界其他发达国家相比，坦桑自身资源的发育不健全更使得其迫

1　Nkrumah, K., *Neo-Colonialism: The Last Stage of Imperialism*, 1965. 转引自 K. Mathews, S. S. Mushi, *Foreign Policy of Tanzania1 1961−1981: A Reader*, Dar es Salaam: Tanzania Publishing House, 1981, p.124。

2　Nyerere, J. K., *Ujamaa Essays on Socialism*, London: Oxford University Press, 1968, p.19.

3　Mukandala(1991, p.31), 转引自 Edmund Lawrence Kimaro, *The Impact of Foreign Aid on Government Expenditure in Tanzania(1970−2005)*, University of Dar es Salaam, November, 2008。

4　Ibid.

5　Eliud Tawi Nyauhenga, *Foreign Aid and Economic Growth in Tanzania: 1970 −1999*, Dar es Salaam: University of Dar es Salaam, 2001, p.14. 20 世纪 70 年代中期，因洪涝等自然灾害问题导致国内粮食紧缺，坦桑尼亚开始接受国际上的食品援助。

切地需要外界的各类资源，包括外国资金……"[1] 一系列的外交危机给政府敲响了警钟，政府积极扩展受援渠道。瑞典、挪威、丹麦、瑞士、爱尔兰、比利时、荷兰、加拿大、中国等成为坦桑尼亚新的援助国。沃尔福森会、威廉姆森会、福特基金会、洛克菲勒基金会，以及坦噶尼喀高等教育信托基金、坦噶尼喀剑麻种植者协会、坦噶尼喀种植有限公司等国内外组织和机构从各个方面提供援助。在这些援助下，20 世纪 70 年代初期，达大的基础设施进一步扩大，优秀的师资吸引着全国乃至非洲地区莘莘学子，大学建成东非地区一流的高等学府。

第三，20 世纪 70 年代末至 80 年代初，外国援助一度终止。第四，20 世纪 80 年代中期至今。至 80 年代中期，国家重新获得外部援助。这为恢复坦桑尼亚国内经济作出了积极的贡献。政府经过多年的探索与改革，对外部援助有了更准确清晰的认识。为适应新时期的发展策略，国家科学、技术和高等教育部于 1998 年 3 月成立特别小组，就未来怎样推进高等教育发展展开调查。最终报告就高等教育财政资助提出新的改革方案，确定今后对于该领域的财政支持应该按照以下顺序进行：政府（中央政府和地方政府）——学生和家长负责学费——国内资源调动——其他资源（包括外部资金和项目支持等）。[2] 该方案正式以文本的形式确定调动国内一切可能的资源发展高等教育，将对外部援助的依赖性尽可能地降到最低限度。2002 年，各援助国和坦桑尼亚政府共同组成了一个独立监控小组，由六名独立的观察员组成，分别来自坦桑尼亚、乌干达、瑞典、德国和英国，意在使新时期的援助更加合理化、有针对性，提高援助的质量。

2. 政府强烈的主导性带来一系列问题

在很长一段时间内，政府主导了高等教育的发展与改革，这有利也有弊。下面就弊端简要概述一下。

1　Nnoli, O., "External Stimuli and National Planning in Tanzania", A paper presented in conference on Comparative Administration in East Africa Arusha Tanzania Sept. 25-28, 1971: forthcoming in the African Review Political Science Department, University of Dar es Salaam Vol. No. 3, 1971. (Nairobi: Oxford University Press, 1968), p.1.

2　*Financial Sustainability of Higher Education in Tanzania: A Report of the Task Force on Financial Sustainability of Higher Education in Tanzania*, Dar es Salaam: Ministry of Science, Technology, and Higher Education, October, 1998.

第一，政府主导大学行政管理，助长了腐败与独断。1970 年达大独立，校长仍由国家总统兼任，并直接决定副校长人选。达大首任副校长皮乌斯·穆塞科瓦是当时坦盟的秘书长。大学的领导管理机制改为副校长—首席行政官 / 首席学术官，首席学术官基曼博[1] 在行政管理上的权力微乎其微。这样的领导模式是配合《阿鲁沙宣言》发布以来的国有化政策，有利于与半国营机构体系相结合，也就是说政治上由国家控制。在穆塞科瓦卸任后，相继接任的易卜拉欣卡·杜马（1977—1979）、尼古拉斯·库汉加（1980—1988）也都是政府官员。1988 年，坦桑尼亚大学出现第一个具有学术背景的副校长——终身教授杰弗里·姆马里。除此之外，政府大规模地任命各院系领导，包括院长、系主任等。在很长一段时期内，整个大学的行政管理体系是相当政府化的。

政府在大学行政管理上占主导地位，不仅使得大学领导高层成为政府的代理人，而且也助长了官僚气息和腐败贿赂。高层利益集团与中下层成员的嫌隙越来越大。这萌芽于 20 世纪 70 年代初期。1971 年阿基瓦加学生危机后，大学管理民主化遭到了全校师生的质疑。教师普遍要求扩大自身在大学管理层的参与度。为有效维护自身利益，他们于 1972 年 11 月向校方提交了一份报告以及建立委员会宪法草案，但这项提议迟迟未予通过，直至 1977 年才得到批准。这一事件提高了教工对于大学管理的敏感度。1977 年，时任副校长将五名教师革职，这在校园内引起了教师的普遍反抗。20 世纪 80 年代末，在政府教育财政支出降低政策的影响下，教师的工资得不到保障，而另一方面大学却不断增加行政人员的数量。

第二，大学与政府一荣俱荣、一损俱损。达大学院首任校长克兰·普拉特在 1961 年学院开幕式上表示："我们必须有意识地并慎重地确保达大学院的运作管理是与中央政府目标相一致"[2]。以 20 世纪 80 年代中期为分界点，我们将坦桑尼亚 50 多年发展史分为乌贾马社会主义时期和经济自由主义及政治民主化时期。在第一个时期，国家于 1967 年发布《阿鲁沙宣言》，宣布走乌贾马社会主义道路。接着，在

1　坦桑尼亚历史学家、达累斯萨拉姆大学教授，著有第一部坦桑尼亚人自己的通史：*A History of Tanzania*, Kapsel Educational Publications, 1969。

2　Eliufoo, S. N., "Report of the Conference on the Role of the University College Dar es Salaam in a Socialist Tanzania", unpublished pamphlet, Dar es Salaam University Library, 1967, p.28.

政治、经济、社会等各领域陆续展开活动，如 60 年代末经济领域内的国有化运动、70 年代初修建乌贾马村社。教育领域集中表现在 1967 年 3 月出台的自力更生的教育政策。该政策提出各水平教育机构要学会通过自助活动，一方面将课堂理论知识与现实需求结合，另一方面为贫穷欠发展的国家节流开源。1974 年"穆索马决议"是对自力更生的教育政策的进一步补充。该决议提出，申请大学的条件之一是申请者必须有至少两年的社会实践经验。政府在 70 年代末 80 年代初经济困难时期被迫放弃该项政策。80 年代中期阿里·哈桑·姆维尼继任总统后，国家正式走上了自由化时代。为配合这一时期的国家政策，高等教育在课程设置、管理培养以及新时期大学发展规划等方面作出相应的改革与调整。可以说，国家政策是高等教育改革的风向标，高等教育的发展一直遵循着国家的整体战略目标。尤其是在尼雷尔社会主义时期，国家完全控制着大学的招生、师资、培养方向等各个层面。

第三，高等教育自身的独立性不够。东非大学时期，坦桑尼亚政府与达大学院之间并没有严格意义上的财政关系。这一时期，学院得到了东非共同事务组织、外国政府、组织、基金会和个人的拨款和援助。1967 年，国家开始走自力更生道路，但该政策在很大程度上是依靠政府在财力物力上的支持，而非人民如何真正学会自助自救。简单地说，这是一种自上而下的发展方式。[1] 大学在包括财政在内的各方面都强烈依赖政府。1970 年学院独立，成为国立大学。高等教育开始置于中央政府的行政管理下。一方面，政府方针政策直接影响着大学的发展方向和管理模式，官僚气息浓厚；另一方面，政府负责大学 90% 以上的财政支出，[2] 这包括大学的经常性开支、教职工的薪水和学生的津贴等。直到 80 年代中期以前，政府都承担着大学绝大部分的财政支出。达大通过大学理事会上交财政预算报告，由政府批准予以拨款。随着国家经济的日渐恶化，政府面临严重的财政危机，高等教育的发展陷入了停滞状态。1984/1985 年开始，政府的财政拨款与大学本身要求的数额已经不能画等号了。进入 90 年代，在新政策的影响下，达大开始千方百计地自筹办学经费，数额逐年增加。1992/1993 年，大学实际创收经费与政府批准的拨款比例为

1　Maliyamkono, T. H., Mason, H., *The Promise*, Dar es Salaam Press, 2006, p.373.

2　许明、张发建：《东非三国大学与政府关系的发展与现状》，《闽江职业大学学报》2000 年第 4 期。

4%，到了 2004/2005 年，这一比例增加到了 15.8%，[1] 达到历史新高。但是这一数据也表明，大学的资金来源主要还是依赖政府的财政支持。[2]

坦桑尼亚政府财政在很大程度上依赖外部援助和国际贷款，国内"财务情况不稳定"[3]，这就潜藏着很大的危机。如果国家经济衰败，包括高等教育在内的社会公共服务系统就面临一蹶不振甚至濒临崩溃的局面。20 世纪 90 年代初，达大教育学院教授阿贝尔·伊叔米从非洲的普遍现实情况出发，认为高等教育的发展必须要公共和外援的帮助。同时，他也提出大学自救的方式，如果大学财政富余的话，可以做一些商业投资，如炼油厂、物流、房地产、政府债券等，为学校创收。[4]

3. 其他问题

坦桑尼亚高等教育的问题还有很多，在笔者就自身在达大交流学习的经历，作以下几点补充。

第一，受教育机会性别平等化问题依然存在。上文，我们着重讨论了受教育机会的性别平等化问题。虽然女性接受高等教育的机会有了很大提高，进入 21 世纪以后，主要公立大学的女性学生比例都保持在 30% 左右，但是性别问题依然存在。（1）缺乏一个明确的组织体系。男性依然在大学领导层占绝对主体，决策过程缺乏民主讨论，官僚主义严重。[5]这很大程度上导致了很多相关活动停留在形式上，女性问题难以得到真正应有的重视。个别力量总显得有心无力。（2）过度依赖外部援助。坦桑尼亚高等教育内的性别问题是在西方女权运动的影响下产生的，80 年代中期国家放弃社会主义道路后，西方无政府组织、性别组织等扩大了对坦桑尼亚女性问题的关注，他们通过资金和项目援助广泛地参与教育、医疗等领域，扩大女性问题话语权，而坦桑尼亚本地人的女性话语权仍然很薄弱。（3）缺乏性别问题监测

1　UDSM, *UDSM Five Year Rolling Strategic Plan (2005/06–2009/10)*, University of Dar es Salaam, Nov. 2005, p.87.

2　这里的大学指的是公立院校。私立院校的资金来源与公立院校有很大不同，它们完全自负盈亏，其经费来源主要包括学生、捐款、赠款、学校创收，除此之外，极少数院校能够得到政府的财政拨款。

3　Ishumi, I. G. M., *30 Years of Learning: Educational Development in Eastern and Southern Africa from Independence to 1990*, International Development Research Centre, 1994, p.162.

4　Ibid. p.166。

5　T. S. A Mbwette and A. G. M. Ishumi, *Managing University Crises*, DUP LTD, 1996, p.44.

和评估工具，来确保并检验性别平等活动和项目实施的效果。

第二，高校的艾滋病感染率。在留学期间，笔者曾多次观看达大学生舞台剧，主题多围绕 AIDS/HIV 展开，目的在于提倡人们正确看待这一问题。但是，在平日生活学习中，少有人主动探讨这一问题。目前，关于大学艾滋病感染率的多少等问题，还没有找到准确数据。

第三，大学内部资源严重不足。这集中表现在基础设施严重不足与年久失修。（1）学生宿舍。位于达市北部基吉投亚马的达大新闻与大众传播学院，自 1997 年迁址以来就一直没有职工宿舍和学生公寓。2004 年，达大只有 50% 左右的学生能够得到在校住宿的机会。[1] 达大主校区的学生宿舍严重不足。学生公寓多为双人间（学生会成员单独一间），但实际上，却还有 1—2 个学生常年打地铺。[2] 宿舍拥挤不堪。很多学生在学校附近租非常便宜的房子，卫生条件相当差。而且每天来回学校与住宿房，浪费了大量的学习时间，也不利于学生之间以及师生之间的沟通与交流。（2）图书馆。馆内电脑设备老化、图书检索系统不便、书籍陈旧不堪。笔者在达大交流学习期间，经常花费半天时间搜寻一本书。大多数书籍都是 20 世纪七八十年代的，因为年代久远，扉页早已变成了黄褐色，缺页少面实属平常。（3）水资源匮乏、电力供应不足。这是一个普遍性问题。学生宿舍经常停水，有时甚至长达一周。教室、图书馆经常突然停电，严重影响了教学质量。

第四，高等教育的精英主义思想仍然十分浓厚。与发达国家相比，就人数上来讲，国内能够念得起大学的人依然只是少数。1990 年前后，公立学校在校人数与全国人口比约为 7 080：1，邻国肯尼亚为 876：1，赞比亚为 1 560：1，津巴布韦为 982：1。[3] 强烈的数字对比可以显示出，虽然经过独立后几十年的努力，坦桑仍然存在很大发展空间。

第五，高等教育质量不高。总体来说，坦桑尼亚高等教育的人才培养主要服务于较低端市场，如企业销售、个体买卖、中小学教师，高精尖产业人才仍然需要引

1　UDSM, *Facts and Figures*, University of Dar es Salaam, p.5, p.7.

2　这种现象，在斯瓦希里语中被称作"Kubebana"，意为"携带另一个"。

3　Omari, I. M., Paschal B. Mihyo, *The Roots of Student Unrest in African Universitie*s, Man Graphics Limited, 1991, p.7.

进。但不同以往的是，越来越多的坦桑尼亚本地人通过多年的国外学习来获得相关技能和学位，并转而服务本国市场。这对于合理并充分地利用现有资源、促进社会可持续发展来说，是不可避免的过渡阶段。尽管高校师资力量雄厚，大多数教授、副教授及专家学者都具有海外留学背景，但依然深受经济水平低下的束缚。正如尼雷尔在 1985 年承认的：坦桑尼亚的教育发展面临着"昂扬的斗志与有限的资源的冲突"。[1] 因此，总体来说，坦桑尼亚的高等教育发展水平仍存在很大的发展和进步空间。

结语

当今世界的竞争是知识的竞争、人才的竞争。坦桑尼亚国家的发展离不开高等教育的支持和高水平人才的培养。独立初，尼雷尔政府将利用本土化高等教育来实现国家的自立自强作为重大战略之一，在自力更生和社会主义基本路线的指导下，国家逐渐形成颇具本土特色的高等教育体系。然而，自 20 世纪 80 年代中期，国家开始走市场经济道路，高等教育也相应地作出了积极改变，在对过去有所继承的基础上，注入新的活力，采取更为开放的姿态，放眼世界，与非洲各国甚至欧美发达国家积极合作、促进交流。

坦桑尼亚作为贫穷的农业国，制造业基础薄弱，1970 年才建立起第一所独立大学，高等教育也不过只发展了六十多年。就高等教育而言，将坦桑尼亚与发达国家的教育发展相提并论，是不恰当的。我们应该着眼于这个国家本身的发展进程，以历史的眼光尽可能客观地看待坦桑尼亚高等教育的发展。经历了半个世纪的曲折，坦桑尼亚高等教育从 20 世纪六七十年代立足本土的原则，到 80 年代中后期的走出去的姿态，经历了截然不同的发展道路。如果说尼雷尔时期的大学很大程度上服务于积贫积弱的国家，那么从姆维尼时代开始，政府与大学的关系逐渐由主导向监督转变，大学开始以独立的个体身份来思考其作为一所高等学府应该树立的价

1　Omari, I. M., Innovation and Change in Higher Education in Developing Countries: Experiences from Tanzania, *Comparative Education*, June 1991, Vol. 27, Issue 2, p.81.

值观以及应该具备的学术科研能力。今天的坦桑尼亚依然走在不断探索国家发展的道路上，在这一时期大学将逐渐对自身与政府、市场的三边关系形成更为清晰的认识。

致谢

笔者于 2013 年 11 月至 2014 年 6 月在坦桑尼亚达累斯萨拉姆大学进行学习与交流。在此期间搜集整理资料，为完成本文打下基础。资料来源主要分为两个方面：第一，纸质材料。主要来自于达累斯萨拉姆大学图书馆、国家档案馆、国家图书馆、达大历史系、达大教育学院、达大发展研究所，有著作、政府报告以及大学报告等。除此之外，当地报纸也为笔者及时捕捉相关信息提供了可靠的窗口，例如英文日报《公民》（The Citizen）每周二发布教育类新闻。第二，采访的口述资料。主要是对达大教育学院阿贝尔·伊叔米教授的采访。伊叔米教授 1972 年取得哈佛大学的硕士学位。他一直从事非洲特别是东部及南部非洲的教育研究，成果丰硕。除此之外，在坦桑尼亚交流学习期间，笔者多次外出考察，访问坦桑尼亚开放大学、土地大学、多多马大学等，争取机会与在校师生进行交流，从而加深对该国高等教育的理解。

后殖民时期坦桑尼亚的历史教育

［坦桑尼亚］优素福·拉威[*]

本文的写作背景是世界范围内学术界对历史教育正在进行的学术讨论。在讨论中，关于历史的用途与使用之类的新想法甚为有趣。学者们似乎同意，历史教育不是简单地叙述过去，而是一直与感知性地使用历史密切相关。罗伯特·索普间接提到这一想法——不同时代，不同社会使用历史的方法是有差异的。[1]索普在谈到欧洲著名哲学家提出的观点时，肯定了19世纪晚期发展起来的历史功能论，作为当时为研究历史本身而确立的观点的对立面，这意味着将过去、现在和未来隔离开来。为了支持这一论点，即历史教育是用历史的概念来进行的，美国历史学家霍华德·辛强调，历史的一切都是关于现在和未来的，而这段历史并不仅仅是回到过去然后迷失在过去。相反，它是关于进入过去和走出过去（关于现在和未来的想法）。[2]哲学家弗里德里希·尼采反思了重现过去这一普遍倾向，认为历史有三种基本用途，即古物的使用（使传统保持活力），纪念性的用途（缅怀过去的影响及其丰功伟绩）和批判的用法（评估过去）。[3]他的象征论当然过于简单，但尼采所称的对历史的批判运用显然是今天历史学者普遍接受的理解和重现过去的正确方法。然而，批

---

* 作者系坦桑尼亚达累斯萨拉姆大学历史学系教授，也是华东师范大学设在该校工作站的坦方负责人和坦桑尼亚联合研究中心指导教师。

1 Robert Thorp, Uses of History Education, *Umea Studies in the History and Education*, 25 (2016). http:/ / www.re-searchgate.net/ publication / 306374252, Retrieved 17th August, 2018.

2 Howard Zinn, The Interpretation of History, talk at Northfield, NM on 7th Feb, 1997.

3 Paraphrased by Thorp, 26.

判过去以及如何在历史学术中呈现出来，并不意味着否认前面所解释的历史功能论。更确切地说，它意味着承认这样一个事实，即历史阐述本质上体现了阐述者的主观影响，这些影响是基于他或者她对正在阐述的过去的预期目的或用途。可以说，历史功能论在学校的历史教育中比在学术性历史阐述中更适用。尽管历史学家仍在努力建构一种对过去的共同意识，尽管主观性是不可避免的，但学校历史教育的实践似乎在大多数情况下并不支持这样做。除了少数例外，到目前为止，教育系统一般倾向于提供历史教育，其基础是假定历史是由明确的事实构成的，而这些事实只需要公开和准确的传播。这一假设在学校历史教科书、教师指南、教学方法的本质上是明显的，在很大程度上还体现在试题的设置和答案的评分上。历史学家彼得·塞克萨斯承认学术性历史阐释与学校历史教育之间存在差距，他认为前者是专业历史学家的学科实践，而后者则是思想和情境驱动的历史教育。[1] 他强调，学校历史教育是由一个定义明确的叙述构成的，特定的历史事件和参与者通过国家机制被立法或以其他方式强制执行，以一种明确指出当前叙述意义的方式来解释。[2] 塞克萨斯强调在学校教育中，与历史的功能意识相比，学术史的阐释意识更强。

在非洲，正规的学校教育往往与19世纪晚期境内欧洲势力的殖民直接相关。大多数情况下，在殖民地建立后不久，学校很快也就会建立起来。这些学校最早由天主教传教士建立，稍后由殖民政府建立。大多数早期殖民学校是小学和初级中学，但是随着时间的推移，高级中学以及各种各样的高等教育机构被引进。在早期的殖民教育中，并没有历史教育，但是到了20世纪30年代，即使在小学阶段，历史教育也已经成为教学课程中非常重要的一个方面。有证据显示，殖民学校引进历史教育的主要目标是在非洲灌输殖民现代化使命，这一想法是建立在殖民地人民是原始的、落后的假设之上。其不成文的目标便是为殖民计划提供合法性。比如，法属西非的小学历史教材这样描述非洲人，"境内的人民无法和平相处"。书中将法国

1　Peter Seixas, "A History/ Memory Matrix for History Education", *Public History Weekly*, February 25, 2016. https:// public-history-weekly.degruyter.com/ 4-2016-6/ a-historymemory-matrix-for-history-education/, Accessed 29th August, 2018.

2　Ibid.

人描述为文明的、仁慈的民族，正如文中的一段陈述所暗示的，法国人驱逐小偷和强盗……反抗贫困与饥荒。在其他方面，殖民历史教育的目标可能没有教科书或者其他工具书上面写的那么直白，但是纵观殖民世界，在殖民统治时期，历史教育的基本目标便是通过文化和意识形态影响为帝国主义扩张提供辩护与便利。殖民时期坦桑尼亚的大陆部分（称坦噶尼喀）也不例外。学校里面历史教育的官方目标及其为此所使用的文本证实了这一论断。比如，当时一本小学和中学广泛使用的书中讲述了一个故事，故事中一位非洲国王的妻子们簇拥着一位来访的欧洲探险家。根据描述，妇女们都很"丰满"，是"非洲之美的象征"，一些过于肥胖，以至于她们不得不在劳作时撑起自己。[1] 这个故事清晰地描绘了非洲人的形象，在西方文明的观念中，非洲人只是他们好奇的对象，除此之外什么都不是。这样的描绘最初可能只是为了逗乐读者，但是殖民官员认为这是在历史教育中对非洲原住民的理想描述。

　　1961 年，坦噶尼喀正式从英国独立。1964 年 4 月，坦噶尼喀与桑给巴尔组成了现在的坦桑尼亚联合共和国。与同时期的其他若干非洲国家一样，1967 年，坦桑尼亚以"非洲社会主义"作为官方的社会经济政策。从 20 世纪 60 年代晚期到 80 年代中期，坦桑尼亚认真尝试建立社会主义政治分配与经济发展的基础。在此努力之下，成果显著。但是到了 20 世纪 80 年代，在国内外因素联合作用下，坦桑尼亚发展遭受巨大挫折。国家领导人屈服于世界银行和国际货币基金组织的压力，在经济发展与政治分配方面采取新自由主义政策。因此，坦桑尼亚整个后殖民时期的特征便是具有重大转型阶段：首先从殖民统治到独立；然后社会主义建设时期，并最终向新自由主义转变。此类转变无可避免地激起或者伴随着行业政策的重大改变，包括教育政策和各种各样的经济部门政策。就教育部门而言，1967 年，一个名为《为自力更生而教育》的政策蓝图发布，为各级正规教育设立了框架，冀图从政治经济上解放教育。[2] 紧随着这项政策的颁布，1972 年教育当局采纳了中等教育职业化，这意味着国家将所有中学集中到四种基本的职业方向，即农业、技术、商业和家政方向。1975 年，坦桑尼亚采用了新的规章，要求对学生进行持续评估，

1　D. Clark, *Explorers and Discovers*, London: Longmans, 1951, p.72.

2　J. K. Nyerere, "Education for Self-R eliance", in Nyerere, *Ujamaa Essays*, Dar es Salaam: Oxford University Press, 1968, pp.44-75.

而非仅仅依据期末考试结果，[1] 这使正规教育在加强实用性方面迈出了深远一步。在现阶段迈向新自由主义的改革中，名为《教育与培训政策》的新政策被采用。新政策与《为自力更生而教育》和职业化政策形成强烈对比，聚焦于以城市为基础的工业发展并据此重视以技术为重点的通识教育。[2] 上述任何一个政策都会影响历史学在学校课程中的地位，包括它的内容及其教学形式，这也是它的意识形态和政治目的。因此目前的任务是识别教育基础的变化并调查这种转变如何改变历史的使用，这种改变体现在历史教育中变动的意识形态与政治基础。本文以坦桑尼亚后殖民经历作为历史背景，考察独立以后 50 多年来坦桑尼亚三个重要阶段的历史教育演变。

一、以欧洲为中心的后殖民时期初期的历史教育

1961 年坦桑尼亚独立后的将近五年里，国家依然是以第二次世界大战后英国殖民当局所设立的策略和原则为基础进行运转。这也许部分归因于新成立的政府并不具备必要的经济方法或者人力资源进行重大转型这一事实。但也许更重要的因素是政府或者相关机构中的执行者实际上是刚刚结束的长达 70 年的殖民统治及其意识形态和文化影响的产物。简而言之，后殖民时代早期，坦桑尼亚历史教育很大程度上照搬了殖民时代的形式和方向。特别是在非洲人就读的学校中，[3] 直至 1962 年这些学校所开设的课程与欧洲人和亚洲人学校的课程不同，依然使用陈旧的历史教材，尤其在 1963 年以前。至 20 世纪 60 年代末，P. 克拉克的《坦噶尼喀简史》，依然是流行教材之一。教材中对殖民体制和统治的赞誉，让其殖民属性一览无遗。

1   L. S. Block, National Development Policy and Outcomes at the University of Dar es Salaam, *African Studies Review*, 27 (1), 1984, pp.97-115.

2   Nina Elizabeth Weaver, *Education Policy in Tanzania from Independence to the Present: Continuity and Transformation*, Unpublished B.A. Philosophy Dissertation, Pittsburg: University of Pittsburg, 2011, pp.56-58.

3   直到 1962 年，坦桑尼亚大陆地区（坦噶尼喀）的学校体制还是按照种族不同，分为三块：欧洲人、亚洲人、非洲人分别就学。这种体制也在其他英属殖民地普遍实行。

本书花费整整一个章节去描述"二战"后殖民政府所带来的"进步"。[1] 在另一本名为 Zamani Mpaka Siku Hizi 的书中美化殖民统治的倾向同样显著。[2] 照字面意义，该书标题可以翻译为《从遥远的过去到现在》。该书首次出版于 1929 年，当时正值英国殖民主义在坦桑尼亚落地生根。其内容来源于 C. C. C. 邓达斯提供的材料，邓达斯曾是坦噶尼喀土著事务部的部长。据此，该书的内容建立了一个典型的非洲民族志，而民族志出自 19 世纪欧洲旅行者之手。书中所呈现的非洲人是好奇的对象，也是一个奇怪的"他者"。该书高度传奇化欧洲殖民主义，比如认为英国在坦噶尼喀的统治促进了经济的更快发展，甚至加快了走向独立的步伐。纵览一直使用到 1965 年的初级历史课程，显示其对部落历史的强调，这些部落历史来源于非洲人口述或者欧洲人的书写材料。教材中主要描述欧洲人在非洲的探险和活动，配以英雄、统治者、探险家、传教士等的插图加以说明。于是，作为一门学科的主要历史意识与人文地理学有相似之处，强调人物、地点、事物的三重关系。这反过来又照搬了殖民时期学校的历史特性，这是 1939 年历史与地理联合教育大纲规定的。后殖民时期早期的主流教育方法折射的历史意识几乎与殖民时期完全吻合，教师们被要求描述而不是分析。这需要在选定的视觉辅助工具（如地图、照片和故事）的帮助下叙事。

这种从殖民时期开始的连续性同样体现在学校历史教育的官方目标上。比如，一份发布于 1963 年的坦噶尼喀初级历史教学大纲清楚指明五年级历史教学的目标是通过故事的形式讲述过去和现在的人物和事件，供小学生消遣。[3] 这简直就是殖民时期历史教育目标的翻版。在中学，1964 年发布的坦噶尼喀学校教学章程中，历史教育的目标之一是培养学生的容忍精神和民族自豪感。[4] 尽管前面所提到的民族自豪感不是殖民时期官方的历史教育目的，但是纵观其他历史教育目标，关于历

1　"一战"后，英国托管坦噶尼喀，实行"间接统治"，但是"二战"期间英国开始直接干预殖民经济，为赢得战争服务。"二战"后，英国开始用现代科学技术发展殖民地经济，冀图维持英镑稳定和国际收支平衡。而英国这种经济发展方式在坦噶尼喀推行的过程中，大量兼并农村非洲人的土地，激起极大抗议。

2　F. Johnson, *Zamani Mpaka Siku Hizi*, Dar es Salaam: Education Department-Tanganyika Territory, 1929.

3　Wizara ya Elimu, *Muhtasari wa Shule za Primary Zenye Mafunzo kw Kiswahili*, Dar es Salaam: Government Printer, 1963, p.1.

4　Ministry of Education, History Syllabus for Forms I to IV, Dar es Salaam: Government Printer, 1967, p.7.

史教育所扮演的角色的普遍看法很大程度上仍带有殖民取向。比如，该章程最主要的目标是拓展学生对人类及其行为的认知与理解，这一目标明显具有殖民取向。明确将"人类"作为一个生物物种而非社会人，这与20世纪英国社会人类学的主要宗旨有异曲同工之处。社会人类学的特征便是关注工业世界之外的原始部落，认为这些部落比工业世界内的民族更缺乏人情味。在初级阶段，直至20世纪60年代中期，教师往往强迫学生在课堂上死记硬背诗歌，诸如"我的名字是达·伽马；我来自威尼斯，我将去印度旅行"。[1] 这种不加批判地将欧洲探险家介入到非洲历史中，就是典型的殖民时期历史教育。

因此，课程开发者尽管试图调整历史教育以契合新的后殖民时代背景，依然受到过去的殖民霸权影响。如前文中所显示的，那种文化本质上是对欧洲文化优越性的维护，反之也是非欧洲种族文化自卑思想的内化。事实上，20世纪60年代前半期，坦桑尼亚的历史教育通常是赞成那些具有殖民特征的意识形态和政治准则，此类准则反映了学校历史教育的预期目的。继续使用殖民历史教材和教学大纲意味着继续为它们所蕴含的价值观辩护，这种价值观包括欧洲人的文化优越性和欧洲人的信念——欧洲人殖民非洲善意的举动，为的是履行白人教化欧洲文化圈之外的世界的责任和负担。同时，继续将历史视为人类地理学，重复历史教育的殖民目标——诸如理解人类及行为，或者通过叙述以及故事的形式向学生提供消遣，明显带有教化青年一代的政治意图，目的是让年轻人成长为顺从并忠于政府权威的市民，而不考虑他们的物质条件。后殖民政府早期也许并未刻意维护此类历史用途，但是直至20世纪60年代中期，并未采取矫正措施去改变具有殖民特征的历史教育。

在这一阶段，尽管坦桑尼亚是独立的国家，政治氛围充斥着要求变革的民族主义狂热，但是明显地，历史教育缺乏相应的热忱和革命性想法。这一时段的历史呈现了一种纪念性使用历史的趋势，反映在历史教育中就是在非洲建立丰功伟业的代表是欧洲人，并非非洲原住居民。历史教育依然是以欧洲为中心的，具有殖民特性。它展现了弗里德里希·尼采所谓的历史的纪念功能，即颂扬欧洲英雄和他们在非洲殖民地的行动；展现了保守思想的政治基础，力图保持学习者对统治政权的顺

1　Interview with F. Lutatenekwa, *Dar es Salaam*, 5th November, 1987.

从和忠诚态度。具有讽刺意味的是，这些倾向与民族主义的胜利和独立时期紧张的政治气氛形成了鲜明的对比。

二、乌贾马社会主义时期的历史教育

1967 年，坦桑尼亚采取乌贾马社会主义作为官方的社会和经济政策，在《阿鲁沙宣言》之后，一份蓝图清晰阐明该项政策的基本原则。这项政策所依据的主要原则是人类尊严、平等、反对私有财产。这些理想将会通过自力更生、民主施政和代表广大农民和工人利益的国家控制主要生产资料来实现。[1] 采纳该项政策意味着重申国家的主要经济和社会政策，包括教育政策。一篇名为《为自力更生而教育》的文章奠定了新教育政策的框架，这篇文章与《乌贾马：社会主义相关论文》中的一些文章一同出版于 1968 年。新政策清晰指明了后殖民时代非洲国家如坦桑尼亚的主要教育目标，即从精神上、政治上、经济上和文化上解放学习者。在实行《为自力更生而教育》政策的同时，坦桑尼亚教育学院也成立了。1972 年，教育学院全权负责开发学校课程。学校通过学科事务委员会运转，该委员会由经验丰富的相关学科教师和大学科研人员构成。历史事务委员会是最早建立的机构之一，通常由达累斯萨拉姆大学历史系教授担任主席，达累斯萨拉姆大学是当时这个国家唯一的大学。委员会其他三名成员在教育学院中担任专家。1975 年，教育学院成为半国家组织，被委以起草中小学和师范学校的教学大纲的职责。[2] 历史事务委员会的第一批成果是一些为中小学设计的新课程（1976），为获得教育学位设计的师范教育课程大纲、ABC 等级认证（1982）、教师历史手册。[3] 在《阿鲁沙宣言》颁布以后，具有同样影响的组织是坦桑尼亚历史协会（HAT）。该协会建立于 1966 年，目的在于鼓励出版、保存、传播历史知识，以及编写历史阅

1　J. K. Nyerere, *Ujamaa: Essays on Socialism*, Dar es Salaam: Oxford University Press, 1968, pp.1–12.

2　Tanzania Institute of Education, Tenth Anniversary 1975–1985, Dar es Salaam: Government Printer, 1985, p.3.

3　Taasisi ya Elimu, Ufundishaji wa Historia katika Shule Zetu, Mimeo, 1980.

读材料。坦桑尼亚历史协会给自己下达了任务——推进"正确""进步"的历史解读。[1]

　　在新的意识形态、政治和机构环境中，坦桑尼亚教育学院和历史协会发挥了良好作用，学校历史教育的本质发生了一些重要改变。新通过的教学大纲和教材反映了学校历史教育的新目标和新内容，具有强烈的民族主义和反帝国主义思想倾向。如，1966年历史事务委员会在考虑改变中学教学大纲时，详细指明了1967年后历史教育的目标是创造一种新的国家意识："如果想要建立一个强大的国家和社会，就必须让国家的年轻人了解并参与这一进程，以至于他们能够了解其共同遗产。"[2] 在此之前，教育学院于1967年设立的一个历史小组评估了1963年初级教学大纲的适宜性，注意到七年级和八年级的课程大纲主要是"非洲人如何被施加影响的历史，而非本地土著居民的历史"，并补充说，它不是一个可能唤醒初级（学校）学生民族自豪感类的历史。[3] 同样地，在1967年达累斯萨拉姆举办的一场重要会议上，建议新的教学大纲"在内容上必须以非洲人为主"，非非洲事件只有与非洲事件存在无可置疑的关系时，才纳入进来。[4]

　　这些建议极大地影响了20世纪60年代末开始使用的新教学大纲的性质。中学教学大纲很大程度上实现了非洲化。通过观察1964年前后的主题，我们可以很容易地发现其中的变化，如表1所示：

表1　1964年前后中学教学大纲主题变化

1964年前的主题	1964年后的主题
1. 英联邦与热带非洲	1. 非洲历史——从公元前1800年到现在
2. 现代欧洲与英国和热带非洲	2. 东非之外的非洲历史——从公元前1800年到现在
3. 英帝国与英联邦	

1　J. R. Mlahagwa & I.N. Kimambo, *Report of the 20th Anniversary Celebrations of the HAT(1966–1986)*, September, 1986.

2　Ministry of Education, *Report on Tanzanian Syllabus in History for Forms I–IV*, Mimeo, Dar es Salaam, 1967, p.2.

3　Ibid.

4　D. R. Morrison, *Education and Politics in Africa: The Tanzanian Case*, London: C. Hurst & Co. Ltd., 1976, p.218.

其他层次的教育也发生了类似改变，尤其是初级和师范教育的课程大纲。因此，新教学大纲在思想内容和地理范围上都发生了显著变化。

专家们精心挑选的作为参考书目的教材，反映了他们在开发新的课程大纲时所期望的历史教育。20 世纪 60 年代末到 70 年代，被广泛使用的书籍在意识形态上都是民族主义倾向，在地理范围上都是以非洲为中心。这些书籍包括 I. N. 基曼博和 A. J. 泰姆的《坦桑尼亚史》，B. A. 奥戈特和 J. 基兰的《历史：东非历史综览》，罗勒·戴维逊的《非洲文明的成长：至 19 世纪晚期的东非和中非》，D. A. 威尔逊的《1 000 年以来的东非：从公元 1000 年到当代》。[1] 在这些书中，作者试图以非洲人的视角介绍非洲史。

除了使用新的以非洲为中心的书籍外，早期民族主义历史教育与殖民历史教育在内容和考题选择方面有根本不同。从如下两个系列的期末试卷（普通版），一个是 20 世纪 60 年代前期的，另一个是 1967 年及稍后的，我们可以发现两者的不同之处（表 2）。

不同的意识形态和政府造就了这两种情况。第一组明显反映了欧洲文化优越于其他种族，为殖民事业辩护；第二组推翻了前面的假设并肯定非洲人的能动性及其历史上的成就。

表 2　1967 年前后中学期末试卷的不同之处

1967 年前的模拟问题	1967 年及稍后的模拟问题
1. 许多欧洲国家是非常成功的殖民势力。你对此如何解释？ 2. 人们普遍认为古希腊文明为现代世界作出了伟大的重要贡献，解释为什么这样。（1962） 3. 简短描述如下各项在世界历史上的重要性：雅典，游牧民族，新石器时代，神圣罗马帝国，伽利略。（1962）	1. 我们可以从古代非洲帝国学到什么？ 2. 讨论 1957 年加纳独立对其他非洲国家的影响。（1967） 3. "津巴布韦"是非洲人的成就。评论该说法。（1969）

因此，1967 年以后，历史教学大纲、教材、试题在某种程度上批判了在历史教育中占主导地位的殖民观点，并且关注土著非洲人的状况。按照这一时期的普遍

1　该书头两卷于 1969 年由东非出版社（East African Publishing House）出版，其余各卷 1973 年由朗曼和东非出版社出版。

观点，学习历史与教授历史的目的不是为了严格评价过去和当代，而是为了恢复非洲以前的荣耀。他们认为殖民阶段及其之前的奴隶贸易是非洲历史上唯一的黑暗时期，同时终止讨论帝国主义殖民之前非洲社会中的权力关系和阶级剥削之类的话题。历史教育的新方法也会回避一些内容，这些内容会突出内部因素对前殖民时期、殖民时期、后殖民时期非洲政治经济的影响。

因此，一方面，20世纪60年代末70年代初以非洲为中心的民族主义历史教育方式，一定程度上是在批判现存的历史教育结构和内容。比如，它试图改变殖民时期和独立初期历史教育的思想和政治属性。此外，一定程度上，它实现了预期的目标，新方法解决了在初学者之间培养独立意识和非洲归属感的需要。这些观点形成的背景是20世纪60年代大多数非洲国家民族主义的胜利并获得独立。这种背景赋予了非洲认同的意义，也赋予了非洲大陆及其人民一种使命感。但是，另一方面，以非洲为中心的民族主义历史教育方式是保守的，在这种意义上，它通常意味着庆祝非洲过去和现在的成就。它与其他民族主义史学存在一样的缺点，包括对非洲过去的传奇化，无视民族主义思想和政治的局限性。以非洲为中心的民族主义历史尤其缺少一种建设和培养自我评估意识与批判意识的尝试。在后殖民背景下，这意味着欣赏非洲社会的历史存在的动力，不仅认识到在那片被称为非洲的地理范围内人类所取得的进步，还认识到其在历史长河中所失去的机会。认识到外部驱动力的负面结果，诸如西方利益参与奴隶贸易和殖民主义，理应只是非洲自我评估的起点。同时，历史教育应当关注积极改变和衰败的内在动力。这样就构成了自我启蒙和解放的历史教育。

但是，值得注意的是，20世纪70年代中期，历史教育的性质发生了明显的转变。这是全球范围内被称作依附理论发展的结果。众所周知，依附理论假设处在工业资本主义外围的社会将会注定贫困，因为两个区域的社会之间存在永久的权力失衡。与非洲特别相关的是，非洲国家摆脱殖民统治获得正式独立10年后，大多数国家经济上依然落后，而依附理论则是对这种落后的回应。该理论从非洲和欧洲之间长期的剥削关系角度解释了这种情况。这种剥削始于15世纪，通过奴隶、象牙、黄金及其他战略性资源的重商主义贸易产生，一直持续到殖民、后殖民时期。这些观点主要通过沃尔特·罗德尼博士的著作《欧洲如何使非洲欠发达》进入坦桑尼亚中学历史课程。[1] 该书首次出版于 1972 年，到了 70 年代中期，在大多数学校都被采用。在七八十年代，在坦桑尼亚教育系统，没有任何一本书比罗德尼的这本书更受欢迎。[2] 采纳欠发达这一观点体现了学校历史教育的重要改变。首先，它使得将非洲历史理解为全球经济体系历史的一部分成为可能。其次，它从非洲在世界体系中的地位角度解释了非洲正式独立后第一个十年经济不景气的原因。尽管从欠发达的角度理解非洲的过去和现在的许多方面都是有益的，但是它并未在根本上从流行的民族主义视角中脱离出来。首先它将非洲历史现实抽象化，比如当非洲人与外界进行经济和政治互动时，它使用了欧洲剥削非洲的想法，但不承认各大陆不同社会群体之间的必要区别，也不承认他们在建立和维持他们试图解释的剥削关系方面所起的作用。更重要的是，基于欠发达理论的历史阐释对影响非洲外部联系和当代政治经济形势的内部社会、政治动力保持沉默。归根到底，所讨论的历史教育基本上保持了 60 年代末的民族主义观点。

虽然上述情况在 20 世纪 70 年代大部分时间里普遍存在，但 1976 年至 1980 年代后期这一阶段出现了另一个显著的趋势。显然，由于受到达累斯萨拉姆大学历史系学术发展的影响，教育部通过教育学院为中小学和师范院校采用了新的历史教学大纲。当时的一位历史学和课程专家概述了基于大纲的历史教育的性质和目标："现行的教学大纲制定于 1976 年，其目标是否定先前存在的资产阶级解释的目标。它运用唯物主义，试图为解放而传播历史，对非洲内外几个世纪以来剥削人类的根源进行科学研究。"[3]

这些都是以民族主义的意识形态和政治取向视角来看历史，这一观点一直占统治地位。根据这位专家的观点，新大纲期望历史教育在本体论上是唯物主义的，在方法论上是科学的，在思想政治取向和意图上是解放的。要知道这些理想在多大程度上得到了实现，有必要再次看看新开发的课程大纲和实际课程内容的明确目标。值得注意的是，1976 年的初级历史教学大纲的关键目标是让学生

1　1976 年由坦桑尼亚出版社（Tanzania Publishing House）第 1 次出版。

2　沃尔特·罗德尼博士 1978 年以前曾任教达累斯萨拉姆大学，该书是他通过与学校师生进行学术讨论互动写出的。

3　F. Lutatenekwa, History Teaching in Tanzania Secondary Schools for the last twenty five year, Unpublished paper presented at the History Teachers' conference held in Dar es Salaam, 1986, p.11.

理解和欣赏殖民入侵之前东非人所取得的进步，以至于他们可能形成"一种自信的意识，理解他们在人类发展中的责任和角色意识"。[1] 这种教学大纲之下的历史教育也是为了让学生明白非洲欠发达是殖民时期非洲人在政治、经济、文化方面被统治的结果，同样也是为了让学生欣赏非洲国家在争取解放的斗争中所采取的策略和作出的努力。同样地，高中历史教学大纲的目标包括促进和鼓励发展非洲人的世界观和对非洲传统的自豪感，以便学生能够自信地面对各种挑战。[2]

在这些目标中，显而易见的是非洲主义者—民族主义者对非洲过去的看法的特点。正如上文引述的课程专家所作的发言暗示的那样，几乎没有任何迹象表明这些方法正向科学唯物主义转变。总之，新大纲的愿望是历史教育将会使得学习者意识到这样一个事实——非洲文化认同是受人尊敬的，作为坦桑尼亚公民，本质上他们依然是非洲人，属于被称为国家的合法统治政治实体，他们必须对此感到自豪，并为之工作。这些历史教育的特质反映在官方文件所概述的历史教育的实际内容中。比如，高中教学大纲的重点在于文化、经济和政治领域的消极殖民遗产，以及在后殖民时期为消除这些影响所作的努力，基本上是通过新设计的教育、经济和统治制度。[3] 新的教学大纲还包括以下主题，国防和安全、泛非主义和区域一体化倡议，如东非共同体。这些主题听起来是进步的，有能力产生批判性和解放性的思想和态度，但是没有迹象表明希望在设计和交付实际的教学大纲内容时使用科学唯物主义方法。

直至 20 世纪 80 年代早期，人们还没有花费太多精力去编写教科书，以促进所期望的唯物主义历史教学大纲付诸实施。1983 年，一本名为《东非和其他非洲社会直至 19 世纪的发展》的书籍出版。除了宣称唯物主义是解释非洲历史的哲学基础外，该书还首次将一些马克思列宁主义的分析新概念和术语引入学校历史讨论中。这些概念包括经济基础、上层意识形态、生产力、生产关系、生产方式、社会

1　Ministry of Education, *Secondary school syllabuses: Social Science*, Dar es Salaam: Printpark/ MTUU, 1976, p.46.

2　Ibid, p.60.

3　Ministry of Education, *Secondary School Syllabuses, op. cit*, 1976, pp.64–67.

形态、阶级和阶级形成等等。人们普遍认为这些概念和术语很快就会在课堂上流行起来，实际上它们在各个学校都得到了明确和强调。

　　然而，尽管在讨论与非洲的前殖民、殖民和后殖民历史有关的各种问题时使用了这些概念，但学校里对历史的阐释在其政治和意识形态表述中从根本上仍然是民族主义的。例如，社会阶级的概念几乎只与殖民剥削有关。它不是用来解释沦为殖民地之前的非洲国家的性质，不是用来解释欧洲资本主义代理人和沦为殖民地前的非洲社会领袖初次相遇时的阶级特征，不是用来解释殖民统治下的阶级论争，不是用来解释阶级利益在非洲争取民族解放过程中所起到的作用，更不是用来解释非洲或者其他地方的新殖民主义的阶级本质。同样，生产方式的概念只是抽象地用来指人类社会中被错误描述为连续的社会经济变革的普遍阶段，即原始社会、奴隶社会、封建社会、资本主义和共产主义社会。到了 80 年代中期，生产方式的概念被假定为一种主导地位，几乎每一个历史过程都被解释为所谓的主导生产方式，这被理解为所讨论的是社会中技术的发展水平和生产关系的偶然性。这种抽象导致了学生和教师的历史感的丧失，因为历史话语开始被历史变化的示意图所主导，而不再参考具体的历史过程和影响它们的力量。在这一点上，历史教育或多或少成了一种缺乏内容的修辞，不仅失去了预期的批判和解放效果，也失去了具体历史过程的味道。

　　这一时期历史教育抛弃了以欧洲为中心及其殖民特性，转而采取了以非洲为中心的民族主义观点。当时的历史教育强调非洲历史成就，包括那些在反对殖民统治和在直接殖民控制崩溃后的国家建设中所取得的成就。然而，对非洲历史成就的庆祝也意味着对矛盾的自我美化和沉默，并错过了让非洲社会在各个时代取得更大成就的机会。这种倾向也意味着丧失了自我评估和批判的机会，以及培养从过去的错误和不幸中吸取历史教训的态度。也有人指出，在这一阶段晚期，特别是从 70 年代末到 2005 年，学校推崇一种唯物主义的历史教育方法。然而，在实践中，这一推崇并未导致坦桑尼亚学校性质的任何改变。虽然一些教科书和课堂讨论中引入了一套唯物主义概念，但历史唯物主义并没有成为这一时期历史教育的最典型特征。取而代之的是，学校的历史教学主要是对过去的抽象和结构性描述，而不是对人类社会和社区的具体历史经验进行批判性讨论。

三、迈向新自由主义改革时期的历史教育

如前所述，坦桑尼亚的政治体制与经济体系在 20 世纪 80 年代发生了重大变化。在这一时期全球范围内社会主义运动受挫，当时的坦桑尼亚政府采取了所谓的新自由主义。这种转变表现在诸多方面。在政治领域，1965 年废除的多党制于1992 年正式重建，1994 年在新制度下举行了两次议会补选。1995 年，在多党制下举行了自 1961 年独立以来的第一次大选。在经济领域，表现为主要企业（包括银行和工业）的非国有化，私营部门对经济和社会服务供给的参与，并取消了严格执行的禁止政治和政府领导人以投资者或经理人的身份参与经济活动的禁令。在意识形态和文化领域，没有立即采取措施，但到 20 世纪 90 年代初，公众承认乌贾马社会主义是国家的官方政策，这已成为罕见的事件。随着时间的推移，这些渐进的变化也在正规教育中得到了体现。主导历史、公民教育、文学和综合知识等学科教学的马克思列宁主义话语逐渐消失，但从未完全消退。然而，在目前的讨论中需要解决的问题是，这些经济和政治背景上的变化在多大程度上改变了学校历史教育的性质。

1976 年制定的学校历史大纲一直使用至 1997 年。1997 年的历史大纲在内容细节上作了轻微的修改，主要是为了加入后殖民时期发生的一些新的历史进程，1976年大纲的基本课程原则、目标和纲要总体上仍然没有改变。2005 年，基于流行的能力本位教育（CBE）概念，一种新的课程制定和实施方法被引入。简单地说，这种方法是为了纠正传统教育实践中强调课程知识内容覆盖的负面影响而研发的。相比之下，CBE 寻求的是直接发展认知能力、心理运动能力和情感能力。[1] 在全球层面，这种做法在 20 世纪 50 年代首次获得认可。20 世纪 80 年代，由于教育学领域的学者们发现了它的一些不足之处，它开始衰落，但在 90 年代，由于这种方法在

1　M. Mulder, et. al., The Concept of Competence in the Development of Vocational Education and Training in Selected EU Member States: A critical Analysis, *Journal of Vocational Education and Training*, 59(1), 2006, p.65.

实施过程中采用了新的原则，于是它重新出现，并在世界许多国家流行起来。在坦桑尼亚，CBE 是在称为"教育和培训政策"的新教育政策时被采用的，该政策于 1995 年生效。[1] 它是在当时出现的新自由主义社会经济和政治局势中提出的，其目的是在新的背景下维持 1967 年教育蓝图中首次提出的以工作为导向的教育，即《为自力更生而教育》。更具体地说，CBE 方法的采用意味着教育政策的转变，从满足该国大多数农村农业人口的一般需要，到满足 90 年代不断发展的自由市场社会对具体技能和能力的新要求。

　　课程专家已尽其所能，说明以 CBE 为基础的课程和大纲应该是什么，以及相关原则应该如何实施。在 2005 年教学大纲有关预备部分的规定中，坦桑尼亚教育的基本目标之一是"促进读写能力、社会、科学、职业、科技、专业和其他形式的知识、技能和态度的获取和合理使用，以发展和改善人类与社会的条件"。在这一声明中被明确强调的实践能力，在其他有关新政策下强调的"促进和扩大知识获取的范围，改进和升级精神、务实、高效和其他的技能以满足不断变化的工业和经济的需求"的一般目标中被更清晰地描述。2005 年所有课程大纲中重现的其他几个官方目标或多或少都强调增强实践能力，而不仅是对于规定的知识内容的覆盖。至少有一个系统的研究已经完成了对自 2005 年开始实施的基于能力培养的课程的评估，对于这一研究的一般性结论是，在被声明的能力和课标的实际履行之间有着严重的不匹配问题。根据这一研究结果，教学大纲里的科目内容明显过多，没有给学生留下进行建设性活动的空间，而这些活动可以培养学生的实践能力。

　　在这方面一个有趣的教学问题可能是，被列出的教育实践能力是否可以实际地转化为学科具体能力。虽然这个问题值得探讨，但我们的当务之急是了解 CBE 原则如何反映在 2005 年后的历史教育目标中的。为达到这个目的，一个对官方声明所期待的对于"初级"和"高级"学校的历史教育和学习所能带来的能力的概述表明，在正式采用 CBE 原则之前的目标并没有发生明显的变化。值得注意的是，几乎所有关于历史教育预期能力的关键词都是，学生应该"展示对每一级教育课程内容的各种要素的理解"。因此，对于"初级"学校的历史教学大纲，官方的目标是

1　The Ministry of Education and Vocational Training, *Education and Training Policy*, Dar es Salaam: The United Republic of Tanzania, 1995.

学生在完成学习课程后应"表现出对非洲社会及其发展方式的理解";非洲人所遇到的问题以及他们为解决这些问题所做的努力;他们在殖民统治前后所取得的社会经济、文化和政治成就;欧洲殖民主义如何影响非洲社会;非洲人为克服殖民统治和新殖民控制所做的努力;非洲人需要在他们之间建立团结。如前所述,重点是理解和欣赏非洲过去的这些方面。

仔细看一看 2005 年中学历史大纲所列的所有预期能力和目标,就会发现它们与 20 世纪 70 年代在狂热的民族主义的影响下所追求的目标大体相似。第一,它们寻求发展一种强烈的"非洲性",作为它们的基本社会认同,而不是普遍的人性或民族/种族认同。这一追求清楚地反映在官方以及官方推荐的供学校和毕业考试使用的教科书中。第二,预期的教育目标明显偏向于庆祝非洲人民过去的成就,而把殖民和新殖民侵略看作是非洲大陆历史中唯一值得注意的污点。在思想政治取向方面,2005 年后历史教育的目标和内容延续了以非洲为中心的民族主义传统,对于内部的历史发展从本质上不加以批判,2005 年后的历史教育很难称得上是进步的或革命的。它似乎也没有清晰地反映自由、个人自由和经济自由主义的新自由主义价值观。当时社会经济和政治背景与历史教育的意识形态之间的不匹配,复制了如上所述 20 世纪 60 年代末和 70 年代末所观察到的情况。值得注意的是,在采用教育培训政策和 CBE 原则之后发生的唯一一个重大变化是国内教科书市场的自由化。根据这项政策,个人作者和出版商可以根据官方规定的教学大纲编写教科书,经政府批准后,可在学校使用。然而,由于国家对经济控制的加强,这种情况目前已经停止,国家教育协会又恢复了对学校教科书的垄断。

始于 20 世纪 80 年代的新自由主义经济和政治改革并未即刻反映在该国历史教育中。这意味,上一个时期占主导地位的趋势在很大程度上并没有改变。然而,在竞争激烈的市场经济背景下,历史教育试图与新兴的能力建构概念同步。因此,在 2005 年,在基于"以能力为基础的教育"原则下,新的学校课程和学科大纲被采纳,旨在取代基于传统内容的方法,发展实践能力。值得注意的是,就学校的历史教育而言,在宣布"基于社区的教育"后,历史教学和教材内容的官方目标并未发生任何明显的变化。因此,从本质上看 2005 年后的历史教育仍是以非洲为中心的民族主义视角,并保持了前一阶段历史教育的意识形态和政治保守主义特征。

虽然历史功能的概念明确适用于学校的历史教育，但特定历史功能的演变是一个复杂的过程，往往超越各自社会的主要历史时期的界限。在坦桑尼亚，尽管该国经历了 60 年的重大社会经济和政治变化，但后殖民时期早期历史教育的殖民视角和方法的连续性及民族主义和非洲主义直到现在依然坚韧。这种韧性源于这样一个事实——正规教育所属的文化领域的变化，与政治和经济领域中往往相对瞬间的变化相比，是一个更为深刻和渐进的过程。此外，具有民族主义取向的非洲中心观在历史教育中的长期回弹表明殖民统治作为一个历史事件的深刻性。

尼雷尔与坦桑尼亚现代国家建构

王　磊[*]

坦桑尼亚国家不是一夜之间横空出世的，不是殖民主义的创造，也不仅仅是民族主义斗争以后取得独立的结果。它是一个历史过程的产物，这一过程包括曾经在东非印度洋沿岸居住的各民族的文化、经济、社会和政治的发展以及他们之间的相互融合；居住在东非沿岸的各民族从地域上看似乎是孤立的，但是每一个民族都在向前发展并且相互影响，不同民族的接触、通商甚至战争都在促进着民族的融合与思想的同化。它是一个现实选择的结果，这一选择既有"二战"后民族解放运动有利的客观条件，更包含着开国总统尼雷尔的政治思想与充满勇气的探索和持续的实践；时势造英雄，英雄书写历史，尼雷尔的高尚品格加上杰出的政治才干与勤政朴实的作风，成就了坦桑尼亚的和平独立、和平发展，也实现了坦桑尼亚的民主与稳定。尼雷尔是坦桑尼亚统一进程的设计师，是坦桑尼亚共和国的创始人，是坦桑尼亚社会主义的倡导者和领导者，泛非主义的坚定信仰者与支持者，非洲统一组织主要领导人之一。

一、坦桑尼亚现代国家的形成

现代坦桑尼亚民族的形成是历史过程的产物，这个过程包括在这一地区生活定

* 本文作者为"坦桑尼亚联合研究中心"研究人员，曾于2012年6月在达累斯萨拉姆大学进修。现为华东师范大学马克思主义学院副教授。

居过的各民族的经济、文化、社会、政治的相互融合，随着社会的发展和人民之间或和平或战争等不同方式的频繁接触，从分散的政治单位和部族逐渐聚合成比较一体化的民族，形成现代国家的基础。20世纪初，考古学家在坦噶尼喀北部奥杜瓦伊峡谷莱托利发现一组印在火山灰沉积岩上的原始人脚印化石，距今有340万—380万年，是人类开始直立行走的最早证据。坦噶尼喀境内最古老的土著民族是伊科桑人，以狩猎和采集为主要生产生活方式。在漫长的历史岁月中，库希特人和班图人先后南迁进入现在的坦桑尼亚境内，班图人以农耕为主，社会文化较为发达，逐渐成为坦桑尼亚境内的最大民族。随着民族迁徙与交融，古代的坦噶尼喀地区先后出现了酋长国和中央集权制王国，当时各部落仍主要处于自给自足的自然经济状态，在西方殖民主义16世纪初进入坦噶尼喀地区之前尚未形成统一的民族国家。

（一）德国的直接统治

坦噶尼喀是人类文明发祥地之一，坦噶尼喀的疆域是19世纪80年代由于欧洲人对非洲的瓜分开始形成的。1869年苏伊士运河开通，德、英等西方国家相继侵入东非，其中以德国最为突出，统治时间大致经历了"单个人物活动""组织非洲社团""建立行政机构"三个阶段。德国人入侵的后果相当深远。坦噶尼喀的边界由此定下来了，在此期间坦噶尼喀人民参加了第一次世界大战。德国人开始实行培养非洲文官的教育实践，建立了反对地方主义的全领地范围的文官制度。英国人继承了这种培养文官的教育措施。塔波拉学校就是为酋长们的子弟设立的，这种措施导致读书做官的思想在非洲人中间发展起来，也引起部族社会内部的不平等以及特权阶层出现。这种现象埋下了冲突的种子，导致了民族主义群众运动的兴起。反对德国人入侵的非洲人抵抗运动，向后一代提供了某些值得思索的事情，提供了在有必要为重新赢得独立斗争时可以效仿的榜样。

在第一次世界大战中德国战败，这对坦噶尼喀人民来说具有极其重要的意义，不仅摧毁了德国建立的强大的殖民地位，更重要的是战争教育了土著居民，让他们在心理上以一种从未有过的视角来看待白人，让他们在思想上发生了深刻的变化。例如1917年10月，肯尼亚省一级的行政当局就从保护地当局接到警告说："英属东非的土著居民在德属东非地区参加战争，不管他们是士兵还是搬运工人，都得到前所未有的机会，通过与其他非洲附属国土著居民的接触而丰富了他们的思想。在这个保护地的历史上，也许会在土著居民脑海中第一次产生有可能实现一个黑非洲的概念。在东非，伊斯兰教往往把自己当作既是政治力量又是精神力量，德属东非是泛伊斯兰教和泛非主义共同活动的场所。德国的行政官员承认，他们担心非洲的伊斯兰教徒联合起来反对欧洲人的政治运动。这种运动不是不可能发生的，它在战后受到热烈的欢迎。"[1] 历史事实表明，"一战"后的一段时期，坦噶尼喀的表现似乎处于停滞状态，经济发展缓慢，几乎与外界隔绝。但是就宗教思想来说，"20世纪20到30年代，在坦桑尼亚人民中间发生了许多事情，伊斯兰教和基督教的影响都扩大了。"[2] 有一些人开始利用宗教反对殖民世界的不平等，这对坦噶尼喀的独立产生了一定的影响。

（二）英国的殖民统治

根据《凡尔赛和约》，英国占领德属东非全境，1920年，英国政府将德属东非（卢旺达和布隆迪除外）正式定名为坦噶尼喀并派总督进行殖民统治。在强大的军事力量的支持下，英国对坦桑尼亚地区进行了长达41年的殖民统治和掠夺。英国政府为了更好地维持殖民秩序，在吸取德国殖民统治教训的基础上结合自身与东非的现实特点实行间接统治，扶持当地酋长作为殖民政权的雇员，其意图主要是遏制日益兴起的民族主义群众运动，这种政策至少在两次世界大战之间达到了目的。

英国殖民统治期间，当地坦噶尼喀人渐渐出现了一些带有政治意图的部落联盟和协会，这是一些民族主义者为了用一个组织来体现团结的理想而进行的努力与尝试。两次世界大战之间的年代里，在坦桑尼亚地区成立了三个全领地范围的组织，即坦噶尼喀领地非洲公务员协会、坦噶尼喀非洲人协会以及坦噶尼喀非洲工人中央协会，这些组织或者协会名称包含着坦桑尼亚政治的一种新概念和规定的政治任务或目标。这些组织第一次使用了坦噶尼喀的概念意味着新的政治斗争将在这个范围内展开，新的国家将在这个领土诞生。这些组织反映了坦噶尼喀摆脱殖民统治的强

1　［坦桑尼亚］伊·基曼博、［坦桑尼亚］阿·特穆主编：《坦桑尼亚史》，钟丘译，北京：商务印书馆，1973年，第252页。

2　同上书，第254—268页。

烈愿望。在殖民当局的镇压下，只有坦噶尼喀非洲人协会生存下来了，因此这个组织就显得特别重要，不仅因为它的存在可以使非洲人能够继续进行政治活动，而且在于以此为基础坦噶尼喀非洲民族联盟得以诞生。

1954年7月7日在达累斯萨拉姆举行的坦噶尼喀非洲人协会年会上，协会改组为坦噶尼喀非洲民族联盟（简称"坦盟"），有77个代表出席这次大会，会议选举尼雷尔为主席。会议通过的坦盟章程规定：坦盟要为坦噶尼喀的自治和独立进行不懈斗争，建立统一的民族主义国家。坦噶尼喀非洲民族联盟在"非洲人协会"的基础上沿着政治方向发展并日益成为一个单一的群众性政党组织，这个组织的唯一目标是自由，正因为如此非洲民族联盟具有了广泛的群众基础。1958年，殖民政府颁布限制政治组织的法律，各地运动如火如荼，坦噶尼喀非洲民族联盟的威信有了巨大增长。1958—1959年度的大选中，非洲民族联盟获得压倒性胜利，1960年大选再次获胜，英国殖民机构瓦解不可避免，坦噶尼喀的独立不可阻挡。

坦噶尼喀独立运动是由1951年梅鲁（Meru）地区的数千名农民被一小部分白人定居者驱赶出去而引发的。这一事件让坦噶尼喀民族主义者展开了大规模的政治抗议活动，坦噶尼喀非洲人协会对此表示支持。对此事件，尼雷尔指出："坦噶尼喀非洲民族联盟从一开始就需要让人民懂得，用和平斗争的手段来争取独立是可能的和能够成功的。"但同时尼雷尔也认为，如果用和平手段争取独立遭到失败，坦噶尼喀人民绝不会放弃斗争，相反他们将采取暴力手段从英国统治下取得独立。

尼雷尔相信坦噶尼喀可以通过联合国取得独立，1955年，他在托管理事会上提出，是坦噶尼喀而不是它的不那么幸运的邻国将会带头实行立宪改革，因为它是一个托管领地。这可以理解为坦噶尼喀非洲民族联盟能够不通过暴力而迅速实现独立一个途径。尼雷尔总统第一次在纽约代表非洲民族联盟和大多数非洲人向托管理事会请愿时，毫不含糊地提出："托管理事会和坦噶尼喀执行当局宣布，尽管坦噶尼喀是一个多民族国家，它未来的政府应当是以非洲人为主的政府。"[1]1956年尼雷尔再度去联合国，强烈要求坦噶尼喀的自治与独立。尼雷尔两次赴联合国主张通过

1　［坦桑尼亚］伊·基曼博、［坦桑尼亚］阿·特穆主编：《坦桑尼亚史》，钟丘译，北京：商务印书馆，1973年，第404页。

和平方式取得政治独立的愿望，为他赢得了很大的尊敬和国际上的承认。

在坦盟努力下，联合国托管理事会正式同意坦噶尼喀举行第一次立法会议选举。1958 年 1 月，坦盟召开全国特别大会，决定全力以赴推举本党代表参加选举，为实现通过议会道路夺取政权创造条件。坦盟在立法会议选举中大获全胜，所推荐的候选人悉数当选，挫败了殖民当局通过"宪法改革"限制非洲人参选的阴谋。

1960 年初，坦盟在联合国帮助下同英国开始谈判，最终确定了由"责任政府"到"内部自治"，从"内部自治"到完全独立的进程。1960 年 9 月，坦盟在立法会议选举中获得多数席位，尼雷尔被任命为坦噶尼喀"责任政府"首席部长，受命组阁。1961 年 5 月，坦噶尼喀实行内部自治，尼雷尔当选为坦噶尼喀"自治政府"首任总理。1961 年 12 月 9 日，坦噶尼喀宣布独立，尼雷尔继续出任政府总理。1962 年 12 月 9 日，坦噶尼喀宣布废除英国总督，成立坦噶尼喀共和国，尼雷尔就任总统。

桑给巴尔是东非海岸最大的珊瑚岛，被称为"印度洋上的明珠"。桑给巴尔地区在公元前曾经是西印度洋贸易区的组成部分，亚非文化交流的纽带与桥梁；近代以来，作为阿曼王朝海外领地的战略要地和海外堡垒，桑给巴尔从一个小渔村发展成东非沿海贸易中心；19 世纪 80 年代，桑给巴尔曾经被英国、德国、意大利三国瓜分，最后英国凭借其实力独自占领了桑给巴尔。

从社会结构看，桑给巴尔是由三个明显不同的阶级组成的：占人口大多数的非洲人是最下层的、最贫穷的阶级；亚洲人是商业中等阶级；阿拉伯人是统治地位的贵族阶级。"在一个经济不平等的社会里，严重的不平等使得社会的基础上不可避免地存在着冲突，在这样一个社会里，穷人所渴望的自由，是能够享受他们的统治者所享受的自由。"[1]

从政党组织分析，桑给巴尔有三个政党，最早的是桑给巴尔民族主义党，是1956 年由阿拉伯协会会员创立的，它的党员很多是非洲人，但是领导权完全掌握在阿拉伯人手中，主张种族主义政策和伊斯兰化政策，希望把政权从英国人手里接过来。第二个政党是 1957 年成立的非洲－设拉子党，这是岛上的黑非洲人的民族主义政党，主要成员是桑给巴尔的黑人和设拉子人，主张摆脱阿拉伯人的统治和建

---

1 哈罗尔德·拉斯基：《现代国家的自由》，伦敦出版社，1961 年，第 146 页，转引自《坦桑尼亚史》，第 306 页。

立一个非洲人的政府，同坦噶尼喀大陆上坦盟之类的政党有比较密切的联系。第三个政党是桑给巴尔和奔巴人民党，由奔巴设拉子人建立，旨在维护设拉子人的独立性，避免前两个政党的影响或者控制。

20世纪50年代，随着非洲民族独立运动蓬勃发展，桑给巴尔人民要求独立的呼声日益高涨，英国殖民当局被迫宣布1961年1月举行桑给巴尔大选，组成责任政府，经过自治实现独立。在英国殖民当局的操纵下，桑给巴尔于1961年1月、1961年6月、1963年7月举行了三次大选，在大选中出现了异乎寻常的现象，获得选票最多的政党——非洲-设拉子党在议会里没有得到多数席位。这其实是英国导演的政治游戏，英国希望通过所谓的选举把政权交给阿拉伯人，在桑给巴尔建立一个傀儡政权，因为在英国人眼里，桑给巴尔是重要的战略要地，英国希望对桑给巴尔永久"保护"。英国在1963年12月准许桑给巴尔独立，但这个岛国依然是阿拉伯人占据主导地位，素丹仍然还是国家首领。在独立后的数周内，1964年1月12日非洲-设拉子党联合乌玛党，在大陆坦盟的支持下发动武装起义，素丹政权被暴力革命推翻，成立桑给巴尔人民共和国，这就是"一月革命"。非洲-设拉子党领导人卡鲁姆出任总统，这场革命代表着长期受到压迫的桑给巴尔大众的利益。1964年4月26日，坦噶尼喀与桑给巴尔联合成为坦噶尼喀和桑给巴尔联合共和国，同年10月29日，改名为坦桑尼亚联合共和国。

现代坦桑尼亚的形成是两个主权国家历史与现实自然演进的结果，是泛非主义从理论到实践的典范之一。坦桑尼亚地区经受了德国和英国两个殖民主义者的压迫，在20世纪五六十年代民族解放运动中坦噶尼喀与桑给巴尔分别独立，领导人之间非常团结，政治目标高度一致，坦桑尼亚长时期的联合保持稳定令世人瞩目。坦桑尼亚国家成立以来的正常运转表明，该国已经在实践中妥善解决了国家建构中存在的坚持团结与统一之类的核心问题，但不能说解决了所有问题。

二、尼雷尔国家观与坦桑尼亚现代政治体系

尼雷尔是具有卓越才华的非洲领袖，他正直廉洁，生活朴素。他实实在在地去

关心、推动人人平等的主张，强烈地憎恶精英优越论。他没有任何兴趣以权谋私或者攫取财富，只是以传教士般的热情追求自己的目标。尼雷尔的讲话与其说是政治演讲不如说是布道训诫，更像是严肃的誓言与智慧，他在各种场合能够十分清晰透彻地阐述自己的国家观以及为人民服务的政治理念，堪称那个时代非洲最有影响力的思想家。

（一）从酋长之子到开国总统

朱利叶斯·尼雷尔（1922—1999），坦桑尼亚共和国第一任总统，泛非主义的坚定信仰者，非洲统一组织的主要领导人之一。1922 年 3 月，尼雷尔出生于坦噶尼喀维多利亚湖畔穆索马村一个桑纳基族人的家庭，父亲虽然是酋长，但家里异常贫穷，漏雨的茅屋要靠母亲为儿子遮风挡雨，生活的困苦在尼雷尔脑海中刻下的烙印无疑是永恒的，他执政后的理念"让人民住上好屋顶的房子"就是这种成长环境铸就的。1945 年，尼雷尔获得了麦克雷雷学院的教育系毕业证书后，接受了圣玛利亚学院的教席。同年，他成为"坦噶尼喀非洲人协会"塔波拉分会的书记，重新为"非洲人协会"起草了章程，使之具有政治运动的含义。通过非洲人协会，尼雷尔开始对坦噶尼喀的政治发生了兴趣。此后不久，就开始谈论坦噶尼喀独立的可能性，开始了自己的政治生涯。尼雷尔积极参加反对印度、巴基斯坦商人盘剥非洲人的斗争。1946 年，尼雷尔去达累斯萨拉姆参加"坦噶尼喀非洲人协会"的全国代表大会，在会上，他极力反对英国殖民部拟定的东非三个英属殖民地（肯尼亚、乌干达、坦噶尼喀）建立一个中央议会的建议，担心它将会导致建立一个由肯尼亚白人移民所统治的东非联邦。1949 年，尼雷尔的朋友沃尔什神父帮他搞到一笔政府奖学金并从圣玛丽亚学院得到一笔补助支持他去国外继续学习。尼雷尔得到去英国爱丁堡大学深造的机会，他在攻读历史学和经济学的同时对政治与哲学产生了浓厚的兴趣。在爱丁堡时，正好恩克鲁玛从监狱中获释，并成为加纳的总理。此事使尼雷尔开始意识到一位领袖人物对民族精神和国家建构所发挥的重要作用。尼雷尔曾说："在爱丁堡，我有三年的时间在思考。我不再采取发牢骚的做法，并打算从根本上解决殖民主义问题。我决定要回国把自己的精力全部投入政治，我下定决心，我的一生将是政治的一生，到 1952 年，我已经非常清楚，必须有一个争取独立的政治方针。"[1]

1952 年，尼雷尔毕业回国后，联合国已将坦噶尼喀交给英国托管，实际是由英国统治。尼雷尔希望国家尽快获得解放，加入了坦噶尼喀非洲人协会，积极参加民族独立运动。当时，由于英国殖民地当局的迫害，"坦噶尼喀非洲人协会"长期处于停顿状态。1953 年，尼雷尔被推选为协会的主席，在他的积极努力下，协会逐渐恢复了活动。1954 年 7 月 7 日，尼雷尔把"协会"改组为"坦噶尼喀非洲民族联盟"（简称"坦盟"），并出任主席，主张社会平等、民族和谐、独立自主，发动争取民族自治的运动，引起广泛的群众支持。1955 年和 1956 年他到联合国托管委员会和第四委员会提出独立申请。在谈判中尼雷尔要求确定独立日期，遭到英国当局断然拒绝，但双方的对话由此开始，这使他成为卓越的坦噶尼喀民族主义的发言人。尼雷尔坚持主张采取非暴力的方式，通过内部自治分阶段逐步取得独立，坚持主张种族合作，希望白人、亚洲人和非洲人相互信任，建立一个多民族并存的国家。

1955 年 10 月到 1961 年 12 月争取独立的六年中，尼雷尔几乎连续不断地穿梭于坦噶尼喀各地。1961 年 5 月，坦噶尼喀实行内部自治，尼雷尔担任总理。1961 年 12 月 9 日宣布独立，一周年后他当选为共和国总统。坦噶尼喀独立后，尼雷尔宣布我们的首要任务是向"贫困、愚昧和疾病"开战，为了发展民族经济和民族文化，制定实行"三年发展计划"和干部"非洲化"政策。但是，尼雷尔在铲除殖民主义影响时，一再呼吁欧洲人和亚洲人共同参加新坦噶尼喀的建设，并任命了一名英国人和一名印度人为内阁部长。1964 年 4 月，坦噶尼喀和桑给巴尔组成联合共和国，同年 10 月 29 日，改国名为坦桑尼亚联合共和国，尼雷尔当选为总统。

独立后，虽然尼雷尔政府采取了一系列发展民族经济的措施，但国家经济命脉仍掌握在欧洲人和亚洲人手里，经济结构基本上没有发生变化，经济发展缓慢，引起许多坦桑尼亚人民的不满。1967 年 1 月，尼雷尔在"坦盟"全国代表大会上提出了新的"社会发展纲领"，即著名的《阿鲁沙宣言》，正式宣布坦桑尼亚将走"社会主义"的发展道路。《宣言》发表后，尼雷尔即命令将绝大多数的大中型工矿企

1　William Edgett Smith, *Nyerere of Tanzania*, Ebenezer Baylis and Son Ltd, 1973, p.50.

业租赁贸易商行实行国有化，建立了一系列国营和半国营的企业，外国垄断资本逐步被排挤出坦桑尼亚，印、巴商人也被驱逐出坦桑尼亚。

尼雷尔是一个具有强烈的民族主义思想的领导人，他十分憎恨帝国主义、殖民主义和种族主义对非洲人民的残酷迫害，他的这一思想对坦桑尼亚的外交政策有着十分明显的影响。坦噶尼喀获得独立后，尼雷尔立即宣布共和，割断与宗主国英王室的一切联系；他不顾外汇收入的损失，中断向南非提供劳工的协议。1965 年，尼雷尔谴责英国不制止罗得西亚少数白人种族主义者单方面宣布独立，曾中断了与英国的外交关系。

20 世纪 80 年代，由于西方国家转嫁经济危机，垄断国际市场上的原料价格，以出口单一经济作物为主的坦桑尼亚经济受到极大打击，再加上其他原因，坦桑尼亚处境比较困难。政府被迫在政策上作了一些调整，当然经济的根本好转将是长期的和艰难的。正是在这样的形势下，处在政治生涯高峰的尼雷尔经过深思熟虑，作出了自愿引退的决定，让位给年轻有为的接班人。这一明智之举，受到了非洲和国际舆论的称道。坦桑尼亚前总理萨利姆说，尼雷尔是"国父、党的伟大领袖和缔造者以及独立的坦桑尼亚总统"。尼雷尔的荣誉与英名将永载坦桑尼亚史册，在非洲乃至世界历史上也有一席之地，而他的自愿引退与和平交替权力，也可谓是非洲政治生活中的创举。

（二）尼雷尔的国家观

国家是社会发展的工具与管理机关、是利益平衡的协调者与仲裁者。尼雷尔决心建立一个人人平等的国家，在这个国家没有统治者与被统治者之分，没有贫富之分，没有受过教育和文盲之分，没有痛苦者和闲散者之分；在这个国家所有人都享有平等的尊严；所有人都平等享有尊重别人的权利，平等享有获得良好教育和生活必需品的权利；所有的国民都平等享有尽其所能服务国家的机会。

尼雷尔对自由的分析颇有特色，他认为自由的获得主要得益于一个民族自身的争取与捍卫；保障自由的深层含义在于意识到自由；通过发展与团结促进自由；国家自由与国情息息相关。当具体分析一个国家自由的时候：他认为可以从三个层次理解：第一，国家自由，主张由本国公民决定自己国家的未来，管理自己国家的事务，不受外部势力的干涉；第二，免受饥饿、疾病和贫困以及发展的自由；第三，个人自由，即与他人平等有尊严的共处的权利，言论自由的权利，参与到影响他生活的所有重大决定的自由，不会因为无意冒犯到某位领导人而遭受逮捕的自由等等。所有这些都是自由的构成方面，如果坦桑尼亚的公民无法得到上述保障，就不能说他们是真正的自由。

　　国家自由与国情息息相关。从世界范围看每个国家的国情不同，倾向于社会主义制度的国家之间在政治和经济组织上也有所不同，倾向于资本主义制度的国家——和那些反对这种制度划分的其他国家——之间也各有不同。坦桑尼亚通过走社会主义道路建构国家自由，对此尼雷尔特别强调："在坦桑尼亚，我们将社会主义作为我们的信仰，我们正致力于在传统地方自治主义的基础上建立一个社会主义国家。对目前取得的进步我们感到很自豪，同时我们也很清楚，我们只迈出了一小步。"[1] 没有一个非洲国家有权利干涉别国内部事务。每个国家都有权利、有责任决定它自己的发展道路。坦桑尼亚虔诚地相信应当实行社会主义制度，并认为它在道德上是正确的，在经济上是可行的。而另一些国家可能既相信资本主义又信仰共产主义。事实情况是，一个民族特定时期所需要的才是适合它自己的，任何人强加的发展方式都是不合理的。尼雷尔说："为了建设一个真正意义上的国家，我们必须全身心投入其中的一项任务，就是建立它的人民的品格——我们自身的品格；建立一种思想态度，让我们能跟坦噶尼喀的同胞们一起生活，而与全世界的人民，互为朋友，互相合作。"[2] 尼雷尔对国家自由由浅入深进行分析，既要保障自由又要发展自由，讨论自由与国情的关系，这样的分析颇有特色。

　　尼雷尔的发展观强调以人为本，如果发展的目的是让人民更加自由、更加富裕，那么绝不可能靠武力实现。他认为，强按牛头不喝水，靠发号施令，甚至靠奴役人民，不能建成金字塔和壮观的马路，不能坐拥良田万顷，不能在工厂里货物堆积如山，所有这些没有一样是为了人民的发展。武力和蒙骗只能达到短期的物质目标，不能使一个国家或公社富强，不能为人民建立自由的基础，也不能为任何个人或集体提供安全保障。发展的方法有很多，在尼雷尔看来有三个因素很重要。第一

1　Julius K. Nyerere, *Freedom and Development*, Oxford University Press, 1973, p.12.

2　Julius K. Nyerere, *Freedom and Unity*, Oxford University Press, 1966, p.178.

通过教育和领导可以帮助人民完成他们个人的发展。通过这些方法——不是其他方法——人民能够得到帮助，从而既能了解到他们自身的需求，又能知道他们要怎样做来满足这些需求。第二个因素是通过民主的力量。社会的政治和经济组织必须是民主的，由人民来决定他们的生活方式。在尼雷尔看来，"组织生产的目的是为了满足人民的需求，这些需求是全体人民的需求——不是少数人的利益。所有这些意味着人民要掌管生产工具；他们的生活不得由他人摆布"。[1] 第三个因素是教会的影响。在以人为本的发展过程中教会也可以发挥一定作用，正是物质条件和精神条件的不断创造，使得人作为个人，作为物种日臻完善。

尼雷尔对和平的理解和渴望与众不同，既立足于非洲实际，又超越他所处的时代，并且他认为如果和平仅仅意味着没有暴力冲突，对于人类精神来说，这显然是不够的，这只可能变成剥夺人性以及社会停滞不前的借口。尼雷尔不提倡用暴力解决社会问题，也不支持任何一个国家侵犯另一个国家，尼雷尔说："因为我相信不管是对内还是对外，这种政策都是残酷而又不人道的，我确实认为任何一个国家都不应该侵犯另一个国家。我想说的是人类和平与正义是相互联系的，并且应该互相联系，在为世界和平而努力的同时，我们必须为了世界正义而努力。"[2] 尼雷尔对非洲和平的看法有独到的理解，他用富有非洲特色的语言说，非洲领导人除非能够设法满足人民的愿望，否则我们就会失败。尼雷尔坚信：每一个非洲人都希望看到这个国家和平，因为只有通过和平，他才能得到他所向往的东西，事物才会有所发展。人们有权要求人类同胞用和平的手段实现变革，如果和平的手段对他们来说可行的话。

尼雷尔总统对财富有独到的理解，他在阅读亨利·乔治的作品《进步与贫穷》后表达了自己的财富观："用 GDP 来衡量一个国家的财富，只是衡量东西而不是衡量满意度。"[3] 财富的形式是多样的，国家财富的核心是共识和精神。尼雷尔作为坦桑尼亚独立初期的领导人具有西方教育的背景，他一方面认同西方的自由、平等、

1　Julius K. Nyerere, *Freedom and Development*, Oxford University Press, 1973, p.127.

2　Ibid, p.2.

3　亨利·乔治是美国 19 世纪末期知名的社会活动家和经济学家。他认为土地占有是不平等的主要根源，因此主张土地国有，征收地价税归公共所有，废除一切其他税收，使社会财富趋于平均。亨利·乔治的意思主要是，应该设法让大部分的地租收益分配给全体人民。

博爱等理念，另一方面则坚信非洲的传统信仰的力量。国家需要短时间内强大起来，内部必须高度的团结一致。"国家至上"的观念得到了领导层和广大民众的认同。尼雷尔分析指出一个国家建构的基础主要是由于共识和精神，而不仅仅是物质力量。政治家和其他人的行为动机不仅仅局限于物质利益，也包括他们的认同感、道义观以及有关什么是社会文化所认可的合适行为的认识与理念。

尼雷尔认为，财富的第一种形式是金钱，财富的第二种形式——降雨和土地——只是上帝给予其子民的礼物。大家获得的降雨中没有任何人的努力，勤劳的人和懒惰的人获得同样份额的雨水。同样，土地也没有任何人的努力，所有的人，不管是出生于贫苦家庭还是富裕家庭，不管他的父母是圣人还是罪人，抑或父母是奴隶还是自由人，都是生来就发现土地的存在，他们既不能增加土地，也不能减少土地，因为土地是上帝公平给予其所有子民的礼物。

尼雷尔的理念与成果为坦桑尼亚的进一步发展打下了坚实的基础，积累了宝贵的经验，为自己赢得了极好的口碑，为国家赢得相当可观的外援。在 20 世纪 70 年代，坦桑尼亚所得到的人均外援数额要比任何一个非洲国家都要多。达累斯萨拉姆大学的一位学者戈蓝·海登写道："对全世界的自由进步人士、社会主义者以及那些渴望体验对新资本主义挑战实践的人们来说，坦桑尼亚成了政治上的麦加。"[1] 这种评价有一定道理，更重要的是尼雷尔的自由观、发展观、和平观、财富观和民主观的形成丰富了国家理论，对坦桑尼亚政治体系建构与国家稳定起到了重要作用。

（三）坦桑尼亚现代政治体系的建构

建立服务人民的政党。政党的职责是什么？尼雷尔的观点："强大政党的职责就是为人民选举的政府和政府服务的人民搭起沟通的桥梁。"[2] 具体说就是，政党要帮助人民理解政府在做什么，为什么那么做；它要帮助人民和政府合作，共同克服贫穷这个发展的桎梏。但是政党也要保证政府与人民紧密联系，了解人民的感受、困难和渴望。它要代表人民，教育人民，帮助人民明白政府举措的用意，这事关国家和人民自己未来的安全和机遇。执政党的职责随着独立以及现代化进程发生变

1　Martin Meredith, The State of Africa: A History of the Continent Since Independence, Great Britain The Free Press, 2005, p.250.

2　Julius K. Nyerere, *Freedom and Development*, Oxford University Press, 1973, p.32.

化，现代政治体系建构比争取独立任务要艰巨得多，独立前可以高呼"民族独立"，可以咒骂殖民者——他们罪有应得！但是独立以后，执政党开始建设新型的国家体制。尼雷尔提出执政党的职责是教育，是普及，是建设，政党要领导人民从事建设发展的工作，要聆听人民的心声，与他们并肩合作，必须代表人民的利益。

政治体制与经济改革是政党面临的关键问题。如果政党政策始终与人们息息相关并且切实可行的话，那么经济与社会问题肯定对政党政策起到决定性作用。尼雷尔明确指出："人民是任何政党唯一存在的正当理由，为人民服务是，也应当是其唯一目标，人民是一个政党的手段，是其实现任何目标的唯一途径。"[1] 政党的所有工作人员和活动家必须永远铭记：他们工作的目的是为所有生活在这个国家的人民服务，不管那些人是否是党员。他们必须据此行动。在党的内部，通过将民主与纪律相结合，党员们须既要拥护党的领导又要保证它能全心全意为人民服务。

从坦桑尼亚的经验来看，尼雷尔说，我们中有的党员虽然没有犯脱离人民的错误，但是却试图通过耀武扬威、恐吓人民来彰显自己的重要！而事实是，作风正派的政党才是民主政府的基础。对此尼雷尔指出："党员是城镇和农村工作的中流砥柱，如果他作风正派的话——也就是说，他与人民并肩工作，建立人民的信心，赢得人民的信任；人民也把他看作是他们的一员，有困难、有想法、有疑惑时，都会去找他。"[2] 非洲的政党不是政治"党派"或小集团，而是民族运动的产物。从一开始这些党派代表的就是整个国家的利益和愿望。1965 年起，坦桑尼亚摒弃了建国初期模仿英国的多党民主制，规定实行一党制，坦盟成为大陆唯一合法的政党；1977 年，坦盟与桑岛的执政党非洲设拉子党合并成为坦桑尼亚革命党，当年通过新宪法申明它是坦桑尼亚唯一合法的政党，坦桑尼亚成为完全意义上的一党制国家。

（四）法制化进程与国家建构

司法体系在坦桑尼亚的国家建构过程中扮演着非常重要的角色，法律建构与完善意味着一个民族在自由中的成长，意味着捍卫自由的社会的发展。经济的发展只

1　Julius K. Nyerere, *Freedom and Liberation*, Oxford University Press(T) Ltd, 2011, p.231.

2　Julius K. Nyerere, *Freedom and Development*, Oxford University Press, 1973, p.34.

是社会正在成长的一个方面，至少在坦桑尼亚是这样的。法制化进程与国家机器的建立使得它能够更好地反映该国的历史、地理和文化。只有当人民真正参与到政府代表他们所作的决定中去，人民才能感觉到作决策的政府在各种意义上来说是人民的政府。影响这种联系的不只是坦桑的过去，坦桑的政治组织机构也要能够而且应该恰当地履行他们要承担的发展任务。

坦桑尼亚联合共和国建立之后新政府做的第一件事情，就是制定了一部宪法，规定了任期总统制和代表议会制度，两者要共同制定法律，直接对人民负责。第一次总统选举采取一人一票的方式，于 1961 年 11 月举行，而独立一整年后，坦噶尼喀共和国成立。随后的坦桑尼亚联合共和国成立依然如此，从那时起，每个人都清楚这样一个事实，国家是由坦盟根据自身需要和人民的愿望共同制定的宪法来管理的。1964 年宪法规定坦桑尼亚建立两个政府，即坦桑尼亚政府负责联合事务和坦桑尼亚大陆的事务；桑给巴尔政府负责联合事务之外的所有桑给巴尔的事务。1965年进行修改，主要增加了联合共和国为一党制国家的内容，坦桑尼亚的一切政治活动，除联合共和国国家机关、桑给巴尔行政和立法机关的政治活动外，必须在党的指导或党的主持下进行。

1971 年 3 月 31 日，尼雷尔为首席法官乔治举办了欢送晚会，乔治是为坦桑尼亚法制化进程工作了六年即将退休的特立尼达人。尼雷尔总统在晚会上向乔治祝酒，并就社会主义和法律的关系发表了讲话："仅仅靠法律法规来维护自由是不够的；对于社会主义来说也是不够的！我们很清楚——也可以看看当今的南非——法律可以用来限制自由，也可以用来施行暴政。事实上，法律法规是否促进自由和正义，是否促进社会主义，取决于议会通过的法律目的是否支持自由正义和社会主义。"[1]

现代坦桑尼亚国家建构，尼雷尔的贡献与影响无可争辩是第一位的，不仅在于和平独立与联合建国，更在于执政以后主导这个国家的经济发展与政治轨迹。尼雷尔高尚的品格加上杰出的政治才干与勤政朴实的作风，成就了坦桑尼亚的和平独立、和平发展，也实现了坦桑尼亚的民主与稳定。这是坦桑尼亚人民的福祉，更是

1　Julius K. Nyerere, *Freedom and Development*, Oxford University Press, 1973, p.260.

尼雷尔的智慧与国家观的成果。

三、尼雷尔与坦桑尼亚社会主义运动

尼雷尔的乌贾马社会主义思想是非洲民族解放运动的产物，是坦桑尼亚现实利益的选择，也是一种非资本主义道路的国家建构实践。这是冷战时代一个有力度的国家项目，一次果断勇敢的政治实验，是非洲社会主义探索的一个典型，是坦桑尼亚维护政治独立与发展经济的需要，从国家与社会发展的观点看有积极意义。坚持实行国有化，在很大程度上打击了垄断资本主义国家的经济控制，有利于维护发展中国家主权和民族利益；大力推行国家干预政策，有利于稳定社会形势、保证重点经济建设；实施较多的福利措施，有利于人民生活的改善，创造出更多的社会公平与正义。

（一）尼雷尔社会主义思想的起源

从世界范围看，"二战"后国际力量对比发生了根本性的变化。资本主义力量趋于减弱，帝国主义阵线开始削弱；社会主义阵营逐步扩大；非洲民族解放运动倍受鼓舞；中华人民共和国成立使世界四分之一的人口摆脱了帝国主义殖民体系的影响，极大地改变了国际力量的对比。社会主义的传奇与魅力引起非洲政治人物极大的兴趣。第二次世界大战后，社会主义制度国家迅速增加并不断取得经济成就，社会主义阵营形成并作为一种对抗资本主义的力量，显示了强大的政治生命力与经济吸引力。从非洲范围看，"二战"结束到50年代中期非洲民族独立运动蓬勃发展，"非洲已经成为一个觉醒的、战斗的大陆，各族人民掀起了轰轰烈烈的民族独立运动"。[1] 20世纪60年代起，非洲独立的国家如雨后春笋般纷纷成立。社会主义一度成为独立后非洲广泛流行的一种政治思潮与政治理念，也成为许多非洲国家在独立后选择和奉行的一种发展道路和社会政治实践。

从坦桑尼亚国情看，坦桑尼亚是一个政治上刚刚联合独立，经济上极为贫困的

1 　陆庭恩、彭坤元主编：《非洲通史（现代卷）》，上海：华东师范大学出版社，1995年，第248页。

国家，在资本主义势力入侵之前，这个地区还处于原始部落公社阶段，生产力水平极其低下，社会组织结构是氏族和部族组成的村社制度。独立前夕，"坦噶尼喀的人均年收入为 57 美元，曾被联合国宣布为世界上最穷的国家之一"。[1] "二战"结束后，世界上一些落后的国家陆续走上社会主义道路，东欧一系列社会主义国家的诞生以及中国社会主义政权的建立，这些国家表现出经济明显好转的榜样对坦桑尼亚产生很大的吸引力，而且坦桑尼亚是一个多民族的国家，需要有一个能够团结各族人民共同奋斗的目标，社会主义理想中所提倡公平与正义成为各民族利益首选的目标。

尼雷尔从坦桑尼亚现实出发，维护民族独立与人民的尊严，团结国内各族人民共同奋斗，加速经济文化发展，改善人民生活，实现社会公平与正义，探索出以社会主义为特征的国家建构路线图，由此确立了社会主义的发展方向与性质，强调自由平等、独立自主、自力更生、不依赖外援。

当然，尼雷尔对社会主义的认识也有一个过程。非洲各国独立政府在新的历史条件下不断努力发展经济，但是总体上没有克服从殖民政权那里继承而来的发展不平衡、分配不公平、出口导向型经济结构问题。在这种背景下，开国总统尼雷尔确立了一条大胆的创新型的路线并付诸实践，试图将非洲发展带入一个全新的方向。1962 年坦噶尼喀共和国成立时，尼雷尔就提出社会主义的发展方向，具体原因有两点：其一，坦噶尼喀国家没有资本家并且深受资本主义之害也不允许资本家发展；其二，坦噶尼喀大多数人的立场实质上是社会主义立场。

尼雷尔坚持独立自主建构自己的国家，他指出："我们怎么可能依赖外国援助和外国公司的赠款、贷款和投资而又不危及我们的独立呢？"为了社会主义的理想与实践，尼雷尔首先花了五年的时间思考和从理论上阐述社会主义的优越性。在此基础上，1967 年 1 月，尼雷尔开始在全国各地进行实地考察，坦桑尼亚大陆 17 个省份他考察了八个。在考察中发现农村地区特别是经济作物种植集中的地区出现了富裕农民、土地买卖、土地集中等现象，由此产生了一个没有土地的农民阶级，原有的土地公社制度被破坏，两极分化开始加剧；在城市，资产阶级有了一定程度的

---

1 孙韶林：《尼雷尔民族社会主义的理论与实践》，《当代世界社会主义问题》1989 年第 3 期。

发展，工人受到资本家的剥削，贫富差距加大，大多数青年人和知识分子对新政府政策开始疑虑，对特权、贪污、剥削等现象十分不满。经过实地考察与一系列思考之后，出于公平和正义的需要，尼雷尔决定通过走社会主义的道路建构自己的国家。

1967 年 2 月 5 日，尼雷尔发表了著名的《阿鲁沙宣言》，作为坦桑尼亚社会和经济发展的纲领性文件。它以社会主义和自力更生政策为中心内容，提出了建设真正社会主义国家的一系列措施，随之开始了大规模的社会主义性质的改革运动。紧接着，又陆续发表了《社会主义与农村发展》《自力更生的教育》《合理的选择》《自由与发展》《1971 年坦盟指导路线》等论著与文件，这表明尼雷尔对社会主义有了更为深刻的理论化认识。

尼雷尔认为他的社会主义思想扎根于非洲古老的传统社会中，社会主义和民主就像太阳一样为非洲人熟悉。坦桑尼亚社会主义的任务就是竭力去恢复和复活自古以来就存在非洲社会的社会主义原则，同时又要很好地使用现代科学技术，以达到继承平等、消除贫困的目的，并进而把乌贾马加以扩大，使之超越部落、集团社会、整个民族甚至全大陆而囊括整个人类社会。尼雷尔也承认乌贾马村就是把以色列的基布兹（聚居村）、中国的人民公社和苏联的集体农庄的经验融合在这些村庄中而又结合坦桑尼亚的实际情况。[1]

尼雷尔说："社会主义并不意味着一定成功。但是社会主义与我们的愿望相吻合，如果采取社会主义政策，我们就有可能维持民族独立，维护全体人民的人格尊严。"[2] 社会主义组织结构的基础是满足人民的需求，而不是谋取利益。国家将资源投入到一种产品的生产而不是另一种，取决于人民需要什么，而不是什么能够获利。而且，生产决策是通过人民管理的机构——他们自己的政府，他们自己的工业企业，和他们自己的商业机构来制定的，不是通过少数国内或国外的资本家，从而避免了外国势力通过经济所有权对我们的国家进行控制。工人也能够直接或间接地享受劳动的丰硕成果。再也不会有私人企业主盘剥他们创造的大部分财富了。但

1　Colin Legum & Geoffrey Mmari, *Mwalimu: The Influence of Nyerere*, Africa World Press, 1995, p.33.

2　Julius K. Nyerere, *Freedom and Development*, Oxford University Press, 1973, p.388.

是，这并不意味着一旦选择社会主义制度，社会上的极大不公平、某些企业的剥削行为，甚至少数人对权力和特权的把持就会自动消失，荡然无存。

尼雷尔社会主义思想是对马克思主义与当时流行的各种思潮的调和。尼雷尔认为，马克思主义，特别是阶级斗争学说和无神论不适用于非洲，表示不能接受，但又表示完全接受马克思关于建立一个生产资料公有制为基础的无阶级社会的主张，认为马克思主义同他的天主教信仰不发生冲突。[1]毛泽东的著作对非洲很有用处，中国的经验极其适合非洲，尼雷尔把坦桑尼亚发展经济理解为中国的长征之路，希望学习中国更多的经验方法与智慧创新。尼雷尔也十分赞赏英国费边社（Fabian Society）以缓进方式实现社会主义的主张以及英国工党关于多种族复合性社会的、民主和福利的社会主义。尼雷尔也相信甘地的非暴力主义以及关于建立一个保持和发扬传统文化和精神价值的社会的主张。林肯的"民有、民治、民享"思想以及恩克鲁玛、肯雅塔等泛非主义思想对尼雷尔也有吸引力，并产生一定的影响。

不可否认，选择社会主义道路的坦桑尼亚仍然面临着许多困难。无论是他们自己国家的历史，还是资本家蛊惑人心的技巧，抑或是人性里投机的本能。但是尼雷尔相信选择社会主义道路，这样就可以实现自由发展，向着维护每个公民人格尊严的方向努力前进。

（二）乌贾马社会主义运动

"乌贾马"是斯瓦希里语（Ujamaa）的音译，其基本内涵是传统的家族精神，指集体式的大家族村社，一个大家族内部所有成员之间平等互助、团结和睦。1962年尼雷尔发表《乌贾马——论社会主义》一文，乌贾马成为坦桑尼亚社会主义的同义词；1967年，《阿鲁沙宣言》发表后，尼雷尔又在同年9月作了《农村社会主义》的专题报告，成立"乌贾马"村局，领导乌贾马社会主义运动。

独立以后，以尼雷尔为总统的坦桑尼亚政府认识到，坦桑尼亚是一个相当落后的农业国，90%以上的人口居住在农村，农村经济的发展将决定着整个国民经济的发展，要发展国民经济首要的是必须发展农业。"桑给巴尔地区的农业、畜牧、渔业等产值占该地区国民生产总产值的57%，丁香和椰子的出口值占其出口总值

1　静一：《尼雷尔"社会主义"思想的形成及其特点》，《西亚非洲》1982年第6期。

的 93%。"[1] 另外，坦桑尼亚大陆拥有丰富的矿产资源，其中以钻石为主，黄金次之，锡、盐和石油等矿产也十分丰富。尽管拥有丰富的矿产和资源，但是由于殖民统治时期的畸形发展导致坦桑尼亚人民在独立以前却一贫如洗。

坦桑尼亚政府为了扭转日益恶化的经济形势，采取了一系列政策措施。

首先，鼓励合作社经济的开展。大力发展在殖民时期被限制的合作社经济，扩大农业技术人员队伍。当地非洲人在殖民时期曾经经营的农业购销合作社，在独立后有了较明显的发展。"独立前由富农和小农组织起来的农业合作组织有 600 多个，1964 年已发展到 1 450 个，农业购销合作社逐渐成为国家收购和经销农产品的组织，由合作社经营销售的出口作物，约占出口总值的 40%。"[2]

其次，广泛开展垦荒运动，改变单一作物制。坦桑尼亚大陆有 80% 以上的可耕地尚未开垦，"在新政府的鼓励号召下，各地广泛进行垦荒运动，独立初期短短几年已在这些垦荒地上建立了 20 多个大农场。不仅如此，在尼雷尔总统的倡议带动下，人民积极开展'自助计划'运动，人民群众通过自助的义务劳动，在荒地上兴建起许多新农场，1962 年一年就建立了面积达 25 000 多英亩的 650 多个公共农场。"[3] 为了独立自主地发展经济，"1963 年 4 月，坦噶尼喀国民议会通过《地产绝对所有权和政府租借法案》，取消了外国人对地产的终身土地所有权。随后，坦噶尼喀收回了殖民者和外国人经营的 75 个农场，总面积有 71 000 多英亩，同时又购买了几个由外国人经营的剑麻种植园。"[4]

最后，建立新农村的初步实践已经开始。新政府调整全国农村的布局，将人口稠密地区的过剩人口移住到人口稀疏的地区，很大程度上解决了土地稀缺问题，而且还可以有利于发展生产。政府为了更好地向农民提供各种社会福利，改善农民的物质生活，试图采取将农村人口集中住在较为紧凑的村庄里。

面对坦桑尼亚经济极端落后以及 95% 的人口是农民的现实，尼雷尔曾经思索坦桑尼亚是否要牺牲自己几个世纪以来的传统的大家庭的文化价值观，否则就无法

1　李起陵：《坦桑尼亚民族经济的发展》，《世界知识》1965 年第 17 期。

2　同上。

3　同上。

4　Julius K. Nyerere, *Freedom and Socialism*, Oxford University Press, 1968, p.132.

进行现代化的发展。坦盟也曾经指出：我们应该向自己和后代表明现代发展在不牺牲平等和人道精神下是可以实现的。"为了改善农民的生活和居住条件，在联合国的帮助下，坦噶尼喀政府于 1963 年制订了一个'定居计划'把散居的农民聚居到水源、交通等条件较好的村子，并在这些村子搞了一些福利设施，但这个计划并没有取得多大的成功，因为遇到了传统习惯势力的抵制。"[1] 在此基础上，尼雷尔提出坦桑尼亚现代化的发展不需要牺牲非洲传统的价值观或文化身份，他对传统非洲社会的价值观进行判断并从理论上探究了将它与现代发展有效融合的方法，这种想法带来了乌贾马意识的发展。

　　20 世纪六七十年代，坦桑尼亚革命党和政府在农村进行了乌贾马社会主义运动的初步实践，农村政策的内容在于重新分配农村人口，分散的农户迁移，集中居住和耕作，开展乌贾马村运动，即农业集体化运动。尼雷尔于 1962 年发表了《乌贾马——论社会主义》一文，宣布实行社会主义，实行土地国有，帮助农民建立农产品收购与销售合作社，为农民提供生产工具和新技术。1967 年 2 月，尼雷尔发表《阿鲁沙宣言》，全面阐述了他的乌贾马社会主义思想，乌贾马运动在农村推行并大规模发展。

　　1968 年，尼雷尔开始在农村逐步开展乌贾马运动，坦盟为此建立了"乌贾马村管理局"作为领导建村行动的机构，即把各地的农民集中搬迁到各个指定的地方按乌贾马的方式建立新的村庄。新建乌贾马村具有如下特征：第一，坚持村民人人平等原则，生产过程由村民选举产生的村管会进行自主管理，并接受上级坦盟组织的领导；第二，规定生产资料公有：土地、牲畜、大型生产工具等归村庄成员共有，任何个人不得占为私有；第三，土地根据不同需要进行分类：土地分集体耕地和自留地两种形式，这时期大多数乌贾马村的集体耕地只占全村的 10%—20%，少数村子占 80%；第四，根据社会主义原则村民必须参加劳动：全体有劳动力能力的人员必须参加劳动，村民的劳动形式有两种，即集体耕地劳动和自留地劳动。多数的乌贾马村村民上午从事集体劳动，下午在自留地劳动。第五，注重分配的均衡：分配形式是集体耕地上的收入按村民参加劳动时间多少进行分配，自留地收入

1　李起陵：《坦桑尼亚民族经济的发展》，《世界知识》1965 年第 17 期。

可以归个人，两种收入都要按一定比例向国家缴纳税款。

1972 年，坦盟发动以"政治即农业"为口号的一系列运动。1973 年 10 月，坦盟会议对乌贾马村的发展速度比较失望，于是作出了三年内实现全国农村乌贾马化的决定，在全国掀起了大规模快速度建设乌贾马村的高潮。到农村中生活，这是政治命令，随着命令的颁布，尼雷尔结束了以零散而非国家授权的压力为特征的农村化时代，将全部国家机器都用于支持和强制普遍的村庄化。[1] 1973 年 12 月尼雷尔在电台颁布命令，提醒他的听众，在《阿鲁沙宣言》以后，非洲国民联盟政府为人民所做的包括：取消人头税、取消小学学费、在村庄中建立固定和清洁的供水设施、在农村中增加诊所和药房、增加小学的设施。他接着问，农民对于这些国家的给予有什么回报呢？尼雷尔回答说，农民实际上什么也没有做。他们依然游手好闲，并且逃避为社会主义国家发展作贡献的职责。他总结说，他知道不能强迫农民成为社会主义者，但是他的政府可以保障每一个人都在村庄中生活。尼雷尔希望能在 1976 年底之前完成任务。

1975 年制定的乌贾马乡村方案，政党更有力地发起了乌贾马社会主义运动。乡村计划趋势得以加强，快速地将一些零散的家庭组织在一起，全国三分之二的农村人口被组织到 6 944 个乌贾马村里。不可避免，过激的乌贾马运动出现了许多的失误，违背初期的自愿原则，实行强迫政治命令，村址的选择也是以靠公路为基准，忽略了水源和土质状况，新建乌贾马村庄的规模太大造成管理不便，生产由地方政府安排忽略农民自主性，农产品收购价格过低影响了农民生产的主动性和积极性。由此引发的严重后果是，1974 年至 1975 年粮食严重歉收，国民经济陷入困境。

1975 年 3 月，坦盟作出了关于调整农村集体化政策的决定，承认过去犯了超越社会发展阶段的政策性错误。1982 年召开的坦桑尼亚革命党第二次代表大会和 1983 年召开的全国农业政策会议，对社会主义阶段性问题作了重新认识和分析。尼雷尔认识到"社会主义"的发展道路是一个长期的艰巨的任务，他感叹说："在 1956 年，当人们问我使坦噶尼喀获得独立要用多长时间，我的回答是 10 年到 20 年，但 6 年之后，我们获得了独立。在 1967 年，当游行支持阿鲁沙宣言的一帮青

1　Bismarck U. Mwansasu and Cranford Pratt, *Towards Socialism in Tanzania*, Buffalo: University of Toroto Press, 1979, p.98.

年间我，把坦桑尼亚变成社会主义需要多长时间，我认为需要 30 年，我是再一次错了，我现在可以肯定地说，它比我估计的时间还要长。"[1]

1967—1976 年坦桑尼亚的乌贾马社会主义运动是一次大规模的将全国大部分人口永久定居的尝试。在这个过程中，一个重要的方面是强调自力更生。村庄布局、住房设计和地方经济都部分或全部地由中央政府官员计划。坦桑尼亚计划的特别之处在于它的速度、它的综合性和它的意图提供学校、诊所和清洁饮用水等集体服务方面。尽管村庄化运动失败，尼雷尔仍然很受欢迎，其原因之一在于它的移民和其他民族政策削弱了年龄和性别的不平等，改善了年轻人和妇女的相对地位，更重要的是在于为公平与正义作出的贡献。

坦桑尼亚的乌贾马运动，政治意识形态起了重要作用，尼雷尔关于农业机械化和规模经济的观念已经成为当时国际发展论坛的不可或缺的一部分。尼雷尔反对使用行政或军事力量的强制，他坚持任何人不能违反自己的意愿被迁移到新的村庄。尽管如此，乌贾马运动也是强制的，有时也很暴力。这个运动在经济上是失败的，在生态上也是失败的。但是在政治理念上是有价值的，在历史逻辑上有其合理性，在精神上则是令人鼓舞的，从历史长时段来看有一定的意义与影响。

四、尼雷尔非洲解放理论与建立国际政治经济新秩序的斗争

尼雷尔的非洲解放理论与统一思想是其国家建构思想的重要组成部分。自 1961 年独立起，在长达 20 多年的时间里，坦桑尼亚人民在尼雷尔领导之下从事新型民族国家的政治建构和经济建设事业，乌贾马社会主义的思想与实践在坦桑尼亚历史上是一次大胆的创新，现在已经成为非洲乃至世界社会主义运动的一笔重要的精神财富。在外交方面，尼雷尔主张全非洲的解放并为推动非洲统一付诸行动、为推动南南合作和建立公正合理的国际经济政治新秩序而奔走呐喊。坦桑尼亚不结盟外交政策是特定历史条件下的产物，特指不与大国结盟，力图摆脱大国控制，走自

1　William Edgett Smith, *Nyerere of Tanzania*, Ebenezer Baylis and Son Ltd, 1973, p.156.

己的发展道路，这可以理解为尼雷尔国家建构思想的外交实践。尼雷尔以敢于直言、坚持公正与正义的道德形象出现在国际社会，为坦桑尼亚留下了一笔丰富而宝贵的外交遗产。

（一）尼雷尔的非洲解放理论与实践

非洲解放的含义是摆脱殖民主义与种族主义的束缚。尼雷尔呼吁联合国尤其应该采取措施反对种族主义和殖民主义。"种族主义和殖民主义是暴政和压迫的象征，它们会摧毁人们所有的希望，迫使人们诉诸武力呼吁人性。"[1] 比较而言，现实生活中人们若想改变宗教信仰是完全可以做到的，他可以接受一个截然不同的政治信仰——或者假装这样做——如果这能缓解他的痛苦。但是肤色和种族是没办法改变的，如果有人因此而遭受虐待，那么他要么堕落消沉，要么奋起反抗。人类的本性无论善恶，都不会允许他们在低人一等的处境中忍气吞声。"宁为玉碎，不为瓦全"，为反对殖民主义与种族主义，被压迫者宁可打破这表面的平静，也不愿继续苟延残喘。

殖民主义的存在违背人类平等与自由的原则，殖民主义对世界各地人民来说都是不可接受的。坦桑尼亚国家为了独立和解放而战，尼雷尔说："如果不是我们有决心，我们1961年不会取得胜利，但是我们的庆祝并不只是我们自己努力的结果，我们得益于一个事实，而且，非洲正在继续的独立运动与其说是非洲人民的抵抗能力，不如说是因为国家自由的原则。"[2] 因此，任何有助于加强国家独立和解放的原则都是重要的，而任何削弱这一原则的，非洲人民都加以关注并强烈反对。尼雷尔进一步认为，只要在非洲大陆上还有外部的政治主宰与种族歧视，已经取得独立的国家就有责任支持那些为了国家解放战斗在前线的人们。1963年非洲统一组织成立初始就致力于为非洲的彻底解放而努力，并且成立了非洲解放委员会与非洲统一委员会，在委员会和非洲人民的不懈努力下整个非洲大陆的民族解放与政治独立运动取得了接连不断的胜利。

非洲解放的目标是公民能够享有尊严、自由与公平。享有尊严、争取自由、追

1　Julius K. Nyerere, *Freedom and Development*, Oxford University Press, 1973, p.205.

2　Julius K. Nyerere, *Freedom and Unity*, Oxford University Press, 1966, p.180.

求公平是人类解放的主要目标。实现非洲解放意味着让所有公民能够生活得有尊严、有个人自由和公平正义。非洲通过独立运动摆脱贫困，但是如果独立成果被剥夺，民族独立就不能结束贫困，对个人和社会都是如此。因此，自由也包括了反对那些利用非洲国家的资源来满足个人利益的人，同样，也要改变帮助殖民利益的法律和做法。尼雷尔认为，真正的自由要与人剥削人做斗争，包括我们想要剥削他们的倾向，或如果我们能从中获利，默许这种剥削，这也意味着与人类想要索取而不给予、不服务、不尊重的倾向做斗争。由此看出，摆脱剥削，争取自由是人类解放的主要部分。

非洲解放既要反对传统殖民主义又要防止新殖民主义。通过反对传统意义上的殖民主义实现并确保国家的独立与统一，即使那些从旧殖民主义的政治主人那里获利的人也会积极参与其中。但是对新殖民主义的斗争则不会如此团结一致，有些人将其利益与现存的新殖民主义紧密相连。例如那些外国资本家在当地的代理，以及在外国企业庇佑下的一些当地资本家，他们认为他们的财富和地位依靠的是外部力量的持续统治。在经济事务方面，非洲国家实际上仍然受到了发达国家的控制，但是发达国家对非洲的解放或者尊严等事情几乎根本不关心，即使关心，也是因为影响了他们自身的利益。尼雷尔指出："新殖民主义在政治殖民主义的掩盖下，继续进行经济殖民主义。在独立后，新殖民主义的存在、含义也日渐清晰，新殖民主义既反映了非洲的贫困，同时也是贫困继续存在的主要因素。"[1]从新殖民主义中解放出来有两条路径，一是要降低其对非洲新兴国家内政的影响，二是要应对其对国际经济活动的影响。当然，这两方面是紧密相连的。尼雷尔进一步分析："一旦获得政治权利，我们就应使用这种权利，而且大胆使用，如果这能够带来人们日常生活的改善。这是我们在过去十五六年里得到的教训。大胆使用这种权利不是要对抗非洲其他民族，也不是对抗某个外部的政治力量，而是对抗解放的下一个障碍，即新殖民主义。"[2]

但是与新殖民主义的斗争比争取政治独立的斗争更加困难。因此，对殖民国家

1　Julius K. Nyerere, *Freedom and Liberation*, Oxford University Press(T) Ltd, 2011, p.105.

2　Ibid., p.201.

而言，继续控制殖民地国家，主要是如何尽量保证继续剥削、利用其市场和原材料，因此，这种剥削不会受到政治独立的影响。殖民国家可能会同意其政治独立，但却不会轻易地放弃自身已有的经济利益。殖民地国家要求经济独立，也就是要求结束来自外部的剥削。这将直接导致新殖民主义者的经济利益受损，乃至会进一步影响到这些国家的国民收入水平。显然，反对新殖民主义的斗争会面临很大阻力。

尼雷尔呼吁为了人民生活水平提高与国家经济发展，所有非洲国家都应该积极参与世界经济，这是非常必要的。要积极地参与世界经济，改变不合理的国内经济结构，削弱新殖民主义在国际贸易和金融方面的力量至关重要。只有从新旧殖民主义中解放出来，才能真正实现非洲的经济发展。

20 世纪 60 年代初开始，坦桑尼亚一直支持莫桑比克、津巴布韦、安哥拉、纳米比亚和南非人民争取独立和民族解放的斗争。非洲统一组织解放委员会总部设在达累斯萨拉姆，尼雷尔长期担任该委员会主席，许多解放组织都在坦桑尼亚境内设立了游击队训练营。尽管坦桑尼亚自己经济比较困难，但还是经常为一些解放组织慷慨解囊。尼雷尔说："我们正在为非洲的解放发动一场普遍而简单的战争，它值得我们去完成历史和地理位置赋予我们的责任，这是一场艰苦卓绝的斗争，尤其是在保卫国家和追求非洲自由的斗争中，坦桑尼亚会继续支持非洲大陆的解放斗争，因为我们知道，只有全非洲政治自由且安全，经济的发展与解放才能走得更远。"[1]

坦桑尼亚在支持莫桑比克民族解放运动和捍卫独立方面的贡献特别突出，主要表现在不仅帮助莫桑比克解放阵线训练自由战士，准许莫桑比克解放阵线武装力量从坦桑尼亚南部边境地区渗入莫桑比克开展游击活动，为其争取独立战争提供了可靠的后方，而且在莫桑比克 1976 年独立后，还为其新政权的巩固提供尽可能的帮助。坦桑尼亚为解放阵线提供后方基地，建立医院、学校和训练营，运送武器，捐钱献血等。在尼雷尔看来，这些行动对莫桑比克自由斗争是一种贡献，同样有利于维护坦桑尼亚自身的自由斗争与国家建构的成果。

对津巴布韦独立斗争的关切。津巴布韦为自由经历了漫长而痛苦的斗争，经历了很多磨难。这种磨难来自于被殖民统治，土地被掠夺，被少数人统治，人民被殖

1　Julius K. Nyerere, *Freedom and Liberation*, Oxford University Press(T) Ltd, 2011, p.199.

民主义者摧残。尼雷尔在 1980 年 12 月的演讲中说："我们在坦桑尼亚，满怀敬仰之情支持你们在遭受的磨难后团结起来，我们为你们在战火中锻造的团结的勇气致敬。我看到津巴布韦的勇气与智慧，衷心希望你们在团结中学到了宝贵的经验，津巴布韦如今已经是一个全国团结一致的政府了。"[1] 尼雷尔认为，津巴布韦在政治独立进程中采取武装斗争是必要的，国际支援也是必要的。这两个方面同步推进，津巴布韦人民已经学到了要团结和自立。并且，尽管付出了昂贵的代价，由全民支持的武装斗争使得最后的胜利成为必然。津巴布韦的目标是建立为大多数人服务的政权，人民经过斗争有了为多数人服务的政权，赢得了独立有了一个全国统一的政权。如果没有团结，津巴布韦将会陷入危险之中；如果没有团结，津巴布韦将会背叛非洲。

对南非人民反对种族隔离斗争的支持。从 20 世纪 60 年代起，坦桑尼亚一直是南非解放组织的根据地。坦桑尼亚独立后积极支持南非人民反对白人当局推行的种族歧视和种族隔离政策的斗争，为南非民族解放斗争的胜利作出了积极贡献。在尼雷尔看来，坦桑尼亚致力于内部发展的同时，也肩负着对整个非洲的责任甚至是对整个世界的责任。尤其是坦桑尼亚首先致力于完全解放整个非洲大陆的斗争，这一斗争在南非种族问题上到了一个非常困难和关键的阶段。尼雷尔政府在南非种族问题上的立场是帮助广大的南非人民从恶意的种族分离制度的压迫中解放出来，向他们说明种族主义在全世界都是非法的，南非和非洲解放力量的敌人其实是强加并实施在南非人身上的种族主义的桎梏。

尼雷尔坚定地认为种族隔离应从非洲大陆彻底消除，人类的这一耻辱应当被永远抹去。为了那些因为自己的肤色而感到羞愧的人，为了那些因为种族迫害政策而破碎的家庭，为了每一个被所谓班图教育荼毒思想的孩子们，必将坚定信念，加倍努力，让南非平等地属于每一位公民，不论种族差别。对此，尼雷尔说："在非洲，我们将致力于推翻南非的种族隔离，就像解放罗得西亚和纳米比亚一样不遗余力。我们正在全力帮助南非的民族主义者和民主力量，并将一直支持他们。"[2]

1　Julius K. Nyerere, *Freedom and Liberation*, Oxford University Press(T) Ltd, 2011, p.124.

2　Ibid, p.88.

尼雷尔的非洲解放理论以历史与现状为依据，内涵丰富、目标明确，并不断应用到独立运动的实践中，为支持非洲民族解放运动和反对南非种族主义的斗争作出了持续的努力，为非洲大陆非殖民化运动作出了杰出贡献。

（二）尼雷尔非洲统一思想

尼雷尔坚信非洲统一的观点，他是一位杰出的民族主义者，具有强烈的民族感情，极其痛恨帝国主义、殖民主义和种族主义，反对大国对小国的干预，特别强调自力更生，这种观点与思想对其外交政策有较大的影响，这种外交政策又反过来成为影响坦桑尼亚的国家建构的重要因素。坦桑尼亚从1961年实现独立以来的伟大目标之一就是与其他独立国家合作，一起推动非洲统一。尼雷尔认为："非洲作为一个整体统一的观点很重要，非洲大陆统一所取得的进展不是两个、三个或四个国家所决定的。"[1]但是，随着更广泛努力的开展，在双边基础上可以持续不断地取得进步。坦桑尼亚国家建构目标之一是促进非洲解放和完成非洲统一事业。这也是非洲统一组织的两大任务，其实则是同一事物的两个方面，相辅相成，缺一不可。

外部世界把非洲作为一个整体看待。尼雷尔认为："外部世界对整个非洲的兴趣，要远远大于对利比里亚、坦桑尼亚或其他某个非洲主权国家的兴趣，欧洲、亚洲和非洲的大国将非洲化整为零，利用非洲，但是殖民国家的目标并不是控制这个或那个国家，而是控制整个非洲，当摆脱外国殖民者的统治争取独立的时候，我们也在作为非洲人为非洲大陆争取独立。"[2]事实上，这些非洲国家都知道，也都认同统一问题。这是因为非洲认识到他们彼此相互依存，也就是他们长时间以来不断谈到的非洲统一的问题；因为非洲认识到一个国家的动荡、贫穷、疾病乃至发展，都会影响到非洲的其他国家，因此已经采取了一些措施，因此走向统一是安全与稳固的需要。

"非洲统一是一件好事"这种笼统的想法虽然得到了认可，但也意味着非洲国家联合政府的建构。在持续的统一进程中将每个国家的独立主权合并成一个新的统一的主权，这意味着要出现某种形式的联邦政府，而每个国家要把它的一部分主权

1　Julius K. Nyerere, *Freedom and Liberation*, Oxford University Press(T) Ltd, 2011, p.49.

2　Julius K. Nyerere, *Freedom and Development*, Oxford University Press, 1973, p.15.

交给联邦政府。如果要实现非洲统一，那么必须要有一个政府代表非洲对外发言，除此之外别无选择；必须要有一个机构负责非洲的防务，保护它不受外部势力侵犯或者颠覆；必须要有一个代表性的机构协调和促进非洲整体的经济发展，确保非洲大陆上每个国家的繁荣；这意味着只能有一种货币，一种关税制度，其他制度也要随之建立起来以促进经济发展。从列举的这些事实可以看到统一的重要性，以及缩小实现统一的差距。

统一是非洲的必由之路。尼雷尔指出："统一的目标要求一个全非洲人的组织应当在某些至关重要的事情上掌握权力，而组织的成员国家在这些事情上没有权力，涉及外部世界时在非洲必须只有一个政府。"[1]但是即使建立了非洲合众国、非洲联邦或者邦联也无法解决非洲所有的问题。无论非洲实现统一是在一周以后，还是一百年以后，统一后的非洲的稳定和管理仍然是个棘手的问题。统一并不能解决非洲的问题；而是促使整个非洲一起解决问题。通过结成联盟，各国尽可能弱化某些非洲问题——比如说，边境冲突的问题——但是其他问题，比如大型工厂的选址问题可以而且应该更及时地解决。新的问题，即随着统一而凸显出来的问题，是建设的问题。其他的主要问题是避免破坏。

非洲统一必须包容差异。包容国家主权内部的差异，不同的国家政治发展道路存在差异是多种原因的结果。对此，尼雷尔说："我们都是独立自主的国家，没有一个非洲国家有权利干涉别国内部事务，每个国家都有权利、有责任决定它自己的发展道路。但是我们能够，也必须团结一致。"[2]不同国家政治道路选择上存在差异，并不意味着两国之间势必会有敌意或者怀疑；非洲国家不同的抉择也不会妨碍两国因地理位置上的距离而开展的建设性合作，即使不同的理念也许影响互惠互利的制度设定，但是这不会影响非洲兄弟的友谊，更不会无视非洲团结统一的需要。

承认世界的多样性。尼雷尔认为："关于非洲统一运动，我们对世界上其他的国家不必采取敌对的态度。"[3]作为一个部落的一员并不意味着要敌视部落中的其他民族；作为非洲一个主权国家的市民并不妨碍他对非洲的忠诚，也不妨碍非洲统一

1　Julius K. Nyerere, *Freedom and Unity*, Oxford University Press, 1966, p.335.

2　Julius K. Nyerere, *Freedom and Development*, Oxford University Press, 1973, p.12.

3　Ibid, p.14.

的进程。同理，非洲统一运动并不是要敌视欧洲、亚洲或者美洲。任何个人都是众多团体中的一员：既是他宗族的一员，也是他部落的一员。现在，他是国家的公民，也通过非洲统一组织与其他非洲国家息息相关。他还是整个世界的一员，不管是否意识到与这些团体的关系，这种关系都是客观存在的。并且，所有的这些团体都是相互联系、相互作用的。

（三）建立国际政治经济新秩序的斗争

尼雷尔不仅坚决支持民族解放运动，反对帝国主义、殖民主义，提倡非洲联合与统一，积极参与不结盟运动，而且为解决世界性的难题——建立公正合理的国际政治经济新秩序作出了突出的贡献。世界贫困问题是国际经济旧秩序的结果。世界贫困问题是一个严重问题，而且变得越来越糟糕而不是越来越好。尼雷尔说，由于完全超出我们控制的原因，我们贫穷国家的人均国民收入去年实际上下降了。这部分并非全部是由干旱引起的。石油价格的上升是部分而非全部原因。还有个重要原因是国际经济体系的工作机制。

为经济进步及世界经济正义的斗争对坦桑尼亚人民来说是十分重要的。国家建构初期还在发展中，最现实与急切的任务是发展这个年人均收入低于 200 美元的国家，这并不是件容易的事情。坦桑尼亚出口的农产品原料有棉花、剑麻、烟草、咖啡和腰果。这些农产品的价格不是由坦桑尼亚政府决定的，人民只能接受。进口的多为资本货物和石油，供货商多根据他们自己的消费结构和生活水平定价，或者根据富有的买主可能的出价而定。这些都符合所谓"自由市场"的原则。[1]

南南合作、南北对话是建构国际经济新秩序的最佳途径。发展是国家建构的历史使命，是建构国际经济新秩序的核心。尼雷尔积极呼吁撤除旧的经济制度，建立新的国际经济秩序。他在国际舞台四处奔波，要求发达国家向发展中国家转移资金和技术，帮助落后国家发展经济，呼吁对非洲实行新的"马歇尔计划"。他对西方国家特别是美国在南北对话、全球谈判等问题上的消极态度极为不满。1977 年，坦桑尼亚作为东道主召集 77 国集团会议，尼雷尔总统积极提倡第三世界国家加强团结与合作，用一个声音讲话。

1　Julius K. Nyerere, *Freedom and Liberation*, Oxford University Press(T) Ltd, 2011, p.119.

　　非洲解放理论、统一思想以及建构国际政治经济新秩序措施等共同构成尼雷尔的外交观。在此观点指导下，尼雷尔在国际舞台上不仅积极推动非洲的解放与统一，而且积极开展世界范围内的不结盟运动。尼雷尔的非洲解放理论从非洲现实出发，批判了新旧殖民主义的弊端，主张非洲公民政治权利基础上的尊严、自由与公平。在实际行动上大力支援非洲尤其是南部非洲的民族解放运动，为非洲的统一与经济发展作出了自己的贡献。尼雷尔在世界范围内坚持不结盟政策，维护民族独立，通过不结盟运动，倡议发展中国家经济合作形成独立于世界强国的第三种力量。在南南合作方面推出有内涵与价值的《南方委员会报告》，为改变南北关系提出全球紧急行动计划，通过发展建构国际政治经济新秩序等，这既是尼雷尔的辛勤劳动的成果，也是尼雷尔解决发展中国家问题的一种智慧与方案。

结语

　　坦桑尼亚现代国家建构是集体努力的结晶，但尼雷尔的突出贡献则无可争辩。在独立运动中两次赴联合国为坦噶尼喀的和平独立争取国际进步力量的支持；独立后执政时期的一系列政策极大地促进了坦桑尼亚的民族精神与国家意识；在国际舞台上成为不结盟运动领袖之一；退出政治舞台后依然探索适合坦桑尼亚国情的发展道路。

　　作为一个独立后联合在一起有半个世纪的国家，从政治稳定与社会发展的角度分析，坦桑尼亚国家建构是比较成功的，并且引起官方以及学术界比较浓厚的兴趣。政治和社会稳定对真正的国家和个人自由至关重要，没有政治稳定的保证，坦桑尼亚或许仍然只能被其他国家玩弄于股掌之中。正如尼雷尔所言："没有政治稳定，外部势力会干预我们的政策，从而谋取他们的利益，甚至在我们的领土上发动针对我们人民的战争。"[1] 稳定对保卫国家完整很重要，同时对经济发展也是十分必要的。在稳定基础上的国家改革势在必行，但是积极的改革如果没有稳定的保障是

1　Julius K. Nyerere, *Freedom and Development*, Oxford University Press, 1973, p.110.

不可能的，不作出改革，坦桑尼亚不可能有稳定的局面。这对发展中国家而言具有普遍性的借鉴意义，在改革和稳定这对既相互对立、又互为补充的矛盾中取得平衡。

坦桑尼亚在和平独立与走向联合的国家建构进程中，领导人之间非常团结，政治目标高度一致值得学习与借鉴，对发展中国家现代化进程有重要的参考价值和深远影响。

中国参与坦赞铁路技术合作的历程与困境

沈喜彭 *

坦赞铁路自 1976 年运营以来，至今已逾 40 余载，中国参与坦赞铁路技术合作也从未间断。为保障这条铁路顺利运转，中国政府先后向坦赞两国派出了 16 期铁路专家组，提供了累计近 3 000 人次的技术指导与数十亿元人民币的各项贷款，并帮助两国建立了一整套铁路运营规章制度，培训了大批铁路运营管理人才。有关中国参与坦赞铁路技术合作方面的情况，前人已有论述。[1] 在参阅既有研究成果的基础上，本文根据有关资料，对坦赞铁路移交以来我国参与坦赞铁路技术合作方面的情况及其面临的问题进行了认真梳理与探究。

一、中国参与坦赞铁路技术合作的背景

有必要先交代中国参与坦赞铁路技术合作的有关背景。如众所知，在我国，技术合作系"对外经济技术合作"之简称，其概念"简言之，就是在坚持独立自主、

---

* 沈喜彭，安徽师范大学历史文化学院副教授，2018 年 6—8 月在华东师范大学坦桑尼亚工作站从事研究工作。

1 张铁珊、靳辉、罗维一分别在坦赞铁路运营 10 周年、15 周年、20 周年之际撰文记述了中国参与技术合作的情况。详见张铁珊：《友谊之路：援建坦赞铁路纪实》，北京：中国对外贸易出版社，1999年，第 376—385 页；靳辉：《当代中国铁路对外经济技术援助》，北京：中国铁道出版社，1996 年，第110—116 页；罗维一：《坦赞铁路运营管理》，北京：中国铁道出版社，2010 年，第 161—188 页。

自力更生的基础上，本着和平友好、平等互利的原则，同世界各国开展多形式、多层次、多渠道的经济技术交流"。[1] 根据前副总理陈慕华的说法，我国的技术合作事业始于"对外提供经济技术援助"，后来略有变化，"由过去单纯对外提供援助，发展为有出有进、有给有取多种形式的互利合作"。[2] 可见，中国参与坦赞铁路技术合作既包括经济技术层面的援助也包括多种形式的互利合作。

我国参与坦赞铁路技术合作的原因主要有两方面：一是，根据我国"援外八项原则"中的第七条规定，我国政府在对外提供任何一种技术援助的时候，"保证做到使受援国的人员充分掌握这种技术"。毛泽东、周恩来等曾多次口头承诺教会坦赞铁路的各方面技术。例如，周恩来在 1965 年会见坦桑尼亚总统尼雷尔时说"铁路建成后，主权是属于你们和赞比亚的。我们还要教给你们技术"。[3] 毛泽东在1974 年会见尼雷尔总统时也表示："搞铁路的也应该主要是教会你们勘察、各种建设、修路、桥梁。各种技术人员都这样，将来我们一走，你们就完全可以自己管理了。如果不教，那就不好哩。"[4] 铁路运营是一项十分复杂的系统工程，它不仅要求较高的运输、财务、劳资统筹能力，还要求较好的机车、车辆、工务、电务等方面的管理能力。由于坦赞铁路横跨两个国家，运输线路长，停靠点多，沿线地区地形复杂，我国政府在坦赞铁路建设期间就重视为坦赞两国培训铁路人才，如：从坦赞两国选派学员赴北京交通大学留学；在赞比亚设立姆比卡铁路技术学校以培训人才；通过"传帮带"的形式，在施工中手把手地教坦赞两国工人进行操作等。但是，坦赞两国的工人和技术人员在短期内难以胜任坦赞铁路全面的运营与管理工作，因而迫切需要我国专家继续提供技术指导。二是，坦赞两国出于实际考虑，在本国工人已掌握铁路运营与管理的基本技术后仍希望中国参与坦赞铁路的技术合作，并以不定期磋商和签订协议的方式将中方参与坦赞铁路技术合作的事宜确定下

1　《当代中国》丛书编辑委员会：《当代中国的对外经济合作》，中国社会科学出版社，1989 年，第 2页，第 1—2 页。

2　同上。

3　《刘少奇、周恩来、陈毅等同坦桑尼亚联合共和国总统尼雷尔第一次会谈记录（节录）》，《党的文献》2012 年第 3 期，第 5 页。

4　《毛泽东与外国首脑及记者会谈录》编辑组：《毛泽东与外国首脑及记者会谈录》，北京：台海出版社，2012 年，第 288 页。

来。据资料记载，1976 年 7 月 14 日，中国政府向坦赞两国政府正式移交了坦赞铁路，同时撤销了中国援建坦赞铁路工作组。当日，中、坦、赞三国政府代表在卢萨卡签订了《中华人民共和国政府和坦桑尼亚联合共和国政府、赞比亚共和国政府关于坦赞铁路技术合作的议定书》（以下简称《议定书》），方毅、坦道以及马波马分别代表各自政府在《议定书》上签字。《议定书》共有八条内容，涉及中国参与坦赞铁路技术合作的人员数量、工作时段、薪资待遇、休假制度等多方面内容。[1] 根据《议定书》的规定，第一期技术合作时，中国政府将派遣 1 000 名左右的工程技术人员，组成"中国铁路专家组"，自 1976 年 7 月 15 日开始对坦赞铁路的运营和管理工作提供技术指导。该《议定书》为以后各期的技术合作议定书的签订提供了样板，奠定了基调。到 2017 年底，中国政府已先后同坦赞两国政府签订了 16 期技术合作议定书，[2] 提供了数十亿元人民币的无息贷款。公开资料显示，截至 2013 年 11 月，中国政府共投入技术合作援助资金 158 133 亿元，派出专家 2 846 人。[3]

二、中国参与坦赞铁路技术合作的四个阶段与主要工作

自坦赞铁路建成移交以来，中、坦、赞三国政府在坦赞铁路项目上一直进行着技术合作。中国参与坦赞铁路技术合作的历程大致可分为四个阶段：第一阶段即前三期技术合作，合作方式为中国专家在铁路运营和管理中提供技术指导；第二阶段为第四至第七期技术合作，合作方式改为中国专家进行技术指导并全面参与管理，参与管理为本阶段技术合作特色；第三阶段为第八至第十期，合作方式为提供管理咨询和技术指导；第四阶段从第十一期开始至今，合作方式为中国专家对中国贷款项下各项目的实施进行协调和提供咨询，协调服务与提供专项贷款是本阶段技术合

1　《中华人民共和国政府和坦桑尼亚联合共和国政府、赞比亚共和国政府关于坦赞铁路技术合作的议定书》，《中华人民共和国条约集》（第 23 集），北京：世界知识出版社，1982 年，第 130—132 页。

2　从第八期技术合作开始，三国间的协议书标题增添了"经济"两字，即由先前的"技术合作议定书"变更为"经济技术合作议定书"。

3　《李旭航代办、孙友红二秘应邀出席坦赞铁路第十四期技术合作六台机车交付仪式》，中华人民共和国驻坦桑尼亚经商代表处（http://tz.mofcom.gov.cn/article/todayheader/201311/20131100391673.shtml）。

作的特点。分述如下。

（一）第一阶段技术合作

1976 年 7 月至 1983 年 8 月，中国铁路专家组完成了坦赞铁路技术合作"三期七年"的工作任务。在前三期技术合作期间，我国铁路专家组的人数，从第一期的拟派 1 000 人，第二期的拟派 750 人，递减到第三期的拟派 150 人。这是因为，我国政府本计划在坦赞铁路移交后进行"三期六年"的技术合作，然后撤出中国专家，完全交由坦赞两国独立经营管理。然而在实际工作中，中国铁路专家非但不能抽身而出，反而时常处于被动的顶替包干境地。1982 年，中、坦、赞三国政府代表共同签署了《关于延长坦赞铁路第三期技术合作期限的议定书》，共同商定将坦赞铁路第三期技术合作延长一年。坦赞铁路前三期技术合作，在人才培养、制度建设及物质运输等方面取得了一定成绩，但是在客、货运量方面却没有达到计划的目标。为加强铁路管理、扭转不良运营状况，中、坦、赞三国政府决定，从第四期技术合作开始，由中国专家全面参与坦赞铁路管理，但不任实职，并且每一期的合作期限由原来的两年延长至三年。

（二）第二阶段技术合作

自 1983 年 8 月至 1995 年 12 月系坦赞铁路第二阶段的技术合作时期。在本阶段的第四、五、六、七期技术合作中，中国专家组的定员分别为 250 人、170 人、200 人和 122 人。中国专家的任务是对铁路运营管理进行技术指导并参与管理。在这四期 12 年的参与管理期间，中国政府向坦赞铁路局的 9 个部门（运输、机车、车辆、工务、电务、物资、财务、人劳、计统）及工厂派出了专家。专家们除了日常提供管理咨询与技术指导外，还参加路局、分局、工厂与地区的办公会议，专家组长还应邀参加坦赞铁路局董事会会议。这期间，经过坦赞两国多方寻求帮助，旨在改善坦赞铁路动力状况的努力逐渐显现效果，11 个西方国家政府与组织为坦赞铁路提供了包括机车和改造东方红机车柴油机等援助，为改善坦赞铁路的动力状况乃至整个运营状况起到了积极作用。加之，中国政府陆续提供的贷款援助和铁路零部件与中国专家的积极支持帮助，使得坦赞铁路的运量回升，账面出现盈利。中国专家参与管理在一定程度上改善了坦赞铁路的经营管理状况，如在运价调整和运输组织等方面发挥了重要作用，为坦赞铁路经营出现阶段性运量上升与账面盈利起到了积极作用。但也必须看到，中国专家参与管理并非实质性参与管理，未能也不可能从根本上解决坦赞铁路的经营管理问题。由于各种原因，中国专家参与管理与坦赞铁路经营管理状况无直接的或决定性的关系。

（三）第三阶段技术合作

1995 年 12 月至 2001 年 12 月系坦赞铁路第三阶段的技术合作时期。三国政府决定从第八期技术合作起，将合作方式从由中国专家"对运营与管理进行技术指导并参与管理"，改为"向坦赞铁路局提供管理咨询和技术指导"，专家组定员大大减少。第八、九、十期共六年的技术合作期间，我国专家在不同层面，如董事会会议、路局与分局办公会、工厂与培训中心办公会等，向坦赞铁路局提出了很多重要的管理咨询意见，帮助坦赞铁路局解决了一些技术难题，并在有关项目的实施方面发挥了积极的协调作用。但是，中国专家"参与管理"不可能从根本上解决坦赞铁路的经营问题。"一条铁路，两国共管"的模式暴露出两国政府及其员工之间的诸多矛盾，在很大程度上影响着铁路的正常管理与运营。而且，坦赞两国政府对坦赞铁路只"管理"而投入不足，致使铁路设备严重失修。多年来，坦赞铁路所能获得的资金援助仅仅是中国政府提供的贷款。从管理体制上看，坦赞铁路的修建采取的是西方制度。对管理的核心部门（人事与财务以及敏感领域）劳资关系等深层次的问题，中国专家不便介入。

本阶段，李鹏总理及朱镕基副总理先后访非，为坦赞铁路的技术合作注入了活力。1991 年 5 月，李鹏总理在访问坦桑尼亚与赞比亚期间，宣布中国政府将向坦赞铁路提供 1 亿元人民币无息专项贷款，用于坦赞铁路第九期的经济技术合作以及提供铁路设备和零部件，其中包括提供 80 辆 22 马力的轻型机车。1995 年 7 月，国务院副总理朱镕基访问坦桑尼亚与赞比亚，向坦赞两国政府许诺将向坦赞铁路提供一笔数量可观的无息贷款，以修复坦赞铁路的基础设施和机车设备等。[1]

（四）第四阶段技术合作

由于坦赞铁路经营管理的因素及当时中国专家组技术合作的原因，2001 年 7 月 19 日举行的中、坦、赞三国会谈决定，第十一期技术合作的方式改为："由中国

---

[1]　刘海方、孟洁梅：《铁路时间：中国专家与坦赞铁路的技术转让》，《中国非洲研究评论》（2012），社会科学文献出版社，2013 年，第 198 页。

专家对中国贷款项下各项目的实施进行协调和提供咨询,并对达累斯萨拉姆与姆皮卡两个机车厂提供技术指导。"会谈时,三国代表在相关协定和议定书上签了字。根据这两个文件,中国政府将向坦赞两国政府各提供一笔专项无息贷款,用于坦赞铁路局从第三国购买铁路零配件及机车燃油与润滑油等急需物资。中国政府还将派遣由 15 人组成的专家组,参与为期三年的坦赞铁路第十一期技术合作。专家组主要负责对中国贷款项下各项目的实施进行协调,提供咨询和技术指导,培训管理和技术人员。组长将出席坦赞铁路董事会会议,并在必要时出席坦赞铁路局管委会会议,就铁路的运营管理等重大事宜提出建议。[1] 第十一期技术合作于 2002 年 1 月 1 日开始。专家组成员分布在总局、分局机关和两个机车厂。期间,中国援助的各类设备和物资发挥了一定作用。特别是提供 600 万美元帮助他们购买燃油和零配件,并修理了六台机车,如雪中送炭解了燃眉之急。2004 年 11 月 4 日举行的中、坦、赞三国会谈决定,第十二期技术合作的方式进一步改为:"由中国专家对中国贷款项下各项目的实施进行协调和提供咨询。"不再对达累斯萨拉姆与姆皮卡两个机辆厂提供技术指导。这种技术合作方式一直延续至今。11 月 5 日,三国政府关于坦赞铁路第十二期经济技术合作议定书及中国政府向坦赞铁路提供专项贷款协定在赞比亚首都卢萨卡签字。[2] 据杜坚回忆:"2000—2006 年的七年,我担任坦赞铁路第十、第十一、第十二期中国专家组组长。这一期间,坦赞铁路经营状况连年下滑,债台高筑。为了摆脱日益加重的困境,坦赞两国政府提出了对坦赞铁路进行私有化改造。中国专家组的任务,除了进行正常的技术合作外,还要积极探讨坦赞铁路进行私有化改造的可行性。"[3]

第十三期技术合作专家组共六人,包括机辆专家、运输经济专家、电务专家。从本期技术合作开始撤销赞比亚分组,工作地点只在坦桑尼亚的达累斯萨拉姆。专家组的主要工作是加强技术合作项目的协调和落实、开展技术合作和专项调研。为

---

1 《中坦赞三国签署有关坦赞铁路的两个文件》,新华网(http://news.sina.com.cn/w/2001-07-20/307228.html)。

2 《中国、坦桑尼亚和赞比亚三国签署坦赞铁路第十二期经济技术合作议定书》,中华人民共和国商务部(http://www.mof-com.gov.cn/aarticle/i/jyjl/k/200411/20041100301648.html)。

3 《杜坚:我和坦赞铁路》,中华人民共和国商务部(http://jjhzj.mofcom.gov.cn/article/ywfc/201108/20110807681501.shtml)。

了解坦赞铁路局运营生产情况，专家们坚持参加每周的生产交班会，并对总局、分局、基层站的运输生产、市场营销、机车车辆运用和检修、基础设施和安全诸部门进行专项调研，根据专项调研所得的数据和资料，进行分析、整理，在此基础上与路局主要负责人和各个专业主管进行专题座谈，交换有关事项的看法和建议。本期技术合作共提供专项贷款 1 亿元人民币。

第十四期技术合作期限为 2009 年 1 月 1 日至 2011 年 12 月 31 日，计三年时间，中国承诺向坦赞铁路注资贷款 2.7 亿元人民币。[1] 内含中国向坦赞铁路局提供的六台机车。[2] 2009 年 12 月，基于坦赞铁路在经营中存在的困难，在坦赞铁路第十四期技术合作部长级会议期间，中国宣布将免除援建坦赞铁路 50% 的债务，即 49 400 万元人民币债务。第十五期技术合作，从 2012 年 1 月 1 日至 2014 年 12 月 31 日，中国派出专家协调组八人，分别为：机辆、运输、电务、物资、企划、项目协调员、翻译和厨师，工作期限三年，并提供专项贷款。经过磋商，本期将技术合作项下的大修 42 辆客车项目变更为提供 18 辆新客车。第十六期技术合作从 2015 年初开始，2015 年 12 月，本期技术合作项下 18 辆客车和四台干线机车的交接仪式在达累斯萨拉姆火车站隆重举行。[3]

三、中国参与坦赞铁路技术合作面临的问题

中国参与坦赞铁路的技术合作虽然取得了一定成绩，但是坦赞铁路在运营、管理、维护等软硬件方面依然出现了不少问题。根据李新烽研究员在 2004 年的调研，坦赞铁路主要面临"二老五不"七个方面的问题：设备老化、人员老化和通信不

1　《驻赞比亚使馆举办"援建坦赞铁路实物展"》，中华人民共和国驻赞比亚共和国大使馆（http://zm.chineseembassy.org/chn/sgzxdthxx/t832254.htm）。

2　《李旭航代办、孙友红二秘应邀出席坦赞铁路第十四期技术合作六台机车交付仪式》，中华人民共和国驻坦桑尼亚经商代表处（http://tz.mofcom.gov.cn/article/todayheader/201311/20131100391673.shtml）。

3　《中国援助的坦赞铁路机车和客车隆重交接》，中华人民共和国驻坦桑尼亚联合共和国经济商务代表处（http://tz.mofcom.gov.cn/article/c/201512/20151201201049.shtml）。

畅、资金不够、运量不足、支持不力和管理不善。[1] 2013 年前后，陈晓晨在实地调研后认为坦赞铁路主要面临十个方面的问题：运输能力差，难以满足客户需求；车速慢，晚点严重；安全状况堪忧，事故频发；缺车，尤其缺机车，车况差；线路基础设施损坏严重；通信设施落后；信号系统瘫痪；人员素质差，受过中国培训的老一代职工已经退休或临近退休，大部分人并未得到重用；劳资关系紧张；机构人员烦冗，效率低下。[2] 2015 年，毕淑敏也通过实地旅行指出了坦赞铁路面临的火车晚点、管理不力、站台破旧、事故频发等问题。[3] 笔者 2018 年 6 月在坦赞铁路沿线开始的调研也深有同感。这些问题不仅影响了中国参与坦赞铁路技术合作的声誉，还影响了坦赞两国的经济与社会发展。

（一）运量不足，亏损严重

坦赞铁路自运营以来从未达到其设计的年运输能力 200 万吨的要求，历史上运营最好的 1977—1978 年度也只有 127 万吨的运输总吨数，中期较好的年份是 1992—1993 年度运输了 107.9 万吨。[4] 近年来运量持续下滑，货物发送量一直在 60 万吨左右。在客运方面，从最初的每年近百万人次，到 20 世纪 80 年代的年均约 80 万人次，再到近年来的年均不足 40 万人次。目前仅在每周二、五从坦桑尼亚的达累斯萨拉姆站和赞比亚的新卡皮利姆波希车站各对开一趟客车。造成客货运输日趋萎缩的原因是多方面的，坦方观点认为：一是出口货物量连年下降，主要是赞比亚铜产品量的减少；二是进口货物不确定的因素增多，通过坦赞铁路进口的化肥、燃油、机电产品、机械设备和粮食等数量不定；三是本地货物运输份额的减少，由于铁路自身运输能力的不足及车辆运输周转时间的限制，坦桑尼亚本地货物的份额也在逐年减少。[5] 赞方观点认为：其一，南非近来的政治变化导致了南部非洲开发共同体成员国之间贸易方式的变化，以及对南非贸易制裁时关闭的贸易通道的开启；其二，坦赞铁路运量的持续下降，阻碍了经济，主要是坦赞两国经济的发

---

1 李新烽：《非洲踏寻郑和路》，昆明：晨光出版社，2005 年，第 267—271 页。

2 陈晓晨：《寻路非洲：铁轨上的中国记忆》，杭州：浙江大学出版社，2014 年，第 36—37 页。

3 毕淑敏：《非洲三万里》，长沙：湖南文艺出版社，2016 年，第 257—261 页。

4 《驻赞比亚使馆举办"援建坦赞铁路实物展"》，中华人民共和国驻赞比亚共和国大使馆（http://zm.chineseembassy.org/chn/sgzxdthxx/t832254.htm）。

5 罗维一：《坦赞铁路运营与管理》，第 193 页、第 197—202 页。

展，其直接影响即造成进口额的下降。两国采用基于自由市场的经济政策使许多公共部门的公司措手不及，其普遍的影响是生产的下降，因此导致了出口运量的减少；其三，两国政府改善和恢复公路基础设施的努力已见积极成效，它与贸易自由化政策相结合促进了汽车运输业能力的大幅增加，这又增加了一条与铁路竞争的渠道。[1]需要指出的是，赞比亚铜产品出口的减少还有自身的原因，由于赞比亚国内经济的不振，对铜矿缺少必要的投资，全国铜矿年产量也在不断下降。与此同时，国际上铜产品价格的下跌也造成了赞比亚铜产品出口的减少。从大环境来看，坦赞两国及周边国家经济不甚景气，刚果（金）又爆发持久内战，也造成货运量和人员流动减少。此外，坦赞铁路财务状况极度不佳直接带来了铁路设备失修严重，安全可靠度降低，服务质量下降，造成大部分货源份额的丢失。运量不足自然营运亏本。1995 年以后，坦赞铁路几乎连年亏损。由于亏损严重，坦赞两国没有财力投入到坦赞铁路上，运转几乎全部依靠中国政府每年提供的经济技术合作。坦赞铁路不仅无力支付运营所需要的日常费用，而且已债台高筑。拖欠的债务主要包括坦赞两国政府的各类法定税款与养老保险基金以及电力、通信、港口等公共服务部门与各类商务机构的债务。1995 年坦赞两国取消了坦赞铁路有关免税的规定，导致亏损进一步加剧。坦赞铁路从此需缴纳房产税、城市管理税、燃油税、销售税、增值税等，甚至还需缴纳公路建设税。长期以来，这些债务不仅得不到偿还，反而持续增长，引起了政府有关部门和各个债主的强烈不满，致使坦赞铁路局总局长经常受到起诉，坦赞铁路在民众中形象下降。此外，由于长期欠款，电力供应、机车燃油供应与电话服务等经常中断，严重影响铁路运营。导致铁路亏损的另一主要原因是坦赞铁路人工费用过高。根据坦赞铁路局、坦桑尼亚铁路工人工会、坦赞铁路（赞比亚）工人工会共同签订的《劳资协议》规定，坦赞铁路局于 1999 年 7 月 1 日开始执行当地通行的等级工资制。按劳资协议为基准每年每人基本工资递增一级，职工收入和绩效脱钩，各工种没有具体的考核标准。这种等级工资制体现了严重的"大锅饭"现象。随着基本工资的递增，福利费及各项津贴的补助标准就会上涨，使得人工成本不断攀升。据《劳资协议》，坦赞铁路人工费用包括雇员的基本

1　罗维一：《坦赞铁路运营与管理》，第 193 页、第 197—202 页。

工资、各种津贴及各项福利待遇。坦赞铁路局员工福利待遇名目繁多,津贴项目多达 48 种,包括住房补贴、住房水电津贴、丧葬费、带薪休假、长期服务奖等。目前,铁路的人员费用已占铁路局总收入的 60% 以上,远高于燃油和维修支出费用。

总之,运输渠道的增加、区域经济的变化等外部环境制约着坦赞铁路的发展;高福利制度等内部因素削弱了自身竞争力,导致坦赞铁路运营长期处于亏损状态,而且没有复苏的迹象,发展举步维艰。

(二)管理不善,运能不佳

坦赞铁路建成后即全面移交给双方,对坦赞两国独立经营、管理铁路的能力预估偏高,对如何搞好铁路经营管理中的技术合作缺乏经验。因此,在技术合作协议中规定中方专家组仅是技术指导地位,基本的方法是"提建议、传技术、教管理、带作风"。专家组在工作中无职无权却又要负责任,专家组提出的建议,对方不接受也无任何约束。在实际工作中,专家组发挥不了应有的作用,有劲使不上,工作被动,处境困难。对方在许多重大事情的决定上,该同中方专家组商议而不商议,事后也不及时通报,如请白人公司做财务决算,修改中方帮助双方编制的财务规章等。长期以来,坦赞铁路体制不顺、机制不活是一个主要问题。坦赞铁路的基本管理模式是坦赞两国政府联合垂直管理,分为三个层次:部长理事会—董事会—坦赞铁路局。在上述管理机构中,坦赞两国人数各占一半,共同管理一条铁路。坦赞铁路线长站点多,横跨两国,这种"两国共管"的特定管理模式导致了盲目追求利益对等、资源配置浪费、资金难以融通、材料难以调剂、工资福利相互攀比等问题,加重了经营管理的难度,既重复投资又制约坦赞铁路运输整体协调和可持续发展。除交通事故频发外,坦赞铁路的管理不善表现在许多方面:

一是目前坦赞铁路的职工队伍人员老化问题严重,很多部门和单位因没有接续人员的储备,不得已返聘已退休专业技术人员和熟练老工人上岗工作。

二是路局、分局和基层单位专业技术人员的配置不尽合理。例如达累斯萨拉姆地区工务段只有一名代理段长负责日常工作,段内根本没有主管技术的工程师和技术员维持正常线路检修和作业,与此同时路局和分局有若干个高级工程师和高级技术员进行着重复的日常管理工作。

三是各单位普遍存在设备陈旧，缺少维持正常生产所必备的零部件的问题。少数新的设备和工具均是来自中国政府经援贷款所购进的。在杨博列检所的检修车间基本上没有新的风管和卡子，检修工人只能使用旧配件进行修理试风后装配车辆使用。

四是铁路运输中最关键的通信信号指挥系统在这里形同虚设。目前坦赞铁路全线使用三种通信方式维持全线通信，即无线、微波和光缆。各个车站间没有正常信号闭塞装置，通过无线电使用人工手动闭塞，很难保证列车正常运行。[1]

坦赞铁路自身的运能问题也是运营不佳的重要内因。具体而言，在铁路线路方面，坦赞铁路的线路条件基本情况尚可，能够满足运输要求。但在坦桑尼亚境内多处区段有特殊的问题，如黑棉土、滑坡和地质灾害等，这些问题一直没有从根本上得到解决。由于没有足够的运营收入，加之经常出现事故和日常基础维修不及时，使得坦赞铁路全线仍有 12 处限速和多处病害地段的存在。桥梁虽然整体基本良好，但需要日常防锈及维修处理。隧道情况也基本良好，但需要部分维修和个别处理。线路养护目前质量有所下降，主要是资金短缺和材料不足。在通信信号方面，坦赞铁路全线的信号设备已远远超过大修期，设备老化、锈蚀严重，电气特性达不到标准要求，有些设备已废弃。由于全线架空明线被盗严重，[2] 半自动闭塞设备已全部停用。因资金缺乏，长期以来，通信信号设备损坏后无备品备件更换，加上设备维护人员责任意识淡薄，技术水平较差，发生设备问题往往不能及时处理，致使通信信号设备问题积累至今。目前，全线机车未配备车载通信电台，机车在线路上行驶时，司机无法与车站值班员联系，这不但会影响运输效率，而且也是行车安全上的可怕隐患。

在机车车辆方面，机车动力不足是目前坦赞铁路主要的运能"瓶颈"。机器破损和临时维修是造成机车运用完好率较低的主要原因。另外，机车大中修计划兑现率较低，机车乘务员不注意保养等也是影响机车动力的主要因素。由于线路的特殊性及牵引定数的要求，在不同区段还要使用双机牵引，坦赞铁路没有足够的资金

1　罗维一：《坦赞铁路运营与管理》，第 193 页。

2　2016 年 4 月姆贝亚地区坦赞铁路四座桥的加固部件被盗。参见《坦赞铁路遭人为破坏》，中华人民共和国驻坦桑尼亚经商代表处（http://tz.mofcom.gov.cn/article/jmxw/201604/20160401296281.shtml）。

购置新的干线机车和对现有机车进行必要的大修和整备。2015 年，由中国援助的四台柴油电传机车和 18 辆客车已抵达坦桑尼亚，总价值 2 240 万美元。这批设备将使铁路局每日机车可用台数从 12 台增加至 16 台，并将无故障运行距离从 6 015 公里提升至 7 098 公里。2000 年前后，该铁路每周开行六趟列车，年发送旅客超过 90 万人次。由于机车车辆不足，目前每周列车数量下跌至四趟，年运送量为45.5 万人次，而且晚点和故障停车已成常态。由于多年来再投资不足，坦赞铁路运力严重受限。尽管每年有大量的进出口货物等运输货源，坦赞铁路的运营仍难以为继。[1]

车辆情况虽然比机车情况略好，但同样存在数量不足的问题。车辆周转时间不合理，车辆的完好率较低。由于资金等问题，车辆的大修和整备也很不规范，以至造成车辆失修问题较为严重、轴承故障问题较多、部件过度磨损等得不到及时修复。另外，关于车辆运行统计数据及统计管理仍不完善。运输部门和车辆部门之间协调不畅，数据矛盾，很难准确反映车辆移动的实际情况。

（三）私有化改造困难重重

由于面临上述诸多问题，中、坦、赞三国政府均认识到，倘若要彻底解决坦赞铁路现有的一些问题，非进行一番改革不可。其中，私有化改造（也称"商业化改造"）或许是一种有益尝试。然而，中国政府虽然在"合资经营""特许经营""修复振兴"等私有化改造方面具有优先权，并为此作出了若干努力，但是收效甚微。坦赞铁路的私有化改造前途未卜，面临诸多难题。

1998 年前后，坦赞两国政府开始探讨坦赞铁路私有化的可能性问题。1999 年12 月，在北京举行的坦赞铁路经济技术合作三国会议期间，坦赞两国政府代表团正式提出同意优先请中国政府与其合资经营坦赞铁路。中国政府代表团团长吴仪副总理当即表示将进行可行性考察。会谈结束后，中国铁道部指定让上海铁路局进行合资合作经营坦赞铁路可行性考察。2000 年 7 月至 9 月，上海铁路局对坦赞铁路进行了为期 45 天的考察。考察结论是：全面合资经营方案不可行，目前我国尚不具备参与坦赞铁路合资经营或承包经营条件。

1　《坦媒体关注坦赞铁路修复改造项目》，中华人民共和国驻坦桑尼亚经商代表处（http://tz.mofcom.gov.cn/article/jmxw/201511/20151101195682.shtml）。

2003 年第二届中非合作论坛在埃塞俄比亚首都亚的斯亚贝巴举行后，中国商务部提出了探讨性策略，即探讨中国企业参与坦赞铁路私有化改造的可行性。中国政府在多种场合表达了将鼓励中国企业参与坦赞铁路私有化的态度。2004 年 5 月，中国有色建筑集团公司考察组对坦赞铁路技术改造和合资合作经营的可行性进行了再次考察。考察结果认为：第一，参与进行股份制合资经营，如由本公司独立投资经营，其财务评价将不可行；第二，中国有色建筑集团公司缺乏铁路管理经验，无法承担坦赞铁路的合资经营。[1]

两次私有化改造考察的结论都不乐观，一致认为中国政府或企业参与坦赞铁路合资经营的风险大、可行性小。坦赞两国政府在收到中方的两次考察结论后，也开始探讨坦赞铁路私有化改造的其他途径，如特许经营等。2005 年 6 月至 2006 年 11 月，中国土木建筑工程集团先后对坦赞铁路的现状和中国企业参与坦赞铁路特许经营的可行性进行了考察。考察结论认为，坦赞铁路在基础设施的保养、维修方面确实存有不少问题，但与坦赞两国及其邻国的其他铁路相比，总体状况还算不错。中方参与特许经营的风险较高，财务方面不可行。

2007 年 10 月至 11 月，坦赞两国政府还专门派代表团来华，向中方通报坦赞铁路理事会关于启动坦赞铁路私有化决议，请求中国政府支持中国财团、私营或国有企业以特许经营方式，参与坦赞铁路私有化改造进程，并愿意给予中方企业各类可能的优惠政策。

2009 年 5 月，中国国家主席胡锦涛在访问坦桑尼亚期间签署了中坦联合公报，两国就坦赞铁路特许经营所涉及的各方面逐个拿出具体意见，并派团与中方高层进行实质性谈判，寻求长久解决坦赞铁路面临的问题的办法。

2011 年和 2012 年，受铁道部、商务部委派，铁道部原总工程师华茂崑先后两次作为"铁道部坦赞铁路考察团"团长，深入到坦赞铁路一线进行考察。考察报告分析认为，坦赞两国推进私有化尚且困难，坦赞铁路由于两国共管，更存在难度大、涉及利益多、制约瓶颈多、需要修改《坦赞铁路法》等问题，仍需要深入研究和论证。与此同时，中国政府明确表示：在坦赞铁路特许经营条件成熟之前，为帮

1　《中国推动坦赞铁路重启在即》，中国日报网（http://www.chinadaily.com.cn/hqcj/2014−01/02/content_17210405.htm）。

助坦赞铁路继续运营，中国政府愿继续提供一定资金援助和部分物资设备，加强技术合作，并加大对坦赞两国有关技术人员的培训力度。[1]"特许经营"逐渐让位于对坦赞铁路的"修复改造"。

2012 年 3 月 22 日至 29 日，中国商务部副部长李金早率中国政府经贸代表团访问坦桑尼亚和赞比亚，签署了三项三边协议，以促进坦赞铁路修复改造工程的实施，以及加强有关坦赞铁路的经济技术合作。此外，商务部还提出坦赞铁路西延等创新性途径，希望盘活坦赞铁路。2013 年 3 月 24 日，中国国家主席习近平在达累斯萨拉姆与坦桑尼亚总统基奎特会谈时表示，中方一直关注坦赞铁路发展，愿积极参与坦赞铁路改造和运营。2014 年 10 月，基奎特总统在庆祝中坦两国建交 50 周年之际访华。习近平主席同意了基奎特总统提出的复兴坦赞铁路要求。李克强总理在会见基奎特总统时表示，中国、坦桑尼亚、赞比亚三国应携手努力，创新思维，发挥市场主导作用，优先激活坦赞铁路，让这条三国"友谊之路"焕发出新的活力，成为新时期非洲铁路运营管理的示范性项目。[2]

2016 年 5 月 9 日至 12 日，中国商务部副司长刘俊峰率领的中方代表团与坦赞两国政府代表团在达累斯萨拉姆举行了三方会谈，共达成了 11 项共识。报道称，中方不仅有意向坦赞铁路注入资金，还希望发挥更大的作用，即提供战略性管理和更好的技术运营。坦赞两国向中国承诺的举措包括：缩减臃肿的坦赞铁路局员工；坦赞两国需要审视本国法律，为坦赞铁路的运营提供优惠政策，以吸引更多的私营企业；坦赞两国需清理坦赞铁路所有未偿债务，包括法定扣款和供应商欠款；两国政府还需要解聘部分员工以满足新的组织架构的需要。[3]

当前，如何让坦赞铁路重新恢复活力是中坦赞三国政府共同面对的问题。2018 年新赴任的中国驻坦桑尼亚大使王克以及中国驻赞比亚大使李杰先后同坦赞两国政

---

1 《心随朗月高，志与秋霜洁：中华铁道建设新技术促进会会长华茂崑访谈录》，中华铁道网（http://www.chnrailway.com/html/20140116/339366_8.shtml）。

2 《李克强会见坦桑尼亚总统基奎特》，人民网（http://world.people.com.cn/n/2014/1025/c1002-25906311.html）。

3 《中方新计划接手坦赞铁路》，中华人民共和国驻坦桑尼亚联合共和国经济商务代表处（http://tz.mofcom.gov.cn/article/jmxw/201605/20160501326650.shtml）。

府领导谈及坦赞铁路的振兴与发展问题。[1]

综上，中国参与坦赞铁路的技术合作已历经 40 多个春秋。累计 16 期的专家组以及中国提供的贷款对维持坦赞铁路的运营起到了十分关键的作用。没有中国政府的支持，坦赞铁路不可能维持运营到今天。尽管面临着运量不足、管理不善、私有化改造等诸多难题，但是中国专家们通过参与坦赞铁路的技术合作，在非洲大地上贡献了自己的智慧和力量。

（本文最初发表于《历史教学问题》2018 年第 4 期，现有增删。）

1　《驻坦桑尼亚大使王克会见坦港务局局长》，外交部网站（http://www.mfa.gov.cn/web/zwbd_673032/wshd_673034/t1525570.shtml）。

姆维尼时期坦桑尼亚经济结构调整研究

卢平平

　　从 1961 年独立至今[1]，坦桑尼亚的经济发展大致分为三个阶段，第一阶段为独立初期的 1961—1966 年，也被称为"前阿鲁沙宣言"时期，这一阶段直接沿用了过去殖民宗主国的经济发展模式，属于资本主义自由市场经济；第二阶段为"乌贾马"社会主义时期的 1967—1985 年，也被称为"阿鲁沙宣言"时期，这一时期开始于 1967 年颁布的纲领性文件《阿鲁沙宣言》，明确走社会主义道路，对主要生产资料、分配方式和交换方式实行公有制，属于社会主义计划经济；第三阶段为经济结构调整新时期，开始于 1985 年 11 月姆维尼总统上台后进行的经济结构调整，一直持续至今。20 世纪 70 年代中后期至 80 年代中期，面对"乌贾马"社会主义时期经济发展所面临的严重困境，在国际货币基金组织、世界银行以及西方国家的压力下，坦桑尼亚逐步放弃了以公有制和计划经济为主要特征的社会主义发展方式，开始采用以"自由化"和"市场化"为主要特征的市场经济发展模式。本文对这一时期经济结构调整进行考察，以期对坦桑尼亚当前社会经济发展的历史基础有更深入的了解。

1　现在的坦桑尼亚是坦噶尼喀和桑给巴尔于 1964 年 4 月 26 日合并而建立的新国家。坦噶尼喀于 1961 年 12 月 9 日独立。桑给巴尔于 1963 年 12 月 19 日独立，并于 1964 年 1 月 12 日通过一月革命推翻苏丹君主立宪的统治而成立了共和国。两者于 1964 年 4 月 26 日合并建立坦桑尼亚联合共和国。Source: Government Portal Content Committee, Last Reviewed on: 2016－10－05, http://www.tanzania.go.tz/home/pages/68.

一、经济结构调整的缘起

独立之前的坦噶尼喀和桑给巴尔遭受德国和英国的殖民统治[1]，原本自给自足的自然经济遭到破坏，在长达半个多世纪的殖民占领时期，德国和英国都把坦桑尼亚作为其资本原始积累和再生产所需的廉价原料产地和商品倾销市场进行剥削，它们运用其所拥有的特殊权力，以超经济手段对殖民地进行掠夺，独占殖民地市场，把坦桑尼亚纳入它们的殖民经济体系之中。坦桑尼亚形成了片面发展极少数经济作物的单一殖民地经济体制[2]，殖民者留给坦桑尼亚人民的是一个"农业落后、工业基础薄弱、人民生活极端痛苦的社会经济发展十分落后的烂摊子"。[3]

早在 1961 年坦噶尼喀独立初期，尼雷尔就曾经直言，当前国家的主要任务就是要向"贫困、愚昧、疾病"[4]开战，为了发展经济，尼雷尔制定了"三年发展计划"。可事与愿违，独立后的国家经济命脉仍然掌握在外国人手中；经济结构基本没有任何改变，广泛存在的私营经济力量脆弱，无法为国家经济发展提供必要的资金和服务；经济对外依赖度过高，严重制约了国家的独立发展；沿用殖民宗主国的自由市场经济体制产生了很多社会经济问题，包括广泛的失业、财富和收入的严重分化以及过分依赖外国提供的商品和服务，[5]引起人民的普遍不满。

1　坦噶尼喀早在 1886 年就被德国人占领，1897 年正式沦为德国的殖民地，"一战"后，德国战败，1919 年，坦噶尼喀成为英国的"委任统治地"。而桑给巴尔早在 16 世纪就被葡萄牙人占领，1699 年阿曼赶走了葡萄牙人，开始了阿拉伯人长达近两百年的统治时期，1890 年沦为英国的"保护国"。Source: Government Portal Content Committee, Last Reviewed on: 2015-10-07, http://www.tanzania.go.tz/home/pages/222.

2　坦噶尼喀成了世界上剑麻和咖啡的重要产地之一，桑给巴尔则被誉为"丁香之国"。

3　裴善勤：《列国志·坦桑尼亚》，北京：社会科学文献出版社，2008 年，第 199 页。

4　［坦桑尼亚］朱利叶斯·尼雷尔：《尼雷尔文选·第四卷：自由与解放（1974—1999）》，谷吉梅、廖雷朝、徐红新、苏章海译，沐涛译校，上海：华东师范大学出版社，2015 年，第 307 页。

5　Godwin D. Mjema and Godwin E. Kaganda, *Socio-Economic Development in Tanzania: A Multidisciplinary Perspective*, Dar es Salaam: University of Dar es Salaam Press, 2014, p.14.

1967 年 1 月，执政党坦盟[1]在阿鲁沙召开全国执行委员会大会，会上讨论并一致通过了纲领性文件《阿鲁沙宣言和坦噶尼喀非洲民族联盟关于社会主义和自力更生政策的决议》[2]，简称《阿鲁沙宣言》。《宣言》于 1967 年 2 月 5 日正式颁布，虽然只有短短的几千字，却为坦桑尼亚的社会主义发展指明了方向，描绘了蓝图。

起初，村民加入乌贾马集体村社积极性不高，政府坚持说服教育和自愿参加的原则。然而，到 1973 年，面对全国农民入社率只有 15.5% 的情况[3]，1973 年 9 月，坦盟两年一度的执政党代表大会召开，会上作出决定，1976 年底之前，要确保所有的农村人口居住在乌贾马村。1973 年 11 月，尼雷尔又说："居住在乌贾马村是一项命令。"[4]从此开始，乌贾马村建设进入高潮，至 1977 年，也就是《阿鲁沙宣言》颁布十年之后，建成乌贾马村 7 684 个，包含 1 300 万农民，[5]国家基本完成了乌贾马村社化运动。

为确保完成村社的建设任务，难以避免地采取了一些冒进的方式，甚至一些地区采取了一些极端手段，如派出大批工作组；出动军队强制农民搬迁，集中建村；武力拆毁住房、毁坏正在成熟的庄稼等。[6]加上国家财政实力和技术能力的限制，往往大多数村社的配套服务设施都建设缓慢，服务效果较差，这与之前宣传和规划的乌贾马村落差很大，村民对乌贾马村的信任和支持逐渐降低。乌贾马村社实行的是公有制，所有的生产资料均在政府的控制之下，生产成果平均分配，干多干少都是一个样，加上村社缺乏农药化肥和农业机械，生产力低下，这就极大地降低了村民的生产和劳动的积极性。此外，把所有的生产活动和社会服务都置于政府的管理之下，然而政府的人员大都缺乏相应的管理能力和服务水平，往往都是按照自己的

1　坦盟，全称为坦噶尼喀非洲民族联盟（Tanganyika African National Union——TANU），前身是 1954 年 7 月 7 日成立的坦噶尼喀非洲协会，1964 年改为坦盟，1977 年 2 月 5 日与桑给巴尔执政党"非洲设拉子党"合并组建为坦桑尼亚革命党（Chama Cha Mapinduzi——CCM）。

2　*The Arusha Declaration and TANU's Policy on Socialism and Self-Reliance*，for Tanganyika African National Union by Julius Nyerere, 1967. http://www.marxists.org/subject/africa/nyerere/1967/Arusha-declaration.htm.

3　唐大盾等：《非洲社会主义：历史·理论·实践》，北京：世界知识出版社，1988 年，第 275 页。

4　"To live in the villages is an order", *The Daily News*, 7 November 1973.

5　Andrew Coulson, *Tanzania: A Political Economy*, Oxford: Oxford University Press, 2013, p.288.

6　［英］马丁·梅雷迪思：《非洲国——五十年独立史》，亚明译，北京：世界知识出版社，2011 年，第 235—236 页。

想法来管理农村生产，而不是根据客观的经济规律，这就导致了坦桑尼亚农业生产的偏差，产量大幅度降低，不仅难以满足本国人民的基本粮食供应，也减少了农产品的出口和外汇的增加，给国家经济带来负面影响。

自 1967 年实施"乌贾马村社"政策后，人口快速迁徙和聚集，城镇化速度也随之加快。伴随着人口的流动和迁徙，大量人口涌进城市，城市规模也不断扩大。根据统计数据，1967 年坦桑尼亚城市人口为 677 784 人，到 1975 年乌贾马村社化运动基本完成时，城市人口为 1 146 200 人。[1] 然而城市的基础设施和社会服务难以满足快速增加的城市人口，反而加重了城市的负担。

自 1977 年以后，"乌贾马"村社化运动虽然基本结束，但是社会主义计划经济的理念和模式已经深入坦桑尼亚的经济发展之中，这种不尊重客观经济规律的发展模式给坦桑尼亚的城市和广大的农村地区都带来了严重的发展困境。

发生在 20 世纪 70 年代末坦桑尼亚与乌干达的战争加速了国家经济状况的恶化。1973—1974 年和 1979—1980 年两次中东地区的局部战争引发的石油危机，导致了国际石油价格的大幅度上涨，尤其是第二次石油价格上涨对坦桑尼亚经济的影响最为严重。油价在 1979 年开始暴涨，从每桶 13 美元猛增至 1980 年的 34 美元，给本就脆弱的坦桑尼亚带来了巨大的经济负担。[2] 1981 年 7 月，时任坦桑尼亚中央银行行长在东部和南部非洲国家央行联合会的一次国际会议上，坦言 1973—1974 年和 1979—1980 年两次石油价格上涨给国家工业发展带来巨大负面影响，工业品价格平均每年上涨 3% 到 5%，政府却对此无能为力。[3]

国家自 20 世纪 70 年代中期以后逐渐陷入严重的发展困境，GDP 增长率从《阿鲁沙宣言》之前年均 6.2% 下降到之后 10 年的年均 5%。[4] 人均 GDP 增长率更是从 1961—1967 年间的 3.7% 下降到"乌贾马"社会主义运动时期的0.07%。1978—1984 年，经济增长率又经历了大幅度的下降，年均增长率只有

1　Andrew Coulson, *Tanzania: A Political Economy*, Oxford: Oxford University Press, 2013, p.134.

2　*Bulletin of Tanzania affairs*, Issued by the Britain-Tanzania Society, May/June 1991, p.14.

3　*Economic and Operations Report*, Dar es Salaam: Bank of Tanzania, June 1982, p.44.

4　World Bank, *Tanzania at the Turn of the Century, Backgrounds and Statistics*, Washington DC: The World Bank, 2002.

0.5%。[1] 1983 年 3 月，尼雷尔总统在访问荷兰时的演讲中，谈到坦桑尼亚现状时，直言不讳："像几乎所有的非洲国家一样，坦桑尼亚现在正深陷于经济困境之中。"[2] 最严重的是 20 世纪 80 年代前半期，这一时期被称为经济停滞期，这一阶段年均实际 GDP 增长率只有 0.8%，并且多数年份和多个主要经济领域都为负增长。（具体数据见表 1）

表 1　坦桑尼亚部分宏观经济指数（1973—1984 年）

	1973—1979	1980	1981	1982	1983	1984
GDP（%）	4.6	3.1	−2.6	1.9	−0.7	0.6
农业（%）	3.6	47	−8.0	−59	−0.9	1.4
制造业和采矿业（%）	49	−15.8	−16.9	−26.0	−4.0	−5.0
其他（%）	5.4	6.2	3.7	4.0	−0.3	0.7

来源：IMF Staff Report, 1984.

确立社会主义发展方向的坦桑尼亚，却没有带来预期中的经济发展，反而在进入 20 世纪 70 年代以后，逐步显露出一系列发展问题，70 年代中期以后，一直到 80 年代中期，逐步陷入严重的经济困境。而此时，东欧剧变与苏联解体，国际上社会主义力量受到重创，而此时蔓延整个非洲大陆的经济危机，迫使非洲 30 多个国家先后被迫接受国际货币基金组织和世界银行的结构调整计划，非洲大陆的经济结构调整浪潮也加快了坦桑尼亚走上经济结构调整道路的步伐。

二、尼雷尔的引退与姆维尼的上台

坦桑尼亚已经到了必须要进行经济调整和改革的地步了，改革的触发点就是 1985 年尼雷尔的引退与第二任总统姆维尼的上台。从 1961 年担任坦噶尼喀总统，

1　Godwin D. Mjema and Godwin E. Kaganda, *Socio-Economic Development in Tanzania: A Multidisciplinary Perspective*, Dar es Salaam: University of Dar es Salaam Press, 2014, p.16.

2　［坦桑尼亚］朱利叶斯·尼雷尔：《尼雷尔文选·第四卷：自由与解放（1974—1999）》，谷吉梅、廖雷朝、徐红新、苏章海译，沐涛译校，上海：华东师范大学出版社，2015 年，第 126 页。

1964 年继续担任坦桑尼亚联合共和国总统，到 1985 年主动辞去总统职务，尼雷尔担任总统长达 24 年，而 1985 年至 1990 年继续担任执政党革命党主席。

面对 20 世纪 70 年代末 80 年代初国家出现的经济危机，尼雷尔坦言自己是有责任的，并坦言"乌贾马"社会主义建设出现了失误。经济最困难的 70 年代末的时候，国际货币基金组织和世界银行就向坦桑尼亚提出了提供援助和贷款的计划，但是却附加有条件，要求坦桑尼亚必须接受他们提出的经济结构调整方案，尼雷尔对这些强加的条款非常不满，认为这些条款是对"经济、政治和社会的稳定造成不可逆转的破坏的协议"[1]，"接受国际货币基金组织的条款的社会代价就是经常会爆发暴乱，警察或是军队就会把矛头指向民众"。[2]

其实，接受国际货币基金组织的经济调整方案，也就意味着完全放弃尼雷尔的社会主义发展理念和模式，实行以自由化和市场化为特征的资本主义发展方式。这是对尼雷尔执政的彻底否认，面对自己亲自创立并坚持多年的信条和理念，1990 年，尼雷尔在辞去革命党主席的告别演讲中公开讲："有三个条件保证了我们这个国家的统一和安宁，一直到现在，即斯瓦希里语、《阿鲁沙宣言》和一党制体制。"[3] 而坦桑尼亚的经济已经到了崩溃的边缘，再不调整，可能会面临国家动荡和战乱的局面。尼雷尔无法自己否认自己。因此，尼雷尔选择了引退，让后继者推行改革调整。

尼雷尔的主动辞职引退，一方面有迫于当时国内经济形势和国际组织方面的压力，但是更多的还是因为尼雷尔本人的个人品格。

基于对国家稳定和前途的深远考虑，在尼雷尔执政的最后一个时期，他主持了坦桑尼亚宪法的改革。1981 年，国家成立宪法审查委员会，提出国家宪法修正案提案，提交全国执行委员会大会，经过反复讨论，终于于 1984 年通过新的宪法修正案。新修正的宪法，明确了总统的权力，并且在一定程度上削减了总统的部分权力，加大了国会的权力，并规定总统连任不能超过两个五年任期。

1　［坦桑尼亚］朱利叶斯·尼雷尔：《尼雷尔文选·第四卷：自由与解放（1974—1999）》，谷吉梅、廖雷朝、徐红新、苏章海译，沐涛译校，上海：华东师范大学出版社，2015 年，第 132 页。

2　［坦桑尼亚］朱利叶斯·尼雷尔：《尼雷尔文选·第四卷：自由与解放（1974—1999）》，第 133 页。

3　*The Bulletin of Tanzania Affairs*, no. 36, 1990.

到 1985 年初，尼雷尔主动提出不再参加总统竞选，面对全国人民对自己的信任，尤其是一大批人劝说和挽留自己继续担任总统时，尼雷尔说："无论一个领导人多么好、多么有能力，但是他的能力总会随着年龄的增长而逐渐降低，最终会倾向于依靠旧势力和过时的理念治理国家，无法考虑周全，无法很好地履行责任，无法应对世界快速发展而带来的新需求和新环境。因此，我们不能让在任的总统自己决定他什么时候离开办公室或者领导机构。"[1]

尼雷尔以高瞻远瞩的视野为坦桑尼亚政治领域的健康和稳定发展作出了重大贡献，为今后坦桑尼亚政治层面的稳定、权力的顺利交接以及经济的调整改革都奠定了坚实的基础，也标志着国家领导体制的健康化和体制化发展。

然而，1985 年尼雷尔的引退并不意味着国家权力就可以顺利交接到一个会主张改革的领导人手中。1985 年的大选充满了不确定性。根据规定，总统候选人是通过秘密投票的方式确定的，首先由革命党中央委员会召开一个秘密会议，会议上大家推选可以胜任总统竞选的提名人选，其次通过秘密投票，确定候选人资格，最后通过资格审查。当时中央委员会重点考虑的候选人有三个，一个是时任坦桑尼亚副总统、桑给巴尔总统、革命党副主席的阿里·哈桑·姆维尼（Ali Hassan Mwinyi），一个是时任坦桑尼亚政府总理、革命党国防安全委员会书记的萨利姆·艾哈迈德·萨利姆（Salim Ahmed Salim），最后一个是坦桑尼亚前任政府总理拉西迪·姆佛梅·卡瓦瓦（Rashidi Mfaume Kawawa）。

这三个人中，卡瓦瓦的竞争力最小，竞选的时候，已经不担任主要领导职务，加上他主推计划经济发展模式，与坦桑尼亚现阶段经济发展趋势相去甚远，所以支持的人比较少。因此，主要竞争者就是姆维尼和萨利姆之间。就尼雷尔而言，他最支持的人是萨利姆，萨利姆不仅是自己的亲密助手，而且作为主要负责外交工作的人，与国际组织和国际社会对话多，更有利于与国际组织谈判，寻求国际社会的援助和贷款。而尼雷尔与姆维尼的关系一般，而且姆维尼在主政桑给巴尔期间已经多少表现出推行自由贸易政策的倾向，有要放弃社会主义道路的考虑，尼雷尔担心姆维尼上台后，会全盘否定自己的乌贾马社会主义政策。但是当时桑给

1　Pius Msekwa, 50 Years of Independence: *A Concise Political History of Tanzania*, Dar es Salaam: Nyambari Nyangwine Publishers, 2013, pp.131-132.

巴尔陷于严重的经济和政治危机之中，要求改革的声音非常大，尤其是时任桑给巴尔总统的琼布极力主张"三个政府"[1]结构的政治改革，更加剧了桑给巴尔与大陆的紧张关系，甚至有一部分人极力鼓吹桑给巴尔的独立，这一点给尼雷尔很大的压力。尼雷尔从国家统一的大局考虑，不得不更多地考虑来自桑给巴尔方面的声音。

1984 年姆维尼担任桑给巴尔临时总统之后，从统一的大局考虑问题，马上进行社会和经济政策调整。他一上台就向桑给巴尔人民保证会尽最大的努力维护人民的权利和自由。[2]姆维尼推行自由贸易政策，大量提高出口，农产品价格提高，农民的收入增加，为了确保粮食供应，出口收入的一半用来购买粮食。当时桑给巴尔的丁香产量下降，姆维尼就多方面鼓励发展旅游业和捕渔业。在政治方面，姆维尼批准公民享有言论自由、迁徙自由、结社自由和信仰自由，并极力打击桑给巴尔内部的分裂势力，维护国家的统一。[3]这样的改革不仅让桑给巴尔人民看到了希望，也让处在经济困境中的大陆人民增加了对姆维尼的期待。

在这样的情形下，尼雷尔也逐渐转向支持姆维尼，最终党内统一了意见，革命党中央委员会确定姆维尼为最后唯一的候选人参加 1985 年的总统选举。1985 年 10 月，姆维尼获得了 92.2% 的选票，成功当选坦桑尼亚联合共和国第二任总统，坦桑尼亚开启了姆维尼执政的时代。

三、姆维尼的经济结构调整思想

从 1986 年上台，1990 年第二次总统大选成功连任，一直到 1995 年退休卸任，姆维尼一共主政坦桑尼亚长达十年之久。这十年，坦桑尼亚逐渐从尼雷尔时期"乌贾马"社会主义的计划经济发展方式转变为以"自由化"和"私有化"为特征的市

1　由目前的中央和桑给巴尔两个政府结构变为中央、坦噶尼喀和桑给巴尔三个政府结构。

2　*The Story of Julius Nyerere, Africa's Elder Statesman*, Lanseria: A Bailey's African Archives Production, 1998, p.286.

3　Ibid, p.286.

场经济发展模式，在几乎没有任何动荡的和平环境中完成了经济调整，平稳地过渡到多党制的政治体制。是哪些思想使得姆维尼在经济结构调整的同时还能保持国家的稳定和发展呢？

（一）避免意识形态领域的争论

这一时期，东欧剧变和苏联解体，冷战结束，国际民主化浪潮席卷全球，世界范围内，尤其是原来社会主义阵营内的经济和社会改革普遍开始，而且绝大多数国家已经开始或者完成了向市场经济的转变，此时如果开始对旧的社会主义进行批判会比向市场经济转变要困难得多。[1]国内各阶层对未来的发展方向也处在迷茫和徘徊之中。东欧剧变之前，坦桑尼亚国内关于经济思想上的改革呼声还很低。从1989年到1991年，苏联的解体给坦桑尼亚国内的人民带来了巨大的思想冲击，人们开始怀疑社会主义制度是否还适合坦桑尼亚。

1992年12月，革命党全国代表大会召开，这次大会是在国际国内局势发生巨大变革的情况下召开的。此次大会明显受中国"中国特色社会主义"口号的影响，革命党当时也喊出了一个新口号，叫"当前形势下的乌贾马实施"，颇有一种"坦桑尼亚特色的社会主义"意味。大会首先对前一阶段国内经济调整和发展的情况进行了总结，并对今后经济发展指明了方向。会议起草并通过了一份重要文件《革命党90年代的政策目标》[2]。这份文件首先明确肯定，国家当前的发展并没有放弃"乌贾马"，但是根据现实，重新对"乌贾马"的发展目标作了说明："我们必须清楚地认识到，乌贾马政策和自力更生原则不是旨在平分财产。这项政策的目标是为了增加国家的财富，从而达到每个人根据自己的贡献来获取公平的财富分配。"[3]看了这样的解释，大家就不用纠结经济调整过程中采用什么样的经济手段和措施，而是把大家的注意力转移到如何增加国家的财富和个人的财富这个目标上来了。

紧接着，文件就新的社会和经济政策作出了具体说明："90年代的乌贾马和自力更生的目标是要确保人民自己拥有和经营国家经济；或者依靠他们自身的能力，

---

1 *Opening Speech by H. E. President Ali Hassan Mwinyi to the 8th National Economic Policy Workshop*, 30th November 1992, Dar es Salaam.

2 *Mwelekeowa Sera za CCM miakayaTisini*, Chama Cha Mapinduzi, 1990.

3 Pius Msekwa, *50 Years of Independence: A Concise Political History of Tanzania*, Dar es Salaam: Nyambari Nyangwine Publishers, 2013, p.123.

或者是他们的独立合作社；或者是成千上万的人民通过购买国有或合资企业的股份。通过这样的方式，经济的一大部分将会被人民自己拥有和控制，如此就是给了他们自己机会去提升自己的生活标准。"[1]

特别是在这份文件的第 28 条中，明确提出"革命党决定把私营经济放在工作的一线，以促进商品和服务的生产"。[2] 此决定明显地为市场经济的引进打开了大门。

文件正式肯定了"私有化"和"自由化"的经济经营方式，虽然还是在"乌贾马"名义下，但实质内容已经与之前社会主义时期的"公有制"和"国有化"完全不同了，而且鼓励人民为了追求幸福生活、提高生活标准而采用私营经济。自此，国家第一次从官方文件中确立了市场经济发展方式，私营经济的社会作用得以确认。

这项新的文件有效地转变了执政党旧的"乌贾马"社会主义的意识形态，并且给执政党正式确立了市场经济的方向。姆维尼很巧妙地避免了人们关于意识形态和生产力属性的争论，他从不公开表明自己支持资本主义或者支持社会主义，他把全国人民的注意力都放在如何通过自己的经营和努力获取财富，而不是把时间和精力都放在无休止的争论之中。这一点是值得肯定的。

（二）"自由化"和"私有化"为特征

从姆维尼 1984 年担任桑给巴尔总统之时开始，姆维尼的经济调整就明显显露出"自由化"和"私有化"的特征。担任坦桑尼亚总统之后，在国际货币基金组织的干预下，制定了三年《经济恢复计划》，这个经济调整的计划，完全按照西方资本主义国家"自由化"和"私有化"的市场经济标准进行改革。

1967 年《阿鲁沙宣言》中，对革命党领导干部的行为规范和道德纪律有明确的规定，尤其规定领导干部不得持有公司的股份，不得在私有企业任职，不得有两份或两份以上的工资收入，不得出租自己的房屋。然而，从 1967 年《阿鲁沙宣言》颁布之后，明明是对领导干部的经济限制却扩大到全体党员和公职人员。根据市场

1　Pius Msekwa, *50 Years of Independence: A Concise Political History of Tanzania*, Dar es Salaam: Nyambari Nyangwine Publishers, 2013, p.123.

2　Ibid, p.124.

经济的发展需要，这样的经济限制明显与自由化和市场化严重不符，为了纠正这一错误，1991 年 2 月，革命党在桑给巴尔召开全国执行委员会大会。

关于 1991 年的这次桑给巴尔会议，目前见到不少学者和专家的论著中有这样的表述，认为在这次会议上，革命党正式放弃了《阿鲁沙宣言》中的"乌贾马"社会主义和自力更生的原则，正式确立了资本主义的发展方向。可以明确地说，这是对这次会议真实内容的错误理解，桑给巴尔这次会议根本就没有讨论"乌贾马"政策和自力更生原则。实际上，一直到姆维尼 1995 年任期结束退休，官方也从来没有明确提出《阿鲁沙宣言》失效。

实际上，这次会议真正做的是修正了革命党宪法的部分规定，通过了一个决议，即 1991 年《桑给巴尔宣言》，根据宣言，"经过广泛地讨论，全国执行委员会作出决定，澄清党在宪法中关于普通党员遵守领导法则的要求"，明确《阿鲁沙宣言》中有关领导人的行为规范只适应于领导，基层党员不受此约束。后面明确"党员现在有权参与私营经济活动，可以获得不止一份的收入，可以购买股份，可以在私营公司里担任领导，可以建造房屋"。[1]

革命党的总书记霍勒思·科林巴（Horace Kolimba）后来解释党员规范的变化时说道："目前执政党所做的就是顺应趋势，为党员和全体坦桑尼亚人民过上繁荣的生活创造条件。"[2]《桑给巴尔宣言》的颁布极大地解放了束缚人们从事私营经济的手脚，鼓励了更多的个人力量加入经济活动中去，同时也减轻了政府机构和国有企业的压力。"自由化"和"私有化"的市场经济给了更多人创造财富和增加收入的机会。

执政后的姆维尼对 20 世纪 60 年代以来《阿鲁沙宣言》所确立的国有化政策和"乌贾马"村社化运动进行了根本性改革，在执政的十年中，逐步建立起以市场经济为基础，以"市场化"和"自由化"为特征的经济模式。这十年，商业、资本、贸易的竞争逐渐兴起。而政府对市场经济中的经营活动几乎不作任何干预，全部都交给市场，姆维尼也因其自由放任的管理风格而被冠以"鲁可萨"[3]的外号。

1　*The Zanzibar Declaration*, Bulletin of Tanzanian affairs, Issued by the Britain-Tanzania Society, NO. 39 MAY/JUNE 1991.

2　*Bulletin of Tanzanian affairs*, Issued by the Britain-Tanzania Society, NO. 39 MAY/JUNE 1991, p.13.

3　"鲁可萨"来源于斯瓦希里语"Ruksa"，意思为"批准、许可"。这个外号是在坦桑尼亚采访当地的经济学者和历史学者而得知的，不少坦桑尼亚普通民众也认可对姆维尼的这个称呼。

（三）经济调整与政治改革同步推进

20 世纪 80 年代末至 90 年代初，东欧和苏联社会主义的崩溃给世界带来了巨大的经济和政治问题，世界范围内的变革正在加速。[1] 随着当时民主化浪潮席卷全球，非洲的不少国家也发生了动荡，民众呼吁和要求进行政治改革，当时坦桑尼亚国内对政治体制的改革呼声也随之高涨。欧美等资本主义国家更是抓紧机会，以经济援助和贷款为砝码，迫使非洲国家进行改革，并在改革过程中给予积极指导。[2]

1989 年东欧社会主义国家发生的动荡让同为社会主义的坦桑尼亚非常谨慎。1990 年 2 月，革命党全国执行委员会召开大会，对这一时期国际上尤其是东欧社会主义国家发生的重大事件进行了讨论，最后，大会作出两个重要的决定：第一，根据对全球政治环境的判断，认定坦桑尼亚的变革是难以避免的；第二，决定发起全国性的大讨论。[3]

1990 年 10 月，姆维尼在第二次总统大选中获胜，成功连任，同时，他也接任尼雷尔担任革命党主席。11 月，姆维尼在国会的演讲中宣布，将会很快任命一个总统委员会，调查和咨询坦桑尼亚人民是否同意和接受坦桑尼亚多党制的改革。1991 年 2 月，由坦桑尼亚首席大法官弗朗西斯·尼亚拉里（Francis Nyalali）为主席的总统委员会开始了调查工作。经过长达半年多的调查，1991 年 11 月，调查结果显示，80% 的坦桑尼亚人对多党制改革说"不"，只有 20% 的人同意改革。但是尼亚拉里委员会依据国际民主化的浪潮，从维护坦桑尼亚政局稳定和缓和因经济困境带来的社会矛盾出发，最终给出的提案是，建议坦桑尼亚推行多党制政治体制。

1992 年 4 月 30 日，关于多党制的宪法修正讨论会在国会举行，经过一周的激烈讨论，1992 年 5 月 7 日，国会正式通过了宪法修正案。根据法律规定，自 1992 年 7 月 1 日起，坦桑尼亚宪法修正案正式生效，[4] 这也就意味着，从这一天开始，

1　M. S. D. Bagachwa & A. V. Y. Mbelle, *Economic Policy under a Multiparty System in Tanzania*, Dar es Salaam: Dar-Es-Salaam University Press, p.1.

2　徐济明、谈世中：《当代非洲政治变革》，北京：社会经济出版社，1998 年，第 38 页。

3　R, S, Mukandala, S. S. Mushi & C.Rubagumya, *People's Representatives: Theory and Practice of Parliamentary Democracy in Tanzania*, Kampala: Foundation Publishers Ltd, 2004, p.185.

4　Pius Msekwa, *50 Years of Independence: A Concise Political History of Tanzania*, Dar es Salaam: Nyambari Nyangwine Publishers, 2013, pp.144-145.

坦桑尼亚联合共和国正式成为多党制国家。同一天，《政党法》和《政党注册法》也开始正式实施。

为了增强革命党的竞争力，姆维尼接任党主席之后对革命党也进行了改革。早在 1977 年革命党成立之时，就有规定，凡申请加入革命党的人，都必须参加三个月的课程培训，俗称党课。多党制施行后，不少想加入革命党的人会因为要参加培训课，并且要自己支付课程费，这对普通民众的经济压力还是很大的。因此，姆维尼取消了这一规定。同时为了精简人员，提高行政效率，姆维尼还削减了一部分党内的公务人员。

姆维尼在 1992 年参加第八届全国经济政策工作坊的开幕式上谈及政治改革和经济调整之间的关系时说："我们必须承认和平与安全是经济发展的前提条件，国家有职责建立健全商业公平规范的游戏规则，这些职责需要国家来做，无论是一党制还是多党制。"[1]

经济政策的巨大变化必然会引发社会的不稳定因素，而姆维尼充分利用了这一形势，他不是"堵"，而是主动"疏"。在他的主导下，国家紧扣经济调整的主线，不把时间浪费在社会主义还是资本主义道路的选择问题上，而是巧妙地避免争论，并且积极引导国家政治向民主化方向发展。1992 年，国家以法律的形式确立了多党制体制，正式结束了长达 30 多年的一党制体制，推动坦桑尼亚的民主化发展。这一做法，很好地缓解了国内各派的斗争势力，维护了国家的稳定和统一，为进一步推进经济结构调整奠定了很好的制度基础和环境基础。

四、自由市场经济制度的确立

坦桑尼亚经济最困难的 1981 年，革命党于当年 12 月在达累斯萨拉姆召开了一次全国执行委员会大会，会上一致通过了《1981 年革命党行动纲领》，新的行动纲领在其前言里言简意赅地阐明了该纲领制定的背景：

1　*Opening Speech by H. E. President Ali Hassan Mwinyi to the 8th National Economic Policy Workshop*, 30th November 1992, Dar es Salaam.

全国执行委员会决定制定这份行动纲领是在对当前政治、社会和经济发展领域的现状经过仔细考虑和评估的。我们必须清楚，当下急需做的就是把我们发展计划里存在的问题阐释清楚，制定新的指标更清楚地纠正最终结果实施策略中的问题。[1]

这份行动纲领是革命党自 1977 年成立以来颁布的一份具有重要影响的文件，文件分为四个部分：第一部分主要是对执政党过去表现的深入调查，包括革命党的前身坦盟和非洲设拉子党时期；第二部分则坦率地承认党在近 20 年的执政中，在经济管理上犯的错误和存在的缺点，并鼓励党内自我批评，寻找问题的根源和解决的方案；第三部分详细分析了在自力更生原则下建设社会主义经济的方法，讨论了长期以来在社会和经济发展中采用的各领域发展的指标，并且重新强调了乌贾马经济的发展，指出要给予农业发展最大和最有远见的优先权；第四部分提出为了党的长远发展，有关执政党的意识形态方面的组织管理也要加强。[2]

这一时期，执政党和政府对当前经济发展的困境和主要问题进行了比较全面的分析，认识到经济管理上存在错误和缺点，需要改正。但是在第三、第四部分分析困境的深入原因时，并没有切中要害，没有看到"乌贾马"社会主义体制本身存在的问题，没有看到经济危机的背后其实是制度的问题，而不是管理层面的。行动纲领是执政党着力尝试扭转当前困境的一次重要努力，但是由于依然在固守"乌贾马"社会主义的基础上进行调整，显然不会有根本性的好转，因此，这次尝试注定是失败的。

其实到这里我们就可以看出来，在尼雷尔政府执政下，当政者是很难摆脱先前已有的意识形态方面的条条框框，那么经济改革到当前的困难状况下，很难继续推进下去，迫切需要政治层面先行一步。其实，这个转机就是尼雷尔的自愿辞职引退。

1　*The CCM Guidelines of 1981*, July 1, 1982, Filed under Business & the Economy, Issue 15, Politics, https://www.tzaffairs.org/1982/07/mwongozo-the-ccm-guidelines-of-1981/.Lastreviewedon2016‒10‒07.

2　Pius Msekwa, *50 Years of Independence: A Concise Political History of Tanzania*, Dar es Salaam: Nyambari Nyangwine Publishers, 2013, p.125.

到 1985 年下半年总统大选之前，坦桑尼亚在外援方面的窘境已经非常突出。由于坦桑尼亚政府无力偿还之前巨额的贷款利息，美国国际发展署已经着手终止继续向坦桑尼亚提供援助和贷款。其他援助国见此情形也纷纷缩减向坦桑尼亚贷款和援助的额度。这一时期出口锐减，当时很多必要的进口都面临外汇短缺的困境。到 12 月，坦桑尼亚的石油燃料几乎消耗殆尽。获取国际货币基金组织提供的债务减免信用额度成为结束这场危机的唯一途径。[1]

1985 年 11 月，刚刚当选总统的姆维尼任命来自乞力马扎罗地区的姆苏亚（Cleopa D.Msuya）担任新政府的财政部长。这位新部长一上台，就表现出了很强的个人能力，具有很强的改革精神。以姆苏亚为团长的谈判代表团立即恢复了与国际货币基金组织的对话和协商。[2] 为了早日争取到国际货币基金组织的援助和贷款，姆维尼努力调整坦桑尼亚国内的各项政策方针，旨在使坦桑尼亚符合国际货币基金组织可以与其签署协议的标准。1986 年 6 月，依据之前在桑给巴尔实行经济调整的经验，姆维尼与国际货币基金组织签署了一份备用协定，将坦桑尼亚货币贬值，由原来的 1 美元等值于 17 坦桑尼亚先令贬值为 40 先令，贬值率为 58%；取消进口限制；提高食品与出口农产品的生产价格。[3] 这些经济调整措施的先行实施，一定程度上缓解了国内经济恶化的趋势，也符合国际货币基金组织的要求。

1986 年 8 月，经过近一年的协商和谈判，坦桑尼亚最终同国际货币基金组织达成了正式的协议，接受了双方拟定的结构调整和财政金融稳定的措施。很快，坦桑尼亚获得了国际货币基金组织提供的援助国家经济复兴计划的结构调整贷款，首批 9 000 万美元的贷款极大地缓解了坦桑尼亚的经济危机。此时，世界银行和西方国家也对给予坦桑尼亚提供援助表现出了积极的态度，1986 年 11 月，世界银行给予坦桑尼亚 1.3 亿美元结构调整贷款，英国也于当年落实了 8.1 亿坦桑尼亚先令的援助项目，80 年代后期坦桑尼亚迎来了援助高峰。[4] 但是，坦桑尼亚政府的经济自

1　Rodger Yeager, *Tanzania: An African Experiment*, London: Westview Press, 1986, p.96.

2　Sebastian Edwards, *Toxic aid: Economic collapse and recovery in Tanzania*, Oxford: Oxford University Press, 2014, p.124.

3　Andrew Coulson, *Tanzania: A Political Economy*, Oxford: Oxford University Press, 2013, p.4.

4　Hans Falck, *Aid and Economic Performance: The Case of Tanzania*, Lund: Lund University Press, 1997, p.27.

主权开始受到严重的破坏，坦桑尼亚不得不接受改革路线。[1]

从 1986 年开始，姆维尼政府开始实施为期三年的《经济恢复计划（1986/1987—1988/1989）》。[2] 该计划着重对坦桑尼亚现存的经济结构进行调整，调整的主要目标是：1. 出台恰当的鼓励生产的法规、优化市场结构和提供农业生产所需的足够资源来提高粮食作物和经济作物的出口量；2. 修复严重损坏的物质性基础设施，直接促进生产活动；3. 优先拨付外汇给部分工业部门和企业，提高工业的生产率，从 20%—30% 提高到 60%—70%；4. 实行稳健的财政、货币和贸易政策，恢复国内和国际的财政收支平衡。[3]

根据这些经济恢复的目标，坦桑尼亚政府在国际货币基金组织和世界银行的指导下，又制定了一系列政策和措施。第一，大幅度贬值先令，通过货币贬值来增加出口和吸引外资，而且根据要求，汇率与国际市场挂钩，国际和国内的商品和服务价格依据其自身价值和市场需求制定，实行自由浮动（参见表 2）。第二，提高农产品收购价格，鼓励农业生产，开放粮食市场。《经济恢复计划》启动的第一年，政府就上调主要经济作物和粮食作物的收购价格，分别上调 30%—80% 和 5%—10%。第三，实行贸易自由和开放政策，鼓励外来资本和私人资本在坦桑尼亚的投资。第四，减少财政赤字，取消政府对国有企业的财政补贴，对国有企业进行大规模改革，以出售、合资、承包、出卖股权等方式，促进国有企业的私有化。

表 2　坦桑尼亚汇率变动表（1985—1995）

年份	1985	1986	1987	1988	1989	1990	1991	1992	1993	1994	1995
汇率	16	52	84	125	192	197	234	335	480	532	558

Source: Bank of Tanzania, several quarterly Economic Bulletins.
注：此表根据坦桑尼亚中央银行公布的部分年度经济公报统计制作而成。表中汇率即 1 美元可以兑换的坦桑尼亚先令数额。

1　Arne Bigsten, Anders Danielson, *Tanzania: Is the Ugly Ducking Finally Growing Up*? Goteborg: Nordiska Afrikainstitntet, 2001, p.20.

2　D. Bols、N. Luvanga and J. Shitundu, *Economic Management in Tanzania*, Dar es Salaam: TEMA Publishers Company Ltd., 1997, p.1.

3　S. M. Wangwe, *Economic Reforms and Poverty Alleviation in Tanzania*, Dar es Salaam: Economic and Social Research Foundation, 1996, pp.3-4.

第一个三年《经济恢复计划》的实施取得了明显的效果，20 世纪 70 年代末80 年代初的经济恶化趋势得到了一定程度的遏制。从 1986 年开始，经济发展开始明显好转，尤其是工业生产方面。1980—1984 年间，工业增长率低至年均−5%，负增长，而经过第一个三年计划，1985—1989 年工业增长率超过 2.3%，[1] 从调整前的负增长到调整后的 2.3%，工业明显取得比较大的发展。1986—1989 年经济年均增长率为 5%，较 1980—1985 年的年均 2% 有一定的提升；而通货膨胀率也从 1980—1985 年的年均 30% 下降到 1986—1989 年的年均 10%。[2] 于是，姆维尼又连续实行了两个三年《经济恢复计划》，即 1989/1990—1991/1992 三年计划和1992/1993—1994/1995 三年计划。

鉴于东欧和苏联中央集权式的计划经济的失败经验，姆维尼更加坚定国家经济和社会的转型与改革，他高度认可市场经济的发展模式，并且认为"政府的作用就是为人民发挥积极主动性提供有力的环境和条件"。[3] 经过三个三年《经济恢复计划》的实施，坦桑尼亚经济逐渐确立起以自由化和市场化为主要特征的市场经济模式，在外汇与贸易、农业、国有企业和工矿业、银行与金融业等各个方面都有显著的发展，旧的"乌贾马"社会主义计划经济逐渐被抛弃，一种更加开放和自由的经济模式开始在坦桑尼亚活跃起来。

签署《经济恢复计划》的坦桑尼亚很快就获得了国际组织和西方社会的贷款和资助，通过一系列调整计划和方案的实施，坦桑尼亚的经济开始复苏并出现好转。1986 年到 1995 年是姆维尼主政的十年，这十年对于坦桑尼亚而言，具有极其重要的意义。这十年，坦桑尼亚经济领域全面从计划经济体制转向市场经济体制，明显以"市场化"和"私有化"为主要调整方向，通过对外汇、进出口贸易、农业、国有企业、银行与金融业等主要经济部门的结构调整，逐步在坦桑尼亚确立了市场经济体制。

1　Ibrahim J. Werrema, *After 50 Years, The Promised Land Is Still Too Far! 1961–2011*, Dar es Salaam: Mkukina Nyota Publishers Ltd, 2012, p.20.

2　S. M. Wangwe, *Economic Reforms and Poverty Alleviation in Tanzania*, Dar es Salaam: Economic and Social Research Foundation, 1996, p.4.

3　M. S. D. Bagachwa & A. V. Y. Mbelle, *Economic Policy under a Multiparty System in Tanzania*, Dar es Salaam: Dar-Es-Salaam University Press, p.3.

结语

十年的经济结构调整，内容非常复杂，本文也只是就主要发展趋势和内容作出梳理，并就一些关键问题作出分析。

首先，不可否认，1986 年开始的经济结构调整有其历史必然性。我们把目光从坦桑尼亚暂时先跳出来，放眼整个非洲大陆来看。20 世纪 70 年代后期，广大的非洲地区，尤其集中在撒哈拉以南的非洲地区，绝大多数国家普遍都陷入经济发展的困境，这一情况不仅引起了非洲统一组织等"自己人"的注意，也引起了国际组织和西方社会的注意。双方纷纷给出分析，并开出"药方"。虽然双方意见不一，但是都认可此时的非洲需要"改革"和"调整"。不仅如此，20 世纪 70 年代中期，尼雷尔就发表讲话，明确当时国家的经济发展存在很多弊端，也尝试进行一定程度的调整，不过他带有明显局限性的调整失败了。因此，进入到 20 世纪 80 年代，面临严重的经济危机，坦桑尼亚不得不选择"调整与变革"。所以我们说，处在非洲经济结构调整浪潮中的坦桑尼亚，有其结构调整的历史必然性。

其次，我们也应该看到坦桑尼亚的经济结构调整具有明显的被动性。根据非洲统一组织的观点，《拉各斯行动计划》中明确提出要依靠非洲自身的力量，加强合作，共同度过危机。而体现国际货币基金组织和世界银行观点的《伯格报告》却坚持让非洲国家进行经济结构调整，并且以是否提供贷款和援助为由逼迫广大的非洲国家。而此时危机重重和负债累累的坦桑尼亚和其他接受调整方案的非洲国家一样，无力抵抗，只能被迫接受《经济调整计划》。先后 30 多个国家的经济结构调整方案几乎如出一辙，调整初期，大部分国家的经济发展都有明显的改善，可这种不分国别、不依据具体国情的调整方案注定会产生很多弊端，这也为坦桑尼亚经济结构调整过程中产生的一些负面问题理下了伏笔，同时这也是广大的撒哈拉以南非洲国家经历过经济结构调整后依然没有持续发展的主要原因之一。

再次，我们要客观地看待和评价坦桑尼亚这十年所经历的经济结构调整。我们无法简单地用"成功"或者"失败"来定性。十年的经济结构调整，为坦桑尼亚确立了适应现代社会发展的市场经济制度，为坦桑尼亚的经济发展引进了市场机制，促进了资源的合理配置，增强了经济活力，优化了产业结构，在较短的时间内缓解了严重的经济危机，维护了国家的统一与稳定。然而，我们也要看到经济结构调整是在国际组织和西方社会的"强迫"下开出的一剂"猛药"，见效快，但是副作用也大。竞争机制的引入，使得社会上所有的活动都以经济效益为参照标准和奋斗目标，而坦桑尼亚并没有很好的经济发展基础和体制机制基础，因此，经济恢复的同时，一系列问题也随之浮出水面，并向恶性趋势发展。严重依赖外援、贪腐问题突出、贫富差距加大、社会公平缺失、治安问题等一系列问题也不可避免地成了今天坦桑尼亚经济可持续发展的桎梏。

最后，我们还要把坦桑尼亚的经济结构调整放在非洲经济结构调整的浪潮中来看。20 世纪 80 年代初，只有少数几个非洲国家按照国际货币基金组织和世界银行提出的结构调整方案开始了经济调整，到 80 年代中后期，就已经有 20 多个非洲国家接受了经济结构调整，至 20 世纪 90 年代初，参加经济结构调整的国家已经有 30 多个，而且绝大多数国家集中在撒哈拉以南非洲，并且经济结构调整的措施也基本一致，都是采取国营企业私有化、汇率和价格体制改革、贸易自由化和资本自由流动 [1] 等措施。面对国情迥异的非洲各国，一张统一的"药方"就能治愈它们的经济顽疾吗？ 1994 年，世界银行对实施结构调整的 29 个非洲国家进行了调研，结论显示，有 6 国经济明显改善，9 国有较小改善，11 国比过去情况更糟糕。[2] 对比这些国家，坦桑尼亚属于经济明显改善的，因此，其结构调整比较成功。再从经济结构调整的国内环境来看，坦桑尼亚政局稳定，对市场经济的接受度较高，普通民众较为积极地参与到经济结构调整中去，这些都是坦桑尼亚结构调整的主要特点，也是其优势所在。

1995 年，姆维尼的总统任期虽然结束了，但是继任的总统姆卡帕（Benjamin William Mkapa）依然继承了未完成的经济结构调整。这场经济结构调整是坦桑尼亚现代化路上的一个过渡期，为后续的经济改革作了重要的铺垫。

1　舒运国、刘伟才：《20 世纪非洲经济史》，杭州：浙江人民出版社，2013 年，第 136 页。

2　同上书，第 138 页。

以今天的眼光往回看，确实有很多经验教训需要总结：第一，经济政策的调整必须以改善人民生活、促进生产力发展为目标；第二，经济政策的制定必须依据本国国情，坚持独立自主，减少对外依赖；第三，加大对教育、高新科技等方面的投入，坚持人才强国战略，减少优秀人才外流。这些经验不仅仅是坦桑尼亚一国需要吸收和借鉴的，更是广大的非洲国家，尤其是撒哈拉以南非洲国家需要加以注意的。我们坚信，在通往现代化的道路上，起步晚、基础薄弱的非洲国家一定可以追赶上来。

从选举制度变革探析坦桑尼亚
政党政治的演变

高天宜

20 世纪 80 年代末 90 年代初，政治民主化浪潮席卷非洲大陆，撒哈拉以南大多数非洲国家建立了西式民主政治制度。经历二十多年的发展，非洲国家的政党政治力量格局呈现三大类型："一党独大型"（或称"一党主导型"）、"朝野势均力敌型"和"碎片化型"[1]。其中，"一党独大"型国家约占撒哈拉以南非洲国家总数的 1/3，也就是说，这种类型的政党形态在非洲较为普遍。而且，一般说来，与另外两种类型政党相比，"一党独大型"非洲国家在政治、经济和社会治理中取得较好的效果。那么，一个政党如何能够长期主导该国政治发展？其内在机理值得学界进行深入研究，尤其需要国别案例考察。鉴于坦桑尼亚在长期政治发展中，形成了"一党独大型"政党政治模式，由此探究坦桑尼亚政党政治的发展演变及其特点，对于整体把握非洲政党政治发展趋势具有重要的学术价值与现实意义。

考察一国的政党政治制度变化，可有多个视角，其中选举制度的改革与政党制度形态、政党政治的变化及一国民主模式的转换密切相关。这是因为选举制度作为现代国家政治制度中最为重要的组成部分，它体现的是公共权力的委托与授予，具有广泛的影响力。选举是现代政党取得执政地位的合法途径，也是政党政治参与的重要体现。如果说选举是一国政治制度的基石，那么政党则是政治制度的中枢。有

1　钟伟云：《非洲的政党政治：回顾与反思》，《西亚非洲》2016 年第 5 期，第 91—92 页。

鉴于此，本文拟从选举制度为切入点，剖析坦桑尼亚政党政治的发展演变，并进而探析该国民主政治发展的特点与趋势。

选举制度变革与多党民主政治制度的建立

坦桑尼亚独立之初，尼雷尔通过任命总统委员会设计了这样一种独创性的政治安排，即在力图保留一党制的同时，允许一定程度的政治竞争。按照规定，国民议会选举每五年举行一次。任何党员只要在请求书上征集一定数额支持者的签名便可申请成为议员候选人，地方党组织会对这些候选人进行筛选，确定名单后提交至全国执行委员会，并由全国执行委员会确定候选人最终名单。最终名单中的候选人必须通过竞选的方式展示自己的参政议政能力。为确保选举公正和维护坦桑尼亚革命党的团结和统一，候选人只能在党组织的公共集会上进行竞选。但 1985 年之后，随着国内外形势变化，坦桑尼亚自上而下改革选举制度，开始实行"绝对代表制"，推动该国政党制度从一党制向多党制的转变。

（一）设置尼亚拉利委员会，行使立法建议权

1991 年 2 月 27 日，姆维尼（Ali Hassan Mwinyi）总统宣布成立总统委员会，也就是尼亚拉利委员会（Nyalali Commission），该委员会由 10 名坦桑尼亚大陆人和 10 名桑给巴尔人组成，目的是考察西方各国尤其是北欧国家的政治体制，提出坦桑尼亚从一党制向多党制转型的方案；该委员会还被赋予一定的立法建议权，从制度上为坦桑尼亚多党制选举提供保障。经过调研考察，1992 年 2 月，尼亚拉利委员会提交了最终研究报告，其要点包括五方面：坦桑尼亚应当由一党制国家转变成为多党制国家；废除或者大幅度修改 40 种法律条令，以便适应新的政党政治发展形势；"乌贾马"运动作为国家意识形态应被废除；在全国范围内就多党制选举与民主对普通民众进行指导教育；建议成立宪法委员会着手起草新的宪法。[1]

1　The Nyalali Commission, *The Nyalali Commission Report on Multiparty or Single Party System in Tanzania*, Vol. I & II; Dar es Salaam: Government Printer, 1992.

正是基于尼亚拉利委员会的报告，为了应对多党制变革，坦桑尼亚政府着手对40种法律条令进行修改，其中最为重要的变动当数修改《宪法》。坦桑尼亚1992年宣布修改《宪法》，《宪法》修正案就政治体制、总统权力、议会职责等作出了规定，删除必须坚持一党制等相关条款，强化议会的权力。与此同时，坦桑尼亚还对《1979年地方政府法令》[Local Authorities(Election) Act 1979]和《1985年选举法》(The Election Act of United Republic of Tanzania 1985)（下面简称《选举法》）进行了修改。前者主要负责规定地方政府在选举时的相关事宜，后者主要针对总统和国民议会选举作出相关规定。此外，尼亚拉利委员会提议，成立由三级政府（联邦政府、坦噶尼喀政府、桑给巴尔政府）联合的新型联邦政权，代替原来由两级政府（坦噶尼喀政府和桑给巴尔政府）联合的联邦政权。[1]当然，《宪法》中对国家政党制度的相应修改则是坦桑尼亚政党政治变化的最直接表现，其中第三条明确将"坦桑尼亚联合共和国是一党制领导下的民主和社会主义国家"改为"坦桑尼亚联合共和国是一个民主的、世俗的社会主义国家，遵循多党民主制原则"[2]。

（二）成立国家选举委员会，行使大选监督权

为了配合建立多党制以及准备1995年的多党民主选举，坦桑尼亚于1993年分别成立了国家选举委员会（National Electoral Commission）和桑给巴尔选举委员会（Zanzibar Electoral Commission）。国家选举委员会的七名主要成员由总统任命（具体成员参见表1）。通常情况下，一旦国家选举委员会成员被任命，总统便无权对其进行罢免。国家选举委员会独立于现任政府和其他任何党派，且自20世纪90年代成立以来，其组织结构一直维持不变。桑给巴尔选举委员会除为桑给巴尔地区选举服务外，功能及职责与国家选举委员会一致。

---

1 三级政府的方案在坦桑尼亚引起了巨大争议。尼亚拉利委员会1991年曾对3 000个桑给巴尔人和32 275个大陆人进行了民意调查，仅有四个桑给巴尔人（占0.13%）和45个大陆人（占0.13%）赞成。而在反对者看来，"对于联邦而言，两个独立的共和国的联合，加上联邦政府，并不会对民众的安全和稳定带来任何帮助……无论从法律上还是政治上，改变现有政府结构成立新型联邦政权，会削弱联邦政府在政治和经济方面的权力"。Mmuya M. *Tanzania Revisited, Political Stability, Aid Dependency and Development Constraints*, Hamburg: Institute of African Affairs, 2000, p.144; Julius K. *Our leadership and the destiny of Tanzania*. Harare: Zimbabwe Publishing House, 1995, p.23.

2 世界各国宪法委员会：《世界各国宪法·非洲卷》，北京：中国检察出版社，2012年，第986页。

表 1　国家选举委员会成员

姓　　名	在国家选举委员会中的职位
路易斯·马基穆（Lewis. M. Makame）	国家选举委员会主席（协调各部门负责人），任上诉法院法官
奥古斯提诺·拉马扎尼（Augustino Ramadhani）	国家选举委员会副主席、国际组织与观察主席，任上诉法院法官
朱莉·曼宁（Julie Manning）	新闻与公共关系负责人，任坦桑尼亚司法部部长
马克·波马尼（Mark Bomani）[1]	公众教育与非政府组织负责人，任坦桑尼亚检察官
本·卢布洛（Ben Lobulu）	选举程序与法律负责人，任坦桑尼亚高等法院律师
所罗门·利亚尼（Solomon Liani）	供应与物流负责人，曾任警察总监（已退休）
马塞尼·尤素福（Masauni Yusuf）	政府与党派负责人，曾任桑给巴尔移民局局长（已退休）

资料来源：笔者根据文献资料（Samuel S. Mushi, Rwekaza. S. Mukandala. *Multiparty Democracy in Transition: Tanzania's 1995 General Elections.* Tanzania Election Monitoring Committee, 1997, pp.37-39.）统计。

按照坦桑尼亚新修改的《宪法》[2]第74条第六节以及《选举法》规定，国家选举委员会在1995年选举过程中，具有五方面的职责：监管和配合总统大选以及议会大选中的选民登记工作；监管和配合总统大选以及议会大选中的整个选举过程；在议会大选前审查各地选区边界；监督和协调选民登记以及议员选举；根据议会制定的法律履行其他职能。[3]国家选举委员会主要负责在大选过程中，雇用人员帮助选民注册，监管投票等相关工作。但国家选举委员会承担的不仅是帮助坦桑尼亚民众完成选举工作的责任，并且更多的是起到对参选人员资格审定以及监督的作用。同时，国家选举委员会也会根据总统或者议会授予的权力履行相关职能。

国家选举委员会成员大多具有法律背景，以1995年坦桑尼亚选举委员会为例，

1　1995年4月，马克·波马尼辞去职务，代表坦桑尼亚革命党参加选举，这一做法引起了反对党的强烈不满。同时，他的职位由达累斯萨拉姆大学政治科学与公共管理系的教授阿蒙·查理伽（Amon E. Chaligha）代替。

2　坦桑尼亚联合之后的一部正式宪法，被称为"永久宪法"，现在坦桑尼亚仍在使用这部宪法。

3　世界各国宪法委员会：《世界各国宪法·非洲卷》，第1000页；"The Election Act of United Republic of Tanzania of 1985", http://www.track.unodc.org/LegalLibrary/LegalResources/Tanzania%20United%20Republic%20of/Laws/Tanzania%20Elections%20Act%20(1985).pdf, 2017-10-30。

在国家选举委员会七人当中，五人有司法领域工作背景。其中，朱莉·曼宁是坦桑尼亚第一位女性司法部部长。实际上，拥有一定司法权的国家选举委员会能够成为界定坦桑尼亚大选是否合法的缓冲地带，同时可以通过司法权威防止"民主暴政"。不过，从实际情况看，选举委员会有时并未完全独立于政府之外。例如，在1995年桑给巴尔大选过程中，坦桑尼亚革命党甚至决定让桑给巴尔选举委员会主席萨勒明·阿穆尔（Salmin Amour）辞去职务，作为坦桑尼亚革命党候选人参与桑给巴尔总统大选，并最终赢得桑给巴尔大选的胜利。实际上，一方面坦桑尼亚设立国家选举委员会的初衷是为了维护大选的公平公正，但另一方面，坦桑尼亚革命党仍然通过一些手段维持其自身的政治利益，尤其是在桑给巴尔地区的统治地位。

（三）确定参与坦桑尼亚大选的政党及候选人条件

第一，"全国性"成为一个政党参与选举的必要条件。坦桑尼亚政府为了避免撒哈拉以南非洲国家固有的地方民族主义在多党制的状态下死灰复燃，其《1992年政党法》（以下简称《政党法》）第九条规定：各政党必须是全国性的政党，而不得以部族、地区、宗教、语言集团、肤色、职业或性别等为基础组建政党；所有政党必须坚持遵守维护民族团结的原则，任何政党都不得以武力或其他手段破坏国家统一和领土完整。[1]

关于具有全国性政党背景的人员参与大选的规定，一方面有效防止了国内地方民族主义兴风作浪，同时也保证了坦桑尼亚政党所考虑的必须是国家整体而并非某些特定地区。尽管当时民主化潮流已经席卷非洲大陆，但很多非洲国家的领导人将民主建设仅仅满足于迎合民众结党立社、拉帮结派参加投票选举的所谓民主权利。[2] 例如，在扎伊尔（今刚果民主共和国）出现了几十个人聚集起来便可成立一个政党的现象，这种情况导致了该国在民主化运动的初期曾出现了超过420个政党。因此，全国性政党成为政党参与选举的必要条件的规定在一定程度上保证了坦桑尼亚在政党政治和国家建设方面能够摆脱地方民族主义或是特定宗教的束缚。

第二，规定副总统作为总统的竞选伙伴必须参与选举。在一党制时期，坦桑尼

1　"Tanzania Political Act of 1992", http://www.parliament.am/library/Political%20parties/Tanzania.pdf, 2017-11-30.

2　贺文萍：《民主与非洲的政治发展》，《西亚非洲》2004年第1期，第59—63页。

亚国家副总统是由总统上任之后任命。1994 年，坦桑尼亚议会对《宪法》进行了第 11 次修改，规定坦桑尼亚联合共和国设一名总统和一名副总统。同时，《宪法》规定总统任期为五年，一位总统最多只有两届任期。其中，关于副总统的规定变动较大：由之前的由总统任命两名副总统（其中必须有一名是桑给巴尔人），改为副总统作为总统的竞选伙伴同样参与总统大选。总统候选人和副总统候选人必须是同一个政党，且分别来自坦噶尼喀和桑给巴尔，副总统不能由桑给巴尔总统或是联合共和国总理兼任。[1] 桑给巴尔已于 1992 年对自己的宪法进行相应修改。

坦桑尼亚宪法修改的目的有两点：其一，维护共和国的稳定，保障桑给巴尔人的权利。为了打消桑给巴尔人的顾虑，宪法同时规定桑给巴尔总统会在共和国内阁任职。其二，保障总统身份的合法性，确保如总统遭遇不测，弹劾或是检控时，副总统即使成为总统，亦由民主选举所产生。

第三，规定总统和国民议会候选人的具体条件。坦桑尼亚《宪法》第 39 条和第 67 条分别规定了总统候选人和国民议员候选人的条件。参加总统选举的候选人，需要具备以下五个条件：其一，出生后成为坦桑尼亚公民；其二，年满 40 周岁；其三，正式注册的党派成员，并被该党派提名为候选人，或是由党派资助的人员；其四，符合竞选国民议会或是众议院条件的成员；其五，在大选前的五年时间内没有任何税收不良记录。[2] 结合坦桑尼亚《选举法》第 38 条规定，参与国民议会选举的候选人需要具备以下七个条件：其一，坦桑尼亚公民；其二，年满 21 周岁；其三，同时具有读写英文和斯瓦希里语的能力；其四，在有关地区有不少于 25 人的登记选民为其背书；其五，党派成员或党派资助人员；其六，被地方法院证明有能力参与竞选；其七，拥有 50 000 坦桑尼亚先令的保证金并且可以支付现金。[3]

（四）对竞选资金进行具体规定

候选人所属政党需为其支付保证金，尽管国家选举委员会为总统候选人和议会候选人提供一定的资金支持。事实上，政党选举需要大量的资金支持，竞争性政

1 裴善勤：《列国志·坦桑尼亚》，北京：社会科学文献出版社，2008 年，第 155—156 页。

2 世界各国宪法委员会：《世界各国宪法·非洲卷》，第 992—998 页。

3 "The Election Act of United Republic of Tanzania of 1985", http://www.track.unodc.org/LegalLibrary/LegalResources/Tanzania%20United%20Republic%20of/Laws/Tanzania%20Elections%20Act%20(1985).pdf, 2017−10−30.

党政治可以说是一部"烧钱机器"。[1] 参加总统选举和国民议会选举的候选人，除了具备上述条件以外，其背后还需要强大的经济力量来支撑。修改后的《选举法》第 122 条规定，"（大选中）所有产生的费用必须由统一的基金组织管理和支付"[2]。具体而言，坦桑尼亚大选和国民议员的候选人资金来自两方面。一方面是政府提供部分选举资金。坦桑尼亚政府承诺：通过国家选举委员会为每个总统候选人和议会候选人分别提供 10 000 美元和 1 000 美元的资金支持。和大多数非洲国家以及坦桑尼亚建国初的大选不同，坦桑尼亚政府在 1995 年大选期间借鉴了斯堪的纳维亚半岛国家的选举制度，执政党通过国家选举委员会向其他党派支付其竞选所需要的费用，为其他政党参与竞选提供机会。坦桑尼亚革命党在完善自身选举制度的同时，拓宽和保证了反对党的生存空间，所以，在 1995 年大选当中部分有深厚民族基础或群众基础的政党仍然在政治上取得了一定地位。但有学者认为，这种行为在政府看来，根本原因或是反对党无法对坦桑尼亚革命党构成任何威胁。[3] 例如，当坦桑尼亚革命党在某一选区发现自身可能落败之时，便会停止对反对党的资金支持。

另一方面，参加议会选举的候选人需要所属政党为其支付保证金，这一定程度上限制了反对党提出议会候选人的人数。各党派候选人的资金来源渠道包括：一是个人的收入以及其经商所得；二是亲朋好友的资助；三是变卖财产；四是政府的补助金。[4] 对于人数较少的党派而言，由于其自身资金方面的薄弱，只能依靠国家选举委员会的补贴，在参选过程中通常会处境艰难，所以，这些党派会集中力量在个别选区，争取做到党派利益最大化。事实上，无论是执政党坦桑尼亚革命党，还是其他反对党，都未按照政党法规定公开参选经费。在坦桑尼亚国民议会选举中，较大党派的候选人通常都会在竞选过程中通过自己的党派获得额外的资助。例如，在 1995 年坦桑尼亚国民议会选举中，反对党一共有 1 073 位候选人参与选举，但只有

1　钟伟云：《非洲的政党政治：回顾与反思》，第 102 页。

2　"The Election Act of United Republic of Tanzania of 1985", http://www.track.unodc.org/LegalLibrary/LegalResources/Tanzania%20United%20Republic%20of/Laws/Tanzania%20Elections%20Act%20(1985).pdf, 2017-10-30.

3　Hoffman B. & Robinson L., "Tanzania's Missing Opposition", *Journal of Democracy*, No.4, 2009, pp.123-136.

4　Samuel S. Mushi, Rwekaza. S. Mukandala. *Multiparty Democracy in Transition: Tanzania's 1995 General Elections*. Tanzania Election Monitoring Committee, 1997, p.96.

46 位最后在选举中获胜，而坦桑尼亚革命党仅有 232 人参与选举，但在议会中获得 186 个席位。某种意义上而言，坦桑尼亚革命党自身强大的经济实力在大选过程中起到决定性因素。

正是上述法律、制度层面的调整，为坦桑尼亚的多党制选举提供了保障。从一党制到多党制的变化，既有外部政治压力因素，又有其国内动力。与其他非洲国家 20 世纪八九十年代政党制度变化面临的外部国际环境相一致，启动西式政治民主化改革是西方国家对坦桑尼亚经济援助的前提条件之一。因此，对于当时深陷经济危机的坦桑尼亚来说，无论它的政治、经济和社会条件是否成熟，也无论它的国民是否愿意，都需要进行民主化改造，才能获因经济结构调整而急需的贷款。1992 年，尼亚拉利委员会曾进行过"坦桑尼亚是否应继续维持一党制"的调查，其结果是：坦桑尼亚大陆主张仍然实行一党制的人占 77.2%，主张多党制的人占 21.5%；桑给巴尔主张仍然实行一党制的人占 56.4%，主张多党制的人占 43%（参见表 2）。也就是说，坦桑尼亚大多数民众基于多党制可能引起国内政治混乱的担忧，希望该国继续实行一党制。尽管如此，在外部强大的国际压力之下，坦桑尼亚仍然被民主化浪潮裹挟其中，政党政治制度由一党制变成多党制。当然，这场自上而下的政党制度变革亦有其国内政治原因。时任坦桑尼亚总统姆维尼曾认为，同发展多党制政治相比，解决坦桑尼亚经济危机才是当务之急；在这个时候发展多党制，无异于破坏一党制制度下的和平与稳定。[1] 但在坦桑尼亚开国领袖尼雷尔的影响下，该国的政治精英意识到：因腐败与监管不力等因素而导致一党制政治的弊端是造成坦桑尼亚国内政治和经济落后的重要因素。正如尼雷尔 1988 年出访牙买加时所言："人民是任何政党政治的唯一考量因素，为人民服务应当是政党的唯一目标……在党的内部，通过将民主与纪律相结合，党员们须既要拥护党的领导，又要保证它能全心全意为人民服务。只有实现了民主与纪律的结合，并由此实现政党的目标，政党才算有章程！"[2] 可见，他们希望多党监督能给坦桑尼亚带来良政与经济发展。

1　Bennell P., "Privatization in Sub-Saharan Africa: Progress and Prospects During the 1990s", *World Development*, Vol.11, 1997, pp.1785–1803.

2　［坦桑尼亚］朱利叶斯·尼雷尔：《尼雷尔文选·第四卷：自由与解放（1974—1999）》，谷吉梅、廖雷朝、徐红新、苏章海译，上海：华东师范大学出版社，2015 年，第 212 页。

表 2 "坦桑尼亚是否应该继续维持一党制"的调查结果

结果 地域	是		否		没有回应		不置可否	
	人数	占比	人数	占比	人数	占比	人数	占比
坦桑尼亚	28 018	77.2%	7 817	1.5%	244	0.6%	220	0.6%
坦桑尼亚大陆	25 725	79.7%	6 118	19%	238	0.7%	200	0.6%
桑给巴尔	2 074	56.4%	1 582	43%	5	0.1%	18	0.5%
驻外使馆	221	64.8%	117	34.3%	1	0.3%	2	0.6%

资料来源: The Nyalali Commission, *The Nyalali Commission Report on Multiparty or Single Party System in Tanzania*, Vol. I. Dar es Salaam: Government Printer, 1992. p.60.

与此同时,坦桑尼亚革命党(CCM,以下简称"革命党")领导人也意识到民主化潮流是非洲各国的发展大势,需审时度势,顺势而为。在他们看来,"如果东欧发生变化,那么,其他一党制国家和那些宣称信奉社会主义的国家也将受到影响,坦桑尼亚可以从东欧国家吸取到教训"[1]。"非洲也不可能再回到 20 世纪 80 年代时期一党制占主导地位的时代。"[2] 要想使坦桑尼亚摆脱困境,首先必须使革命党在竞争中重获新生,与其坐以待毙,不如参考各国的民主化进程,直接让坦桑尼亚政治发展并入多党制的轨迹。20 世纪 90 年代中期进行多党制改革正符合时机,如果再有拖延,可能会发生像扎伊尔那样的混乱。[3] 由此,坦桑尼亚开启了多党民主政治的新时代。

坦桑尼亚革命党政治优势的形成及原因

自从 1992 年 7 月坦桑尼亚采用多党政治体制以来,该国一党制期间的执政党——革命党长期当政,其他在野党并未对革命党构成根本性挑战,这构成了坦桑

---

1 Jane Perlez, "African Elder Trim One-Party Stand", *New York Times*, February 27, 1990.

2 参见高晋元:《多党民主化在非洲的发展》,《西亚非洲》1994 年第 5 期,第 7—12 页。

3 Hoffman B & Robinson, *State Building and Democratization in Africa: Faith, Hope, and Realities*, Santa Barbara: Greenwood Publishing Group, 1999, p.187.

尼亚政党政治的基本格局。

（一）多党政治的形成与发展

伴随着 1992 年坦桑尼亚通过修宪确立多党政治体制以来，基于政党的全国性地域属性规定，坦桑尼亚正式注册的政党共有 24 个 [1]。其中，具有较大影响力的政党大多是在党禁开放之初的 1992 年至 1994 年注册并获承认的。与大多数非洲国家相比，坦桑尼亚政党数量并不多，选票相对集中在革命党和一两个反对党，并未出现党派林立的政党格局。

当下，坦桑尼亚政治实力较大的政党，首屈一指是革命党。该党成立于 1977 年 2 月，系原坦噶尼喀地区的坦噶尼喀非洲民族联盟和桑给巴尔地区的非洲设拉子党合并而成，尼雷尔任首任主席。作为一党制期间的执政党，革命党拥有一套完整的党内制度与鲜明的纲领。革命党认为社会主义和自力更生是建立一个公民享有平等与自由社会的唯一途径，[2] 主张通过发展经济，从教育和卫生等多个方面改善人民生活。其党员数量约占全国总人口数的 1/10，是坦桑尼亚实力最为强大的政党。

其他主要政党包括：（1）公民联合战线（CUF），是桑给巴尔地区反对党中实力最为强大的一个政党，1992 年由来自坦噶尼喀大陆的政治活动家詹姆士·马帕拉拉（James Mapalala）和前桑给巴尔首席部长赛义夫·沙里夫·哈马德（Seif Shariff Hamad）组建，在桑给巴尔地区拥有很高的声望，代表桑给巴尔的阿拉伯人与部分当地人的利益；（2）全国建设和改革会议党（NCCR‐Mageuzi），1991 年由一些律师、学者、教授以及对革命党不满的年轻骨干精英所组建成立，1993 年注册为正式党派，其目标是为争取坦噶尼喀大陆民族权利而斗争；（3）联合民主党（UDP），1994 年注册为正式党派，该党更重视社会发展，提出要加大对教育和医疗事业的资金投入；（4）民主发展党（CHADEMA），1992 年 7 月成立，1993 年注册为正式党派，该党拥有一些富有经验的前革命党领导人，被尼雷尔誉为"除了

1　《坦桑尼亚国家概况》，载中华人民共和国外交部网站：http://www.fmprc.gov.cn/web/gjhdq_676201/gj_676203/fz_677316/1206_678574/1206x0_678576，2017‐11‐30。

2　2000 年坦桑尼亚国民议会通过第 13 次宪法修正案，对"社会主义"的含义进行重新界定，但革命党迄今未修改其党章。参见裴善勤：《列国志·坦桑尼亚》，第 156 页。

革命党之外最想加入的党派",[1]自 1995 年以来,该党便是继坦桑尼亚革命党之后大陆方面实力最为雄厚的政党,其目的是主张成立三级政府代替现有两级政府结构。而其他较小的党派或多或少仅限于地区,无论是政党实力还是选举策略,对于大选结果及政党政治走向影响很小。

表 3 坦桑尼亚 1995—2015 年国民议会选举结果 单位:%

政党 年份	革命党		公民联合战线		全国建设和改革会议党		联合民主党		民主发展党		其他政党	
	得票率	议席占比	得票率	议席占比	得票率	议席占比	得票率	议席占比	得票率	议席占比	得票率	议席占比
1995	59.22	80.17	5.02	10.34	21.83	6.90	3.32	1.30	6.16	1.30	4.45	0
2000	65.19	87.44	12.54	7.36	3.61	0.43	4.44	1.30	4.23	1.73	9.99	1.73
2005	69.99	88.79	14.24	8.19	2.21	0	1.44	0.43	8.20	2.16	3.92	0.43
2010	60.20	77.82	10.61	10.04	2.51	1.67	1.47	0.42	23.86	9.62	1.35	0.42
2015	55.04	73.43	8.63	12.5	1.50	0.39	0.09	0	31.75	13.28	2.99	0.39

说明:坦桑尼亚议会除选举产生之外,有部分席位为总统指派,该部分席位将不列为统计与计算范畴。

资料来源:坦桑尼亚国家选举委员会官网:http://www.nec.go.tz, 2017-10-25。

1992—2017 年间,坦桑尼亚共举行了五次国民议会选举。从表 3 可以看出,革命党、公民联合战线、全国建设和改革会议党、联合民主党、民主发展党等多个政党参与该国国民议会席位的角逐,这表明选举已成为坦桑尼亚多党派政治参与的重要途径。

(二)革命党在选举中的表现

坦桑尼亚 1995 年大选最先进行的是国民议会的选举,13 个经过法律认可的全国性政党宣布参与此次选举。在选区划分上,国家选举委员会依据坦桑尼亚《宪法》所赋予的权力,根据地理位置、人口等现实因素,将坦桑尼亚分成 232 个选区,其中 182 个选区位于坦桑尼亚大陆,其他 50 个选区位于桑给巴尔。与以往不同的是,坦桑尼亚议会中原本只有 180 个席位(130 个属于坦桑尼亚大陆,50 个属

---

1 Samuel S. Mushi, Rwekaza. S. Mukandala. *Multiparty Democracy in Transition: Tanzania's 1995 General Elections*. Tanzania Election Monitoring Committee, 1997, p.153.

于桑给巴尔），换句话说，新议会由于选区的重新划分，使得坦桑尼亚大陆在原有基础上增加了 52 个席位，而桑给巴尔维持不变。从坦桑尼亚议会选举的结果可以看出，革命党在每一个选区都有候选人参与竞选，最终该党在议会选举产生的 232 个席位中获得了 186 个席位，可以说大获全胜[1]。

同年 11 月，坦桑尼亚举行了第一次全国多党总统大选。穆雷马获得 27.8% 的选票，利蓬巴获得 6.4% 的选票，齐约获得 4% 的选票，革命党候选人姆卡帕以 61.8% 的得票率（超过 50% 的得票即可无须进行第二轮大选投票）当选为坦桑尼亚建立多党制以来的第一任总统。自 2000 年到 2015 年的每五年一次的总统选举中，姆卡帕（得票率 71.7%）、基奎特（2005 年和 2010 年的得票率分别为 80.3% 和 62.8%）、马古富力（得票率 58.5%）在总统大选中都获得了半数以上的支持率，革命党在多党制施行后的历届总统选举中均获胜利。[2] 此后，坦桑尼亚又举行了四次议会选举。从表 3 可以看出，坦桑尼亚革命党自 1995 年选举制度变革以来，一直在议会席位中占据绝对优势地位，占据议会席位的 70% 以上。即使议会选举得票率最低的 2015 年，革命党依然保持了对国家议会的掌控。[3] 不过，我们也可以从表 3 和图 1 看到，2015 年无论是国民议会选举，还是总统选举结果，均表明坦桑尼亚革命党的支持率明显降低，反对党与革命党在总统选举结果的差距甚至缩小至 15% 以内，但坦桑尼亚仍保持了自 1995 年形成的"一党独大"的政党政治态势。

值得注意的是，根据 1964 年 4 月 22 日坦噶尼喀共和国和桑给巴尔人民共和国两国元首签订的《坦噶尼喀共和国与桑给巴尔人民共和国联合法案》，桑给巴尔享有高度的自治制度，包括拥有独立的立法、司法机构，其总统由桑给巴尔选民直选产生，桑给巴尔大选与坦桑尼亚全国大选同时举行。在桑给巴尔地区，革命党与公民联合战线始终保持一个相对均势的状态。1995 年、2000 年、2005 年、2010 年和 2015 年，革命党与公民联合战线在国民议会选举中所占席位分别是 26 席和 24

---

1 参见坦桑尼亚国家选举委员会官网：http://www.nec.go.tz，2017–10–25。

2 "African Elections Database"，http://africanelections.tripod.com/zanzibar.html，2017–10–29.

3 坦桑尼亚议会席位从 1995 年的选举产生 232 席，加上指派一共 269 席，到 2015 年已经增长至选举产生 239 席，加上指派一共 350 席。指派的席位是按照议会选举产生的比例分配，但由于指派席位的增加，所占议会席位的比重增大，使得坦桑尼亚革命党的优势更加明显。

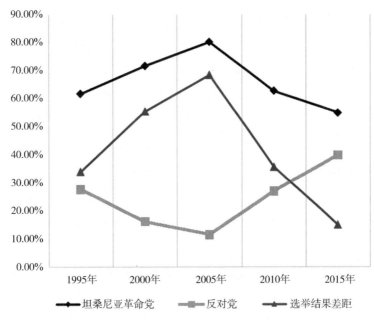

图 1 坦桑尼亚 1995—2015 年总统大选得票数

说明：1995—2005 年坦桑尼亚最大反对党是公民联合战线，2010—2015 年坦桑尼亚最大反对党是民主发展党。

资料来源：坦桑尼亚国家选举委员会官网：http://www.nec.go.tz, 2017-10-25。

席、34 席和 16 席、30 席和 19 席、28 席和 22 席、50 席和 50 席，而两党推举的总统候选人得票率分别为 50.24% 和 49.76%、67.04% 和 32.96%、53.18% 和 46.06%、50.11% 和 49.14%。[1] 与坦桑尼亚大陆选举的平稳态势不同，桑给巴尔地区的选举自 1995 年以来便充满矛盾甚至激烈冲突。2015 年桑给巴尔大选引发混乱之后，公民联合战线甚至拒绝重新参与桑给巴尔总统选举，这给桑给巴尔地区的政治前景蒙上一层阴影。

（三）革命党"一党独大"格局形成的原因

纵观坦桑尼亚自选举制度变革以来的五次选举，总体上依然是革命党在选举中占据有利地位，革命党在 1995 年大选之后维持了坦桑尼亚的政局稳定及其在政府的权威性，具有一个政党主导国家权力、长期占据执政地位、稳定控制议会多数席

1　2015 年桑给巴尔选区增加至 54 区，但公民联合战线再重新投票之后拒绝参与总统大选，革命党因此获得 91.4% 的得票率。See http://africanelections.tripod.com/zanzibar.html, 2017-10-29。

位的"一党独大型"政治特征。这种政党政治模式的形成与坦桑尼亚独特的历史、文化等因素密切相关。

第一，"一党主导型"政党政治有助于坦桑尼亚的民族整合与社会稳定。从历史来看，坦桑尼亚是由坦桑尼亚大陆（坦噶尼喀）与桑给巴尔联合组成。它们原是两个国家，不仅大小悬殊，而且在诸多方面存在着很大的差异。坦桑尼亚大陆各民族间相对和谐，而桑给巴尔岛的两部分——奔巴岛和翁古贾岛的居民之间历来就有隔阂；在宗教信仰方面，坦桑尼亚大陆多数人信仰基督教或非洲原始宗教，而桑给巴尔岛95%以上的居民是穆斯林；从文化和教育角度来看，斯瓦希里语和斯瓦希里文化成为坦桑尼亚大陆居民联系的纽带，而桑给巴尔岛已基本伊斯兰化。坦桑尼亚联合共和国自1964年成立后，民族结构非常复杂，境内共有超过120个民族，是东非拥有最多民族的国家。因此，民族整合是坦桑尼亚政府长期而艰难的任务。相对集中的政治统治可以更好地保持一国的政治稳定，政治民族化、地域化的倾向就不会那么明显。

第二，以集权为要义的传统政治文化对坦桑尼亚"一党独大"政党政治发展具有一定影响。尼雷尔曾把坦桑尼亚的传统社会描绘成"意见一致的社会"，又被称作"大树下的民主"——先人围坐在一棵大树下，就共同体（氏族、部落或村庄）的事务展开讨论，这种讨论没有时间限制，需要多久就持续多久，直到各方达成一致意见为止。[1] 换句话说，讨论的结果强调认同，同时不允许存在反对意见。在实际过程中，持有反对意见的人往往会被首领采取各种方式说服，重视权威主义意识深入人心。所以，意见统一成为坦桑尼亚社会传统文化的重要组成部分，持己见者友，非己见者敌，建立在"大树下的民主"的坦桑尼亚传统文化是服从型政治文化和参与型政治文化的结合体，但本质上更倾向于集权型。这种思想在政党政治领域则表现为，一个强有力的政党往往通过政治活动想方设法谋求保持执政地位。

第三，革命党自身拥有强大的政治力量。美国学者本杰明·史密斯（Benjamin Smith）认为，上层政治精英在建立政权时，自身实力的大小和反对派势力的强弱成为其首要考虑的两个因素。在一党制建立之初的条件和形势对其后来的发展会产

1　张宏明：《多维视野中的非洲政治发展》，北京：社会科学文献出版社，1999年，第85页。

生巨大的影响，建国之初势力越薄弱、反对派力量越强大的一党制政权反而在之后的历史当中更具有生命力。[1] 坦盟[2] 在坦桑尼亚建国之初，外部有强敌窥伺，内部缺乏权力基础。对于坦盟而言，只有将执政党与各个团体相结合，保证其参与政治活动的机会，为其提供制度上的保障，从而形成一个强大的政治联盟，才能使得其他团体在危机情况下权衡利弊，仍然坚持与坦盟合作。所以，革命党在坦桑尼亚发展的过程中，通过与其他集团结成政治联盟，保证其即使在国家陷入经济危机时依然能够保持着绝对的统治力。革命党在 1995 年大选之后，维持了坦桑尼亚本国的政局稳定，坦桑尼亚政府依然保持着权威性，桑给巴尔问题也并未引发该地区的大规模冲突或动乱。姆卡帕当选总统后，建立了利奥巴委员会（Warioba Commission），对政府存在的腐败问题进行调查。因此，革命党在多党制民主政治发展中，保留了自身政治权力的同时，对坦桑尼亚政治中存在的弊端进行了针对性的改革。另外，从坦桑尼亚经济发展情况看，虽然坦桑尼亚属于联合国宣布的世界最不发达国家之一，但其国内生产总值（GDP）由 1995 年的 52.25 亿美元，到 2016 年增至 474.31 亿美元，2000 年、2010 年和 2016 年该国国内生产总值增长率分别为 4.9%、6.4% 和 7.0%，[3] 经济快速且稳定增长。坦桑尼亚革命党良好的执政业绩，有助于改善人民生活状况，由此进一步巩固了自身的执政地位和执政安全。

第四，适宜的选举制度有助于革命党保持强势政党地位。从非洲国家转型时期的选举制度类型来看，绝大多数为"比例代表制"和"绝对代表制"[4]。"比例代表制"虽然可以降低"一党独大"产生的可能，更易形成联合政府，但由于其内阁不稳，反而会造成社会的不稳定；"绝对代表制"则更趋向于稳定，也更可能产生"一党独大"的政府。坦桑尼亚采用的就是"绝对代表制"，也最终形成革命党一党主导型政府。实际上，无论哪一种选举制度，都倾向于对大党有利。美国著名政治

1　参见本杰明·史密斯：《政党与政权的生命》，《开放时代》2008 年 3 期，第 89—109 页。

2　即坦桑尼亚革命党前身。

3　参见世界银行网上数据库：https://data.worldbank.org/country/tanzania?view=chart, 2017-11-30。

4　比例代表制可进一步划分为最大余数法、最高平均数法、单一可转让投票制；绝对代表制的主要子类型有：相对多数决定制、两轮投票制、选择投票制。

学家利普哈特（Arend Lijphart）在分析选举制度的政治影响时，引入比例性偏差度的概念。他认为，比例性偏差度表示政党所获得的议席比例偏离其所赢得的选票比例的程度。在判断选举制度的不同向度如何影响选举结果的时候，比例性偏差作为因变量具有其内在的重要性。[1] 从事实上看，无论在坦桑尼亚，还是在其他非洲国家，一党制时期的执政党在大选中大多能赢得 2/3 以上的选票，且维持了其自身的统治力。由此，反映出选举制度对建立"一党独大型"政党政治的影响。

此外，《宪法》及《政党法》对于所有党派的定位——必须是全国性的政党，进一步将地方民族主义矛盾通过法律框架内的程序加以控制。更为重要的是，坦桑尼亚政府设立国家选举委员会，并将委员会独立于政府之外，负责监管大选期间相关事宜，同时可以通过司法权威防止"民主暴政"，政府无权在选举过程中干涉国家选举委员会。由此，革命党在完善自身选举制度的同时，拓宽和保证了反对党的生存空间，从而创造了一个自由和有竞争力的竞选环境，[2] 由此避免了 2017 年 11 月津巴布韦发生的政权更替政治危机。在坦桑尼亚，一些政党参加大选角逐，有时会出现临时结盟现象，其目的是为了扩大自己和本党的知名度和影响，以便在选后的权力分配中获得有利的位势。例如，在 2015 年大选前，坦桑尼亚主要的反对党民主发展党、公民联合战线、全国建设和改革会议党以及全国民主联盟党（National League for Democracy）就组建了一个新的政治同盟——坦桑尼亚宪法联盟（Ukawa），通过政治同盟的形式，集中各个政党力量参与总统竞选。[3]

总体看，坦桑尼亚的选举制度虽然一方面通过选举提高了普通民众的政治参与度，有利于缓解坦桑尼亚所出现的政治危机；但另一方面，坦桑尼亚选举制度及后续的修改方案都具有很强的大党政治偏向性，实际上也引发了坦桑尼亚反对党的不满。随着反对党政治联盟的建立，坦桑尼亚革命党的优势已经逐渐在缩小，加之桑给巴尔地区问题尚未得到有效解决，坦桑尼亚革命党未来执政道路仍然面临巨大的考验。

1　［美］阿伦·利普哈特：《选举制度与政党制度：1945—1990 年 27 个国家的实证研究》，谢岳译，上海：上海人民出版社，2016 年，第 76 页。

2　Prempeh H K, "African Judges, in their own cause: Reconstituting Independent Courts in Contemporary Africa", *International Journal of Constitutional Law*, No.4, 2006, pp.592−605.

3　坦桑尼亚宪法联盟的形成是反对党出于尝试对坦桑尼亚 2014 年宪法修改提案的抗议所组建。

坦桑尼亚政党政治发展新趋势

坦桑尼亚自实行多党民主制以来，经过 20 多年的发展，已经成为撒哈拉以南非洲国家中典型的"一党独大"型国家。2015 年后，坦桑尼亚政党政治已出现以下新特点：

（一）革命党仍居政党政治的主导地位，但面临增强内在凝聚力及统治力的挑战

革命党作为一个开放性的大党，具有广泛的社会根基与强大的政治能力。该党在政党体制变化后依然具有强大的统治力，不仅是因为其在修订宪法以及选举制度的过程中不断完善自身，更因为坦桑尼亚革命党遵循了传统的"大树下的民主"，而选民对于革命党出于自身惯性的政治认同，更使得革命党在转型之后相当长的一段时间内维持着统治地位。特别是 2013 年下半年，革命党认真学习中国共产党开展的"走基层"活动，深入农村，落实上一次大选期间候选人承诺事项情况，[1] 这一活动进一步提升了坦桑尼亚革命党在广大农村地区的声望。

所以，即使在 2015 年反对党组建强大的政治联盟之后，对于广大坦桑尼亚人民，尤其是农村居民而言，革命党仍然是其政治首选。但是，前革命党党员、在民众中有一定声望的坦桑尼亚前总理爱德华·洛瓦萨（Edward Lowassa）因为权力斗争的失败而加入民主发展党，并代表坦桑尼亚宪法联盟参加 2015 年坦桑尼亚总统竞选，最终获得 39.97% 的选票，属历届选举以来反对党得票数最多的候选人。此举预示着革命党内部矛盾重重，其凝聚力与统治力不复当年。虽然革命党在局势上仍然掌握主动，但如何提振革命党的内在向心力、保持党内团结、提高战斗力，是当下巩固革命党执政地位的关键。

（二）反对党开始组建政治同盟，联合对抗革命党

作为坦桑尼亚建立以来的唯一执政党，革命党可以利用国家的公共资源为其选

1　吕友清：《对 2015 年坦桑尼亚大选形势的总体评估》，新浪网：http://news.sina.com.cn/zl/zatan/2015-03-02/18493303.shtml，2017-10-26。

举服务，而并不依赖传统的社会动员。正因为革命党的去社会化趋势，迫使社会中各个力量汇集起来，形成一股比以往更为强大的反对力量。虽然坦桑尼亚宪法联盟目前仍属于一个较为松散的政治同盟，但它的出现使得坦桑尼亚革命党在 2015 年大选时体会到前所未有的竞争压力，在总统选举的得票数（58.46%）甚至低于1995 年第一次选举的得票数（61.82%）。这一方面为革命党在完善其制度及改善民生方面敲响了警钟，另一方面也显示出坦桑尼亚政党政治出现多党联合的新趋势。

（三）桑给巴尔选举纠纷破局困难，但合作发展为桑给巴尔地区政党政治发展提供了新思路

自坦桑尼亚实行多党选举以来，伴随着权力与利益纠纷，桑给巴尔多次出现逢选易乱情况。1995 年，公民联合战线因为不满桑给巴尔总统大选结果，退出桑给巴尔政府。2000 年，桑给巴尔自治政府吸取了第一次选举准备方面的不足，但其举措也引发了民众和维护部队之间的严重冲突，这起冲突导致至少 40 人死亡、600人受伤。而 2005 年和 2015 年的坦桑尼亚大选也出现了类似的问题。2010 年，革命党和联合公民战线为了解决两个政党之间权力分配问题，签署了合作协议——玛瑞迪阿诺（Maridhiano）[1]，提议组建桑给巴尔联合政府。2010 年 7 月 31 日，66.4%的桑给巴尔人投票通过了组建联合政府的提议。[2] 2010 年大选联合公民战线即使在议会席位中略输于革命党，也还是承认了大选结果，同革命党共同组建联合政府，保证了桑给巴尔地区政局的稳定。2010 年是桑给巴尔地区历史上唯一一次在大选中没有出现不稳定因素的选举。实际上，2010 年桑给巴尔宪法修改之后的第 39 条第三节规定，允许拥有超过 10% 选票的反对党出任副总统一职，但 2015 年公民联合战线抵制参与桑给巴尔地区的重新大选，为该地区增添了不稳定因素。[3] 从桑给巴尔地区政党政治发展趋势来看，桑给巴尔已经不太可能再回到一党统治的模式下。联合政府的建立一方面为革命党未来如何处理好桑给巴尔地区问题提出了新的

1　"玛瑞迪阿诺"，斯瓦希里语，意为妥协。

2　Report of the Commonwealth Observe Group, "Tanzania General Election", 31 October 2010, http://aceproject.org/ero-en/regions/africa/TZ/tanzania-final-report-general-elections-commonwealth/at_download/file. 2010-10-31.

3　Christopher Majaliwa, "Tanzania: Zanzibar Government of National Unity Hangs in Balance", 13 March 2016, http://allafrica.com/stories/201603230038.html, 2017-08-23.

思路，另一方面也说明无论是革命党还是公民联合战线，摆脱"零和游戏"的旧式思维方式，是桑给巴尔地区政党政治平稳发展的必要条件。

上述坦桑尼亚政党政治出现的新特点，主要基于以下三方面原因：第一，革命党内部政治角斗升级的延续引发了坦桑尼亚政党力量变化。2012 年，坦桑尼亚通过宪法审查委员会（Constitutional Review Commission）[1] 向民众征求修改意见，其主要提议包括：限制议会规模；开除不良议会代表；限制行政当局的权力；重视性别平等；加强对政府监控等。但这些提议经过立宪议会修订之后，与原先议题相比，没有采纳组成三级政府结构的提议，同时并未对总统及议会权力加以限制，从而引发了反对党的强烈不满。[2] 于是，反对党组建的坦桑尼亚宪法联盟意图抵制立宪议会对宪法修改的提议，革命党想要维持原有体系，从而使得双方矛盾进一步加深。这也成为坦桑尼亚政党政治力量格局发生变化的直接原因。

从深层次来说，革命党利用其掌握的资源在一定程度上制定了有利于其支持者的公共政策，巩固选民基础并为下一次选举提供有利条件，这种模式保证了革命党在大选中始终处于优势地位，同时也反映出革命党的内部斗争是牵动整个坦桑尼亚政党政治走势的关键性因素。洛瓦萨在基奎特时期是坦桑尼亚总理，同时被看作下一次总统大选革命党的候选人，在马古富力成为革命党大选候选人之后，洛瓦萨甚至不惜加入反对党同革命党分庭抗礼。坦桑尼亚政治联盟之所以在总统大选中获得较高的支持率，离不开民众对于洛瓦萨任坦桑尼亚总理时的认可，而坦桑尼亚政党政治的变动近似于革命党内部斗争的延续。第二，失业青年与中产阶级成为坦桑尼亚政党政治发展变化的主要推动力。坦桑尼亚自 1995 年大选之后，国内生产总值逐渐恢复增长。根据罗莎·卢森堡基金会（Rosa Luxemburg Stiftung）对 2000—2010 年 10 年间非洲 49 国经济增长情况的研究，坦桑尼亚的平均增长率为 7%，位列非洲国家第 10 位。[3] 然而，坦桑尼亚整体经济中有近一半属于非正式部门经济。这种经济模式并不被政府所重视，但其作用与影响却越来越明显，迅速扩张的非正

1　坦桑尼亚宪法审查委员会由来自坦桑尼亚大陆和桑给巴尔地区各 15 人组成。

2　Clyde and Co LLP, Lexology, "Tanzania Constitution Review-President Announces Date for Referen Dum", 11 November 2014, https://www.lexology.com/library/detail.aspx?g=5ef3c0ec-abdb-491e-b67e-3d501f9dd6f2, 2017-10-27.

3　参见钟伟云：《非洲的政党政治：回顾与反思》，第 90—106 页。

式部门经济甚至成为坦桑尼亚就业的重要渠道。[1]非正式部门经济有其特殊性，对于就业而言也只是权宜之计。根据坦桑尼亚 2013 年发展计划的数据显示，坦桑尼亚仍有 32% 的人口处于贫困线之下[2]，更为重要的是，据相关统计，坦桑尼亚失业人口集中于 15—34 岁青年群体，而这一群体的平均失业率高达 13.4%，其中城市地区失业率已经达到 22.3% 的历史最高点。[3]广大失业的年轻人未曾经历过革命党一党制时期，对革命党并无多少历史延续下来的情感，他们所追求的只是就业，然而庞大的失业率使得这一群体成为社会不稳定因素，尤其是来自于城市的年轻人，生活的压力使他们更为迫切地要求政治与经济改革。

此外，伴随经济增长而来的是坦桑尼亚中产阶级与公民社会的崛起，他们所追求的是良好的政府服务和自身财产的保障。自姆维尼时期起，革命党就针对政府的官僚与腐败问题，进行严抓、严打，但根据"透明国际"的指数显示，坦桑尼亚2016 年的腐败情况与往年并无太大改善[4]。作为坦桑尼亚大陆最大的反对党，坦桑尼亚民主发展党在大选过程中并未明确提出一套完善的经济改良政策或是国家发展规划，他们在大选中所涉及的，无外乎是对腐败、政府效率低下等问题的强烈控诉和承诺改善。民主发展党这一施政理念广受坦桑尼亚中产阶级拥护，如革命党仍无法解决就业与腐败问题，其是否能长期保持政坛领导地位尚未可知。

第三，伊斯兰极端主义使得桑给巴尔地区问题复杂化。从历史上看，桑给巴尔地区同伊斯兰地区联系十分紧密，来自桑给巴尔的阿拉伯人主要是 1700 年到 1850年之间移民至此的阿曼阿拉伯人，尤其是在阿曼帝国首都从马斯喀特迁到桑给巴尔之后。其余大多数的阿拉伯人通常是来经商的小商人。直到桑给巴尔革命前，阿拉伯人一直是上层统治阶级。这使得坦桑尼亚大陆与桑给巴尔之间有着明显的文化差异。

1　参见高天宜：《浅析坦桑尼亚服务业非正式部门在经济社会发展中的现状与对策》，《经济师》2016年第 8 期，第 100 页。

2　United Nations Development Project, *Project Document: Democratic Empowerment Project*, 2013, p.12.

3　"Youth Unemployment, National Priority in Tanzania", http://www.youthemploymentdecade.org/en/repor/youth-unemployment-national-priority-tanzania, 2017-11-30.

4　"Sub Saharan Africa: Corruption is a Big Issue in 2016 African Elections", https://www.transparency.org/news/feature/africa_corruption_is_a_big_issue_in_2016_african_elections, 2017-12-05.

随着 2010 年桑给巴尔地区组建联合政府，伊斯兰极端主义开始有抬头趋势，并开始在桑给巴尔地区肆虐，最为典型的是来自桑给巴尔的伊斯兰分裂组织"乌穆索"（Uamsho，意为"觉醒"）。"乌穆索"成立于 2002 年，其宗旨是为了寻求桑给巴尔地区从坦桑尼亚独立，重返伊斯兰世界。由于桑给巴尔地区的失业率较高，这种极端主义行为在 2010 年桑给巴尔联合政府成立后，很快受到广大无业者的拥护。2012 年 12 月，一名罗马天主教牧师在家门口遭到枪击[1]，随后甚至出现针对桑给巴尔外国游客的袭击[2]。这对于本来已贴有"逢选易乱"标签的桑给巴尔而言，伊斯兰极端主义的出现，给复杂的桑给巴尔政党政治局势增添了非传统不安全因素。

其一，反对党公民联合战线所代表的正是桑给巴尔当地传统穆斯林的利益，但随着伊斯兰分裂组织的出现，公民联合战线陷入两难境地。一方面，随着极端主义在桑给巴尔地区的盛行，公民联合战线不得不正视这一股宗教力量；另一方面，公民联合战线需要抵制这种极端主义行为，以防与之有所牵连。

其二，地方民族主义因素重现桑给巴尔大选。尽管同公民联合战线相比，"乌穆索"在政治上的支持率仍然很低[3]，但其作为一股代表地方极端穆斯林的政治力量，"乌穆索"在 2015 年大选时期的口号是"要求推动穆斯林地区的经济发展，抵制来自大陆的腐朽"[4]，这种带有强烈地方民族主义色彩的口号依然受到相当多的关注。2016 年桑给巴尔重启大选之后，坦桑尼亚政府甚至单方面宣布"乌穆索"同意重新进行大选。[5] 这从侧面表明，"乌穆索"受到的关注度越来越高。

桑给巴尔地区 90% 以上的人口为穆斯林，所以无论是对于革命党还是公民联合战线而言，伊斯兰极端主义作为新兴势力的出现，势必会对原先已非常复杂的桑

1　"Catholic Priest Seriously Wounded in Zanzibar, Tanzania", https://morningstarnews.org/2012/12/catholic-priest-seriously-wounded-in-zanzibar-tanzania, 2017–12–02.

2　虽然"乌穆索"立即否认并谴责此次事件，但多方证据仍表明此次袭击系"乌穆索"所为。参见《两名英国女孩在坦桑尼亚遭"泼酸"袭击》，载中新网：http://www.chinanews.com/gj/2013/08–08/5140935.shtml, 2017–12–02。

3　"Zanzibar: Trouble in Paradise with Contentious Election Result", *The Irish Time*, https://www.irishtimes.com/news/world/africa/zanzibar-trouble-in-paradise-with-contentious-election-results-1.2574227, 2017–12–04.

4　"Trouble in Paradise as Radical Islam Grows in Zanzibar", *Independent*, http://www.independent.co.uk/news/world/africa/trouble-in-paradise-as-radical-islam-grows-in-zanzibar-8231626.html, 2017–12–04.

5　"Tanzania: Uamsho Leader Refutes Supporting Fresh Polls in Zanzibar", *Tanzania Daily News*, http://allafrica.com/stories/201602041209.html, 2017–12–04.

给巴尔地区局势带来不稳定因素。两党之间对抗还是继续联合成为桑给巴尔地区所面临的最大问题。

余论：关于政党政治模式与国家政治民主化的思考

坦桑尼亚政党政治模式是众多非洲国家"一党独大"政党政治发展的一个缩影，也在一定程度上反映了当下非洲的政治生态，需要我们理性认知与深入思考。

第一，一个国家政党政治变革形式不能脱离其历史背景，要结合本国的传统政治文化，政党政治和民主形式要符合本国国情。从坦桑尼亚政党政治变革来看，革命党作为该国主导性政党，依托其执政行政资源，居于政府决策的中心，领导该国实现了政治稳定与经济发展，这离不开该国强有力政党的执行力，及其创造了稳定的国家政治发展环境。同样，在乌干达，穆塞韦尼政府通过对自身国家国情的透彻分析之后，认为反对地方民族主义最有效最符合国情的方式便是"无党派民主"，而最终这种"无党派民主"得到了乌干达人民的拥护与支持。在毛里求斯，工党、社会主义战斗党和毛里求斯战斗运动三大政党三足鼎立，使该国政权始终在三大政党中轮替，保持了该国政治生活的有序进行。因此，世界各国的政党政治民主形式具有多元化，不能定于一尊，要与该国特定的社会政治条件和历史文化传统相契合。

第二，执政党要妥善处理国内地区民族之间的矛盾，一个稳定与统一的国家是国家政治经济发展的必要前提。坦桑尼亚政党政治变革后产生的最大问题是桑给巴尔地区因追求自身政治权利引发的社会动荡。对于绝大多数经历了政党政治变革的非洲国家而言，这是普遍存在的现象。这是由于撒哈拉以南非洲国家在独立之初的边界是根据纬度或者 1885 年柏林会议上的殖民地划分。这种将殖民者意志强加于非洲国家的做法，容易造成非洲国家内部民族差异性加大，使国内各民族之间没有认同感。所以，对于大多数非洲国家而言，"民主化"则更像是"地区民族化"，民主问题往往会演变成为民族问题。执政党只有从大局出发，妥善处理不同地区民族之间的矛盾，才能使整个社会保持一个相对稳定状态。纵观 20 世纪 90 年代撒哈拉以南非洲国家的政治民主化改革，只有在改革的过程中妥善处理地区民族问题的国家，才能确保其在之后的政治和经济建设的长足发展。

第三，一个国家的政党政治发展是一个渐进的过程。正所谓"水滴石穿非一日之功"，非洲政党政治的发展不能仅仅局限于套用与模仿"西方模式"，而是其在自身经济发展过程中不断自我扬弃，最终探索出一套适用于本国特色的政党政治模式。从坦桑尼亚政党政治变革来看，施行多党制之后，坦桑尼亚严格控制党派数量，要求新注册的政党必须是全国性政党。实际上，这种渐进式的政治变革既有利于保持社会的相对稳定，又能推进政治的理性化与民主化建设，这不仅需要寻求变革的上层阶级和下层民众在政治上形成基本共识，在充分利用现有的国家制度框架的情况下，保证国家治理机制在政治转型时期做到有效的调节，更需要身为执政党的革命党在改革过程中处理好政治发展或国家治理改革推进的速度、程度与保持国家治理的有效性之间的关系。改革过快，会削弱国家的稳定性和治理的绩效；改革过慢或力度不够，会延误发展的机会，也将使改革难以推动，最终被反对改革的利益集团所阻碍[1]。

此外，虽然坦桑尼亚属于"一党独大型"政党政治模式，但这种模式并不是一成不变的、绝对固化的，有可能向"朝野势均型"或"碎片化型"变化，起决定因素的变量是革命党治国理政能力的高低及其所取得的政绩。政党的发展应紧跟时代步伐，与大众紧密联系，保持自身强大的生命力；在复杂的政治环境中，须摆脱"零和游戏"的思维方式，通过合作与共商为有效缓解政治危机提供新思路；政党政治发展的核心在于改善民生，提升政府工作效率与清廉指数，这远比向选民提供"空头支票"要重要得多。

后记

对于一个国家政治发展的研究，在理解其政府政策方针制定、国家发展路线等

---

1 李路曲：《政党政治与政治发展》，北京：中央编译出版社，2016年，第239页。

方面有着极其重要的作用。坦桑尼亚20世纪90年代以来的政党政治转型，受到了学术界的关注。时至今日，坦桑尼亚城市街道上随处可见的政治标语通常是为地区党派的竞选服务。关于坦盟1977年之前的一手文献资料来源通常可在坦桑尼亚国家档案馆（Tanzania National Archives）及各地区议会资料管理室获得，而获得资料之前则必须填写研究许可并进行申报。而20世纪80年代至当下的文献资料来源更多则通过位于达累斯萨拉姆的星矛（Mkuki na Nyota）出版社的书籍资料（官方网站为http://www.mkukinanyota.com/）与坦桑尼亚官方公布的数据资料为主。最后感谢国家留学基金委给予我出国留学的机会，2018年9月到2019年9月得以在达累斯萨拉姆大学学习。

中坦合作和中非关系发展国际研讨会综述 [*]

钱一平

2019 年 9 月 10 日，"中坦合作和中非关系发展"国际研讨会在达累斯萨拉姆大学孔子学院召开。本次研讨会由华东师范大学、达累斯萨拉姆大学孔子学院及达累斯萨拉姆大学共同举办。上海市人大常委会主任殷一璀女士，中国驻坦桑尼亚大使馆文化参赞高炜先生，达累斯萨拉姆大学校长威廉·安南基瑟教授（Prof. William Anangisy），华东师范大学世界历史研究院院长沐涛教授，达累斯萨拉姆大学孔子学院外方院长穆坦贝教授（Prof. Aldin Mutembei）、中方院长刘岩博士，以及来自各国的 31 位专家学者出席了本次研讨会。由华东师范大学朱明教授主持本次会议。

研讨会开幕式上，上海市人大常委会主任殷一璀女士在致辞中向达累斯萨拉姆大学对孔子学院汉语教学工作的支持表示了感谢。她指出教育领域已成为中坦两国增进相互了解和友谊的重要桥梁，也是推动中坦关系健康发展的重要力量。她希望，通过这次国际研讨会能增进中坦教育界尤其是高校的相互了解和传统友谊，扩大两国间教育交流与合作，促进两国友好，造福两国人民。

达累斯萨拉姆大学校长威廉·安南基瑟教授对与会嘉宾表示了热烈的欢迎。他表示华东师范大学以及浙江师范大学一直都是达累斯萨拉姆大学的老朋友，也是达大在中国的密切合作伙伴。华东师范大学与达累斯萨拉姆大学共同建立了坦桑尼亚

---

* 本文内容参考董航璐：《中坦合作和中非关系发展国际研讨会顺利召开》，《历史教学问题》2019 年第 6 期。

联合研究中心，极大地推进了非洲历史研究的合作。他热切希望这次研讨会将为未来的中坦合作和中非关系发展提供新的观点。

中国驻坦桑尼亚大使馆文化参赞高炜先生指出中坦双方一直都保持着友好关系，建交 55 周年来，中国政府为坦桑尼亚学生提供了 1 700 个政府奖学金生名额，中国已成为坦桑尼亚青年青睐的留学地，同时，坦桑尼亚越来越吸引中国人前来旅游，坦桑尼亚航空公司也即将开通中坦航线。他表示要鼓励学术界充分加强对非洲大陆的学术研究，为非洲发展、中非关系发展提供助力，造福中国以及非洲人民乃至国际社会。最后他祝愿本次研讨会取得圆满成功。

研讨会上，各专家就各自论题分别发言。达大中国研究中心主任韩弗瑞·莫西教授（Prof. Humphrey Moshi）作了题为《当代中非关系的发展》的报告，表示中国已经成为非洲重要的投资、基建和援助伙伴，双方的进出口贸易与合作涵盖了方方面面。莫西教授还回顾了中非交往的历史、比较了中美两国发展模式、对待非洲全球化进程和民主的差异，强调了基础设施建设对于改善非洲投资环境、发展经济的重要性。认为要充分利用中非合作的契机，做好实现非洲发展的准备。

华东师范大学讲师快思博士（Dr. Kwesi D. L. S Prah）作了《以政党政治发展的视角探析中非关系》的报告。对于"发展"的不同定义源于各国文化的差异，中国共产党与坦桑尼亚革命党间的交往源于对当时资本主义世界体系的反应，进行了反殖民斗争和独立运动。在无法寻求世界银行、国际货币基金组织的帮助后，中国共产党成为坦桑尼亚革命党合作的替代性选择。从何种角度理解"发展"一词的含义，取决于站在意识形态、民族主义还是泛非主义的立场。

达大孔院中方院长刘岩博士作了题为《孔子学院与中坦文化教育合作》的报告，阐述了新时期非洲孔子学院以语言教学为依托，成为非洲各国了解中国文化和当代中国、进行教育文化领域合作的重要平台。孔子学院注重深入非洲当地社会，在职业培训、人文交流、农业合作等方面发挥了重要作用。唯有为坦桑尼亚人讲好中国故事，同时为中国人讲好坦桑尼亚的故事，才能更好地巩固中坦友谊。

达大政治系尚贵博士（Dr. Muhidin Juma Shangwe）作了题为《现代中非关系发展》的报告。在中非关系发展中，党际关系扮演着重要的角色。非洲国家向东看（中国、印度、日本）和借鉴北京共识十分必要。历史上中坦首脑外交频繁，中坦关系无论在政府层面、政治上、外交上，还是如今商贸、旅游、农业、教育的发展，都展现出很大的潜力。

华东师范大学林广教授作了题为《中国学者对于非洲城市发展的研究》的报告。指出中国的非洲城市研究起步较晚。20世纪80年代起，中国学者开始关注国外城市化进程研究，以便汲取经验和教训。在中非城市比较研究中，对后殖民时期的城市建设，一方面西方文明的传播启动并催化了东方城市的现代化，但也带来了很大的负面影响，使城市成为殖民化的象征。最后总结了非洲城市研究的局限性和展望：研究数量很少、只关注非洲整体、忽略差异性、重现状轻历史、对非洲城市化的外部因素研究不多、对城市问题原因的分析过于简化。

安徽师范大学杜英教授作了题为《安徽省与非洲经贸关系历史、特点及与坦桑尼亚发展关系的建议》的报告。首先对安徽省与非洲经贸关系进行了历史回顾，其次分析了安徽省与非洲经贸关系的特点。最后，谈及新时期安徽省与非洲经贸关系的发展，即在一带一路战略下，安徽省与坦桑尼亚可以深化农业合作、扩大投资贸易、加强文化教育交流。

达大历史系拉威教授（Prof. Yusufu Lawi）从政党关系、语言去殖民化等方面进行了点评。

在问答环节中，与会学者与达大学生进行了互动，就中非合作领域、斯瓦希里语与汉语的双向交流等问题进行了热烈的讨论。随后，华东师范大学和达累斯萨拉姆大学与会人员进行了一对一会谈。最后，华东师范大学世界历史研究院院长沐涛教授对本次会议作了总结，他对达累斯萨拉姆大学会务人员及所有参与本次国际研讨会的听众表示了感谢。

"中坦合作与中非关系发展"国际研讨会至此圆满落幕。本次研讨会全面地展现了中非关系与中非合作的现状以及非洲发展的潜力与期望。通过本次研讨会，使更多的坦桑尼亚学生和学者了解当代中国—坦桑尼亚关系，为中坦合作提供新的学术支持，将进一步推动中坦各领域的交流与合作，增进两国友谊。

下编 调研生活

留学非洲是一种怎样的体验？

卢平平[*]

提到出国留学，大家往往想到的是去欧美日韩等发达国家和地区。事实上，纵观国内高校出国留学的情况，绝大部分同学去的确实是发达国家，能碰到一两个去非洲留学的可不是很容易，我有幸成为了其中之一。2015 年 11 月，我成功申请了赴坦桑尼亚达累斯萨拉姆大学的公派留学生交换项目，为期一年。现在，就来听听我留学非洲的体验吧。

提到非洲，人们的脑海里往往会闪现出这样一些词：贫穷、落后、愚昧、疾病、政局动荡；提到非洲，你可能还会听到另一些词：机遇、挑战、淘金者、"新大陆"、经济增速最快、"一带一路"等。看似十分矛盾的两组词，却十分真切地描述了非洲的现状。我奔赴的就是这样一个神奇的大陆。

对于选择留学非洲，大多数人恐怕都会慎重考虑的，正如我家人第一次听我打算申请去非洲留学时，他们的反应是"怎么要去那么穷的地方留学？""去非洲安全吗？""那么落后，还有艾滋病、疟疾……"说实话，去非洲之前，我对非洲的印象大概也是这样。即使看了一些有关非洲的著作与研究，包括一些纪录片与电影，自己对非洲的认知依然是模糊不清，甚至是充满偏见的。

还记得在我踏上非洲大陆之前，早已对那里的"恶劣环境"和"落后面貌"做好了充分的心理准备。可是，2015 年 11 月 19 日晚上九点多，当飞机左右盘旋即

---

* 卢平平，华东师范大学历史学系 2014 级世界史专业研究生，于 2015 年 11 月—2016 年 11 月赴坦桑尼亚达累斯萨拉姆大学公派留学。

将落地的那一刻，我睁大了双眼，透过小小的遮光板努力向外探寻，出乎我意料的是，在黑夜中看到的不是漆黑一片或者稀疏亮光，而是密密麻麻的大面积亮光，这样"繁华"的夜景顿时让我对这片土地充满了期待。

当晚从机场出来，坐上他们教育部官员接我们的空调中巴车，一路上看着这个陌生城市里陌生黑人们的普通生活，竟莫名地有一丝浅浅的感动。全世界各个角落尽管存在着这样或那样的文化、宗教、信仰和生活方式，但这都是最普通和最真实的生活。从自己最熟悉最自在的生活圈里跳出来，花上一年的时间，慢慢观察体会并参与到他们的生活里，何尝不是一件幸事？

衣食住行不简单

初来乍到，一个陌生的国度，一个陌生环境，即使从"前辈"那里听到再多的"生活秘籍"，也需要自己好好地消化吸收，调整适应。

坦桑尼亚位于非洲东部、赤道以南，由于临近赤道，只有旱季与雨季，或者热季与凉季之分，而无四季的区别。每年11月到次年4月为热季，天气异常酷暑难耐，5月到10月为凉季，凉爽舒适，夜间休息还需要盖上薄被子。刚到坦桑尼亚的时候是11月下旬，正值暑热难耐之际，由于我对炎热程度判断有误，就吃了苦头。从国内出发的时候，我穿的是冬装，裹得严严实实，在迪拜转机的时候，本应该脱掉保暖裤的我在犹豫中选择了到坦桑再脱，结果，一下飞机，像进了桑拿房一样，加上搬运行李的体力活，浑身已经被汗水浸湿，因此，一到住的地方，第一件事情就是脱掉保暖裤。

我住的地方是大学里面的专家公寓（Research Flats），条件在坦桑算是非常好了，独立卫浴，有厨房、小冰箱和简单的家具，每周都会有专人负责打扫房间，24小时有警察负责安全。这确实要得益于公派留学生的身份。许多欧美和其他自费的留学生都要住学生公寓，经常停水断电不说，安全上也没有保障，条件只能用苦不堪言来形容。在坦桑的前八个月，因为和八名来自天津外国语大学斯语系的本科留学生一起住，大家相互理发，相互过生日，偶尔分享各自的美食，一起约出去旅游，品尝各国美食，给单调的留学生活增添了不少乐趣。

初来坦桑要面对的第一个难题就是高温和强烈的紫外线。从国内的冬天一下子切换到盛夏，还真的有点不适应。每天都要洗澡，只要一出门，绝对是一身汗，由于住的地方没有空调，偶尔还会停水停电，因此依靠着一台吊扇，晚上大部分时间都会热得难以入眠，半夜也会被热醒，床单经常被汗水浸湿，只好把窄窄的单人床分为两半，左右交替着睡。由于这里靠近赤道，阳光炙热，紫外线非常强，缺乏防晒意识的我，没几天就黑了好多，以至于跟黑人朋友的肤色越来越接近。晒黑也就算了，往往还会晒得皮肤发红，有时候还会微微疼痛。所以，后来再出门，无论多热，自己也会穿上防晒衣，戴着帽子，偶尔抹一点防晒霜。

除了火辣辣的太阳，另一个难题就是吃。坦桑的饮食和国内的差别很大，食材和烹饪方法的单一先不说，就拿他们的主食来说，薯条、炸鸡、米饭、玉米粉（Ugali）、烤肉、烤鱼，就很难适应，蔬菜很稀缺，并且食物不健康，热量很高，有的时候食物不太干净，偶尔能吃出来小石子之类的东西。刚来的时候，因为新鲜，觉得还挺好吃的，但后来有几次吃坏了肚子，就基本很少吃当地食物了。因此，从刚来的第一周开始，就置办齐了烹饪器具，开始自己做饭。

自己的手艺一般，但对付一日三餐，偶尔变化一下口味还是足够了，这要得益于从小在家的历练。于是，留学的日子里，买菜也成了一个主要内容。平时基本需要的食材、调料都能在当地超市和中国超市买到，但是后来走的地方多了，也学会了"精打细算"。市中心有几个比较大的菜市场，比超市便宜新鲜，所以每次去市区或者路过菜市场都会带点回去。菜市场的小贩卖菜基本不用称，都是按堆儿、按个儿卖，有时候按心情卖。这样的买菜也颇有乐趣，英语夹杂着自学的一点斯瓦希里语砍价，去得多了，不少商贩也认识我了，直接给我最低价。忙完一天，傍晚独自坐公交车回去，拎着大袋小袋的蔬菜水果，与车上的乘客偶尔闲侃几句，倒也充实自在。

在坦桑，出租车太贵，所以出门基本靠公交车和摩托三轮车（Bajaji），如果单独出门，首选公交车，一人400先令（合人民币1元多）。坦桑目前运营的公交车几乎全部都是从日本进口的二手淘汰车，车辆狭小、破旧、没有空调，刚来的时候不愿意坐，第一因为公交车太慢，而且早上和傍晚的高峰期会堵死人，一个路口停上半个小时是常事，第二是因为车上味道确实让人难以忍受，尤其是上下班高峰期，人挤人，人靠人，加上炎热的天气，汗流浃背，气味扑鼻，所以迫不得已的时候会选择步行十几公里回去。但后来考虑到公交车的安全性和可靠性，平时出门基本都是公交车。不过，有一次换乘公交车的时候着实吓着我了，车顶写着两个日文字"灵柩"，不免感觉到后背发凉，果断选择等下一班，心想这日本人卖车也不能欺负人家不识字，太不厚道了。不过说实话，正是因为经常坐公交车，时常跟各色各样的乘客闲聊，也更多地接触和了解了坦桑普通人的生活。

对于坦桑普通大众而言，生活在坦桑尼亚的第一大城市达累斯萨拉姆（以下简称"达市"），高昂的物价和生活成本所带来的生存压力丝毫不亚于北京或者上海的"蚁族"，像我这样普通的留学生，虽然有奖学金，生活也不是很宽裕。

非洲求学收获多

我在坦桑尼亚就读的是达累斯萨拉姆大学（以下简称"达市大学"），这所大学是坦桑尼亚成立最早、实力最雄厚的大学，前身是1961年的英国伦敦大学东非学院，后于1970年拆分为三所独立的大学，除了达市大学之外，其他两所高校分别是乌干达的马克雷雷大学和肯尼亚的内罗毕大学，这三所大学分别是各自国家最好的大学。早期的达市大学在东非甚至整个非洲都很有名气，一度是东非排名第一、非洲前五的高校，虽然近十多年的发展有点滞后，综合实力已经滑落出非洲前15强，但在坦桑依然具有很强的影响力，去年刚卸任的坦桑前总统基奎特刚刚担任这所大学的校长。

刚到坦桑的第二天，我就带着各种材料办理了报到注册，拿到学生证的那一刻，自己就算正式成为达市大学的一名学生了。说实话，虽然校园的建筑设施有些陈旧和落后，但校园的环境是真不错。到处都是草地、大树，猴子、蜥蜴等各种小动物在其中怡然自得，丝毫没有畏惧人的意思。虽说烈日炎炎，但校园里随处可见参天大树庇佑下的树荫，毫不夸张地说，树荫内外温差很大，置身树荫，丝毫感觉不到酷暑。因此，学校里经常可以看到大树下安置的石头桌椅，学生们三五成群地围在一起，或是讨论，或是看书，或是课间的小憩，倒也显得放松自在，学校最大的那棵菩提树下，甚至有网速不错的免费 WiFi。我偶尔路过也会坐下来，跟周围的同学聊上几句，时间久了，也认识了几个很好的朋友。

留学坦桑，其中一个重要的任务就是搜集和整理论文所需的资料。我的专业是非洲史，目前国内非洲史研究的一个重大难题就是缺乏资料，因此，刚到坦桑就多方打听去寻找我需要的资料。经过了解，我所需的资料主要集中在达市大学图书馆、国家图书馆、国家档案馆以及一些相关政府部门。因此，平时有空就会跑跑这些地方，偶尔也会去旁听一些研究生的专业课，做一些访谈调研之类的工作。

平时我最主要去的地方就是达市大学的图书馆。这里一共三层，面积不算大，基本没有什么先进设备，个别阅览室甚至连风扇都没有。藏书倒是不少，但大部分很陈旧，书架上落满了厚厚的灰尘。二楼有一个新开的微机室，平时没见人怎么用过，还有一个报纸阅览角，一个复印室。对我而言，最有价值的是三楼的 Africana（与非洲有关的书籍、文件等材料藏书室），资料非常丰富，但是不能外借。国内有关非洲的档案资料非常稀缺，因此置身这样一座图书馆，对于每个研究非洲的人而言，算称得上是一座宝藏。资料的时间跨度横跨殖民时期与现当代，有关非洲、东非、坦桑尼亚的书籍、档案、报告、报纸一应俱全。看着"1903"之类久远的年代标记，拂去书架上一层薄薄的灰尘，摸着泛黄易碎的档案纸张，顿时生出一种敬意，仿佛有一种穿越的感觉。那些尘封已久的往事，那些已经被人忘却的历史，都静静地躺在这里，仿佛等待着终将解开其中奥秘的那个人。

这里除了非洲历史文献之外，还有达市大学历年的学生毕业论文，这里有两台电脑，可以进行电子检索，但是系统更新很慢，很难找到自己需要的资料，所以基本要靠一排排、一本本地找。每次去，都是拿着照相机，几页纸（不允许带笔记本、书）进去，主要是把需要的资料拍下来，有时候一些重要书籍也去二楼复印，一页纸 50 先令（约合人民币 0.2 元）。时间久了，就和这里的值班小哥混熟了，甚至是图书馆入口处的安检，都可以不用学生证，直接"刷脸"了。

记得刚来坦桑的头几个月正值热季，每每去图书馆，都能从骨髓里感受到非洲的"热情似火"。白天走在路上，感觉前方的路都在闪烁吐着火舌，坐在图书馆里，一动不动还好，稍微一动，汗如雨下，毫不夸张。每次蹲地上拍资料的时候，都能感觉到汗珠子从额头上滚落下来。那时候正值国内寒假，看到朋友们在朋友圈里晒着国内的雪景，心里羡慕得很，深感之前对冬天的爱太过肤浅，憧憬着回国后，一定要裹着大棉袄好好地跟冬天爱一场。

除了学校的图书馆，平时还经常去市中心的坦桑尼亚国家图书馆。第一次去的时候，竟从门前走过而没有发现，因为从外观看，根本意识不到这里就是国家图书馆，整个图书馆四层楼，相比市中心其他数十层的高楼，确实非常不显眼。另外，更重要的一点，国家图书馆只有斯语名称，"Maktaba Kuu Ya Taifa"，找了一大圈，才在入口处的玻璃宣传栏上看到了英文"National Library"。每次去国家图书馆都很麻烦，因为没有直达的公交车，所以需要换乘，不堵车还好，一个多小时就能到，碰到堵车，两个半小时算是常事。

与达市大学图书馆相比，这里显得更加具有包容性。很喜欢大门上贴的这句话：We are taking the Library to the Grassroots（图书馆资源正在向草根阶层开放）。任何阶层、任何想读书的人，都可以来这里读书看报。图书馆里的工作人员显得非常和善，需要什么书，他们会带着你一层一层地找。二楼有一间中国政府2012年捐赠的"中国馆"，除了20台方正电脑外，还有几书架中国图书，大部分是英文版的中国经典名著和历史文化之类的书籍和影像资料。不过，书架上的蜘蛛网和灰尘告诉我，平时基本没人看，深感可惜。不过就整体而言，坦桑尼亚国家图书馆和达市大学图书馆的建设还远远跟不上国家社会经济的发展。资源陈旧、数字化和网络化建设缓慢等问题都急需解决和改进。

来坦桑没多久，就发现自己熟悉的上海快节奏生活与这里格格不入，这里更像国内的三线或者四线城市，悠闲松散，但比国内城市显得更加低效率，不得不承认，有时候会对他们有种"恨铁不成钢"的气愤。老师上课会经常迟到，也会早退，有时候静静地在教室里坐等了好久，突然跑过来一个学生通知大家，说老师去参加葬礼或者生病了，今天的课取消了。还记得那次跟历史系的主任约好第二天上午九点见面，可是从早上八点四十分等到十一点多，不见其踪影，询问这里的值班老师，答复是，系主任可能有事，另一个老师干脆直言不讳地说"You know African!"（你了解非洲人的！），看来他们对自己的特点都挺清楚的。在图书馆复印书，经常会被他们拖沓的办事风格急得无可奈何，甚至连他们复印机的操作声音都是那么"不紧不慢"，时间久了，也只好入乡随俗。

　　虽然这里有那么多与"现代化"格格不入的东西，但是面对教学和研究，尤其是有关非洲的研究，不得不佩服他们，越来越多的非洲学者用自己的视角研究世界、研究非洲，开出的"药方"也更适合非洲。达市大学采用的是西方的教育体制和教育理念，每个院系的教授寥寥无几，评审制度和晋升制度比国内严很多，因此，即使是一名讲师，也大都有欧美名校的留学背景，有很强的科研能力。我接触的所有教授和老师，在学术方面都非常专业，并且为人真诚和善，素质非常高，一年下来，自己受益颇多。

知行坦桑，感知非洲

　　"读万卷书不如行万里路"是我很喜欢的一句话，当然，也是我给自己爱旅游找的一个正当理由。初到达市，就想迫不及待地去深入了解。达累斯萨拉姆，英文名字"Dar es Salaam"来源于斯语，意思是"平安之港"。这座位于印度洋西海岸中段的国际化都市扼守西印度洋航运要冲，她既是坦桑的前首都，第一大城市，又是其经济中心、政治中心、文化中心和贸易中心，人口超过 500 万，占全国人口的十分之一。

　　置身这座城市，你能感受到她的多元性和巨大的包容性，本土文化、殖民文化、阿拉伯文化、印巴文化，基督教、伊斯兰教都有自己鲜明的特色和自己的一席之地，并且在这座城市中和谐共处。置身这座城市，你能体会到真正的非洲速度，近 20 年，达市的人口增长迅速，净增 200 万人，城市规模也在扩大，坦桑近几年的年经济增速超过 7%，如火如荼的基础设施建设尤为明显，仅我在坦桑的一年里，已经又有数十栋高楼拔地而起，BRT 快速公交也已经开通运营，城市主干道正在加紧拓宽，连当地人都说，达市每天都不一样。置身这座城市，你也会看到非洲大都市的典型问题，伴随着达市快速城市化而来的是城市贫困、高失业率、贫富差距加大、安全与犯罪等一系列发展困境，你无法相信一个 500 多万人口的大城市没有完善的自来水系统，城市中除市中心和主干道外的道路基本是土路，工作日的达市每天平均堵车四五个小时，有太多人就挤在贫民窟里。

但透过这座城市，让我感触更深的是非洲与中国的关系。城市基础设施建设的队伍中，大部分是中国公司，并且拥有为人称道的中国速度；华为手机的 Logo 在市中心随处可见，已经成为高品质智能手机的象征；大街上随处可见带有中国标识的各种商品百货；甚至去纪念品店里，老板会用流利的汉语招呼你，跟你讨价还价。中国与非洲的关系，已经进入到一个全新的阶段，非洲的快脚步已经离不开中国。但是，这不代表中国在进入非洲市场的过程中不需要反思。中国货往往会以价格低廉博得非洲人的喜欢，但是，与之而来的却是他们对中国货质量的怀疑。坦桑人甚至直言不讳地告诉我，他们身上穿的衬衣、裤子、鞋和家里很多东西都是 Made in China（中国制造），但是都很容易坏，所以，一些贵重的东西，他们还是买韩国或者日本产的。中国货在非洲基本等同于"山寨货"，缺乏品牌建设和质量保证，"中国制造"需要走的路还很长。

来到非洲，如果只是在达市，不深入内陆好好看看，就算不上来到了真实的非洲。留学期间，有四次比较长时间的出行，第一次是去桑给巴尔岛，第二次是去体验坦赞铁路，第三次是去坦桑北部的一座沿海小城巴加莫约，最后一次去了肯尼亚首都内罗毕与坦桑尼亚北部的三个城市。

拥有 5 000 多万人口的坦桑尼亚是东非国土面积和人口总数排名第一的国家，国土面积排世界第 31 位，94.5 万平方公里。这里是人类的起源地，有着丰富的自然资源，白雪皑皑的非洲第一高峰乞力马扎罗山巍然屹立，每年吸引着来自世界各地的登山爱好者；著名的东非大裂谷、维多利亚湖、坦喀尼喀湖、马拉维湖装点在她的边境线上；众多世界著名的国家公园散落在辽阔的东非大草原上，每年世界上规模最大的动物迁徙就发生在坦桑西北部的赛轮盖地国家公园；印度洋西海岸风情让多少人流连忘返，著名的桑给巴尔岛美景丝毫不亚于马尔代夫。

走进人烟稀少的广阔内陆，到处都是蓝天白云，朝霞和晚霞会让我心醉，车沿着公路疾驰的时候，猴子会突然从树上跳下来，云朵就飘在半山腰，一闪而过的香蕉树和椰子树会让我垂涎欲滴。乘坐坦赞铁路，花了 20 多个小时去边境城市姆贝亚的时候，沿途看到很多地方荒无人烟，一路上树枝会偶尔敲打窗户，草丛也会淹没铁轨。每逢小站停靠，蜂拥而上的小贩几乎是用祈求的眼神让你买东西，每周两趟的火车是他们重要的经济来源，但物价比达市低很多。一路上越走越冷，天空越来越蓝，雨水也感觉越来越干净。从北部城市阿鲁沙前往地处中部的首都多多马时，一路上大巴车走了九个多小时，辽阔的大草原上植被稀疏，临近多多马的时候，看到了成片成片的面包树，穿过国家公园的时候，看到了长颈鹿和斑马。可是，沿途的美丽风景被突然闯入视线的一幕所打断。一个穿着破旧、看起来只有七八岁的小孩静静地坐在公路旁，大眼睛随着大巴车移动，和我目光重合的时候，他明显有一丝惊喜，朝我挥了挥手。虽然只有短暂的几秒，却让我印象深刻。我不知道他是不是经常坐在公路旁这样张望偶尔经过的汽车，是不是也充满了想去外面世界看看的期待，可这样简单的期待于他而言，或许也只是梦想。

相比达市的发达，内陆的赤贫状况让我吃惊。无论是沿着坦赞铁路走的坦桑南部，还是后来坐大巴车去的坦桑北部，散落在沿途的小村镇，人们的生活水平很低，物质极大匮乏，原始的农田，不通电的村庄，不少破旧的房子甚至是用简易木板和铁皮搭建的。内陆的物价低得可怜，在多多马回达市的路上，我买了一大袋番茄，足足有130多个，估计有五公斤，却只要1 000先令（约合3元），而这样的番茄在达市是3 000先令（约合人民币9元）一公斤。对于坦桑内陆的普通家庭而言，五六口人一周的花销也就是一万先令（约合30元），而同样是一万先令却只够我在达市勉强吃一天。

对坦桑的大概情况了解之后，我就萌发了去周边国家看看的想法，终于7月底，找到机会和另一个留学生做伴，去了一趟肯尼亚首都内罗毕。肯尼亚是东非经济第一强国，在坦桑北部，并与坦桑接壤，赤道穿其而过。7月的肯尼亚凉爽舒适，内罗毕因地处中部高原，甚至有点冷。我们搭乘肯尼亚航空的飞机，飞了一个多小时，就到了内罗毕肯雅塔国际机场，一下飞机，就已经明显感觉出高度的现代化了。这激发了我更大的兴趣，迫不及待地动用浑身的感官去感受这个全新的国度。几天在这座更加国际化的非洲大都市走街串巷让我收获颇多。从城市建设来看，高楼密集，市区规模大，基础设施比较完善。在内罗毕，无论是上层的知识分子还是下层的普通商贩，他们的英语普及率非常高，而且英语的运用水平明显高于坦桑。城市的生活节奏更快，从公交车运营速度到路人的步伐，甚至晚上城市的繁华程度和夜生活都可以感受出来。到肯尼亚排名第一的内罗毕大学参观时，马上与我留学坦桑的达市大学形成鲜明对比，高度现代化的教学楼和校园丝毫不亚于中国的著名学府。众多国际机构也在内罗毕设立办事处，比如联合国在非洲的总部就设在内罗毕，联合国环境规划署和人类住区规划署的主要办事处也设在内罗毕，世界银行也在此设立了常驻代表处。

虽然短短几日，但也强烈感受到了内罗毕的城市发展弊端。安全与犯罪问题让我全程都小心翼翼；富人区与贫民窟的巨大的差距更是加大了社会的矛盾和不稳定性；严重环境污染问题已经刻不容缓，灰蒙蒙的雾霾让我敏感的呼吸道系统倍感不适。但总体而言，内罗毕发展速度和发展水平明显高于达市，现代化程度在整个非洲地区属于中上等，但是就世界范围内的城市化而言，城市化还处于比较低级的阶段，与欧美和中国的城市化相比，还有一定距离。

走了一趟东非，就已经发现，即使是在非洲，国家与国家，地区与地区之间的差异十分巨大。以往看非洲，总爱把他们看成一个整体，如今真正走进非洲了，才发现这样的研究角度和思路非常缺乏准确性和针对性。因此，研究非洲，不来亲自看看，怎么能确保研究成果是客观的呢？

"疟疾"

在坦桑留学的这一年，并不是一帆风顺的，除了日常生活的小琐碎之外，最严重的莫过于两次有生命危险的紧急情况。

把时间拉回到 2016 年 4 月 26 日，从早上 6 点左右开始，到 9 点左右，一连上了四次厕所，严重腹泻，头昏昏沉沉，那时候已经感觉自己发烧了。11 点多，自己已经感觉浑身无力，腿脚开始发软了，勉强做了一碗面条，却没有丝毫食欲，吃了两口，胃里开始难受，连忙跑到厕所，连同昨晚的残羹剩饭，全部吐在了马桶里，最后甚至都尝到了胆汁的酸苦味。我赶忙向其他留学生求助，斯语专业的小翔翘了课赶回来照看我，拿他的温度计一量，将近 38 度。当时隐约觉得没有那么简单了，马上想到了疟疾，因为我所有的症状和疟疾完全吻合！心已经开始慌了，虽然这里的不少华人都有过疟疾的经历，因疟疾而死亡，也时有发生，并且疟疾一直都是坦桑死亡率很高的疾病之一。在小翔的陪同下，我立即去了医院。

刚开始就去的一家中国人开的医院，做了血检，等了半个小时，拿着血检结果找大夫，大夫随即说，体内有疟原虫，是疟疾，打点滴吧，话音未落，开始写处方开药了。我一听是疟疾，腿都有点软了，一旁的小翔却镇静自若，他拿着药方，扶着我坐在医院前厅的座椅上，打电话又询问了其他留学生后，坚持让我换一家医院再查查。反复权衡下，我们打车去了坦桑正规的大医院——阿可汗医院。

这是一家印巴人开的医院，由于事先不知外国医院看病的程序，再加上他们的办事效率太低，我真是难受得要死了。从挂号安排医生诊治，花了一个多小时。从体温到血压，再到血检、尿检和便检，又过了将近两个小时。当我拿到检验结果的那一刻，虽然一堆医学用语和数据没看懂，但我还是看懂了末尾结论的一句话：体内没有疟原虫（Malaria Parasite Not Seen）！一下子，我的心情完全放松了下来，对其他留学生坚持让我换医院充满感激。虽然不是疟疾，但是拖延这么久的我，真的快支持不住了。不一会，医院安排我输液，两个小瓶，一个大瓶。躺在床上等医生来扎针的时候，我都恍惚地睡过去了，那一刻真的是太虚弱了，我冷得要命，跟护士说，我要被子，然而，护士说，你已经发烧了，不能再盖了，盖被子会让体温上升的。不同的理念让我也没办法，还好盖上了同学的衣服。

输液花了两个多小时，全部结束打车回到住的地方，已经是晚上 11 点多了，那时候已经感觉好多了。第二天早上起来的时候，已经好多了，由于早上起来还在拉肚子，下午就去医院做了复查。但是去医院复查的时候，遇到一个中国小伙子因为疟疾病危也在这家医院。我们见证了他父亲从国内飞来看他最后一面的场景，当他父亲从重症监护室出来的时候，已经是泣不成声，被两个人搀扶出来，那一幕，让在场的每个人都掉泪了。这个小伙子作为家中独子，刚来坦桑工作一个月，年仅25 岁，因疟疾匆忙地走完了一生，客死他乡。后来和参与救治的中国医疗队队长聊天时，才知道这位小伙子得的是脑疟，虽然严重，但主要还是救治跟不上。

这次"疟疾"风波，前前后后花了大概 33 万先令，合人民币 1 000 多元。虽说有惊无险，但在心理上也算经历了半个"鬼门关"，病发最严重的时候，浑身难受，头脑昏沉，腿脚无力，再加上对疟疾的恐惧，真的惶恐到了极点。这次疟疾之旅也让我更加清楚，在坦桑，一定要以健康为第一要务！感谢前前后后照顾我的人！

　　纵观整个非洲大陆，疾病与医疗、安全与犯罪一直都是困扰非洲绝大多数国家的主要难题。这两大问题的存在有其客观因素，对个人而言很难去改变，但我们每个生活在非洲的人有必要从主观层面多加防范和注意。

"小家"与"大家"

　　严格意义上讲，我并不是一个恋家的人。从高中毕业第一次走出我的家乡——小城焦作开始，我在家的日子总是显得那么短暂，以至于妈妈说我每次回家就像出嫁的女儿回娘家走亲戚一样。2015 年 11 月 17 日，独自踏上开往北京的列车的时候，我并没有太多的留恋和不舍，即使是在首都国际机场离开祖国的那一刻，我脑海里更多的是对非洲大陆新旅程的兴奋和期待。有时候也会问自己，怎么不想家呢？是不是我太没良心了。后来才知道，是念家的火候还没到。

　　到坦桑不到一个月，就固执地又把电脑上的时间改为了北京时间，这样子会让我觉得在心理上并没有离家太远。来坦桑之前，没把五个小时的时差放在心上，可是，真正生活在坦桑了，才感觉到，世界上最遥远的距离不是空间上的距离，而是这时差。早上起床的时候，父母已经在生计的道路上奔波大半天了；晚上想给家里打个国际长途的时候，一算时差，国内已然凌晨一两点了，家人早已在熟睡之中，只好作罢。

　　记得 2014 年年初在南开大学参加赴尼泊尔汉语教师志愿者培训的时候，有堂课是讲身处异国他乡的心理适应，一般刚去的第一个月，会被新环境的新鲜感所环绕，从第二三个月开始，会有文化心理上的排斥期，这个时期也最容易想家。现在回想起来，留学坦桑的这一年里，开始想家的时候正是到坦桑的第三个月。那时候正值国内的春节前后，会莫名的想家，会突然给家人打电话。那时候脑海里会经常想起奶奶，她已经 80 岁高龄，双目基本失明，腿脚不便，也正是那时候才真切体会到奶奶对我的爱随着她年岁的增长越发强烈。还清楚地记得我离家前的那天下午，跟她在家门口道别，她拄着拐杖，猛地问我一句："平，如果我死了，你回来不回来？"那一刻竟不由地愣住了，心底一阵酸楚，眼泪差点夺眶而出。因为我从没想过这个问题，也不敢想这个问题，我按捺住情绪，勉强用半开玩笑的口吻说："你怎么会死呢？就算死也要等我回来再死啊。"

出了国，随便的一个节日，都会被我轻易冠上"国外第一次"加以纪念，比如第一次在国外跨年，而且还是在南半球。今年的除夕之夜对于我而言是从下午三点的"年夜饭"开始的，留学生们各个都大显身手，一大早就开始准备，从鸡虾鱼肉到各类特大号廉价海鲜，从饺子汤圆到啤酒红酒，吃得那叫一个痛快。伴随着春晚的直播，我们留学生守岁的主要内容就变成了微信抢各种红包，咻一咻，摇一摇，刷一刷，边抢边吐槽。这样的跨年，想必和国内没有什么不同吧。春晚刚结束，坦桑尼亚时间晚上八点多，突然停电，跨年的各种嘈杂戛然而止，一切仿佛没有发生过，独自窝在沙发里，周围的漆黑和安静显得那么自然，那么和谐。许多事情总是在相隔一段时间和空间的时候感触更深刻，每年赶春运回家挤火车的奔波，除夕和家人一起守岁吃年夜饭的温馨，大年初一拜祖祠的隆重，爬山去圆融寺的祈福，各家亲戚走动的嘘寒问暖，倒都成了在国外最惦念的了。原来那些所谓的按部就班，早已成为我不可或缺的温暖和记忆了。那时候暗暗对自己说，今年错过的，明年回国后，一定要加倍用心去补过。

在国外的一年，心里时刻都绷着一根弦，就怕家人出什么事情，可老天就爱在看似一片风平浪静的时候给你一个措手不及。2016 年 9 月 10 日，在全国人民都在庆祝教师节的时候，我在万里之遥的坦桑尼亚，突然接到家人的语音电话，得知大家庭中至亲离世的消息，那一刻，心里咯噔一下，犹如一个晴天霹雳。我当时就想马上订机票回去，可是，被家人拒绝了，他们说我远在万里之外，等我回去，也赶不上见最后一面，人都入土了。但我知道，他们更多的还是考虑我留学的不易，远在非洲回趟家太难了，悲伤中他们还再三叮嘱我要照顾好自己。得知消息的那天下午，我静静地呆坐了好久，那时候，整个大学里就我一个中国人。后来，一个人独自出去走了好远好远的路，想了好多好多。心里虽然强忍着难受，但还是没忍住眼泪。

留学这一年，不仅加深了对自己"小家"的理解，对祖国这个"大家"也有了新的认识。

从踏上坦桑国土的那一刻起，就明显感觉到，我就是代表祖国的一个小小符号，或许我一言一行的影响力很小，但却是每一个接触我的外国人对中国的直接感知和判断。远在国外，别人不再把我当作我个人看待，而是当作中国看待。黑人朋友们会用斯语跟我打招呼："Mambo，China！"（"你好，中国人！"）老师和同学们谈论中国问题时，用的都是"Your country"（"你的国家"），我的言行举止就是他们眼中的中国。

2016年5月30日，由中国海军导弹护卫舰大庆舰、导弹驱逐舰青岛舰和综合补给舰太湖舰组成的海军第二十二批护航编队访问坦桑尼亚时，我有幸作为留学生代表迎接他们。手里拿着国旗，拉着横幅，朝着慢慢靠岸的中国海军挥手致意，舰队一侧的中国海军也向我们挥手致意，所有码头上的华人齐声高喊："欢迎，欢迎，热烈欢迎！"我旁边的一个小哥很自豪地冲我说了一句："快看，咱们的靠山来了！"那一刻，海军舰队就代表着祖国。5月31日晚上，太湖舰副舰长在军舰上设宴款待我们的时候，告诉我们："军舰就是流动的国土，上了军舰，就是回家了！可以暂解思乡之苦啦。"那一刻，强大的海军让身在海外的我倍感温暖和踏实。

今年国庆前夕，自己有幸去大使馆参加国庆招待会，当国歌响起的时候，在场的每个华人都跟着唱，那一刻，心里柔软了起来，眼眶里也有一些湿润，没想到在国内早已听过千百遍的国歌，不想此刻却有如此强大的力量。当大使馆临时代办苟公参介绍近年来祖国快速发展取得的成绩时，博得在场中外宾朋一阵阵叫好的掌声。是30多年的改革开放极大地改变了中国的面貌，是中国的崛起让所有海外中国人挺直了腰板，让全世界认识到中国力量的伟大。

身在海外，祖国更多的时候是自己心里的一个寄托，寄托着我对国内亲人朋友的思念，寄托着我对国内美景美食的留恋，寄托着我对未来人生道路的规划和选择。生病的时候，会不停念叨："祖国真好！"不仅是想念祖国的亲人，更是因为祖国完善和发达的医疗体系。被黑人持枪抢劫的时候，想迫不及待立马飞回祖国，因为祖国是安全的，是温暖的。亲人猝然离世的时候，却因为远隔千山万水无法及时赶回，内心的遗憾和愧疚更让我思念祖国，因为我错过了亲人的最后一面，无法送她最后一程。

记得出国前，朋友跟我说：你放心，出了国，你会更爱国。的确，距离产生美，距离也产生爱。碰到渴望了解中国的人，我会不由自主地"滔滔不绝"讲上半天；听到有关中国的谣言和负面性评论，我会忍不住跟他们解释一下；看到有关中国的新闻报道，自己也会多看几眼。因为跟祖国有一万多公里的空间距离和五个小时的时差，反而更加关注祖国取得的每一个成就。G20 峰会的中国风采，天宫二号的举世瞩目，人民币入"篮"的历史时刻，都是世界关注的焦点。

祖国对于身在海外的我而言，不仅仅是一个中华儿女的身份自豪感，更多的是一种精神榜样和鼓励。要想让别人看得起，就需要自己埋头苦干，发展自己，这是祖国用仅仅 30 多年的韬光养晦就跃居世界 GDP 第二告诉我的；也只有祖国发展了，个人才能有更多的机遇和更大的发展，这是祖国的强大让我有机会公派留学感受到的。

感恩与致谢

来坦桑即将一年了，我总是不断地问自己，非洲给了我什么？说实话，来坦桑满三个月与满六个月的感受是不一样的，如今马上满一年，感受又与之前的大有不同。要感谢这一年的时间，让我对坦桑、对非洲的感受更加全面，也更加理性。虽然坦桑仍属于联合国划定的世界最不发达国家之一，在其经济发展过程中仍然存在着这样或者那样的问题，但丝毫不影响我对这片土地和人民的热爱。

接触越久，你越能发现，绝大多数坦桑人是那么质朴可爱，真诚善良。他们对自己的国家、自己的文化具有高度的认同感和自豪感，他们是那么渴望被重视，渴望融入这个世界。这里是全世界经济增速最快的大陆，是世界未来经济的增长点，发展潜力巨大。虽然贪腐严重、效率低下，但大部分人并没有抱怨，而是努力地改变自己，改变自己的国家。我们需要向他们学习和借鉴的东西其实有很多，诸如对生活的豁达和乐观，对艺术的理解和创新，对未来的憧憬和期待，等等。

傍晚的时候，我最喜欢去大学的操场走走。结束了一天的炎热，操场的凉风会让人舒服很多，但更吸引我的却是操场上朝气蓬勃奔跑的年轻人，从他们身上，我真切地看到了坦桑尼亚的未来。

在坦桑的这一年，所有的事情都需要自己面对和处理，再加上陌生的文化环境，虽然吃了不少亏，走了不少弯路，但无形中却也历练了自己。性格中多了几分刚毅，少了几分胆怯；多了几分耐心，少了几分毛躁；多了几分坦然，少了几分狭隘。因为独处异乡，反而有了更多跟自己相处的时刻。炎热的天气加上慢节奏的生活，太容易让人滋生懒惰和消极，很多事情都需要自己跟自己磨。最爱非洲的夜晚，尤其是停电的夜晚。周围一片漆黑，几乎没有人类活动发出的任何声响，这时候，你仔细听，树枝上，草丛中，甚至是屋里的某个角落，各种昆虫的浅唱低吟此起彼伏，倒让我对王籍的那两句诗感触更深："蝉噪林逾静，鸟鸣山更幽。"这里的夜仿佛黑得更纯粹，没有穿梭的车水马龙，也没有嘈杂的灯红酒绿，天上的星星在丝丝白云中闪闪发光，没有污染，也没有雾霾，一切仿佛都是原生态。这样的时刻，最适合跟自己对话，也只有偶尔乌鸦的噪叫和猫叫才会打断我的思绪。

曾经以为这一年的留学时光是如此漫长，但真的到了要和坦桑说再见的时候，心里却是满满的不舍，这一年注定会成为我生命中"非同一般"的一年。能来非洲公派留学，并不是一件容易的事情。首先要感谢我的导师。我的研究方向是非洲史，师从国内著名的非洲史专家沐涛教授。导师在我刚出生的时候，也就是25年前就已经来坦桑尼亚访学了，那时候条件比现在苦多了，他当时在这里也是一年，还在住的地方自己开辟了"小菜园"。正是导师从那时候与非洲结下的情缘，与这里建立的长久联系，才让我有这样的机会得以踏上非洲这片土地。

其次，要感谢母校。华东师大于2010年入围教育部"中非高校20+20合作计划"，2011年就与达累斯萨拉姆大学开展"一对一"的校际合作，两校联合成立的"坦桑尼亚联合研究中心"正是依托华东师大历史系的非洲研究中心而成立。这样高层次的合作关系才让我有机会可以申请国家留学基金委的公派交换项目。

还要感谢我在坦桑的国外导师Lawi教授，他为人谦虚随和，在学习和生活上给了我很多帮助；感谢中国驻坦桑尼亚大使馆的苟皓东公参、文化处的高炜参赞、刘云教授和叶天发秘书，尤其是天发学长无微不至的关心和照顾；感谢中央电视台常驻坦桑的记者史跃，她不仅让我得以更多地了解坦桑，也让我有机会接触了新闻媒体，并且有幸在CCTV央视新闻中出镜；感谢我的同门师兄徐哲，同在坦桑，他在学习和生活上都了给我很大的帮助；感谢天津外国语大学八名斯语专业的小伙伴；感谢达市大学孔子学院年轻的志愿者老师们；感谢给予我帮助的在坦华人华侨。

　　需要感谢的人太多了，在非洲遇到的每一个人，哪怕只是擦肩而过，我都要感谢他们，是他们让我的留学生活那么丰富，那么充实，那么完整。最后，还要对自己说一声谢谢，感谢那个用心经历并把这些财富珍藏于心的自己。

坦桑见闻

徐 哲

2015 年 11 月，笔者得到国家留学基金委的资助，前往坦桑尼亚达累斯萨拉姆大学进行为期一年的留学生涯，到 2016 年 11 月底回国，历时约一年一个月。笔者在坦桑尼亚留学期间，除了在不同政府单位、科研学术机构、高等院校搜集文献资料之外，还曾深入接触当地社会，前往不同省份及其边远农村地区进行实地考察，对坦桑尼亚的风土人情、社会经济状况、自然环境有了一定的认识。本文记录了笔者在坦留学期间的所闻所见以及对坦桑尼亚社会的个人理解。

坦桑尼亚自然地理环境

2015 年，笔者首次造访坦桑尼亚，也是首次前往非洲国家。之前对非洲国家以及坦桑尼亚自然地理环境的认识主要来源于教科书、电视等渠道。坦桑尼亚地处南半球，非洲大陆东侧，印度洋西岸，面积 94 万平方公里，人口约 6 000 万，由坦桑尼亚大陆部分和桑给巴尔构成；最大城市是达累斯萨拉姆市；主要有两大宗教——伊斯兰教和基督教，穆斯林主要居住于沿海地区和桑给巴尔，基督徒主要分布于内陆以及沿海地区。由于地处南半球热带，这里六七月份的时候比较凉爽，此时受到来自印度洋西南季风的影响，雨水较多，是当地的多雨季节。1 月份的时候较热，此时受北半球东北信风的影响，炎热干燥。中国的地理教材将这一地区的气候划分为热带稀树草原气候，分干湿两季，这是笼统意义上的划分。坦桑尼亚西部内陆地区比较符合这一气候类型，但沿海地区相对来说就复杂得多。由于坦桑尼亚西部地区位于东非高原上，部分省份即使在较热的月份，温度也比较低。笔者在坦桑尼亚西部省份姆贝亚的时候，能明显感觉这里温度较沿海地区凉爽了很多。另一方面，由于西部省份海拔较高，因此乘坐大巴从西部返回沿海的时候，能明显感觉到大巴在盘山公路上的跌宕起伏。

城市、农村和交通

可能是在中国这样的人口大国待久了，觉得世界上其他国家的城市应该都是中国这样的，当来到坦桑尼亚以后，才发现国外的城市跟国内的城市是有很大区别的。这里的城市规模并不大，基础设施相对中国来说，落后很多。在最大城市达累斯萨拉姆市，从达累斯萨拉姆大学乘坐公交车（Daladala）前往市中心（POSTA），路程大约 10 公里，但是如果堵车的话，可能要一个半小时，公交车往往都还是日本淘汰的中巴或者面包车，比较有趣的是，笔者曾在一个比较大的公交车站（Makumbusho）见过一辆公交车上面贴着希特勒以及纳粹党徽的公交车，另一辆公交车上面写着日语"太平间"，显然，当地人对这些来自日本的车辆及其符号意义毫无了解，仅仅是利用其使用价值。由于堵车过于严重，这里很多人出行会乘坐载客三轮——巴驾及（Bajaj），起步价 2 000 先令[1]，折合人民币 7 元左右；在市中心，也有一些当地人用摩托车载人出行，费用一般 1 000 先令起步，这些车主多是年轻人，部分喜欢追求刺激，将摩托车开到一个非常快的速度甚至是全速；笔者曾在海边搭乘一辆摩托车前往海鲜市场买鱼，司机开车过快以至于笔者感觉要飘起来，最终劝说司机减速，才放下心来。虽然达市的堵车现象很严重，但是当地的司机并未对此很狂躁，也可能是习惯了。

---

[1] 2016 年人民币兑换坦桑尼亚先令的汇率在 1∶330 左右，下文所使用的均是 2016 年物价情况。

坦桑尼亚街头的巴驾及（Bajaj）

　　针对堵车的情况，坦桑尼亚政府 2016 年开通了 BRT 专线（经过中坦友谊纺织厂），从中国进口一些高速巴士，这大大缓解了从市中心到长途汽车站 Ubongo 之间的交通压力。不过这种交通堵塞在一些稍微小一点的城市，就不存在了。笔者在莫罗戈罗、依林噶、多多马、姆贝亚、希尼安加、塔波拉、坦噶等城市，并未见过像达累斯萨拉姆市这么严重的交通堵塞。不过值得称赞的一点是，这里的私家车司机对行人非常有礼貌，当有行人穿过马路的时候，司机往往会摆手示意行人先过，如果行人示意让车先过，看到亚洲游客，司机甚至会用蹩脚的中文或者日文表达谢意。因为在坦的中国人和日本人比较多，而当地人有时候也分不清东亚人有什么区别，在一些当地司机眼中，中国人比较矮，日本人比较高，有时往往通过身高判断对方是中国人还是日本人。

　　相比于城市，这里的农村地区相对就安静很多了，很多农村地区用红土筑墙，长茅草或者波纹铁瓦作屋顶，少数富裕家庭的房子使用混凝土。农村与城市的沟通相对来说也不是特别多。像很多中国农村人一样，很多人一辈子可能也没出过远门，对外来人的态度也是热情夹带着好奇。笔者 2016 年与朋友驾车从莫罗戈罗前往坦噶，中途穿过很多农村地区，晚上在农村一家商店购买机油，停靠了一段时间，没过多久就有很多当地人聚集在车外，由于不懂当地语言，也不知道他们在车外面说什么；同行中国朋友担心出什么意外，就快速加完油开车离开。农村地区的人们收入水平也是因人而异，笔者在希尼安加的农村地区逗留时，曾向随行的坦桑尼亚人询问当地农民大约有多少土地，答案是 1 公顷到 10 公顷不等。在农村地区，笔者也注意到了当地农户家旁边有木头围起来的畜栏，里面饲养牛、羊。笔者很好奇地问随行翻译是否会有贼在晚上的时候偷盗牲畜，翻译的回答是这里有巫术，巫师在畜栏上面涂上了毒药，凡是试图偷窃的人一旦接近便会被毒死。当然，这是坦桑尼亚内陆地区的一些情况，在桑给巴尔，这一现象未必普遍，桑给巴尔地区的农民土地可能就少很多。笔者在桑给巴尔农村地区观察的时候就发现，在同一片土地上，会有多个农民一起劳作，除草或者插秧播种。在坦桑尼亚内陆农村地区已经开始使用从中国进口的大型拖拉机，当然这些使用者大多都是农村地区较为富裕的群体，因为笔者在农村地区曾目睹大量农民使用带梁的自行车运送水，非常辛苦。

坦桑尼亚国内最主要的交通方式是公路运输，铁路运输在运输系统中只占很小比例。许多外省人员往返达市多乘坐客运大巴，少部分乘坐飞机或者自己驾车。从坦桑尼亚东部沿海到西部边境地区，乘坐大巴往往需要 24 个小时。近年来，在中资公司帮助下，坦桑境内修建了很多省道，路况非常好，而且路上车也不多，但通往农村地区的路况还是有待改善。笔者一位朋友与其坦桑雇员驾车前往南部林迪省的农村地区进行调研时，由于地形过于崎岖，以至在进入当地农村时，出现翻车情况，幸好没有人员伤亡。毫无疑问，交通状况的改善，才能切实带动农村地区的发展。在坦桑尼亚省道旁边，经常会有果农或者菜农将新鲜的瓜果时蔬高高举起，供过往的行人挑选，虽然价格很便宜，但是对这些农民来说，已经是不少的收入。而且，随着路况的改善，农产品特别是水果之类的，便可以高效快捷地往外运送。

部落、文化

坦桑尼亚是一个多民族国家，共有 126 个部落（tribe），人口超过 100 万的部落分别是苏库马、尼亚姆维奇、查加、赫赫、马孔德和哈亚族。人们对部落的认同类似于中国人对民族的认同。在坦桑尼亚的旅馆中，在前台登记时，都需要留下自身信息，信息一栏中有一个选项是部落，到警局报警时，这一项目也是排名较前的必填项。在部分坦桑尼亚地区，部落是国家基层单位的重要构成部分，地方政府有时也会借助酋长的力量，将部落纳入国家统治机构中来，比如经济、人口、牲畜普查等。但是在国家选举过程中，法律禁止使用部落和宗教作为竞选话题。在前殖民时期，部落的范围大致是静态的，但是随着国内外联系日趋频繁，部落成员开始离开传统的部落所在区域，走向全国各地。一位具有马萨义血统的姑娘告诉笔者，近年来，有许多马萨义人开始逐渐定居下来，摒弃传统的马萨义文化，接受政府的公共教育，已经不是纯粹意义上的马萨义人。

坦桑尼亚官方语言是斯瓦希里语和英语，但英语的普及程度并没有斯瓦希里语那么高，在内陆地区，很多人并不懂英语。斯瓦希里语最初主要在沿海地区使用，随着坦桑尼亚独立之后领导人的不断推广，逐渐成为整个国家的官方语言。此外，在东非地区，斯瓦希里语也是肯尼亚和乌干达的官方语言。斯瓦希里语在坦桑的地位就类似普通话在中国，但是坦桑尼亚内陆偏远地区，不少人依然使用部落语作为日常沟通方式。

外出调研与文献查找

笔者在坦桑一年多的时间里，曾多次前往坦桑尼亚不同省份进行考察，先后去过莫罗戈罗、多多马、辛吉达、依林加、姆贝亚、希尼安加、姆万扎、阿鲁沙、坦噶、桑给巴尔等省份和地区。有幸乘坐坦赞铁路，驻足维多利亚湖，参观米库米国家公园。也正是因为没有长期待在达累斯萨拉姆市，才会对坦桑不同省份和地区的自然遗产、文化习俗有所了解，这极大地丰富了笔者的研究视野，改变了笔者对坦桑尼亚的刻板印象。坦桑尼亚作为一个多民族国家，自然地理环境、社会文化习俗、经济发展的差异远比教科书、新闻所呈现的要复杂得多。每一种知识传播媒介所呈现的坦桑知识是有限的，局部的，只有多阅读、多亲身实践才能了解得更多。

　　笔者在坦的一个重要工作便是搜集文献资料以便用于日后的文章写作。笔者深知，在当今历史学界，一手资料和文献的使用是衡量文章质量高低的一个重要标准，所以，在坦期间便开始为以后的学术生涯做规划，前往各级政府机构、科研院所、高等院校搜集各种文献资料。笔者先后前往达累斯萨拉姆大学图书馆东非研究中心、历史系资料室、坦桑尼亚外交部、外交学院、CCM 总部图书馆、UONGOZI 研究中心、坦桑尼亚国家档案馆、尼雷尔基金会、坦桑尼亚国会、坦桑尼亚国家和区域文献中心、桑给巴尔国家档案馆和坦噶省图书馆查阅文献。其中，达累斯萨拉姆大学东非研究中心收藏了大量有关东非历史的一手资料，有坦桑尼亚独立前后殖民政府和坦桑尼亚政府出版的各种统计汇编，资料编排比坦桑尼亚档案馆更加有序，对研究东非历史具有重要意义。坦桑尼亚国家档案馆和桑给巴尔档案馆是坦桑尼亚两个最主要的档案馆，是研究近现代东非地区经济、政治、文化的宝库，两个档案馆收录档案文献各有所长，可以相互对比参阅。

　　近年来，随着中国"走出去"和"一带一路"倡议的开展，大量中国企业走出国门，前往非洲。为了响应国家战略的需求，各大高校、科研单位也会派遣科研人员前往非洲。以坦桑尼亚为例，国内华东师范大学、清华大学、中国农业大学、中央民族大学、北京外国语大学、浙江师范大学等高校每年都会派遣留学生以及学者前往坦桑进行实地调研。作为从事坦桑历史的研究者，往往将大多数时间放在档案等文献资料的搜集整理上。研究一国历史，如果仅仅从档案文献方面着手，而不与当地人进行深入接触，这样的研究成果其实是很有局限的。另一方面，当前中国在坦的学者多数还不能熟练掌握斯瓦希里语，研究成果往往过多引用英文文献，这也限制了中国学者的研究视野。而同期的西方学者，特别是欧洲、美国的学者，语言能力要好很多，而且很多西方学者每年都会定期前往坦桑尼亚查阅文献。

坦桑尼亚与桑给巴尔

　　当今坦桑尼亚联合共和国由两部分构成——大陆部分的坦噶尼喀和桑给巴尔

岛。坦桑尼亚联合共和国前身是坦噶尼喀共和国和桑给巴尔人民共和国联盟。坦噶尼喀与桑给巴尔在独立之前分别为英国的托管地与保护国，虽然两国在地理位置上毗邻，但是两国在历史文化方面却有诸多不同，坦噶尼喀是一个天主教徒占多数的国家，而桑给巴尔是一个穆斯林占大多数的国家。坦噶尼喀与桑给巴尔联合以后，桑给巴尔依然拥有很大的自治权。笔者前往桑给巴尔档案馆的时候，随身携带的大陆方面出具的研究许可在桑给巴尔并不适用，需要重新向桑给巴尔第二总统办公室提交研究计划，获得批准后才能获得研究许可。

笔者在桑给巴尔档案馆花费三个月的时间搜集文献，闲暇时间也会在岛上四处走动，与当地人进行闲聊。观察下来，发现坦桑尼亚和桑给巴尔之间的差别很大，很多桑给巴尔人并不喜欢大陆，特别是达累斯萨拉姆，抱怨达市糟糕的交通和治安。由于桑给巴尔绝大多数人口都是穆斯林，很多人会定期参与宗教活动，严格遵守伊斯兰教义。桑给巴尔作为一个岛国，大力发展旅游业，为了保障治安问题，在岛上关键地点派驻持枪军人。总体来说，桑给巴尔治安比对岸的达累斯萨拉姆市要好很多，笔者遇到的南非的布尔人认为，东非地区黑人要比南非地区的黑人平和很多。但也有定居桑给巴尔的华人反映，近年来的治安问题较过去有恶化的趋势。

20 世纪 90 年代以来，随着坦桑尼亚不得不推行多党制，桑给巴尔境内出现了要求桑给巴尔独立的呼声。大陆方面坚持要求桑给巴尔留在联盟内，但桑给巴尔岛上的分离主义却很有市场。笔者在桑给巴尔岛上跟当地人聊天的时候，一些当地人会特意说明，桑给巴尔是桑给巴尔，不是坦桑尼亚；但一些大陆籍的桑给巴尔人对坦桑尼亚的认同度比较高。当地一些知识分子阐述了桑给巴尔要求独立的原因；在坦桑尼亚驻外大使中，桑给巴尔人只占到了 10%；坦桑尼亚获得的外部援助和基金支持，只有很少一部分分派到桑给巴尔，如果桑给巴尔独立，将会获得更多的国际发展援助；毛里求斯的发展方式更适合桑给巴尔，桑给巴尔希望像毛里求斯一样发展旅游业。他们还特别提到了，要求桑给巴尔独立的群体中，有很大一部分是奔巴人，一些奔巴人认为桑给巴尔政府中的主要成员由桑给巴尔人担任，排斥奔巴人，奔巴人希望从桑给巴尔独立出去。大陆方面的学者告诉笔者，桑给巴尔之所以要独立，是受到了北面阿拉伯国家的唆使。

在坦中国人和坦桑人眼中的彼此

毋庸置疑，自坦桑尼亚独立以来，坦桑尼亚与中国一直保持着友好关系，坦赞铁路更是中坦友谊的见证。在政府层面，两国关系总体上处于比较好的状态，虽然有部分官方工作人员对坦政府部门的做事风格有所诟病；但在民间层面，中国人与坦桑尼亚人之间的关系就复杂多了。笔者初到坦桑时，时不时会听到一些在坦华人对坦桑人的不满，比如坦桑人做事效率低下，偷盗华人财物，抢劫、绑架华人雇主，警察敲诈勒索中国人，这种现象也是实实在在发生的。

就效率低下而言，笔者认为坦桑政治体制受西方影响，凡事都要走流程，与中国相比，在公事处理过程中确实存在效率偏低这一现象。不过就笔者自身经历而言，并未感觉到效率有多低。笔者前往各政府下属学术机构进行文献收集时，流程之类的往往很快就可以走完。笔者在桑给巴尔档案馆查阅文献时，得知需要获得政府的许可，便向档案馆提交了研究计划，然后呈递第二总统办公室，不到一周的时间便获得了研究许可。

对比国内，坦桑治安确实不好，更具体一点应该是一些大城市，比如达累斯萨拉姆、姆万扎和阿鲁沙，偷窃抢劫时有发生，特别是晚上。笔者晚上乘坐公交车的时候，会经常看到或听说有人被抢手机或者包裹，包括笔者本人也遭遇过类似的状况。也会经常听到在坦华人以及国际留学生遭到本地人入室抢劫的情况。治安问题是坦桑大城市所面临的主要问题，不过这种问题在规模稍微小一点的城市就好很多。笔者在多多马寻找档案文献的时候，乘坐一辆私人轿车外出。车主在国会上班，谈及治安问题，车主告诉笔者，多多马不是一个商业城市，这里很和平，很安全。正如该车主所言，笔者多次前往多多马查询文献，在路上几乎没有看到偷窃、抢劫此类的治安问题，晚上的时候笔者也会出来走走。笔者的一位常驻巴加莫约市的朋友告诉笔者，巴市晚上的时候依然可以外出走动。关于达累斯萨拉姆市偷窃、抢劫率高的原因，当地人的回复是失业率高。坦桑的失业问题确实是一个很严重的问题，很多高校生毕业以后要陆陆续续很久才能找到工作。很多没有找到工作的毕业生群体就成了社会的不安分因素，他们晚上在十字路口抢行人的财物。笔者在遭遇抢劫的过程中，曾问劫匪为什么要做这一行，劫匪的回复同样是没有工作。总体上来说，坦桑的大城市的治安比较差，小城市的治安相对要好很多。

警察敲诈索贿在达累斯萨拉姆市也是很常见的。部分警察利用手中权力，勒索中国人，至于是否勒索其他国家的人，笔者并不清楚。笔者一位从事进出口贸易的朋友因为商品质量问题，与客户发生了纠纷。客户便向警局报警，要求退货，但是笔者这位朋友并不同意。于是警察在未穿戴警服的情况下，拦截这位朋友，双方发生冲突，最终这位朋友及其员工不得不去警察局走一遭。这位朋友由于语言不过关，便叫笔者过去与警察谈判。警察局长说他的婚戒在冲突中丢失，并且警局的设备遭到了破坏，向这位朋友进行索赔。同时威胁，要把这件事作为袭警案上报。最后，这位中国朋友不希望案子复杂化，便同意在约好的日期"赔偿"损失。几日后，警察局长上门来拿钱，并告诉这位朋友，客户投诉的问题解决了，客户不会再来纠缠。除此之外，笔者在坦期间同警察打交道的过程算是比较顺利，尤其当对方得知笔者是留学生以后，双方在某些方面的沟通相当顺畅。

在坦桑华人圈内，有一种说法，开车违章驾驶，本地人罚 3 000 先令，中国人罚 30 000 先令。但一位坦桑教授告诉笔者，不存在这种差异。就笔者个人的经历而言，外出遇到超速等问题的时候，基本上都会让坦桑司机同交警打交道。坦桑司机会和交警去一个较为隐秘的地方解决违章问题，至于交警是否收受贿赂，这个就不清楚了。

笔者接触的华人群体，主要是商人、务工人员、汉语老师，其中商人和务工人员占到了大多数。大多数来坦桑经商、务工人员，文化知识水平不是很高，一方面他们很看好在非洲经商的潜力，另一方面他们也对坦桑存在诸多不满。不少人在处理同坦桑人的关系时，有一种"天朝上国"的态度，这种心态甚至在留学生群体中也存在。也正是这些人，往往喜欢传播"阴谋论"。不过坦桑方面部分员工的素质也确实较低，偷窃华人公司财物、串通外边人抢劫雇主这种事情也是存在的，时不时在华人圈都会传出来一些抢劫之类的消息。

总体上来说，在坦华人对坦桑人持一种戒备态度。就笔者个人而言，笔者曾前往不同省份进行调研，与形形色色的坦桑人打交道，曾经得到过很多坦桑人的帮助，也遭到过抢劫。个人认为，绝大多数坦桑人同绝大多数中国人一样，都是遵纪守法的良好公民。不过抢劫这种事情，在坦并非不常见，遇上一次，将会留下一段很不好的印象。

坦桑人对华人是比较热情的，对在坦华人的印象却也比较固定，认为中国人有钱，什么都吃，也抱怨中国产品质量低劣。当一个人走在马路边、生活市场、校园里，会有黑人主动跟你打招呼，问候一些基本情况，大多数人都是用斯瓦希里语打招呼，当你用斯语回答他们的问题的时候，他们会竖起大拇指。最让笔者感触的是在图书馆找一本之前看过的书，后来不见了，为了这本书，图书馆有几位老师都在帮忙找。虽然当天没有发现，但后来笔者去图书馆的时候，图书馆的老师特意找到笔者说那本书找到了。笔者有个习惯，喜欢在公交车的窗户边玩手机，刚到坦桑的时候，依然如此。后来很多热情的坦桑人提醒笔者，不要在窗户边玩手机，这样会被小偷顺手抢走。

在坦期间，也经常会遇到一些当地人开口就要钱。有一些年纪大一点的人，开口就是"Pesa"（斯瓦希里语"钱"的意思）或者"Give me money"，小孩子看到东亚面孔的人都会上去围着要小费，也有的以"Donation"的名义诈捐。跟当地人一起出去办点事情，一起吃饭，有时候默认的是华人应该付钱。笔者一位在坦桑学美术的朋友，坦诚也遇到了同样的问题，美术老师会经常让她花钱去给大家买水，而在她来之前，都是老师给学生们买水。可能当地人的观念里，有钱人帮助穷人是理所应当的。一位当地大学教授告诉笔者，他哥哥去世以后，由他本人抚养哥哥一家，直到他哥哥的孩子满 18 岁。

在坦华人来自中国各个省份，不同省份的饮食习惯也不同，再加上中国人会烹饪各种食品，选用的食材也是很多坦桑人都不吃的东西，所以在很多坦桑人眼中，中国人什么都吃。以螃蟹为例，坦桑人是不吃螃蟹的，在 Kivukoni 渔市，螃蟹都是按堆出售的，大堆花蟹 10 000 先令，小堆 5 000 先令；国内售价极高的青膏蟹在这里非常便宜，一般售价在 2 000 先令一只。由于大量中国人到来，坦桑海鲜市场上许多中国人喜欢的食材，比如螃蟹、岩龙虾、石斑鱼之类的价格也是节节攀升。中国人的食材包含很多坦桑人不吃的东西，难怪坦桑人会觉得中国人什么都吃，海鲜市场反映的只是这种刻板现象的冰山一角。

作为世界工厂的中国，为全世界生产了各种各样的产品，特别是中国一些企业秉承薄利多销的原则向世界提供很多价格低廉的产品。鉴于非洲国家的消费能力较弱，从事外贸的商人往往会采购一些很廉价的产品在非洲售卖。俗话说，一分价钱一分货，这些廉价商品本身就是质量比较低劣的产品，流通进入市场以后，很快会出现质量问题，这算是比较正常的事情。这种情况给坦桑人留下的印象便是中国产品质量较差，达大一位教授还专门提到，中国人向其他国家出口的产品质量很好，向坦桑出口的产品质量就很低劣。同时，日本淘汰的二手汽车在坦桑市场上因其物美价廉依然大受欢迎，这种形成了很多坦桑人对日本产品评价较好的现象。出厂10年的二手丰田越野车，在使用过程中几乎不会出什么太大的质量问题。而中国出产的机动车，虽然在坦桑市场占有率一直在提升，但是质量问题一直受到诟病。笔者一位从事农机设备贸易的朋友，从中国批发农用机动车，在坦桑售卖，卖出去的车辆，半数或多或少存在质量问题。笔者与这位朋友曾亲自往这些客户所在地进行回访，客户的反馈确实涉及产品的质量问题。笔者这位朋友后来向国内生产商反馈这批车辆的问题，厂方也不避讳，直言这批产品设计的时候就有问题。不过，这些年，随着中国与坦桑尼亚之间展开全方位的合作，由中国政府搭线进入坦桑市场的农机产品、机械设备质量就要好很多了。

笔者留学坦桑尼亚期间最大的收获便是打破了对坦桑尼亚乃至非洲国家的刻板印象。刻板印象里，非洲国家战乱不断，各种疾病肆虐，非洲往往就意味着落后。然而，在坦桑生活的这一年多，我亲眼看到这里的民众自信乐观，生活满足感强，那种陌生人之间的问候和欢笑也是如此真诚、爽朗；凡是有条件的家庭，衣物和家院收拾得干干净净，人们总是穿着干净、笔挺的服装出席宗教或者其他派对，甚至在校生都要至少备一件白衬衣，随时准备在某个正式场合穿着熨烫好的衣服赴会。在过去数十年，"学习西方发达国家的技术和经验"这一口号响彻中国，中国也派遣大量留学生前往上述国家学习。时至今日，中国不少高校在招聘人才的过程中，要求求职者具有西方名校留学背景。几年来，随着"一带一路"倡议启动，国家特别注重"一带一路"沿线国家的人才培养，这种现象才有所改观。笔者也特别感谢国家留学基金委提供的机会，让笔者能够有机会亲身了解坦桑社会，了解他们社会的复杂性、多元性。坦桑尼亚不再单单是一个我们眼中"落后"、"贫困"的国家，还是一个具有丰富自然、历史文化遗产的国家。中国与坦桑尼亚乃至非洲国家之间的互信，不单单是政府之间的工作，民间层面的交流同样重要。

坦桑尼亚纸币上的故事

高天宜 [*]

　　如果提到坦桑尼亚这个国名，中国人最先想到的是什么？我想大多数人会脱口而出——"坦赞铁路"。坦赞铁路作为 20 世纪六七十年代中非友好的见证，同时也是大多数中国人对中非关系的第一印象。而作为坦赞铁路的发起国坦桑尼亚，国内对其文化的了解仍有诸多不足之处。一个国家文化的标志则会在其钱币上有所体现，中国国内目前并无坦桑尼亚货币，笔者曾于 2018—2019 学年通过国家留学基金委在坦桑尼亚留学考察一年，就坦桑尼亚当下使用纸质版货币的正面与背面的历史故事进行简单介绍，意图使国人对坦桑尼亚的文化有进一步的了解。

　　坦桑尼亚官方所使用的货币为先令（英文为 Tanzanian shilling，简称 TZS，当地斯瓦希里语为 shilingi）。但相比目前而言，因为对通货膨胀的担忧，坦桑尼亚国内的硬通货反而是美元。例如在缴纳房租或学费的时候，商家或学校都会标明美元以及先令的各自价格，但真正作为标准的还是美元（先令只是按照美元进行换算得出的浮动金额）。

　　坦桑尼亚成立于 1964 年。当时，英国东非委员会宣布每个独立的英属东非国家都可以建立自己的中央银行发行本国货币。1966 年，坦桑尼亚通过刚刚成立的中央银行开始推行这一措施，这一时期设计的货币基本为 5、20、50 先令的纸币与硬币。现如今，坦桑尼亚仍然流通硬币，但面额则分别为 100、200、500 先令，纸

---

* 　高天宜，华东师范大学历史系博士生，得到国家留学基金委资助在坦桑尼亚留学一年。本文资料来源为其在坦桑收集整理而成。

币面额则分别是 500、1 000、2 000、5 000、10 000 先令。近年来，坦桑尼亚先令在外汇市场上基本维持稳定，30 元人民币大约可以兑换 10 000 先令，在各大银行或是旅游区的货币兑换处，则可以直接使用人民币兑换坦桑尼亚先令。

　　本文主要以坦桑尼亚现如今流通的 2011 年版纸质货币为主进行简单介绍。截至 2020 年 6 月，坦桑尼亚所采用的纸质货币与之前一版（2003 年版）最大的不同在于 500 先令货币正面图案的变动。现如今使用的版本正面是桑给巴尔第一任总统[1]卡鲁姆（Abeid A. Karume），取代了之前的封面——非洲水牛形象。而其余面额的货币正面形象则是在动作与神情方面有些许差异，内容上差异不大。

（2011 年版）

（2003 年版，现如今已不再流通使用）

1　坦桑尼亚是 1964 年由坦噶尼亚与桑给巴尔联合组建的国家，按照坦桑尼亚的宪法规定，桑给巴尔允许设有一名总统负责桑给巴尔境内行政事务。

　　而 2011 年 500 先令（下文皆为 2011 年版，不再赘述）主色调为绿色，正面除了卡鲁姆总统之外，纸币中央位置是坦桑尼亚的徽章[1]。徽章最下面是坦桑尼亚的国家格言 "Uhuru na Umoja"，译为"自由与统一"，左右两边则分别有一名男性战士与女性战士将盾牌立在乞力马扎罗山上，盾牌从上到下的四层内容依次是——代表自由的火炬；坦桑尼亚国旗；捍卫自由的长矛和生产工具的斧头；代表坦桑尼亚陆地、海洋、湖泊海岸线的波浪条纹。

　　500 先令背面则是位于达累斯萨拉姆大学的恩克鲁玛大厅以及即将毕业的学生穿着学士服戴着学士帽走出大厅。图中左侧则有一个蛇环绕的手杖，即阿斯克勒皮乌斯之杖（Rod of Asclepius），源自希腊神话，其代表得以治疗与延缓死亡，代表医学。而纸币防伪标记则是一个长颈鹿的图案[2]。

　　1 000 先令主色调为紫罗兰色，其正面形象是坦桑尼亚开国领袖尼雷尔（Julius K. Nyerere）。在纸币右侧则是位于现今姆万扎（Mwanza）维多利亚湖畔的俾斯麦石，坦噶尼喀（现今坦桑尼亚大陆地区）在 20 世纪初曾是德国的殖民地，第一次世界大战之后，英国接管了这一地区，并将曾经在姆万扎建立的德国首相俾斯麦的雕像推倒拖入湖中，故而形成了这一景观。现如今俾斯麦石已经成为姆万扎城市的标志。

1　徽章最早流行于欧洲中世纪，最早在 12 世纪的欧洲贵族当中普遍使用，以彰显其贵族的家族身份及家族信息。下文叙述的货币中都有出现坦桑尼亚的徽章，不再赘述。

2　下文所述货币均有此防伪标志，不再赘述。

　　1 000 先令的背面则是坦桑尼亚总统的官邸与工作场所，斯瓦希里语为
"Ikulu"，又译作"白宫"。该建筑是英国人 1922 年在德国殖民时期东非行政总督
府的旧址上建设而成的。左侧的背景则是咖啡种植园，而咖啡也是坦桑尼亚重要的
经济出口产品之一。

　　2 000 先令主色调是橙色，其正面是狮子的形象。对于世界上大多数人而言，
最为有名的狮子莫过于迪士尼动画《狮子王》里的辛巴，而辛巴则是斯瓦希里语狮
子一词 Simba 的音译。《狮子王》中的场景原型则大多来源于坦桑尼亚的盖伦盖蒂
大草原。右侧背景的图案则是热带非洲稀树草原上独有的品种——香肠树，该树的
果实好像香肠挂在树上一样，是很多动物的食物来源。

　　2 000 先令背后的形象最左边是棕榈树，中间的主要形象则是位于目前桑给巴
尔石头城的古堡垒（斯瓦希里语 Ngome Kongwe），该堡垒最初是由葡萄牙人建造

的，后来阿曼人在驱逐葡萄牙人之后，在该建筑原有基础上继续扩建从而形成一座堡垒，主要用于驻军及关押犯人所用，而在 20 世纪初英国统治时期，该堡垒则作为桑给巴尔境内火车的终点站。目前该堡垒已成为桑给巴尔石头城的标志性建筑，并成为桑给巴尔的文化中心。中间下方则是坦桑尼亚的木雕。

　　5 000 先令主色调是紫色，其正面形象是黑犀牛。黑犀牛已经被列为极度濒危的物种，而非法偷猎犀牛角成为该物种濒危的罪魁祸首，但实际上犀牛角并无任何医疗作用。而货币正面背景的形象则是剑麻，剑麻是坦桑尼亚最为重要的经济作物，所以坦桑尼亚又称为"剑麻王国"。

　　5 000 先令背面的形象则是位于坦桑尼亚姆万扎盖塔（Geita）区的黄金采矿工厂，该工厂最初的建立可追溯至 20 世纪初德国殖民时期，于 1909 年开始运作。在20 世纪末，外国采矿公司开始在该地区投资金矿勘探与开发，最为著名的是南非

的世界矿业巨头盎格鲁黄金公司（Anglo Gold Ashanti）。而左侧图案则是坐落于桑给巴尔石头城的"奇迹之家"（House of Wonder），该建筑于 1883 年为桑给巴尔的素丹所建，作为官方接待场所，同时，它也是东非第一栋装有电梯的建筑。目前"奇迹之家"则被改造成桑给巴尔历史文化博物馆。

10 000 先令是坦桑尼亚货币的最大面值。其主色调为红色，正面形象是大象。大象作为非洲五霸[1]之首，是陆地上体型最大的哺乳动物。同时大象在大脑结构上和复杂性上与人类相似，具有一定的社会性，所以该纸币正面的右侧出现了象群的形象，代表着团结。

10 000 先令的背面形象是设在达累斯萨拉姆的坦桑尼亚中央银行总部，坦桑尼

1　非洲五霸指的是非洲草原上的五种动物，分别是大象、狮子、非洲水牛、豹子与黑犀牛，而之所以称之为五霸主要指的是人类捕捉它们的难度最大。

亚银行是于 1965 年颁布《坦桑尼亚银行法》后建立，于 1966 年 6 月 14 日开始运作。客观上而言，坦桑尼亚中央银行通过发行本国货币，使得坦桑尼亚将金融权力重新掌握在自己国家手中，但对于当时东非整体的贸易产生了一些消极影响，自坦桑尼亚之后，肯尼亚、乌干达相继使用本国货币取代之前在这三个国家流通的共通货币——东非先令，这与该地区的区域一体化发生了冲突。

综上所述，可以看出坦桑尼亚货币当中政治家形象较少，而高面值货币则更多突出大象、狮子等动物的形象。而实际上，在本国货币当中使用动物形象在很多非洲国家极为常见，肯尼亚、南非等非洲大国纸币上都印有动物的形象。而除去动物之外，各个面值的货币大多体现出坦桑尼亚多元文化的特性，货币所展现的图案不仅有代表西方的影响所在，同时也有阿拉伯文化所遗留下来的建筑。肯尼亚思想家阿里·马兹鲁伊（Ali A. Mazrui）曾将非洲归纳成为西方基督教、阿拉伯伊斯兰文化与非洲本土文化"三重遗产"形成的产物，而坦桑尼亚货币背后的故事则更能具体地体现出当下的坦桑尼亚自身正是非洲多元文化的代表。

带你了解坦桑尼亚的七道家常饭菜

高天宜

坦桑尼亚属于斯瓦希里文化圈范畴，当地的非洲班图人、阿拉伯人、印度人、波斯人和随后到来的欧洲人，在长达数世纪的互动当中，使这一地区呈现出文化上融合性与多样性的特点，而这种多样性被称为斯瓦希里文化。"民以食为天"的本性放之四海而皆准，对于当地饮食的了解亦可见微知著，笔者根据当地生活经验带领大家一探坦桑尼亚饮食与文化，探索它们之间的互通性。

第一道："Pilau"

"Pilau"是位于东非海岸斯瓦希里文化中的一道经典饭菜，又称为手抓饭，由印度经中东地区传入东非。由于坦桑尼亚的桑给巴尔岛又被称为香料之岛，东非的"Pilau"更多使用的是香料而非咖喱作为配料。这些香料包括茴香、豆蔻、肉桂和丁香，将这些香料研磨成粉则被称为"pilau masala"（"masala"这个词源于印度，意为混合物）。制作方法上而言，是由香料、牛羊肉和米饭的搭配蒸制而成；部分地区会将椰汁加入这道菜中，使之口感更具有热带风味。

在坦桑尼亚，无论是开斋节或是其他盛大的节日，这道菜都必然是餐桌上的首选。同时，在达累斯萨拉姆大学餐厅内，基本上都会有这道菜的身影，同餐厅内一般的盖饭（有鱼"Samaki"、鸡肉"Kuku"、牛肉"Nyama"、蔬菜/豆子四种

（图为笔者尝试制作的 Pilau）

选择作为浇头；鱼是一整条秋刀鱼或者海鲫鱼；鸡肉是烤鸡块；牛肉是炖的）相比，它是当地学生们偏奢侈型的主餐选择，价格多几百先令，学生们一般多买便宜的盖饭（四种浇头选其一，笔者通常是全选），省下来的几百先令正好买一瓶瓶装可口可乐（上帝也疯狂的那种）或者一杯冰镇芒果汁。

另外，餐厅配有现切水果摊，有当地黄瓜、西瓜（这两种当地产品水分大，似乎不太合笔者口味）、香蕉、木瓜、橙子、菠萝等选择，一般切一盘大约 1 000—2 000 先令左右。

第二道：“Chapati”

“Chapati”在词典当中译作“印度薄饼”，实际上，这道当地经典菜确实来自于印度。从制作方法上，它是由未发酵的面粉制作而成，在制作过程中不断转动

图为达大孔子学院老师拍摄的当地人在制作 Chapati

面饼使之受热均匀。"Chapati"一般不单独食用，而是与炖肉、炸鸡或是蔬菜共同搭配成为主餐。在达大学生餐厅中，早上其他面食不多，"Chapati"配甜姜茶或者"Nyama 乔玛"（牛肉块汤，是由几块骨肉相间牛肉的汤或在小铁碗中，汤汁看起来相对清淡，餐厅提供柠檬和盐依个人口味自加）是固定搭配，偶有面包圈和"samusa"，"Chapati"最受欢迎，几个人现烤现卖，常忙得不停。

第三道："Chipsi mayai"

"Chipsi mayai"（薯条蛋饼）是斯瓦希里语，直译过来就是"薯条鸡蛋"，这是坦桑尼亚街头最为流行的快餐。其做法较为简单，先将薯条放在锅内翻炒，随后导入鸡蛋液混合在一起，等鸡蛋凝固后加入番茄酱，即可制作而成。即使在坦桑尼亚最偏远的地方，仍然可以看到这道菜的身影，售价约合人民币5元，是一道性价比较高的经典菜。在达大餐厅中，午餐、晚餐时间，摊位上人满为患，烤饼小哥手法娴熟，一旁助手把现炸的金黄薯条捞出，小哥滴几滴油入平底锅（盘口大小），铲薯条倒入铺满锅底略微翻炒，打两个鸡蛋搅拌好适时浇在薯条上，捏少许盐加入，翻转几次后即可盛在盘中，交给买家。小哥常常用三个小平底锅一起煎（煤气明火），每个锅的翻炒顺序当然是不同的，一个刚刚滴油倒入薯条，一个刚刚倒入鸡蛋液，一个翻转两下就可以出锅，同时，小哥手里要不停打蛋。在现场观看小哥不慌不忙甚至还不断说笑的表演就已经垂涎三尺了，端在手里时，倒入一些番茄酱，配一盘水果切盘，一顿饭吃得很满足。这道乍看起来做法如此简单的特色饭，味道真是不赖，切记一定要趁热吃。笔者一年调研过程中常常迫不得已在每天选择吃一次，有一段时间确实是达到了厌倦程度，但现在想起来甚是怀念。后

来自己也买了平底锅试手，毕竟步骤如此明确和简单，从快餐店买回热乎乎的薯条自做，当然结果远远达不到小哥的水平（可能其关键在薯条）。

第四道："Mshikaki"

图为 Mshikaki 烤肉串和配餐

"Mshikaki"是非洲烤肉串，与中国国内常见的肉串非常相似，不过，肉块足够大，让人有满足感。这是一种非常容易制作的肉类小吃，主要制作方式是将牛肉或羊肉等拿香料腌制好的肉串在热炭上慢慢煮熟。为了使肉串更为鲜美，通常会用青椒、胡萝卜、香草等作为辅料与肉串在一起。其中，在坦桑尼亚最受欢迎的是牛肉品种。因为食材的关系，

肉质和口感甚好，值得推荐。

第五道："Ugali"

在坦桑尼亚乃至整个东非，最普遍的食物是"Ugali"，放在此处介绍，应该会让坦桑友人感到不悦，不过暂且说本文排名不分先后。这是由玉米面、木薯或高粱粉和水混合而成的粉状混合物，通过蒸煮达到一定的黏稠状，便于用手捏成小团，蘸着汤汁（如果足够富裕，是炖牛肉）或搭配蔬菜吃。因为制作简单，原料成本低

图中白色的为 Ugali

廉，它是一种受欢迎的主食（其实不只是坦桑，这种类似的食物在东非和南非都很普遍，只是名称不同）。

第六道："Ndizi na Nyama"

"Ndizi na Nyama"为斯瓦希里语，直译为"饭蕉与肉"，简称饭蕉。可能对于中国人而言，饭蕉较为陌生。饭蕉与我们熟悉的水果香蕉口感不同，其口感更类似于土豆，需要炖煮才能吃。而这道菜的烹饪的方式，则是在炖牛肉的过程中，最后十分钟放入饭蕉炖煮。这道菜的特点在于肉汁与饭蕉柔嫩的结合，是坦桑尼亚最具当地特色的一道经典菜。

第七道："Wali na maharage"

"Wali na maharage"译为"豆子与米饭"，是坦桑尼亚一道由红豆和大米制成的饭菜。由于坦桑尼亚普通人家庭不可能每顿饭都吃肉，所以这道菜实际上是当地人食谱的主旋律。这道菜的制作方式是先将豆子用水泡大概四小时以上，随后沥干并将泡软的豆子再次加入水高温炖煮。制作方式与"Pilau"极其类似，同样是将各种香料炒香之后，放入豆子、椰奶将大米蒸熟即可。

因为饮食文化的特殊性，当地人的饮食常常饭菜一体，所以我们既可以将上文的美味看作是一道主食，也可以看作是一道菜，有条件的人通常会配其他"菜"伴食。笔者在学校餐厅请当地学生吃饭时，买一瓶可口可乐或者芬达，常会得到会心赞许，如果另加烤鸡或鱼，会得到真诚的感谢。典型的坦桑尼亚人一般一日两餐，早餐在上午 10 点左右就餐，在校园中前后延续几个小时，这也是为何笔者按照国内就餐时间到餐厅，通常只遇到少数食客；而午饭时间则推迟到下午 4 点，延续到傍晚。这种饮食规律实际上在中国的农村也极为常见，其优点在于一是避开炎热的中午酷暑在外干活，二是相比"一日三餐"节约一顿饭。

不过，在坦桑尼亚的城市当中，当地有条件的人基本上也是一日三餐的就餐方式。早餐通常以薄饼（Chapati）为主，有时会搭配甜姜茶（当地人读作 Chai）；午餐时间为下午 1 点左右，通常是 Ugali、米饭，搭配上豆类与蔬菜；晚饭时间相对不固定，但通常晚于晚上 6 点，用餐与中午较为类似，而咖啡也成为晚餐最后结尾的首选。

坦桑尼亚的当地菜主要以烤、煮、蒸三种方式作为烹饪手段，而其饮食文化的来源路径主要由五条线路构成：

第一条饮食文化传播路线来源于阿拉伯人创建的贸易线路。这条由桑给巴尔作为起始站直达内陆的贸易路线，使来自南亚地区的香料、大米传入坦桑尼亚，在斯瓦希里谚语当中，有一句"桑给巴尔笛声起，大湖区亦起舞"，体现出这两个地区之间的联系。所以，在坦桑尼亚的大多数菜品中，都可以看到大米与香料的痕迹。而在饭店当中，印度的食品更是颇为常见，咖喱也是当地人所喜爱的调味品。

第二条饮食文化传播则源于欧洲人海洋贸易路线。16 世纪时，葡萄牙人在逐渐占领斯瓦希里沿岸各城邦之后，将来自于美洲大陆的木薯与花生等豆类食品引入到东非地区，取代了当地的农作物。而这种廉价且耐饥的食品，迅速成为时至今日坦桑尼亚普通家庭日常必备的一种食物来源。

第三条饮食文化路线则是沿海、沿湖地区的饮食习惯由沿海向内陆蔓延，在这种文化趋势之下，烤鱼成为坦桑尼亚最为常见的街头食品，而饭菜搭配当中，椰汁作为配料可谓屡见不鲜。

第四条饮食文化路线则是由坦桑尼亚内陆的饮食习惯向沿海地区的延伸。坦桑尼亚的畜牧业是一项传统农业，烤制的牛肉与羊肉成为坦桑尼亚内陆人最为普遍的选择。但由于坦桑尼亚肉类对当地人而言较贵，所以在一些国家重大节日或是家庭的庆祝当中，烤牛肉串绝对是一道为节日增添欢乐的必备佳肴。

第五条饮食文化路线其实源于当下日益加深的全球化。西方的快餐文化使得坦桑尼亚街头也出现了针对薯条、比萨的本土化食品，这类食品的特色都是以西方快餐为主体，或是加入洋葱，或是放上鸡蛋，成为当地人吃得起且高热量的食品。而这种全球化不单单指西方食品，笔者在坦桑尼亚一家饭店就餐时，也曾看到过"宫保鸡丁"的本土化料理。

在坦桑尼亚淘书 *

我是一名旧书迷，平日里喜欢淘书，对中英文图书均感兴趣，但尤好旧书，因其物美价廉，兼有捡漏之乐。我对图书的嗜好其实很晚，读研期间方开始淘书，所以我常据此推断有些爱好并非天生的而是在特定的条件下慢慢养成的。求学期间，我经常和好友光顾上海的文庙、北京的潘家园等旧货交易市场。工作后经济稍微宽裕些，徜徉旧书摊的时光却少了，对寻书的热情依然有增无减，除学会网上淘书外，还常光顾地方书店，新书旧书兼收并蓄，只是缺少了当初的淘书拼劲，变得日趋慵懒、理性与释怀了。个中原因，自忖毕竟一方面书房的容量终究有限，另一方面在教学、科研等方面也面临压力，容不得自己率性而为了吧。

这次有机会在非洲坦桑尼亚访学并趁机在此读书、淘书，是我未曾有过的新体验。虽属初出国门，但我对万里之遥的坦桑尼亚已有一定的了解，知道中坦关系一直较好，中国曾帮助坦方修建过坦赞铁路，还知道当地人对中国人比较友善，其经济发展较落后等。此外，我还从在坦留学的师弟们那里得知，在坦桑尼亚生活及工作不比国内，会有诸多不便，加之我自己还负有访学任务，所有这一切都使得我对能否在境外淘书并不抱太大希冀。事实也仿佛在一步步证实着自己的预判。抵坦伊始，虽有同门师弟的热情迎接，然而我对坦桑尼亚旧都达累斯萨拉姆市（简称"达

* 曾发表于《中华读书报》2018 年 7 月 4 日第 3 版，现有删节。

** 沈喜彭，博士，安徽师范大学历史与社会学院副教授，主要研究方向为坦赞铁路、中非关系史等。

市")的第一印象并不佳。甫下飞机，便发现尼雷尔国际机场像极了国内的普通汽车站，机场设施简陋，大飞机很少，一个个小飞机中巴车般停放着。出关手续也较为烦琐，好不容易挤出关外又被要求返回重新开箱检查。达市市区的马路逼窄，鲜有非机动车道，更别说什么盲人专用道，马路上各种车辆横行，商贩们头顶各式商品在车流中穿梭叫卖，行人们只能在路边彳亍而行。我所入住的租房，既无蚊帐，也无热水供应，且频繁停电。在这种情况下，自然是不会去想那些闲情雅致的事情了。然而，安顿下来后不久，我很快适应并喜欢上这异域风情十足的达市，喜欢这里的碧海蓝天、高耸入云的椰子树、衣着鲜艳的马赛人（Maasai）、震耳欲聋的摇滚乐以及黑人朋友们爽朗的笑声。"眼见为实"吧，确实开了不少眼界。

或许是天遂人愿吧，我在坦桑尼亚的淘书梦居然很快实现了。在师弟的陪同下，我先是赴达累斯萨拉姆大学历史系资料室、达累斯萨拉姆大学图书馆、坦桑尼亚国家图书馆查阅资料、饱览图书。继而得以在达市的矛星出版社（Mkuki Na Nyota）淘书。该出版社及其销售部位于达市的市中心地带，濒临印度洋，距离著名的阿斯卡里铜像（Askari Monument）不远，到访后发现该销售部的店面并不大，店内各类图书尤其是学术书籍不少，图书按政治、经济、管理、中小学教辅等类别摆放着，英文书较之斯语书为多，新旧皆有，但以新书为主。有趣的是，店内的图书价格不是按封底定价而是按贴价销售，图书价格自然高低不等，普通书多为1万先令（约合人民币36元），专业书却普遍偏贵，一般在2.5万先令（约合人民币90元）左右，比国内便宜不少。据说如果一次性购书较多还可以打点折扣。支付方式可以选择现金或刷卡，并提供纸质发票。考虑到其中的不少书籍我们已有电子版，看了半天，最终仅象征性地买了三本书：一本《新编坦桑尼亚史》（*A New History of Tanzania*），标价3万先令；一本《导师尼雷尔》，标价1.5万先令；还有一本是图文并茂的《东非艺术》（*Art in Eastern Africa*），标价2.5万先令。按标价付款后自己留了两本，送给师弟一本，算是留个纪念吧。走出店面，才发现原来销售部右手的街道转角处还有一个旧书铺，不大的书架上有一些文学书籍，或许还兼售地图和油漆画吧，我们打量一眼便匆忙离去，并没有细看。此外，在往返坦桑尼亚国家图书馆及达累斯萨拉姆大学校园的公交车上，我还注意到在坦桑尼亚最大的乌木交易场所——马孔德（Makonde）乌木市场旁有一家旧书摊，感觉其图书较少，可能还兼买碟片，因人在车中，中途转车不便，故始终未能下定决心前去翻检。

兴许是察觉到我喜欢图书的缘故吧，当完成递交查阅资料许可后，曹师弟便主动问我要不要逛一下附近的旧书摊。回答当然是肯定的。没走几步远，在坦桑尼亚交通部所在大楼的对面，果然看到了旧书摊。书摊大约一共有四家，因有两家书摊连在一起实难分辨，每个书摊的部分图书半摆在地上，半置入架中。师弟比我捷足先登，他在最左边的书摊上挑了几本有关尼雷尔总统方面的英文书。我则用蹩脚的英文尝试着去询问几本图书的价格。总体感觉，图书开价不低，动辄要两三万先令，虽然知道可以随便还价，但由于我对图书的品相不甚满意，加之考虑图书较重不易带回国内，因此并不急于购买。书商们很是热情，纷纷拿着各自的图书向我们推荐、供我们挑选。最终我们未能经得起诱惑，盛情难却吧，加之有些专业书国内确实也很难一见，便先后购买了十余本，平均每本书价在 1 万先令左右，不算贵但也谈不上便宜。现按出版时间顺序简列如下：《坦桑尼亚的出版自由》（Hadji S. Konde, 1960）、《非洲文明的进程》（Basil Davidson，1968）、《坦桑尼亚政治简史》（Isaria N. Kimambo，1969）、《自由的村落》（Gabriel Ruhumbika, 1969）、《导师尼雷尔》（C. Ojwando Abuor, 1976）、《毛泽东传》（longman House, 1981）、《鸿：三代中国女人的故事》（Jung Chang, 1993）、《尼雷尔论教育 I 》（Elieshi Lema, 2004）、《尼雷尔论教育 II 》（Elieshi Lema, 2004）、《导师尼雷尔在开罗》（Haki Elimu, 2005）、《独立五十年：坦桑尼亚简明政治史》（Pius Msekwa, 2013）、《坦桑尼亚议会史》（Plus Msekwa, 2013）、《真的快乐：20 世纪坦桑尼亚城市的视听及娱乐业》（Laura Fair, 2018）。

上述书籍中，自认值得一提的有两本：一是张戎的《鸿：三代中国女人的故事》（*Wild Swans: three daughters of China*），厚厚一册，平装，成交价 5 000 先令；一本是《毛泽东传》（*Mao*），精装，成交价 1 万先令。两本书均和中国有关。经查，这两本书国内旧书网上均无销售信息，按照国内某些书贾的做法可以标注"X网孤本"了吧，应该是捡了些便宜。与国内不同的是，书摊所购旧书均可提供手写发票，装书的塑料袋须额外支付 200 先令。我们总共付款近 15 万先令，书商们算了好几遍才终于算好，统一付款后，彼时我们尚未走远，只见他们已为如何分钱开始盘算起来。早就耳闻非洲人的计算能力普遍较弱，从此次售书中似可略窥一斑。

当我们提着沉重的书袋奔向返程的公交站台时，兴奋与担心也如期而至，为在异国他乡过了书瘾而喜，为大包小袋易遭打劫而忧。另外，坦桑尼亚的图书市场总体上不太活跃，这或许与其国家图书馆、国家博物馆以及大学图书馆良好的公众服务能力有关，我们在查阅图书时对此深有体会，然而对不少书虫而言，这或许亦可算是一件喜忧参半之事。

　　我始终固执地认为，书店或书摊是一个城市必不可少的组成部分，它们本身既是城市的一抹抹靓丽的风景，也慰藉着一代代爱书人的心灵。中外文化虽存有差异，我猜测人们淘书的乐趣应该是小异大同的。囿于见闻，坦桑尼亚达市及其他各地的书店、书摊应该还有很多，譬如坦桑尼亚国家博物馆门口的小店里便有少量图书在售，我的非洲淘书梦应该还可以继续。"弱水三千只取一瓢"，能够在美丽的东非印度洋之滨有上述淘书体验，此行已觉无甚遗憾矣。

采访姆卡帕总统前后

曹道涵

2017年10月8日，在学校的海外研修项目的支持下，我为了收集资料撰写硕士论文而前往坦桑尼亚达累斯萨拉姆大学，开始了为期一年的留学生活。

达累斯萨拉姆大学同华东师范大学是中非高校"20+20"计划中的合作伙伴，双方之间的交流与合作频繁，而且合作关系不断得到提升。正是双方的友好关系给了我前往坦桑尼亚进行实地调研的机会。

刚抵达达累斯萨拉姆的时候，发现这里虽说是坦桑尼亚经济最发达的城市，但基础设施条件还是相对较差，道路破旧，路上少有交通信号灯。路两旁不少的房屋用土砖建成，低矮陈旧，但错落有致，在出租车从机场到学校（达大）的路上看着路旁的房屋刹那间让我回想起少时生活过的村庄，虽然身在异国他乡，心里面对此并不觉得陌生有隔阂。

在半年多的时光过去之后，我逐渐熟悉了达累斯萨拉姆大学的校园生活。这里基础设施虽然较差，经常遭遇停水、停电，但同我住在同一栋楼的本土学生大多数都很热情，喜欢同我交流而且热爱学习，课下也喜欢交流讨论。不少人喜欢同我聊天或是问我一些中国的情况，甚至还有几个关心坦桑尼亚发展的朋友经常问我中国是如何发展起来的，对于坦桑尼亚的发展有什么建议等问题，每次都能看到他们眼中的渴望和斗志。而我在和他们的交流中，也学到了一些书本之外的知识，他们也乐于给我介绍我之前从未接触到的坦桑尼亚的历史。这种深入接触是住在学校学生宿舍的一大益处，也能真切地体验留学生活。

　　在出国之前，我的硕士论文拟定的是研究 20 世纪 60 年代坦桑尼亚报纸上的中国形象，在导师沐涛教授的指点下，计划一方面收集报纸方面的资料，另一方面争取采访一些当时的报纸主编或编辑了解报道形成的背景或是报纸本身的历史。

　　经过近半年的资料收集之后，我开始思考如何进行采访当时的报社人员这一问题。通过同外方导师拉威教授以及学习新闻学的本地朋友的交流，我大致了解了当时的主流报纸《坦桑尼亚旗帜报》在 1964 年以前是被英国财团所掌控的，而且当时报社主编、编辑、记者等都是英国人或是印度裔，几乎没有本地人的身影。但好在我得到了一条关键信息：前总统本杰明·姆卡帕曾担任过坦噶尼喀非洲民族联盟英文党报《民族主义者》的主编，此后还担任了《每日新闻》的主编。这让我非常高兴，但随之而来的是怎么联系、如何申请、怎么操作等一系列问题。

　　坦桑尼亚前总统、南方中心董事会现任主席本杰明·威廉·姆卡帕（Benjamin William Mkapa），曾任坦桑尼亚外交部部长、新闻和文化部部长等职，先后当选两届坦桑尼亚总统（1995—2005）。姆卡帕总统已近八十高龄，是中国人民的老朋友，曾多次到访中国，受到党和国家领导人毛泽东、江泽民、胡锦涛、习近平等的亲切会见。

　　为此，我先是走访了《每日新闻》报社，同报社的编辑尤瑞奥（Urio）先生有过一番交谈，他建议我他可以试着通过联系姆卡帕基金会来转达这一请求。之后，在中国驻坦桑尼亚大使馆文化处的帮助下，我得到了姆卡帕基金会助理维罗妮卡（Veronica）女士的联系方式。抱着试试看的心态，我给她写了一封邮件，并说明了来意。两三天之后，我收到了维罗妮卡女士的回信，她向我说明了所需要提交的文件，并表示采访可能需要往后安排。

　　在确定了采访可以进行之后，我开始准备采访的问题，在师兄们的帮助下，最终筛选出了近十个问题，既有涉及他在《民族主义者》的编辑经历，也有请他谈谈对于中非合作论坛的看法。

　　在经过近两个月的协商之后，最终敲定在 2018 年 7 月 27 日前去采访，时间是 1 个小时。随行人员确定的是安徽师范大学的坦赞铁路研究专家沈喜彭师兄、我以及我一个当地的朋友。在按照维罗妮卡女士的指示，到达姆卡帕基金办公室之后，发现那是一个带院子的房子，外面墙上只是简单地刷白，整体看上去朴素、大方。院中小屋里面有两个安保人员，在简单地说明来意之后，他们让我们进去了。我们先见到了维罗妮卡女士，她简单地交代了我们几句，就让人带我们去房间等会儿，然后就忙自己手头上的事情去了。

见到姆卡帕先生的时候，他给我留下了很深的印象：此时他已经80多岁了，个子不高，但看上去身体健壮，走路迅速，稳健，给人一种精神矍铄的感觉。虽然在采访之前，我已经提交过自己准备的问题，为表示尊敬，我再次给他看了一下准备好的10个问题，他扫了几眼，然后我们开始录音，整个问答过程中，他非常放松，对答如流。在讲到他在20世纪60年代第一次访问中国的时候，眉飞色舞。在讲到尼雷尔的时候，他神情庄重，眼中充满怀念和敬仰；显然，他对尼雷尔是无比崇敬的。谈到中非合作论坛和中国援助的时候，他驳斥了所谓的中国援助危害论，并且对于中非合作论坛这一合作平台表示欢迎。

最后，他同我们握手并合影留念。在采访完姆卡帕先生之后，我深深觉得中坦老一辈领导人之间、两国人民之间的友情历久弥坚；2013年习近平主席对非洲的首次访问就选择了坦桑尼亚，并提出了对非"真、实、亲、诚"的原则。相信中坦关系将会不断加深，不断迈上新的台阶！

坦桑尼亚馆藏坦赞铁路资料概况及其价值

沈喜彭 *

2018 年 6—9 月，笔者在业师沐涛教授的帮助下有幸赴坦桑尼亚达累斯萨拉姆大学历史系进行短期访学。在此期间，笔者先后赴坦桑尼亚外交部、交通部、坦赞铁路局、国家图书馆、国家档案馆等有关单位寻访有关坦赞铁路的中英文资料，其中有欣喜，也有失落。现将本人在坦桑尼亚查阅坦赞铁路资料的情况简述如下，并对所见资料的价值略加阐释，以期推动坦赞铁路资料收集及研究工作的进一步开展。

抵坦伊始，笔者在拜会达累斯萨拉姆大学历史系教授时便得知坦赞铁路的档案资料尚未解密。后经过实地走访，事实果然如此。所申请查阅的坦桑尼亚外交部、交通部、坦赞铁路局等单位，要么被告知没有档案，要么直接说暂不对外开放，这对研究而言不能不说是一种遗憾。令人宽慰的是，坦桑尼亚国家图书馆、坦桑尼亚国家档案馆、达累斯萨拉姆大学图书馆、坦桑尼亚新闻局资料馆、坦桑尼亚每日新闻报图书馆以及中土东非公司坦赞铁路陈列馆均藏有坦赞铁路的有关资料。其中有 1962 年至 1976 年间的坦赞铁路解密档案资料，以及数量可观的报刊资料及老照片，简述如下。

除有关图书外，坦桑尼亚国家图书馆馆藏坦赞铁路资料主要以报刊为主，"报"指的是《每日新闻报》(*Daily News*)，"刊"指的是《坦赞铁路年度报告》。《每日

---

* 本文在写作过程中得到了华东师范大学历史系研究生曹道涵、中国驻坦桑尼亚大使馆王强秘书、中土东非公司张军乐书记、刘昌恩工程师的大力帮助，在此感谢！

新闻报》是坦桑尼亚最受欢迎的报纸之一，至今仍在发行，1972 年之前称为《坦噶尼喀标准报》。该馆所藏《每日新闻报》数量较多，查阅较为方便，详细记录了有关坦赞铁路的大事件，且多在每期的头版进行报道，对我们了解坦赞铁路的历史与现状大有裨益。可能由于翻阅人员较多之故，报纸的保存状况不是很好，纸张缺字少页现象十分常见。《坦桑铁路年度报告》计有两册，其中一册为坦赞铁路运营十周年的纪念刊。此外，该馆还藏有《坦桑尼亚新闻解密》(Tanzania Press Release)资料 15 本 [1]。《坦桑尼亚新闻解密》收录了 1962 年至 1976 年间的坦桑尼亚档案资料，内容十分丰富，英语及斯瓦希里语文字约各占一半。较之《乌干达新闻》(Uganda News)、《肯尼亚新闻》(Kenya News)，《坦桑尼亚新闻解密》所收录的资料更具完整性和原真性。坦桑尼亚国家图书馆所藏《坦桑尼亚新闻解密》资料虽然数量上不多，但是多系跨年度或月份装订而成，可以弥补其他馆藏类似资料缺漏之遗憾。

坦桑尼亚国家档案馆（ Records and Archives Management Department of Tanzania ）仅藏有 10 匣《坦桑尼亚新闻解密》，时间跨度为 1963 年至 1967 年。虽然为数不多，但是这些资料多系档案原件，每份文件都有手写编号，其中有不少红头文件来自中国驻坦桑尼亚大使馆。由于其他馆藏《坦桑尼亚新闻解密》早期资料一般较少，因此该馆藏档案不仅可以补其他馆藏资料之遗缺，还因其保留了原始文献的诸多信息显得更有研究价值。遗憾之处是，这里的所有资料不准拍照，在征得同意下每人每天最多只能翻拍五页，其他只准手抄或敲进电脑，这给研究带来诸多不便。

除相关著述外 [2]，达累斯萨拉姆大学图书馆主要以《每日新闻报》、《星期日报》(Sunday News) 以及《坦桑尼亚新闻解密》为主。所藏《每日新闻报》数量可观、保存状况良好、便于观览，但也存在一些问题，如复本较多、残缺不全等。其中所录坦赞铁路资料较多，总体印象 20 世纪 80 年代以前记录较多，之后报道相对较

---

[1] 合订本资料内容的时间信息如下：1964 年—1976 年；1968 年—1973 年；1972 年 12 月（11—21）；1972 年 5 月（1—29）；1972 年 2 月（11—29）；1970 年 9 月 —1972 年 7 月；1973 年 7 月（1—31）；1973 年 6 月（1—30）；1973 年 3 月—1976 年 11 月；1973 年 6—7 月；1970 年 1—7 月；1973 年 9—11 月；1971 年 1—5 月；1974 年 1—9 月；1973 年 4 月（7—29）。

[2] 经检索，该图书馆共藏有坦赞铁路相关专著及学位论文 15 册。

少，但多在头版予以报道。图书馆设有东非历史研究室，室内所藏《坦桑尼亚新闻解密》数量颇多，据笔者统计，计有215册，其中包括两册复本及五册跨年份装订本。诸如坦赞铁路的考察、勘测设计、施工等诸多情况，资料中都有详细记载。由于坦赞铁路局所藏坦方的档案资料尚未开放，因此这套解密资料对研究坦赞铁路的建设历程有着无与伦比的价值。美中不足的是，该资料也有残缺，并且许多斯语资料也一并收录在内，查阅起来十分不易。

坦桑尼亚新闻局是坦桑尼亚新闻传媒的领导机构。该局资料室主要以坦赞铁路老照片、《坦桑尼亚新闻回顾》（月刊）为主。其中所藏坦赞铁路老照片已全部数字化。新闻局主办的《坦桑尼亚新闻回顾》有选择性地收录了坦赞铁路的图文资料，可以弥补《每日新闻报》所藏缺失之遗憾。

坦桑尼亚《每日新闻报》图书馆毗邻报社大楼，馆藏资料以坦赞铁路剪报、坦赞铁路年度报告及坦赞铁路老照片为主。坦赞铁路剪报系该馆工作人员将原本《每日新闻报》中有关坦赞铁路的报道剪切下来，黏贴在A4纸大小的纸张上，计有两大函。这些剪报的时间没有中断，老照片也有两大函。坦赞铁路年度报告是不可多见的坦赞铁路内部资料。

中土东非公司坦赞铁路陈列馆虽然以实物资料为主，但是在文字资料方面所藏有坦赞铁路勘测设计资料及数十册老账簿。这批勘测设计资料共40册，每册封面题名为"坦桑尼亚—赞比亚铁路工程技术文件"，落款为"中华人民共和国援建坦赞铁路工作组"，各册有详细分类，如信号、通信、桥梁、隧道等，落款时间统一署为1976年，内容以图为主，中英文双语释图。这些勘测涉及资料及老账簿，对了解坦赞铁路的建设过程及费用情况不无裨益。

此外，达累斯萨拉姆火车站、坦桑尼亚国家博物馆、坦桑尼亚国家档案馆、中国驻坦桑尼亚新华社、中土东非公司等单位都张贴或展示有坦赞铁路老照片，这些图片资料记录了坦赞铁路的方方面面，是极其珍贵的影像资料，理应引起足够重视。

当然，由于笔者时间和能力有限，所了解的情况较为局促。毋庸置疑，坦桑尼亚其他有关单位、各地方档案馆有关坦赞铁路的收录情况当有更多。

坦赞铁路调研经历

陈金龙

2014 年 3 月，在百般期待中，我同达大的几位德国留学生一道，按照计划乘坐坦赞铁路旅行，目的地是赞比亚，在这次长途之旅中切身感受这象征中坦友谊的"自由铁路"。我们是直接乘坐巴驾机（bajiaji，当地的载客小三轮车）到达累斯萨拉姆的 TAZARA 火车站买票，窗口售票时间为周一到周五，上午九点到下午三点。因为列车每周开两趟，一定要提前计划好出发时间，如出发后准备中间站点下车，也要预先了解好下次列车经过的时间点（当然，不会像列表中那么准时，晚点几个小时很正常），途中经过的城市（城镇 / 村镇）好多都是基础设施匮乏的，交通非常不便。

到站城市	Dar → Mposhi （周二）	Dar → Mposhi （周五）	到站城市
Dar es Salaam	13:50	15:50	Tunduma
Ifakara	24:00	23:00	Mbeya
Makambako	10:00（周三）	7:00（周六）	Makambako
Mbeya	17:00（周三）	13:05（周六）	Ifakara
Tunduma	23:00（周三）	18:00（周六）	Dar es Salaam

达累斯萨拉姆到接近赞比亚的城市姆贝亚的一等车票，相当于国内的软卧（4人卧铺，晚上可关车厢门），47 000 坦先令，当时合人民币 140 元左右，行程 860公里。列车上有一节车厢是餐车，但不出售酒水。列车上的早餐还是很丰盛的，

4 000 坦先令，合人民币 12 元。列车上的炸罗非鱼（斯语为"Samaki"）配米饭，7 000 坦先令，合人民币 21 元。如果能自带薄款睡袋，最好不过，同行的德国朋友自带那种类似于两张床单缝在一起的睡袋，值得效仿，我们乘坐的车厢中提供的毛毯是不宜直接铺盖的。

因为列车在坦桑境内要行驶十几个小时（晚点几个小时很正常），列车跨越好几个自然带，我先后三次往返乘坐才将沿途的景色尽收眼底，毕竟正常时间发车后几个小时就到夜间了（两侧基本是看不到灯光的），而相反方向乘坐时经过西南部地区多是白天时间，可以清楚地欣赏沿途大河、大桥、大山与丛林，尤其是从车窗探出头看列车在桥梁的拐弯处甩尾，蔚为壮观。过了 Kilombero 地区向西南方向前行，偶尔会看到独立山坡的茅屋人家，甚至能看到房屋主人听到火车声响后，特意站出来看火车通过，这种相互的观望很让人感到会心的喜悦。在经停大小不一、多为小站的站点时，通常在两侧会有手举或者头顶筐或盆叫卖香蕉和橙子抑或一些小袋饼干之类的本地摊贩，因为他们不能登车，车上的乘客与摊贩们就在空中手递手交易。可以看出来，小摊贩们准备充足，用急促但稳健的脚步迎接慢慢停靠的列车，常常能在列车停车未稳前就能选定目标客户最多的车厢。通常我们也不下车，在车窗与当地翘首观望的人们对视交流，或者招呼满怀好奇的当地小朋友。可以看得出来，列车的经过在当地是一个重要"事件"，值得人们的等待和期盼。有时候，在大一些的站点停靠时间长一些，我们可以下车（不太清楚是否合规）伸展筋骨，更近距离地感受脚下的土地。

由于铁路大部分站点都很小，在坦桑尼亚境内乘坐铁路可以选择往返（停留）的地点建议在伊法卡拉（Ifakara）、姆贝亚（Mbeya），这两个算是比较大的城镇了，因为铁路班次比较少，下了车要想再坐返回的车次一定要在车站问好。（因为经常晚点，所以必须准备好住一两天，铁路沿线的内陆城市都很小，公共交通没有那么便捷。）

坦桑尼亚境内最后一站叫作屯杜马（Tunduma），是个很小的边境小镇，列车在此停靠等待边境官员上车检查车票和签证，在这里下车很不方便（如果提前在达市申请办理了赞比亚签证才可以入境赞比亚，我们的护照没有落地签，没有提前办签证会被劝返，这就是我本人的经历，为此，不得不与德国朋友们分别，要就地乘大巴去最近的城镇姆贝亚，找合适的旅馆住下），从姆贝亚乘大巴回达市大约需要七个多小时以上。我是分段返回的。

姆贝亚有个档案馆（Mbeya Zonal Archives），馆址非常难找，藏有多是比较新的档案材料，也有部分铁路相关的材料，看其索引目录比较新且系统，不过查阅利用原档不便，似乎是仅有的馆员并不是每天都在值班，因为停留时间短收获不大。

坦桑尼亚—赞比亚铁路管理局新客运列车费率表（2013 年 7 月 1 日起）

从姆贝亚站到站站点	距 离（千米）	一等车厢（坦先令）	二等座（坦先令）	软 座（坦先令）	三等座（坦先令）
Rujewa	144	12 300	9 700	9 400	9 000
Makembako	197	16 100	13 900	12 900	11 900
Mlimba	353	26 200	19 600	17 200	14 700
Chita	387	27 700	21 400	18 400	15 400
Mngeta	419	28 500	22 100	18 900	15 800
Mbingu	437	29 300	22 500	19 200	16 000
Ifakara	489	34 400	25 300	22 100	18 800
Mang'Ula	528	35 900	27 800	24 400	21 100
Kisaki	633	40 300	33 300	30 100	26 600
Dar es Salaam	849	47 200	39 200	36 300	33 300
Vwawa	77	9 500	6 000	5 800	5 700
Tunduma	120	10 500	7 800	7 400	7 000
Nakonde	121	11 000	8 100	7 600	7 500
Chozi	187	14 600	13 400	12 400	11 500
Makasa	252	20 700	15 800	14 400	13 000
Kasama	371	27 000	20 000	17 700	15 300
Mpika	563	38 500	30 800	27 200	23 600
Serenje	803	46 000	38 100	35 100	32 000
Mkushi Boma	912	49 100	40 800	38 100	34 800
New Kapiri Mposhi	1 003	58 000	46 000	44 400	40 900

资料来源：姆贝亚（Mbeya）车站通告栏，根据 2014 年 3 月拍摄照片整理。

从姆贝亚去伊林噶（Mbeya—Iringa）大约 3 小时，伊林噶（Iringa）是以前赫赫族领袖姆可瓦瓦（Mkwawa）抗德的根据地，离市区不远的小村子有其博物馆，规模虽然不大，馆员比较热情，向我提供很多坦桑本土抗击西方侵略的知识，姆可瓦瓦的英勇事迹令人印象深刻。选好旅馆住了一天后，我从伊林噶市出发，去伊斯米拉（Isimila）遗址参观，了解了当地地质地貌变迁和考古方面的很多知识，因其在郊区，需安排乘车前往；伊林噶到莫罗戈罗（Iringa—Morogoro），大巴大约三小时，莫罗戈罗也是小城，有通往坦噶尼喀湖边城市基戈马（Kigoma）的车站，这条线路就是德国人百年前修建的中线铁路，仍在使用；莫罗戈罗到达市（Morogoro—Dar）大巴大约四小时；这里有中农垦的剑麻农场，在非常偏僻的基罗萨（Kilosa）郊区，不自驾很难通过公共交通过去，而且住宿不便，需要专门联络安排才能前往。因为我的行程紧张，随身所带盘缠不多，就放弃了这次探访机会。

伊法卡拉（Ifakara）是离达市相对比较近的小镇，属于莫罗戈罗（Morogoro）管辖（坦赞铁路不经过莫罗戈罗市区，而是偏南的伊法卡拉［Ifakara］，这里之前应该是坦赞铁路的一个重要修理站，几年后有幸采访一位当年援建坦赞铁路的中国工人时，他仍能记得类似名称的修理站点名，这里也是美国学者 Jamie Manson 主要的调研辖区），从这里开始向西南方向走，坦赞铁路沿线更加风光无限（因而也是地势和植被复杂），能够想见当时建造铁路时的多种不易，同样能够想见当初马季相声中说到的戏剧化修建过程。

到内陆偏远地区调研，建议提前约好一位当地的向导随行。我在达大期间，在学校约好了一位学生向导，在后来再去姆贝亚的马拉维湖畔（坦桑称呼为尼亚萨湖）以及到姆巴拉利农场调研时发挥了重要作用，很难想象一个人单枪匹马，在坦桑内陆小镇不断用摩的、面包车（前排算上司机可挤四人）、中巴穿梭于不同村落、优美的风景中，一望无际的香蕉林也意味着交通通信的极不便利。值得指出的是，笔者走访的内陆偏远地区，普遍民风淳朴，童叟无欺，远不像达市的城乡接合部那样的嘈杂和充满未知。内陆的诸多小城镇，初来乍到的话，能明显看出来基础设施没法和达市比，包车等可能也不方便（不容易实现，打车更是不方便或者不可能，所以内陆的出行很麻烦），只有市际交通有比较方便和正规的大巴（数小时还是很辛苦的，尤其是 Iringa—Morogoro 这一段，有数公里长的猴面包树林，很迷人，但是接下来的一段地势陡峭，还有山间急转弯，比较不安全，另外长途大巴中途如果想上厕所，也是非常不便的）。这些基础设施方面的事项在外出调研时最好提前作好准备，然后就是欣赏沿途的风景吧，铁路穿过该国最绿的一片地带，地势逐渐向西南走高，莫罗戈罗南部的沼泽区一直到姆贝亚南部的咖啡山坡，从翠绿到深绿，随着铁路蜿蜒前行，人们一定会忘记对干旱非洲的传统刻板印象。

调研日记三则

王　华

巴加莫约——平静的海港小镇

　　2013 年 12 月 8 日，我们去了距离达累斯萨拉姆市只有 75 公里的巴加莫约。这是一个记录着德英殖民掠奴的血的历史的地方。

　　早晨 9 点准时出发，我们在达大校内坐上去往公交枢纽——"Mwegen"集市的公交车，当地人称之为"Dalla-dalla"，接着转乘另一路去巴加莫约的远程汽车。一路上，车子从拥挤人杂的达市渐渐北行。透过咯吱作响的玻璃窗户，我静静地看着这座城市：道路两旁的小商贩懒散地坐等路人的光顾，停在路边极旧的日本汽车正在被进行全身清洗，10 岁左右的小孩子头顶重物蹒跚摇晃地走着……外面世界的色彩斑斓似乎与这个地方平行着，永远没有交集。恍惚间，我打了小会儿盹。

　　随着汽车奔驰，达市被远远地甩在了后头，渐行渐远。崭新笔直的高速公路一眼望不到尽头，让人不由诧异：联合国公布的 38 个最不发达国家之一的坦桑尼亚，是否真的如我们想象的那样贫困而原始。打了会儿盹的我再次被窗外的风景吸引了：道路两旁，如同撑开了一把巨伞的大树结满了芒果，黄绿相间，甚是诱人。树丛与树丛之间，通常不是居民区就是广袤的灌木丛草地，还有一条长长的土泥路，当地人从公路上下车，徒步走过其中一条狭窄细长的泥路，尽头或许就是他们温暖的家。

　　两个多小时的颠簸，我们到达了目的地——巴加莫约。德国人在 19 世纪下半叶来到东非海岸，经由这里，开展与内地非洲的联系与交流。第一次世界大战送走了德国人，却又被迫引大英帝国而入。巴加莫约这个沿海小镇继续缓慢发展着。今天，当提到这个东非小镇时，人们总会想起罪恶的奴隶贸易，或是非洲人民的血泪史，仿佛不这样时刻警惕，就是与道德良心背驰。然而，当我踏上这块土地时，才发现这是一片纯净得只有海风的土地。我们一行人沿着海岸线走在细软的沙滩上，一路走，一路捡着藏在细沙下的小贝壳，五颜六色，仿佛也拾起了我儿时钓虾的童趣回忆。我们慢慢靠近人群，看见一群当地小朋友光着脚丫踢着足球，他们约莫初高中生的年纪，欢笑声、呐喊声和加油声夹杂着海风，弥漫在海滩的空气中，然后跟随海风，把欢声笑语一并带进了城镇里。

大约走了半个小时，我们来到了当地的一个鱼市。出海打渔的当地人把刚捕到的海鱼倾倒在沙滩上，有石斑鱼、带鱼、鱿鱼、龙虾、海蜇……前来买鱼的当地人面对着新鲜的海鱼围成厚厚的一圈，老板拎起两条肥美的鱿鱼，以 8 000 先令（约人民币 32 元）叫卖着，出手最快的买家就会最先斩获，然后只要再花上 1 000 先令请专业清理人帮忙处理干净，就可以把鲜嫩价廉的鱿鱼带回家。于是乎，我们也参与了一次拍卖会，当然是收获颇丰。想着晚上丰盛的海鲜大餐，大家不由得咽口水。

穿过鱼市，离开沙滩，便到了当地的集市，鱼儿被带上岸后，经过简单清理，便被批量油炸出锅，堆在一起，以约 1 000 至 2 000 先令每条的价钱出售，随拿即食，柔嫩鲜美。我们饱餐一顿后，便启程出发，准备去小镇四处转悠，领略下当地的风土民情。

穿过观光街道，映入眼帘的是一排墙壁上画满人体构造图和几何图形的平房，房前有很多参天大树，一群七八岁的小朋友在自制的秋千上欢快地玩耍着。原来，这是一座小学，星期六不上课，但居住在周围的小孩儿们相约一起来玩乐。我们也加入了他们，一起荡秋千、爬树，临走时一起留了影。其中一个小男孩戴着我的墨镜，他想要耍酷但又有点儿害羞的娇嗔状、他的笑容，真的好干净，纯粹得没有任何烦恼一般。

夜色帷幕狠心地拉了下来，尽管不舍，但是我们还是踏上了回程。因为到车站还有约半个小时的步行路程，我们沿途又走进了外国游客来巴加莫约必到的奴隶博物馆。同行学斯瓦希里语的朋友在谈及中坦友好、学习坦桑尼亚文化等等之后，博物馆售票员最终同意每人收取 1 000 先令（约人民币 4 元）的门票费，要知道，就在一个星期前，在达大留学的德国学生花了 10 000 多先令才获准进入。与其说是博物馆，不如称其为遗址，尽管坦桑政府费尽心机想保护这类历史遗迹，但是除了些许小件文物和文字图片材料之外，只剩下斑驳的墙壁和空空如也的一座两层建筑。通往二楼的楼梯还用木头支撑着，让人望而却步。

计划中的巴加莫约之行，是探寻黑人奴隶的血泪史。然而，我们并没有寻访到太多被历史蹂躏的累累伤痕，相反的，我们看到了这个地方的宁静安详和与世无争。这里的人们日出而作、日落而息。他们把历史牢牢记在心里，然后微笑地看着前方！

马菲亚岛（Mafia Island）上过圣诞

清晨的阳光还未穿过大大的落地窗照进屋内，睡眼蒙眬中，我们启程出发了。此次的目的地是距离坦桑尼亚大陆不远的零星小岛——马菲亚。一行五人，包括我在内的三个中国人和两位德国姑娘。其中一个名叫汉娜，1.68 米的高挑个头，是一个乐于享受生活但又有着执着信念的 26 岁女孩，在达大本科生在读，攻读非洲研究（African Studies）方向。

因为出发时间太早，公交车尚未开始一天的忙碌，所以细心周到的汉娜提前订好车子，麻烦一位熟识的当地朋友送我们到长途汽车站（Mbagala），途经机场再往南边多行一些路程。

在坦桑待了近两个月，我对周围的一切，从开始的陌生与反感逐渐变得再熟悉不过了：公交车上的人满为患、当地人身上散发出来的刺鼻体味、长途汽车站里的声潮杂乱……一切看上去都如此的非洲。在这里，人们活得没那么精致与讲究：统共三四个种类的日常饭菜、同一件衣服穿到窟窿满身、路边卖姜茶（Chai，一种当地饮品，有些许姜味）的摊贩用几个同样的杯子招待顾客，从未试图改变过。其实，我挺喜欢这样不矫揉造作的生活方式和环境氛围，最真切地做自己，不必在乎他人的眼光与唏嘘。

在车站（Mbagala）找到前往下一个目的地的交通工具，是一台二手甚至三四手的日本救护车改装后的面包车。走在达市的大街上，随处可见日本汽车，最常见的应该数丰田吧。我们坐在车上聊着天，零零星星的当地人也坐进车里来。约莫半个小时左右，一群欧洲青年和两位本地人也加入了我们。短暂地交谈后，发现他们也是去马菲亚的同路人，彼此开心地拉起家常来。不一会儿，车子便被塞满了人，司机猛踩油门，车子开动了，留下尘土弥漫在燥热的空气中。

两个多小时的颠簸，我们到达了陆地的边缘——鲁菲季河口（Nyamisati），一个手机没有信号的绝世之地。从这里出发，坐上四个小时的轮渡，便可到达最终的目的地马菲亚岛。然而，不幸的是，当天去往马菲亚的轮渡早在两个小时前就已经出发了。我们再次等待着，所幸当地人给我们送来了好消息，凑够五十人便还有一趟。我们匆匆吃完午饭，坐在阴凉处，等待了两个小时，终于，印度洋，我们来了。

海洋一向给人宽宏博大和海纳百川的感觉，人心向往之。但是四个多小时的毫无边际的海上旅行着实让人有种看不到尽头的沮丧。船只逐渐驶离河口海岸，眼看浑浊的河水逐渐变成蓝绿色的海水，当然，这种变化也不是骤然显现的。不知不觉，夕阳西下，在夜幕即将把黑暗洒向人间之际，我们最终登上了马菲亚岛。一路上，陆上和海上的交通工具并用，真真是一段难以忘怀的特殊经历。当然，晚上的睡眠质量也迅速提高了不少。

接下来的几天，我在平静中幸福地度过。人生好简单，我们一行人沿着（Kilindoni）海岸，脚踩细软的银白沙子，一阵海风吹来，夹杂着海洋的腥味，切入肤里，唤醒每一个沉睡已久的细胞。

去阿鲁沙看野生动物

从坦桑的西南高地回达市休息了三天，我们行走坦桑的征程再次开启了。这次旅行的方向是坦桑尼亚的北部——阿鲁沙和莫希（Moshi）。

乞力马扎罗国际机场位于阿鲁沙和莫希之间。每年，来自全世界的各国登山爱好者或专业登山队员集结于此，然后转道去往雪山所在地——莫希，一个干净而静谧的山脚小镇，开始攀登世界第二屋脊。而我们此次的行程则是先去阿鲁沙国家公园看非洲野生动物，三天后再北上去莫希，但绝不是冲着乞力马扎罗雪山去的。其中最重要的原因是陈博士和好朋友 Hanna 报名参加了 2014 年马拉松长跑比赛，而我们另外四人则是为其加油助威的。

飞机驶近目标机场，慢慢盘旋于上空时，高空下的这片土地出乎意料地送给了我们一个巨大的视觉惊喜。坐在靠窗的位置上，我隐约间看见远处一座似雪山的山尖穿透了鱼肚白般的厚厚云彩。我下意识地肯定那绝对是乞力马扎罗雪山。和想象中的白雪覆盖每一寸山顶有所不同，它是皑皑白雪和灰黑岩土相互交错，底部被亮白的云海环绕，好似一个香草巧克力冰激凌，很可口的样子，但是仍然绝不失缺它无言的壮丽感。

刚刚走出机舱，迎面扑来的并不是想象中的秋日凉爽气息，与坦桑西南部不同的是，这里空气干燥，但温度比达市要低一些。来自北方的姑娘说，这里的天气真正是极好的！出了机场，我们四人便要分开了，我们同门三人要赶去阿鲁沙和另外两位天津外国语大学的朋友会合，准备第二天的 Safari，而在外游历近半月之久的 Hanna 则想直接去莫希，好好休养几天，静候马拉松比赛的到来。

我们三人从机场门口打了一台出租车，10 分钟的车程约 10 000 先令，到达主路，然后搭沿途从莫希出发经机场去往目的地阿鲁沙的城际大巴。待坐定后，我便从塞得密集毫无空隙的背包里找出一路陪伴我们、给我们莫大指引的旅游丛书——*Lonely Planet-Tanzania*，寻找在阿鲁沙的住宿和美食餐馆。汽车一路西行，眼见窗外的梅鲁山（Meru）由远及近，稳稳矗立在阿鲁沙小镇的北方，高大雄壮。

约一个小时后，汽车缓缓刹车，停在了人声鼎沸的汽车站。天津外国语大学的两名朋友早已从八公里外的阿鲁沙机场出发，提前半个小时便到达阿鲁沙小镇，就在车站附近，找了一家颇具当地特色的小饭馆，稍稍满足了苦涩许久的味蕾。我们点了杯喝的，边休息边等着他俩，按照地图，找寻书上那几家比较中意的旅馆（Guest House）。一路上，不断有穿着如流浪汉一般的当地人，一拥而至，走到我们跟前，打招呼、递名片，询问是否要住宿，第二天又是否有 Safari 的旅游打算，说个无了无休。我们像是毫无抵抗力的羔羊一般，只能听见耳朵旁传来喋喋不休的叨扰声。实在无法忍受时，便不失脾气地回嘴一句"We want peace"，希望好心的当地人停止跟随，却不料换来一句"你很不礼貌，很粗鲁"和一瞥恶狠狠的眼神，好像过不了一会儿，他们便会集结当地所有的哥们一起让我们永远消失在阿鲁沙的这片土地上。

我们一路北走，在转盘之前向西拐，先找到的是一家远离汽车站的旅馆，位于小镇的北部，名字叫 William's Inn。环境优雅宁静、住宿干净整洁，只是昂贵的房价（双人间每日 35 000 先令）让我们望而却步。于是我们出了这条岔道，穿过马路，拐向东边的东西向小路，找到了另一家评价也不错的旅馆，叫 Monjes，提供免费早餐，双人间为每晚 20 000 先令，还可以在疲惫的一天后洗个舒适的热水澡，安然入眠！

第二天，去 Safari 的越野车八点非常准时地停在了旅馆门口。为期两天的"近距离鉴赏野生动物大会"即将开始！车子逐渐驶离人声鼎沸的市中心，经过阿鲁沙机场，一路向北开去。沿途最频繁看见的，当数背着长木棍、身着长袍、赶着成群牛羊的马萨义人。他们迎风走在一望无际的低树草原上，颇有一种大漠孤烟直的放浪形骸之感。和贝都因人、吉卜赛人一样，马萨义人是至今仍然相对保留自己传统的族群。他们逐水草而居，住的是茅草屋，喝的是新鲜的牛奶，不与世事相争。百年来，他们一直坚守着自己的文化和语言，有种无所畏惧却又随遇而安的从容感。

第一天的目的地是 Manyara National Park。因为正值 Manyara 干季，我们寻找了一天，也没有见到太多的野生动物出没。导游说，现在正是去 Saregati 的好时节，水草丰盈，可以看到多种不同的动物。不过幸运的是，我们仍然还看见了牛羚、斑马、角马和可爱的大象一家三口……在园内的游客中心吃完一顿简便的午饭，我们便继续寻找野生动物之旅。同行的另外三位小朋友因为旅途困顿，又吃饱喝足，便借着烈日下车内的舒适气氛，各自东倒西歪地小憩了一番。

晚上我们并没有按原路返回阿鲁沙小镇，而是在离恩戈罗恩戈罗（Ngorongoro）不远的一个小村庄里扎栈野营。每一个人都很格外兴奋，还参与了帐篷的搭建工作。晚饭极其丰盛，超大盘的水果沙拉、鲜嫩多汁的鱼块、清爽可口的炸木薯……在 Manyara 搜寻了一天的野生动物，虽然只是零星点缀在某一处，但仍然不失为非常特别的经历。我们一行五人围坐在一起，开心地谈天说地，期待着第二天火山口的惊喜。深夜十点，我们互道晚安，各自归去。夜晚的村庄，寒气逼人，我老老实实地把自己塞进厚密的睡袋里，听着远处深山里不时传来的类似鬣狗的嚎叫。大自然的声音，不需要任何修饰，便轻轻地不费任何力气地唤醒我的每一个细胞。兴奋的我不知道何时才入眠。

早晨约六点半，便被帐篷外的小伙伴们的唏嘘聊天声唤醒。醒来后发现自己的半截身子裸露在寒冷的空气中——我好像是被冻醒了。不由分说，洗洗漱漱，喝了热牛奶，尝了新鲜松软的面包，打包完野营帐篷，第二天的火山口之旅，伴着清晨还未消逝的露水，开启了！

早晨七点，虽然阳光如期而至地打在每一个人身上，但是还是消除不了空气的清冷和寒风的彻骨。租的是一部越野车，我们把天窗打开，站在座位上，头伸出窗外，便一览沿途的苍茫大地。同行外号叫"羊驼"的小伙儿冻得直哆嗦，却仍不甘回到温暖的车厢里……

我也同样如此，裹着 Khanga，紧紧的，吝啬每一寸肌肤暴露在清冷的寒风中。但风仍然大得足以穿透我厚实的外套，我甚至有种错觉，巨大力量的冷风渗入我的胸腔，毫不费力地把长年累月积攒在内心的阴郁抽离出我的身体，浑身不觉清爽了很多！从帐篷区（Camp Site）到恩戈罗恩戈罗火山口（Ngorongoro）需要穿过几座山脉，汽车蜿蜒在狭窄的只容得下一台半车子的山路上，一边是一不小心便会跌入的深谷底部，另一边则是靠山，不见其顶。可是景色真的美得让人不忍坐回车厢，我们拿着相机，咔嚓咔嚓地按着快门，但无奈相机反应不够敏捷，难以捕捉非洲秀丽壮阔的美景。途中，还看到了住在恩戈罗恩戈罗国家保护区的马萨义人，与阿鲁沙的马萨义人不同，他们被政府允许，住在保护区内，百年来，他们保留着自己的语言，过着与自然零距离的生活，甚至不知道面包这些外部世界的"奇怪"食物（当然，进城的那些人用手机联络朋友的也比比皆是）。

不知不觉翻过几座山，汽车正缓缓地驶入谷底。这条镶嵌在山背面的山路与水平线成五六十度锐角，但仍足以让车上的我们胆战心惊，连司机师傅也变得小心翼翼，生怕一不注意，车子直接翻滚打转，滑入火山口，惊吓到谷底的动物们！

恩戈罗恩戈罗火山口的总面积约 8 000 平方公里，来之前，我脑海中所想象中的是深不见任何水草动物，只是山顶的一个不大的浅洞，甚至有些常年累积的雨水而形成的山顶湖泊。可是，实际上是另一番壮阔的草原景象，成千上百万只野生动物和谐地生活在其中，逐水草而居，周围的山绵延成一个巨大的碗口状山脉，包裹着这片宁静的火山口。这里是一眼望不到尽头的，连天空中片片白云反射到谷底也只能遮挡一小片土地。站在车上的我们，清晰地看到草原上的片片阴影。我想，这对于生活在高楼密集分布的城市人来说，不得不为之惊叹，甚至觉得不可思议。

那一天，我们的眼里满是斑马、角马、牛羚、河马、火烈鸟、冠鹤、长颈鹿、大象、狮子……从小在《动物世界》里看到的野生动物恍然间都真切地出现在自己的眼前，没有不知所措的感觉，我想其中很重要的原因是，它们与我还有一个车厢的距离。因为按规定，游客是不被允许下车甚至大声喧哗的。而且，各类野生动物之间并没有我们想象中的互相厮杀，而是非常和谐地相处。我隐约间听到了它们的心声：虽然我们的样貌大相径庭，但我们都处于同一个动物世界！可想而知，《动物世界》里的那些精彩瞬间是可遇而不可求的。

两天的探寻非洲草原之旅结束了，想象与现实的差距不可言语……

越野车仍然把我们送回了阿鲁沙小镇，我们依旧去了那家叫 Mc Moody 的餐馆，享用了美味的比萨和意大利面。打道回府，准备今后两天的莫希乞力马扎罗马拉松之旅。

短居坦桑的调研生活

李 肖

2014 年 11 月，我们通过国家留学基金委的项目到坦桑调研交流，由此打开了感官世界新的大门，对坦桑尼亚文化有了一定的认知。

顺利到达坦桑后，达大安排的小哥（kaka）到机场迎接我们并安置在校园里的专家楼（Research Flat，传为中国援建），邻近达大的学校礼堂。管理院子的阿姨（mama）非常热情地接待了我们，并介绍了 flat 相关工作人员和日常照顾我们饮食居住的当地姐姐（dada）和小哥。

达大为中国的交换生提供住宿，院内环境非常好，典型的热带植物和两幢 2 层楼的建筑。除了接待我们，不时还会有短租的外访学者住在这里，偶尔跟不同国家的学者聊聊天也能收获颇丰！

我们住的房间为两人间，有独立的卫浴和厨房，每天会有人打扫卫生。院子的大厅提供早餐，早餐还是比较丰盛的：牛奶、咖啡、柠檬茶、烤面包、水果（供应的水果每天会有变化，一般是菠萝、香蕉、牛油果、西瓜等）。

后来跟比我们先一个月来的师兄陈博士聊天发现，不同的项目过来的学生条件是不一样的。他跟达大当地的学生一起住在学生宿舍，条件比较艰苦。学校宿舍虽然也是两人间，但是房间只能容得下两张床铺，公共厕所，没有厨房，财物安全不能保障；有的外国人在学校外面租住，居住条件尚可。综合来看，我们居住的条件是比较理想的了。不过学校的食堂还是比较多的，达大校园是开放式的，不同方位会有一个大的食堂，路边偶尔还会有小的食堂点。由于气候原因，校园的各个食堂一般都会配置开放的露天座席，晚上吃饭各个国家的留学生、交换生坐在一起聊天。坦桑本地人语调比较高，而且大多肢体语言都比较丰富，感觉在参加派对一样，气氛特别嗨。

说到学校食堂，怎么能不介绍当地的美食呢。首先，来这里的外国学生都非常喜欢这里的一种碳酸饮料——"bitter lemon"，口感比较独特，有点苦，有点酸，可能因为这样才不会觉得腻吧，而且非常解暑，好喝到上头！

食堂早餐一般会提供的当地特色食物有"Chai"和"Samusa"，Chai 是与茶类似的早餐饮品，有时候我们还会掺着牛奶一起喝；"Samusa"是类似于油条一样的三角形油炸食品，味道微甜。当然，食堂也提供比较西式的牛奶、面包、果汁之类的早餐。水果是一直供应的，不分早中晚餐，持续供应，尤其是菠萝和香蕉，随处可见！

餐厅的午饭主要是米饭，然后加鸡腿、蔬菜、豆子或者鱼、蔬菜、豆子。样式类似于盖饭，但是鸡是烤得比较完整的鸡腿，鱼是烤得比较完整的整条鱼，当然可以去取调料，调料非常有限，只有盐和切好的小辣椒。加鸡腿的米饭叫"walikuku"（烤鸡腿＋米饭＋蔬菜，因为点得多到现在还记得）。另外，当地的食物还有"Ugali"（主要材料是玉米面），就是用手揉成团蘸着蔬菜汤吃，味道还行但是吃起来不太方便，所以点得比较少。有次去当地同学家做客，才知道其实平常家里的午饭更多吃的是炸香蕉和土豆泥。炸香蕉还挺好吃的，想念！

一般我们会在住所自己做晚饭，通常都是下午下课后去附近的超市买些日用品和蔬菜、水果之类的，那个超市是相对来说比较大的超市，土豆、西红柿、包菜这些咱们常吃的菜还是有的。周末的时候会去中国超市囤一些附近超市买不到的中国食物或去中国餐馆吃个火锅之类的；有时候也会去海边的集市买些海鲜（当地市场的海产品非常便宜，只是距我们住的地方比较远），自己加工吃。

在达市生活的日常还是比较充实的，新鲜又收获满满，当地人对中国人都很热情，一般看见你大老远都会打招呼，一边大喊"rafiki"（朋友），一边握手，嘴里还念念有词，而且，一言不合就跳舞，肢体语言非常丰富。坦桑尼亚人是一个爱说爱笑、非常知足和乐于交朋友的民族！还有，千万别轻易跟他们开玩笑，他们手劲太大，被逗笑之后一定会在你的后背来那么一拍子。嗯，一定站稳了，别被拍得太远！